Sabine Leistikow
Thomas Weger

# Praxishandbuch Gesundheit in der Schule

## So fördern Sie die Lehrer- und Schülergesundheit

Verlag **PRO**Schule
Soforthilfe für den Schulalltag - schnell, konkret, rechtssicher.

## Impressum

Praxishandbuch Gesundheit in der Schule
So fördern Sie die Lehrer- und Schülergesundheit
inkl. CD-ROM mit allen Arbeitshilfen zur individuellen Anpassung

ISBN: 978-3-8125-2095-9
Art.-Nr.: 2007128

Herausgeberin: Kathrin Righi, Bonn
Autoren: Sabine Leistikow, Thomas Weger
Produktmanagement: Marcel Broich, Bonn
Satz: Holger Hellendahl, Neuss
Titelbild: © contrastwerkstatt - Fotolia.com
Druck: druckhaus köthen GmbH & Co. KG, Köthen (Anhalt)

Bezug: Verlag PRO Schule
Telefon: 02 28 / 9 55 01 30
Telefax (Kundendienst): 02 28 / 3 69 64 80
Telefax (Redaktion): 02 28 / 35 93 58
Internet: www.schulleiter.de


Eingetragen: Amtsgericht Bonn HRB 8165
Vorstand: Helmut Graf, Guido Ems

Bonn • Bukarest • Johannesburg • London • Madrid • Manchester • Melbourne • Paris • Warschau

# Inhalt

## Sehr geehrte Leserin, sehr geehrter Leser,

Gesundheit in der Schule bedeutet mehr als nur die Einhaltung von Vorschriften, die zweifelsohne eine gewichtige Rolle spielen. Gesunde Schule stellt vor allem die Menschen in den Mittelpunkt, die im Lebensraum Schule agieren. Das sind neben den Lehrern[1] und Schülern Personen wie Schulbegleiter, Hausmeister, Verwaltungsmitarbeiter, Erzieher, Praktikanten, Logopäden, Reinigungskräfte, Eltern, Küchenpersonal und viele mehr. In inklusiven Schulen kommen noch Pflegekräfte und Sozialpädagogen hinzu. Alle wünschen sich eine Schule, die es ihnen ermöglicht, dort ihre Arbeits- und damit Lebenszeit psychisch und körperlich gesund zu verbringen. Letztlich sind es viele Stunden des Tages, die sich Menschen an diesem Ort aufhalten. Aufs Ganze gesehen sind es sowohl für Kinder und Jugendliche als auch für die Erwachsenen Jahre ihres Lebens, die sie dort prägen. Der Gedanke, sich nur in den eigenen vier Wänden wohlfühlen zu können, erscheint unter dieser Prämisse fast erschreckend.

Ziel dieses Buches ist es auch, ein Verständnis für das Thema „Gesundheit" in Ihrer Schule zu wecken, das Sie für alle sichtbar machen können. Auszeichnungen und Urkunden für ein erfolgreiches Gesundheitsmanagement und desaströse Verhältnisse in den sanitären Anlagen passen beispielsweise nicht zusammen.

Betrachtet man das Bild einmal von der anderen Seite, so werden einem die Schüler in den Sinn kommen, die zu Hause kein gesundes Umfeld vorfinden und keine Gesundheitsförderung erhalten. Hier kann Schule als Vorbild wirken, indem sie einen gesunden Lebensraum bietet, der auch erzieherisch wirksam wird.

Auf der Seite der Erwachsenen spielen vor allem mit zunehmendem Alter weitere belastende Umweltfaktoren eine Rolle. Man denke beispielsweise nur an die psychische Belastung durch Lärm, die an einem Lern- und Arbeitsplatz entsteht, an dem sich oft viele Hundert Menschen zur gleichen Zeit aufhalten.

Dieses Buch enthält praxisnahe Arbeitshilfen, die der Verbesserung und Erhaltung der Gesundheit aller Menschen dienen, die in Ihrer Schule lernen und arbeiten. Genauer gesagt geht es neben den gesetzlich verbindlichen Regelungen auch um pädagogische Interventionen, die auf Nachhaltigkeit zielen. Das heißt auch, dass in diesem Buch nicht noch ein weiteres neues Konzept von Gesundheitserziehung und Gesundheitsmanagement additiv ergänzt werden soll. Vielmehr können die Autorin und der Autor auf langjährige Erfahrungen in Schule und Gesundheitswesen aus verschiedenen Perspektiven zurückgreifen. Hinweise zur Schaffung und Erhaltung von Gesundheit greifen immer auf praktisch Erprobtes zurück. Dabei soll auch nicht verschwiegen werden, wenn die Umsetzung von Ideen und praktischen Tipps schwierig oder an besondere Bedingungen geknüpft ist.

Gesundheit in der Schule bezieht sich einerseits auf eine gesundheitsförderliche Lern- und Arbeitsumgebung. Dazu gehören sichere und hygienisch einwandfreie Rahmenbedingungen. Eine ästhetisch gestaltete und sinnvoll strukturierte Umgebung hilft darüber hinaus allen, die Arbeitsabläufe zu vereinfachen. Gesundheit in der Schule gewährleisten andererseits solche Strukturen, die Transparenz beinhalten und somit Partizipation und Konfliktfähigkeit ermöglichen. Wie Gesundheit in der Schule gelebt wird, hängt zu einem großen Teil von der Haltung der Schulleitung ab. Eine Schule, die sich weiter bewegt, braucht aber auch Lehrer, Mitarbeiter, Eltern und Schüler, die an einer gemeinsamen Vision teilhaben, damit sich alle in der Schule wohlfühlen.

Bei diesem Ziel möchten wir Sie mit dem „Praxishandbuch Gesundheit in der Schule" unterstützen und wünschen Ihnen viel Erfolg bei der Umsetzung.

Mit freundlichen Grüßen

Sabine Leistikow Thomas Weger

PS: Mit dem „Praxishandbuch Gesundheit in der Schule" erhalten Sie alle Arbeitshilfen zum direkten Einsatz auf CD-ROM.

[1] Im folgenden Text wurde zur leichteren Lesbarkeit stets die männliche Form von personenbeschreibenden Substantiven verwendet. Weibliche Personen sind selbstverständlich ebenso gemeint.

# Teil 1

## Arbeits- und Gesundheitsschutz in der Schule

## 1.1 Arbeits- und Gesundheitsschutz - die Basis für eine gesunde Schule

Schule ist ein Lebensraum, in dem viele Menschen gleichzeitig arbeiten, lehren, lernen und sozial interagieren. Und dort, wo viele Menschen auf engem Raum zusammenleben, kann es schnell zu Unfällen und zur raschen Ausbreitung von Infektionskrankheiten kommen. Infektionen – im schlimmsten Fall Epidemien –, Notfälle und Unfallgefahren für die Schulgemeinschaft lassen sich aber durch bauliche Maßnahmen allein nicht verhindern. Die systematische Festlegung von Schutzzielen und Schutzmaßnahmen jedoch ermöglicht es für Sie als Schulleitung und alle am Gesundheitsmanagement Beteiligten, Gefährdungen leichter zu erkennen und schnell sinnvolle Maßnahmen zu ergreifen. Darüber hinaus erfüllen Sie mit einer systematischen Qualitätssicherung eine Reihe gesetzlicher Anforderungen und befinden sich auch haftungsrechtlich auf der „sicheren Seite". Mit dem Abarbeiten von Checklisten allein ist es jedoch nicht getan. Damit Checklisten ihren Sinn erfüllen – nämlich die Systematisierung von qualitätssichernden Maßnahmen und die Überprüfung der Ergebnisqualität –, sollten Sie sich inhaltlich mit den gesundheits- und sicherheitsrelevanten Themen Ihrer Schule auseinandersetzen.

### Was können und müssen Sie als Schulleiter tun, um Ihre Schule gesund und sicher zu machen?

Es gibt eine Reihe gesetzlicher Bestimmungen und Vorschriften, die eine Vielzahl von Rechtsgrundlagen zur Unfall- und Infektionsprävention bereitstellt. Da verliert man nicht nur schnell den Überblick, wer für was verantwortlich ist, sondern stellt unter Umständen auch die Sinnhaftigkeit der Anforderungen infrage, wenn diese als bürokratische und zusätzlich belastende Aufgaben wahrgenommen werden.

Die folgenden Kapitel sollen einen Überblick über verschiedene Unfall-, Infektions- und Gefährdungsschwerpunkte liefern. Sie geben Hilfestellungen zu gesetzlich geforderten Schutzmaßnahmen in Ihrer Schule und unterbreiten Vorschläge, wie Sie die Umsetzung der Rechtsvorschriften auch pädagogisch sinnvoll gestalten.

## 1.2 Rechtsgrundlagen zum Arbeits- und Gesundheitsschutz in Ihrer Schule

Bevor Maßnahmen zur Unfallverhütung oder Infektionsprävention ergriffen werden, ist der Arbeitgeber gemäß Arbeitsschutzgesetz verpflichtet, eine Gefährdungsbeurteilung durchzuführen (s. Info-Box auf Seite 11). In der Schule ist diese Aufgabe zweigeteilt: Einerseits ist der Schulleiter im Sinne dieses Gesetzes „Arbeitgeber“ (im Gesetzestext wird er Unternehmer genannt), d. h., er ist für die innere Sicherheit (den sicheren Ablauf des Schulbetriebs) der Beschäftigten (und Schüler!) der Schule verantwortlich. Andererseits ist der Schulträger (Stadt, Kreis) für die äußere Sicherheit der Beschäftigten, d. h. für die Unterhaltung der Anlagen, Bauteile, Einrichtungsgegenstände und Außenanlagen zuständig. Zielführend ist es natürlich, nicht nur die Lehrer, sondern

**Info-Box: Rechtliche Grundlagen zum Arbeitsschutz**

Gesetz über die Durchführung von Maßnahmen des Arbeitsschutzes zur Verbesserung der Sicherheit und des Gesundheitsschutzes bei der Arbeit (Arbeitsschutzgesetz)

**§ 5 Beurteilung der Arbeitsbedingungen / Gefährdungsbeurteilung**
(1) Der Arbeitgeber hat durch eine Beurteilung der für die Beschäftigten mit ihrer Arbeit verbundenen Gefährdung zu ermitteln, welche Maßnahmen des Arbeitsschutzes erforderlich sind.
(2) Der Arbeitgeber hat die Beurteilung je nach Art der Tätigkeiten vorzunehmen. Bei gleichartigen Arbeitsbedingungen ist die Beurteilung eines Arbeitsplatzes oder einer Tätigkeit ausreichend.
(3) Eine Gefährdung kann sich insbesondere ergeben durch
1. die Gestaltung und die Einrichtung der Arbeitsstätte und des Arbeitsplatzes,
2. physikalische, chemische und biologische Einwirkungen,
3. die Gestaltung, die Auswahl und den Einsatz von Arbeitsmitteln, insbesondere von Arbeitsstoffen, Maschinen, Geräten und Anlagen sowie den Umgang damit,
4. die Gestaltung von Arbeits- und Fertigungsverfahren, Arbeitsabläufen und Arbeitszeit und deren Zusammenwirken,
5. unzureichende Qualifikation und Unterweisung der Beschäftigten,
6. psychische Belastungen bei der Arbeit.

**§ 6 Dokumentation**
(1) Der Arbeitgeber muss über die je nach Art der Tätigkeiten und der Zahl der Beschäftigten erforderlichen Unterlagen verfügen, aus denen das Ergebnis der Gefährdungsbeurteilung, die von ihm festgelegten Maßnahmen des Arbeitsschutzes und das Ergebnis ihrer Überprüfung ersichtlich sind. Bei gleichartiger Gefährdungssituation ist es ausreichend, wenn die Unterlagen zusammengefasste Angaben enthalten.
(2) Unfälle in seinem Betrieb, bei denen ein Beschäftigter getötet oder so verletzt wird, dass er stirbt oder für mehr als 3 Tage völlig oder teilweise arbeits- oder dienstunfähig wird, hat der Arbeitgeber zu erfassen.

auch die Schüler in die Gefährdungsbeurteilung und Festlegung der Maßnahmen mit einzubeziehen. Schulleitung und Schulträger (Sachkostenträger) sollten dabei eng miteinander die Maßnahmen abstimmen und sich ggf. externe Unterstützung holen. Hier können Fachkräfte für Arbeitssicherheit z. B. über den Schulträger, den beauftragten Dienstleister für Arbeitsmedizin / Betriebsarzt oder den Unfallversicherungsträger der öffentlichen Hand hinzugezogen werden. Die Landesunfallkassen der öffentlichen Hand (in NRW z. B. die Unfallkasse Nordrhein-Westfalen) bieten Hilfen und Beratung zur Erstellung einer Gefährdungsbeurteilung an.

Die im Gesetzestext genannte Gefährdungsbeurteilung ist für Sie der Ausgangspunkt für alle weiteren Maßnahmen, die Sie im Zusammenhang mit der Sicherheit oder dem Gesundheitsschutz an Ihrer Schule ergreifen. Sie erfolgt

- erstmalig, d. h. wenn Sie bislang noch keine Gefährdungsbeurteilung vorgenommen haben,
- in unregelmäßigen Abständen, die Sie selber für sinnvoll erachten, z. B. alle 3 bis 5 Jahre,
- wenn sich die betrieblichen Gegebenheiten (technisch, organisatorisch oder personell) hinsichtlich Sicherheit und Gesundheitsschutz verändert haben.

## 1.3. So erstellen Sie eine Gefährdungsbeurteilung

Die Form der Gefährdungsbeurteilung ist nirgendwo gesetzlich vorgeschrieben, d. h., Sie haben in der Gestaltung völlig freie Hand. Checklisten in tabellarischer Form eignen sich aber wegen ihrer Übersichtlichkeit und leichten Lesbarkeit. Deshalb soll hier beispielhaft das mögliche Vorgehen beschrieben werden. Bewährt haben sich 7 Schritte:

### 1. Vorbereiten der Gefährdungsbeurteilungen

- Klären Sie, wer für die operative Erstellung der Gefährdungsbeurteilung verantwortlich ist: Sie selbst, ein Kollege, ein Beauftragter für Sicherheit / Erste Hilfe / Hygiene, der Gesundheitszirkel etc.
- Definieren Sie die Arbeitsbereiche und Tätigkeiten.
- Tragen Sie die entsprechenden Unterlagen zusammen (z. B. vorhandene Qualitätshandbücher, Hygieneplan, Begehungsberichte etc.).

### 2. Ermitteln der Gefährdungen

- Ermitteln Sie alle biologischen, chemischen, physikalischen und psychischen Gefährdungen und deren Quellen, welche die Beschäftigten und die Schüler in der Schule betreffen.

- Erstellen Sie für jede potenzielle Gefahrenquelle bzw. für jedes Schutzziel eine Checkliste mit den relevanten Prüfkriterien. Orientieren Sie sich an unserem Beispiel auf Seite 15. Die Checklisten geben Ihnen einen Überblick über sicherheitsrelevante Bereiche in Ihrer Schule.

### 3. Bewertung der Gefährdungen

- In diesem Schritt bewerten Sie die Gefährdungen, die Sie zuvor ermittelt haben. Gibt es Handlungsbedarf für die Festlegung von Maßnahmen? Welche Risiken müssen hingenommen werden? Beides muss sinnvoll begründet sein. Setzen Sie sich in jedem Fall mit allen ermittelten Gefährdungen auseinander, und entscheiden Sie über die Notwendigkeit von Schutzmaßnahmen. Nicht jeder Einzelfall ist durch eine Rechtsnorm geregelt. Deswegen ist es sinnvoll, sich Unterstützung zu holen, um alle verfügbaren (hilfreichen) Rechtsgrundlagen für die zu treffenden Entscheidungen zugrunde zu legen. Unfallverhütungsvorschriften liefern dabei viele konkrete Arbeitshilfen (s. Praxistipp auf Seite 14). Die Gesundheitsämter helfen bei Entscheidungen zu infektionsrelevanten Themen wie z. B. der Ausstattung der Sanitätsräume oder Wiederzulassungsbestimmungen nach Krankheiten. Die Veterinärämter sind Ansprechpartner bei Fragen im Küchen- und Lebensmittelbereich, z. B. im Rahmen der Übermittagbetreuung oder der offenen Ganztagsschule.

### 4. Festlegung der Maßnahmen

- Legen Sie nun konkrete Schutzziele und die Maßnahmen fest, um diese Ziele zu erreichen (s. Checkliste auf Seite 15). Hierbei sind konkrete personelle und organisatorische Entscheidungen aufgrund der zuvor getätigten Bewertungen zu treffen. Vor allem die Festlegung der verantwortlichen Personen erfordert eine gute Abstimmung zwischen den Akteuren.

### 5. Durchführung der Maßnahmen

- Bestimmen Sie zusammen mit den beteiligten Kollegen konkrete Termine, Intervalle oder Fristen zur Durchführung der Maßnahmen.

### 6. Überprüfung der Durchführung und der Wirksamkeit der Maßnahmen

- Die Schulleitung muss sicherstellen, dass die Maßnahmen wie festgelegt durchgeführt wurden. Dies erfolgt am besten an einem zuvor definierten Termin durch die verantwortliche Person. Je nach Ergebnis der Evaluation (War die Maßnahme wirksam oder nicht? Warum wurde die Maßnahme nicht wie vereinbart durchgeführt?) müssen veränderte Maßnahmen festgelegt oder Verantwortlichkeiten neu delegiert werden.

**7. Dokumentation**

- Die Gefährdungsbeurteilung muss schriftlich dokumentiert werden. Eine Formvorgabe besteht nicht. Die Dokumentation kann über Checklisten, Tabellen oder komplexe Handlungsanweisungen erfolgen.

Eine Checkliste könnte wie das Beispiel des Schutzzieles „Sicherstellen der Ersten Hilfe nach Unfällen" auf Seite 15 aussehen. In dieser Form können nun für alle relevanten Arbeitsbereiche Checklisten erstellt werden. Eine Auflistung mit Muster-Checklisten und Erläuterungen des Soll-Zustandes finden Sie zusätzlich auf der beiliegenden CD-ROM.

**Praxistipp: Hilfreiche Unfallverhütungsvorschriften**

Alle relevanten Unfallverhütungsvorschriften für Schulen zum Download finden Sie unter:
**http://tinyurl.com/unfallverhuetung**

Die Unfallverhütungsvorschriften als gedruckte Broschüren können Sie unter der jeweiligen Adresse der Unfallkassen der Länder bestellen:
**http://tinyurl.com/vorschriften-bestellen**

## 1.3.1 So erkennen Sie die Gefährdungsschwerpunkte in Ihrer Schule

Gemäß den Unfallverhütungsvorschriften muss in einer Schule ein Verbandbuch (s. Praxistipp auf Seite 16) geführt werden. Das Verbandbuch ist in seiner Ausgestaltung an keine vorgegebene Form gebunden. Sie können dazu jede beliebige Schriftform wählen.

Es muss jedoch folgende Angaben enthalten:
- Name des / der Verletzten bzw. des / der Erkrankten
- Datum, Ort und Uhrzeit des Unfalls
- Hergang des Unfalls
- Namen der Zeugen
- Art und Umfang der Verletzung bzw. Erkrankung
- Datum und Uhrzeit der geleisteten Erste-Hilfe-Maßnahmen
- Art und Weise der Erste-Hilfe-Maßnahmen
- Name des Ersthelfers / der Ersthelferin

## Checkliste: Sicherstellen der Ersten Hilfe nach Unfällen

**Schule:** **Bearbeiter: (Schulleitung)** **Datum: Datum:** **Freigabe:**

| Nr. | Gefährdung / Belastung / Prüfkriterium | Ja | Nein | Bemerkung | Maßnahmen / verantwortlich / Termin | Schutzziel | Maßnahme wirksam? |
|---|---|---|---|---|---|---|---|
| 1 | Verfügt die Schule über einen Verbandskasten C gemäß DIN 13157 oder ab 50 Beschäftigten einen Verbandskasten E gemäß DIN 13169? | x | | Mindesthaltbarkeitsdatum: 20.03.2015 | Austausch des Verbandskastens vor Ablauf des Haltbarkeitsdatums **verantwortlich:** Hausmeister Herr Krause **Termin:** 01.03.2015 | Sicherstellen der Ersten Hilfe nach Unfällen | |
| 2 | Ist geeignetes Verbandmaterial für Aktivitäten außerhalb der Schule, z. B. Sanitätstasche gemäß DIN 13160 vorhanden? | | x | | Anschaffung von 2 Sanitätstaschen gemäß DIN 13160 und Lagerung im Sanitätsraum **verantwortlich:** Hausmeister Herr Krause **Termin:** 01.11.2014 | Sicherstellen der Ersten Hilfe nach Unfällen | |
| 3 | Gibt es eine geeignete Liegemöglichkeit, z. B. Krankentrage? | x | | keine weiteren Maßnahmen notwendig | | Sicherstellen der Ersten Hilfe nach Unfällen | |
| 4 | Gibt es eine Zahnrettungsbox? | x | | Wird im Sanitätsraum aufbewahrt; keine weiteren Maßnahmen notwendig | | Sicherstellen der Ersten Hilfe nach Unfällen | |
| 5 | ... | | | .... | ..... | ...... | |

**Praxistipp: Verbandbuch und Unfallanzeige**

Ein empfehlenswertes Muster-Verbandbuch (Verbandbuch GUV-I 511-1) finden Sie unter folgender Internetadresse und auf der beiliegenden CD-ROM:
**http://tinyurl.com/muster-verbandbuch**

Für eine Unfallanzeige bei der gesetzlichen Unfallversicherung empfehlen wir dieses vorgefertigte Formular, das Sie direkt am PC ausfüllen können:
**http://tinyurl.com/unfallanzeigen**

Schauen Sie sich doch einmal die Dokumentation in den vorhandenen Verbandbüchern an:

- Welche Unfälle bzw. Vorfälle sind hier vermerkt?
- Gibt es Schwerpunkte, wiederkehrende Ereignisse, Häufungen? Welche Unfallarten fallen Ihnen besonders ins Auge?

Anhand der Aufzeichnungen in den Verbandbüchern können Sie die realen Gefährdungsschwerpunkte in Ihrer Schule erkennen. Liegen die Unfallhäufungen im sozialen Bereich bzw. in der außerschulischen Interaktion? Kann man Schwerpunkte im sportlich-motorischen Bereich und im Unterricht erkennen? Aufgrund der Erkenntnisse, die Sie aus den Aufzeichnungen in den Verbandbüchern gewinnen, lassen sich entsprechende Maßnahmen ableiten.

Dokumentieren Sie oder eine von Ihnen beauftragte Person, z. B. der Sicherheitsbeauftragte, jeden Unfall unabhängig davon, ob der Betroffene einen Arzt aufsuchen muss oder nicht. Manchmal ergeben sich erst viel später Hinweise darauf, dass es zu gesundheitlichen Folgen für den Betroffenen aufgrund des Unfalls in der Schule gekommen ist. Das Verbandbuch muss aber auf jeden Fall bis 5 Jahre nach dem letzten Eintrag aufbewahrt werden. Fehlt die Dokumentation, entfallen Ansprüche des Geschädigten an den Unfallversicherungsträger.

Stellen Sie sich folgende Situation vor:

Bei einem Fußballspiel auf dem Schulhof einer Grundschule kommt es zu einer Rangelei. Ein Schüler wirft einen anderen Schüler kopfüber zu Boden. Dieser verliert einen Frontzahn, an den anderen Zähnen kommt es zu zahlreichen kleinen Bruchstellen. Der Zahnarzt stellt fest, dass die Zähne später überkront werden müssen. Dieser Eingriff kann aber erst mit frühestens 16 Jahren erfolgen. Anhand der Dokumentation der

Ereignisse wird der Unfallversicherungsträger eine Übernahme der Zahnarztkosten bis ins Erwachsenenalter zusichern.

Die Dokumentation dient also nicht nur der Pflichterfüllung des Schulleiters als Arbeitgeber, sondern sichert auch über viele Jahre etwaige Ansprüche des Betroffenen an den Unfallversicherungsträger ab.

Eine Unfallanzeige an den Unfallversicherungsträger ist unbedingt erforderlich, wenn aufgrund des Unfalls ein Arzt aufgesucht wird. Durch die Unfallanzeige entfällt die Verpflichtung zur Dokumentation im Verbandbuch. Es ist jedoch sinnvoll, bei dem einmal festgelegten Vorgehen zu bleiben, d. h., wenn immer alle Unfälle im Verbandbuch dokumentiert werden, sollte dies auch im Falle eines Arztbesuches beibehalten werden. Jedoch gilt auch hier das rechte Augenmaß für Bagatellverletzungen. Wenn Sie, was die Dokumentationspflicht angeht, schwere Verletzungen genauso gewichten wie eine Schramme am Knie, die sich ein Schüler beim Spielen auf dem Pausenhof zugezogen hat, verlieren auch die wirklich schwerwiegenden Verletzungen an Wichtigkeit. Delegieren Sie die Verantwortung für die Dokumentation eines Unfalls an eine Person, die weder für die Aufsichtspflicht noch für die Durchführung der Erste-Hilfe-Maßnahmen verantwortlich ist (z. B. an Sicherheitsbeauftragte, Hausmeister, Sekretariat, im Schulsanitätsdienst an die Schüler etc.).

Die Aufsicht führende Person wird in der Regel nach der Pausenaufsicht wieder in den Unterricht eingebunden sein. Bis die Protokollierung stattfinden kann, ist möglicherweise zu viel Zeit vergangen. Sollten der Hausmeister oder das Schulsekretariat den Unfallhergang festhalten, muss gewährleistet sein, dass diese in der Zeit des Unfallhergangs zur Verfügung stehen. In kleinen Grundschulen ist die Schulsekretärin oft nur an 2 oder 3 Tagen anwesend. Hier bietet sich naturgemäß eine andere Lösung an. Vereinfacht werden kann die Protokollierung durch einen vorgefertigten Protokollbogen. Er dient zur schnellen Dokumentation des Unfallhergangs und sollte umgehend an die Schulleitung bzw. das Sekretariat, den Hausmeister oder den Sicherheitsbeauftragten weitergeleitet werden. Diese können den Vorgang dann in das Verbandbuch eintragen und ggf. eine Unfallmeldung an den Unfallversicherungsträger senden.

## 1.4 Unfälle verletzen, Gewalteinwirkung auch – Erkennen Sie die Zusammenhänge?

Der Kinder und Jugendgesundheitssurvey (KIGGS) hat ermittelt, dass es in Schulen eine hohe Rate an Gewalt unter Schülern gibt. So waren Jungen häufiger Opfer von Gewalthandlungen als Mädchen. Nach der deutschen Injury Data Base (IDB) wurde bei den 5- bis 15-Jährigen Gewalt am häufigsten in Schulen (57 %) ausgeübt, gefolgt von Gewaltübergriffen auf der Straße (14 %) und dem Spielplatz / Sportplatz (11 %). Häufiger Kontext von Gewalthandlungen waren tätliche Auseinandersetzungen mit „bekannten" Mitschülern – und dabei wurde häufig zugetreten (Erler und Ellsäßer, 2010). Die Auswirkungen von Gewalterfahrungen auf die Gesundheit von Kindern und Jugendlichen ist u. a. auch davon abhängig, ob sie in der Rolle als Täter, Opfer oder sowohl als Täter als auch Opfer erlebt wurden. Hier wird deutlich, dass Unfallprävention auch eine Frage nach den Zusammenhängen und Ursachen von Verletzungen ist, die im Kontext der Schule auftreten. Da Gewalteinwirkung ebenfalls eine Ursache von Verletzungen sein kann, ist hier auch eine pädagogische Intervention nötig. Das Management des Unfalls, d. h. die Erste-Hilfe-Leistung und Dokumentation, sind die sinnvollen Sofortmaßnahmen, die Aufarbeitung des Unfallgeschehens und der Erkenntnisgewinn durch die Kausalzusammenhänge die weiterführenden Schritte. Erzieherische Maßnahmen zur Gewaltprävention werden deshalb ausführlich im Kapitel 4.3. behandelt.

Bei schwerwiegenden Unfällen bzw. Verletzungen schließt sich natürlich die Frage an, wie gut das Unfall- bzw. Notfallmanagement in der Schule funktioniert.

## 1.5 Mit einem funktionierenden Notfallmanagement bannen Sie die größten Gefährdungen

Notfälle werden von der Schulgemeinschaft erst wahrgenommen, wenn der Ernstfall eingetreten ist.

Zeit ist dabei ein wichtiger Parameter zur Schadensbegrenzung. Zeitverzögerungen im Notfallmanagement können mitunter tödlich enden. Versäumnisse im Management werden daher bei einem Notfall umgehend sichtbar:

- Telefonnummern, die nicht mehr stimmen,
- Ärzte, die nicht mehr praktizieren oder ihre Sprechzeiten geändert haben,
- ein Krankenhaus, das keine orthopädische Ambulanz hat,
- in der Turnhalle oder im Schwimmbad gibt es keinen Handy-Empfang.

Dies sind nur wenige Beispiele, die zeigen sollen, dass korrekte und aktuelle Informationen vorliegen müssen, wenn schnelles Handeln erforderlich ist. Aber selbst bei einem funktionierenden und aktualisierten Notfallplan können Angst und Panik die Akteure blockieren. Ebenso wichtig wie die Aktualität ist deshalb die Einübung des Notfallplans, damit im Ernstfall alle Beteiligten adäquat reagieren können.

## Bestellen Sie einen Sicherheitsbeauftragten

Die wichtigste Frage für ein funktionierendes Notfallmanagement ist immer die nach den Verantwortlichkeiten. Abgesehen von der Gesamtverantwortung des Schulträgers für die innere Sicherheit der Schule stellt sich daher die Frage, welche Person im Falle eines Falles verantwortlich, d. h. ansprechbar und mit den nötigen Kenntnissen ausgestattet ist. Ernennen Sie deshalb einen Kollegen zum Sicherheitsbeauftragten der Schule, der im Notfall alle Fäden in der Hand hat.

Die Aufgabe des Sicherheitsbeauftragten können am besten Lehrkräfte übernehmen, die
- aufgrund ihrer Ausbildung dazu geeignet sind,
- sich freiwillig zur Übernahme dieser Aufgabe zur Verfügung stellen,
- bereit sind, diese Funktion für mehrere Jahre zu übernehmen.

Äußerst wichtig ist es außerdem, dass Sie bei der Auswahl des Sicherheitsbeauftragten gleich 1 bis 2 geeignete Vertreter bestimmen. Auf jeden Fall muss es eine gültige Vertretungsregelung geben.

Der Sicherheitsbeauftragte ist für die Erstellung, regelmäßige Überprüfung / Aktualisierung (1 x jährlich) und Dokumentation des Notfallplans verantwortlich. Er meldet der Schulleitung sicherheitsrelevante, organisatorische oder verhaltensbedingte Mängel, die die Gesundheit und Sicherheit der Schulgemeinschaft gefährden. Er ist erster Ansprechpartner bei Notfällen, im günstigsten Fall verfügt er außerdem über eine Ausbildung als Ersthelfer. Bei einem Unfallgeschehen ist der Sicherheitsbeauftragte zwar ansprechbar und für das Management der Unfallabwicklung verantwortlich, jedoch werden ggf. von einer anderen Person die Erste-Hilfe-Maßnahmen durchgeführt und eine ärztliche Versorgung veranlasst.

## So organisieren Sie einen angemessenen Transport zur ärztlichen Versorgung

Dabei stellt sich die Frage, welche Art des Transports angemessen ist. Wie und wann erfolgt die Beförderung zum Arzt oder Krankenhaus? Mittels Privat-Pkw, Krankenwagen oder Rettungshubschrauber?

Unfälle unterscheiden sich in ihrem Schweregrad nach Art der (anzunehmenden) Verletzungen. Für die Ersthelfer vor Ort ist es oft schwer zu entscheiden, ob ein Unfallgeschehen vorliegt, das den sofortigen Transport mittels Krankenwagen oder Notarzt erfordert oder nicht. Gehen Sie jedoch bei dieser Entscheidung keinerlei Risiko ein, wenn Sie sich unsicher sind.

## Die Unfallkassen haften für den Transport in allen Fällen

Der Transport durch die Eltern oder eine andere aufsichtführende Person birgt Risiken: Die Eltern sind bei einem Unfallgeschehen ihres Kindes emotional aufgewühlt und unkonzentriert. Auch bei einer geringfügigen Verletzung muss das Kind emotional begleitet werden. Sitzt ein Elternteil jedoch am Steuer des Pkw, ist es unmöglich, sich auf den Verkehr zu konzentrieren und gleichzeitig das Kind zu beruhigen. Zudem sind die Eltern, wenn sie beispielsweise berufstätig sind, nicht immer sofort erreichbar und können oft nicht schnell vor Ort sein.

Im Sinne der Sicherheit des Kindes müssen Sie also Entscheidungen treffen, die nicht gleichzeitig mit den Eltern abgestimmt werden können. Fahrlässig ist es, auf die Rückmeldung oder das Erscheinen der Eltern zu warten, bevor Sie einen Transport zum Arzt organisieren.

Entscheiden Sie sich also im Zweifel schnell für einen möglichst zügigen und sicheren Transport, auch wenn hier ggf. mit hohen Kosten zu rechnen ist. Die Unfallkassen müssen die Kosten jeder Transportart übernehmen, auch wenn sie sich im Nachhinein als nicht angemessen herausstellt.

Bei offensichtlichen oberflächlichen Verletzungen wie z. B. Schürfwunden, Splittern unter der Haut etc. bieten manche Unfallkassen die Möglichkeit an, mittels eines beauftragten Taxiunternehmens den Transport zu organisieren und die Kosten dafür zu tragen. Dies hat den Vorteil, dass die Rettungsdienste nicht unangemessen in Anspruch genommen werden und der Schüler trotzdem sicher zum Arzt gebracht wird. Die Rechnung begleicht das Taxiunternehmen direkt mit dem Unfallversicherungsträger.

Erkundigen Sie sich, ob Ihre zuständige Unfallkasse ebenfalls dieses Angebot bereithält. Die Adressen zu Ihrem Landesverband finden Sie im Praxistipp „Hilfreiche Unfallverhütungsvorschriften“ auf Seite 14. Die Unfallkasse Brandenburg bietet z. B. ein vorgefertigtes Formular „Fahrauftrag Taxi“ an, das Sie unter der folgenden Internetadresse herunterladen können:

**http://tinyurl.com/fahrauftrag-taxi**

Sorgen Sie bei einem Transport mit dem Taxi insbesondere dafür, dass der 1. Teil dieses Formulars sorgfältig ausgefüllt wird.

# Muster: Fahrauftrag Taxi

## Fahrauftrag Taxi

(von der Schule/Kindertageseinrichtung auszufüllen)

Unfallkasse Brandenburg
Müllroser Chaussee 75
15236 Frankfurt (Oder)

| Stempel der Einrichtung |
|---|
| |

Hiermit wird das bezeichnete Taxiunternehmen beauftragt, auf Rechnung der Unfallkasse Brandenburg den/das durch einen Unfall in der o. g. Einrichtung verletzte(n) Schüler/Kind zum Arzt/Krankenhaus und zurück zu befördern. Dieser Fahrauftrag gilt auch für die alleinige Rückfahrt der Begleitperson zur Schule/Einrichtung.

| Vorname und Name des Schülers/Kindes | Geburtstag | Unfalltag |
|---|---|---|
| Unterschrift des Lehrers/Erziehers | | |

**Hinweis:**
**Dieser Fahrauftrag darf nicht genutzt werden für:**

- **Fahrten zur nachgehenden ärztlichen Betreuung**
- **Tägliche Fahrten zur Schule/Kindertageseinrichtung**
- **Erkrankungen ohne Unfallereignis**
  **z. B. Übelkeit, Fieber, Bauchschmerzen, Schwindel, Zahnschmerzen etc.**

---

## Rechnung

(vom Taxiunternehmen auszufüllen)

| Taxiunternehmen/Taxi-Nr. | Rechnungsnummer |
|---|---|
| Fahrt zum Arzt/Krankenhaus (Anschrift) | |

Am ____________ ____________ Kilometer Fahrpreis ____________ EUR
Der Betrag soll auf folgendes Konto überwiesen werden:

| Bank: | Konto-Nr. |
|---|---|
| Bankleitzahl: | Kontoinhaber: |
| Datum | Unterschrift/Stempel des Taxiunternehmers |

Als Unfallkasse ist es unsere Aufgabe dafür zu sorgen, dass bei einem Unfall in diesen Einrichtungen die verletzten Schüler/Kinder in ärztliche Behandlung gelangen. Dies soll auf dem schnellsten Weg geschehen, um die Unfallfolgen so gering wie möglich zu halten.

Die Unfallkasse Brandenburg erstattet Ihnen nach dem Transport eines verletzten Schülers/Kindes den Fahrpreis, wenn Sie das komplett ausgefüllte Formular einreichen. Wir versichern Ihnen, dass die eingehende Rechnung schnellstmöglich bargeldlos beglichen wird. Ihnen werden keine zusätzlichen Belastungen entstehen.

Wir bedanken uns für Ihre Bereitschaft, sich diesem Verfahren anzuschließen.

Im Auftrag
André Preusche
Abteilungsleiter Entschädigung

**Unfallkasse Brandenburg,** Müllroser Chaussee 75, 15236 Frankfurt (Oder)
E-Mail: info@ukbb.de Tel.-Nr.: 0335 / 5216-0 Fax-Nr.: 0335 / 5216-222

# 1.6 Welche Notfälle in der Schule gibt es?

Notfälle unterscheiden sich in ihrem Gefährdungspotenzial für den Einzelnen und für die Allgemeinheit. Daher ist es sinnvoll, mögliche Notfallsituationen in Gefährdungsgrade einzuteilen und die Maßnahmen dementsprechend einzuleiten.

**Gelb = Gefährdungsgrad I:**
Notfälle, bei denen die Verantwortung allein bei der Schule liegt und die Polizei eingeschaltet werden kann, aber nicht eingeschaltet werden muss.

Beispiele:
- Tätlichkeit
- Rangelei, kleine Schlägerei
- Beleidigung, Diffamierung, Mobbing
- Äußerungen von Selbsttötungsgedanken
- Todesfall (Schüler, Beschäftigte der Schule)
- Suchtmittelkonsum

**Orange = Gefährdungsgrad II**
Notfälle mit Ermessenspielraum für die Schule.

Die Schulleitung entscheidet darüber, ob die Polizei eingeschaltet werden muss oder nicht. Das Einschalten der Polizei ist aber in der Regel geboten. Gegebenenfalls kann auch Hilfe über externe Berater eingeholt werden.

Beispiele:
- Androhung einer Amoktat oder einer Geiselnahme
- Gewaltandrohung (Mord, Körperverletzung, Raub)
- Selbsttötungsankündigung (konkret), Selbsttötungsversuch
- Besitz gefährlicher Gegenstände (Waffen, Alltagsgegenstände mit Gefährdungspotenzial, z. B. spitze Gegenstände, Chemikalien)
- sexueller Übergriff
- Mobbing
- schwere Sachbeschädigung
- Handel mit Suchtmitteln
- verfassungsfeindliche Äußerungen
- Gewalt in der Familie
- Gewaltdarstellung auf Datenträgern

**Rot = Gefährdungsgrad III**
Notfälle, bei denen die Verantwortung ausschließlich bei der Polizei liegt, d. h., die Schulleitung muss umgehend die Polizei informieren.

Beispiele:
- Amoklauf und Geiselnahme
- Mord und Totschlag
- Drohung mit Sprengsätzen
- Brandfall
- Suizid / Tod in der Schule
- Epidemie und Vergiftungen

## 1.6.1 Beispiel: Brand und Feueralarm

Von brennenden Schulen wird zum Glück äußerst selten in den Medien berichtet. Ein solcher Notfall ist aber nie auszuschließen und muss daher immer ernst genommen werden. Nicht umsonst kontrolliert die Berufsfeuerwehr regelmäßig an Schulen die Einhaltung des Brandschutzes und die Durchführung von Probealarmen.

### Erstellen Sie einen Alarmplan

Ein Alarmplan fasst alle Angaben und Hinweise zusammen, die aufzeigen, wie man sich im Brandfall verhalten muss und welche Selbsthilfemaßnahmen man ergreifen kann. Er muss für den Fall eines Brandes einsatztaktische und organisatorische Handlungen miteinander abstimmen. Darüber hinaus kann ein solcher Plan auch Mittel der Brandverhütung auflisten. Einen Alarmplan sollten Sie immer mit der Feuerwehr gemeinsam ausarbeiten, denn es müssen alle örtlichen Sachlagen mit einbezogen und berücksichtigt werden.

Dies zeigt, dass man auch hier nicht nach einem vorgefertigten Muster arbeiten kann. Nichtsdestotrotz ist es wichtig, für Ihre Schule einen übersichtlichen und eindeutigen Plan zu erarbeiten. Die „Deutsche Gesetzliche Unfallversicherung“ gibt hierzu eine Checkliste an die Hand, die auf der folgenden Seite dargestellt ist.

Nicht nur für den Fall eines Brandes empfiehlt es sich, einen entsprechenden Notfallplan zur Hand zu haben. Zumindest für alle Notfälle des Gefährdungsgrades „Rot“ sollte das korrekte Vorgehen schriftlich dokumentiert werden, um in der Hektik einer akuten Gefahrensituation schnell die richtigen Maßnahmen einzuleiten. Mit welcher Maßnahme Sie Ihre Notfallpläne erstellen, erfahren Sie in Kapitel 1.6.2.

## Checkliste: Brandschutz in der Schule

| | |
|---|---|
| An unserer Schule gibt es einen Alarmplan auf der Grundlage der DIN 14 096. | ❑ |
| Der Alarmplan wurde gemeinsam durch die Schule, den Sachkostenträger und die Feuerwehr erstellt. | ❑ |
| Im Schulhaus (Eingangshalle, Treppenhaus, Schwarzes Brett) befindet sich ein Aushang nach DIN 14 096, Teil A. | ❑ |
| In jedem Unterrichtsraum befindet sich ein Aushang mit den wichtigsten Verhaltensregeln nach DIN 14 096, Teil B, sowie ein Flucht- und Rettungsplan nach DIN 4844. | ❑ |
| Für jede Klasse gibt es einen festen Sammelplatz. Es ist sichergestellt, dass die Vollzähligkeit der Klassen nach der Räumung des Hauses der Schulleitung gemeldet wird. | ❑ |
| Das Alarmsignal unterscheidet sich deutlich vom täglichen Stunden- und Pausensignal und ist überall laut hörbar. | ❑ |
| Die jährlich vorgeschriebenen Probealarme werden durchgeführt. | ❑ |
| Die Übungen werden mit der Feuerwehr abgesprochen. | ❑ |
| Die Lehrkräfte werden regelmäßig über das richtige Verhalten bei Feueralarm informiert. | ❑ |
| Die Schüler/innen werden über das richtige Verhalten bei Feueralarm informiert. | ❑ |
| Es gibt eine Absprache über die Erledigung von Sonderaufgaben (Überprüfung der Räumung des Hauses, Einweisung der Feuerwehr, Hilfe für Behinderte, Überprüfung der Räumung von Fachräumen, Sonderräumen, Verwaltungsräumen). | ❑ |
| In den Klassen und in der Lehrerkonferenz findet nach jeder Übung eine „Manöverkritik" statt. | ❑ |
| In Zusammenarbeit mit der örtlichen Feuerwehr wurde eine Begehung des Hauses durchgeführt. | ❑ |
| Die Ausgänge der Flucht- und Rettungswege sind während des Schulbetriebs in voller Breite jederzeit von innen zu öffnen. Die Begehbarkeit der Fluchtwege wird regelmäßig überprüft. | ❑ |
| Brennbare Flüssigkeiten werden nur in Räumen mit Rauchverbot und nur in den zulässigen Mengen sachgerecht aufbewahrt. | ❑ |
| Die Position der Druckgasflaschen und die Aufbewahrungsorte von Gefahrstoffen werden der Feuerwehr mitgeteilt. | ❑ |

## Checkliste: Brandschutz in der Schule

| | |
|---|---|
| Die Feuerlöscher sind in ausreichender Anzahl und gut sichtbar an leicht zugänglichen Stellen angebracht. | ❑ |
| Die Feuerlöscher werden regelmäßig und fristgemäß auf Funktionstüchtigkeit geprüft. | ❑ |
| Es gibt Personen in der Schule, die in der Lage sind, die Feuerlöscher im Notfall sofort und fachgerecht zu bedienen. | ❑ |
| Die Rufnummern von Feuerwehr, Polizei, Rettungsdienst / Krankentransport und Ärzten sind bei jedem Telefonanschluss angebracht. | ❑ |
| (Quelle: GUV-SI 8051 Feueralarm in der Schule) | |

### So müssen Sie bei Gefahr räumen

5 Regeln haben sich bei der Räumung eines Gebäudes bewährt:
1. Zuerst kommt die rasche Räumung des Hauses.
2. Sicherheit geht vor Schnelligkeit.
3. Schülergruppen sollen geschlossen geführt werden.
4. Übersichtlichkeit und Ordnung können Panik verhindern.
5. Menschenrettung geht vor Brandbekämpfung.

Für die Punkte 2 bis 4 ergibt sich von selbst, dass diese mit den Schülern eingeübt werden müssen. Es macht wenig Sinn, wenn bei einer Notfallübung Schüler aus den Klassenräumen heraus durch das Treppenhaus stürmen, um möglichst schnell aus dem Gebäude zu gelangen. Im Ernstfall kann dies bei aufkommender echter Panik in die Katastrophe führen.

### Praxistipp: Aufstellen der Schüler in einer Reihe - ein alter Hut oder Mut zu Erziehung?

Wenn es brennt, muss es schnell gehen. Aber Schnelligkeit ist nicht unbedingt der entscheidende Faktor bei der Räumung eines Gebäudes in einer Gefahrensituation.

Üben Sie mit Ihren Schülern regelmäßig das Aufstellen in einer Zweierreihe. Dabei muss jedes Kind einen festen Platz haben, der immer gleich bleibt. Es kommt nicht darauf an, dass das Kind nach Lust und Laune neben seinem besten Freund oder seiner besten Freundin steht. Denn damit erreicht man, dass sich die Anordnung in der Reihe ständig ändert. Im Notfall führt dies dazu, dass die Kinder sich nicht schnell genug aufstellen können, weil sie ihren Platz nicht kennen. Für Diskussionen wird man dann kaum die nötige Zeit haben. Die Bedeutung dieser Aufstellpraxis sollten Sie den Kindern ab dem 1. Schuljahr vermitteln. Der pädagogische Nebeneffekt, dass Sie sich auch zukünftige enervierende Diskussionen darüber ersparen können, wer heute wo steht, ist durchaus beabsichtigt. In den ersten beiden Schuljahren erleichtert den Kindern die Aufstellung zusätzlich das Hand-in-Hand-Gehen. Das mag einem altmodisch vorkommen, dient letztendlich aber der Sicherheit. Diese Praxis muss immer wieder eingeübt und eingefordert werden. Verbinden Sie dies mit dem Gebot, dass man beim Gang durch das Schulgebäude nicht mit seinem Nebenmann sprechen darf. Auch hierfür gibt es gute Gründe. Die Lärmbelästigung anderer Klassen durch Schüler, die sich lautstark durch das Schulgebäude bewegen, ist alles andere als wünschenswert.

Es hat sich bewährt, diese Regeln sehr konsequent zu behandeln. Sobald ein Schüler spricht oder „aus der Reihe tanzt", muss dies erzieherische Konsequenzen haben. Es kann sein, dass Ihre Klasse den Weg vom Klassenraum zum Schulhof oder umgekehrt mehrfach nimmt – so lange, bis es eben funktioniert!

## 1.6.2 So erstellen Sie Ihre Notfallpläne

Für die oben beschriebenen Notfälle an Ihrer Schule sollten Sie vorbereitete Notfallpläne erarbeiten und in einem Notfallordner dokumentieren. Die Notfallpläne können Sie nach einem 6-Stufen-Plan erarbeiten.

| **Übersicht: 6-Stufen-Plan** | |
|---|---|
| 1 Sofortreaktion | → Unbedingt sofort handeln! |
| 2 Eingreifen / Beenden | → Lehrer sind zum Eingreifen verpflichtet |
| 3 Opferhilfe / Maßnahmen einleiten | → Erste Hilfe = Opferhilfe |
| 4 Informieren | → Informieren von Eltern und Helfern |
| 5 Nachsorgen | → Kein Vorfall ohne Nachsorge |
| 6 Ergänzende Hinweise | → Rechtsgrundlagen, Hintergrundinformationen |

### Beispiel: So erstellen Sie einen ganz konkreten Notfallplan

Der folgende Notfallplan orientiert sich an den beschriebenen 6 Stufen und wird am Beispiel „Epidemie und Vergiftung" (Gefährdungsgrad III, rot) dargestellt. Entsprechende Pläne für andere Notfallsituationen erstellen Sie nach demselben Muster.

## Muster-Notfallplan Epidemie / Vergiftung

**1 Sofortreaktion**

- Feuerwehr alarmieren, 112
- bei Verdacht auf Vergiftung: Giftnotrufzentrale anrufen, Tel. 19240
- Gesundheitsamt verständigen

**2 Eingreifen – Beenden**

- Ruhe bewahren, keine Panik
- alle Erkrankten isolieren, dabei Selbstgefährdung vermeiden
- in Abhängigkeit von der Erkrankung ggf. Einmalhandschuhe und Mundschutz verwenden
- weitere Kontakte der Erkrankten mit Gesunden unterbinden

**3 Fürsorge – Opferhilfe – Maßnahmen**

- Anweisungen des Gesundheitsamtes befolgen
- Krisenteam der Schule einberufen
- bei Verdacht auf Vergiftung – wenn möglich – auslösende Ursache / Substanz (z. B. Nahrungsmittel, Giftstoff, Pilze, Beeren) ohne Selbstgefährdung sicherstellen

**4 Informieren**

- sofortige telefonische Meldung an die zuständige Gesundheitsbehörde
- Schulpsychologen
- Schulaufsicht
- Pressestelle der Schulaufsichtsbehörde bei zu erwartendem Medieninteresse in Abstimmung mit dem Gesundheitsamt
- Schulträger bzw. Schulamt
- Unfallkasse
- Erziehungsberechtigte verständigen
- Informationsstrategie für die Schule erarbeiten (wen, wie, worüber, in welcher Form informieren in Abstimmung mit dem Schulträger und dem Gesundheitsamt)
- schriftliche Meldung an die Unfallkasse, falls kostenpflichtige ärztliche oder psychologische Hilfe notwendig wird
- Unfallanzeige für versicherte Schülerinnen und Schüler
- Unfallanzeige für Angestellte von Kommune und Land
- Unfallanzeige für Beamte bei der zuständigen Personalstelle

**5 Nachsorgen – Aufarbeiten – Vorsorgen**

- Psychologische Betreuung von Schülern und Schulpersonal in Rücksprache mit den Schulpsychologen organisieren (Raum / Infos an Betroffene), wenn Bedarf besteht
- Notfall im Krisenteam und Kollegium auswerten
- Konsequenzen ableiten für zukünftiges Krisenmanagement bei Gefährdungslagen
- Präventionsangebote über das Gesundheitsamt und die Schulaufsichtsbehörde organisieren

**Muster-Notfallplan Epidemie / Vergiftung**

**6 Ergänzende Hinweise**
**Endemie**: normales, übliches Auftreten einer bestimmten Krankheit in einer bestimmten Population
**Epidemie**: unüblich starkes, zeitlich und örtlich begrenztes Auftreten einer Krankheit
**Pandemie**: unüblich starkes, zeitlich begrenztes, örtlich unbegrenztes (z. B. länderübergreifendes) Auftreten einer Krankheit
**Rechtsgrundlagen:** Infektionsschutzgesetz, Landes-Schulgesetze

## 1.7. Diese Rechtsgrundlagen zum Mutterschutz müssen Sie in Ihrer Schule beachten

Das Mutterschutzgesetz (MuSchG) gilt für alle voll- und teilzeitbeschäftigten Frauen, die in einem Arbeitsverhältnis stehen. Auch auf Frauen in sozialversicherungsfreien Arbeitsverhältnissen (geringfügige Beschäftigung) findet das Mutterschutzgesetz grundsätzlich Anwendung. Weder die Staatsangehörigkeit noch der Familienstand spielen eine Rolle. Entscheidend ist, dass die Frau ihren Arbeitsplatz in der Bundesrepublik Deutschland hat.

Das Mutterschutzgesetz gilt nicht für Frauen, die sich in Ausbildungsverhältnissen befinden, z. B. Schülerinnen, Praktikantinnen, Auszubildende im Rahmen der schulischen Ausbildung. Für sie gelten jeweils das Schulgesetz und Ausbildungs- oder Prüfungsordnungen. Für Schülerinnen an allgemeinbildenden Schulen besteht in einigen Bundesländern während der Schutzfristen 6 Wochen vor bis 8 Wochen nach der Geburt ein Anspruch auf Hausunterricht. Der Anspruch wird über die Schule an das Schulamt gerichtet. Er umfasst in der Regel Unterricht in Deutsch, Mathematik und Fremdsprachen.

Beamtinnen unterliegen den beamtenrechtlichen Regelungen, die jedoch weitgehend an das Mutterschutzgesetz angepasst sind.

**Benachrichtigen Sie unverzüglich die zuständige Aufsichtsbehörde, wenn Ihnen eine Lehrerin, Schülerin oder Mitarbeiterin der Schule eine Schwangerschaft mitteilt!**

Sorgen Sie spätestens jetzt dafür, eine Gefährdungsbeurteilung des Arbeitsplatzes durchzuführen, oder überprüfen Sie Ihre vorhandene Gefährdungsbeurteilung auf

**Info-Box: Rechtsgrundlagen zum Mutterschutz**

**EG-Richtlinie**

Richtlinie über die Durchführung von Maßnahmen zur Verbesserung der Sicherheit und des Gesundheitsschutzes von schwangeren Arbeitnehmerinnen, Wöchnerinnen und stillenden Arbeitnehmerinnen am Arbeitsplatz (Richtlinie 92/85/EWG)

**Bundesgesetze**

Mutterschutzgesetz (MuSchG)
Bundeselterngeld- und Elternzeitgesetz (BEEG)

**Verordnungen**

Verordnung zum Schutze der Mütter am Arbeitsplatz (MuSchArbV)
Röntgenverordnung (RöV)
Strahlenschutzverordnung (StrlSchV)
Druckluftverordnung (DrucklVO)
Gentechnik-Sicherheitsverordnung (GenTSV)
Arbeitsstättenverordnung (ArbStättV)
Gefahrstoffverordnung (GefStoffV)
Verordnung zur arbeitsmedizinischen Vorsorge (ArbMedVV)
Verordnung über den Mutterschutz für Beamtinnen in NRW (MuSchVB)

Aktualität (lesen Sie hierzu auch Kapitel 1.2). Der Arbeitsplatz sollte jedoch schon vor Bekanntwerden einer Schwangerschaft so gestaltet sein, dass das Leben und die Gesundheit von Mutter und Kind schon in der Frühschwangerschaft geschützt sind.

Liegt keine Gefährdungsbeurteilung durch die Schulleitung vor, kann der behandelnde Arzt vorübergehend ein Beschäftigungsverbot aussprechen, wenn vom Arbeitsplatz Gefahren für Leben oder Gesundheit von Mutter und Kind ausgehen können (vgl. Bundesarbeitsgericht (BAG), Urteil vom 11.11.1998, Az.: 5 AZR 49/98).

Eine Gefahr für die Mutter und das ungeborene Kind kann besonders vom Werkstoffunterricht und naturwissenschaftlichen Unterrichtsfächern ausgehen (Gefahrstoffe). Generelle Beschäftigungsverbote für Mütter gemäß § 4 und § 8 MuSchG gelten für alle werdenden und stillenden Mütter unabhängig von deren individuellen Gegebenheiten. Die Aufsichtsbehörde ist dafür verantwortlich zu klären, ob die konkreten Arbeitsplatzbedingungen zu einer Gefährdung für die werdenden und stillenden Mütter führen können.

### Schutzfristen für werdende Mütter

Schwangeren ist es grundsätzlich verboten, 6 Wochen vor der Entbindung zu arbeiten. Sie können jedoch ausdrücklich erklären, dass sie weiter arbeiten möchten. Diese Erklärung kann auch jederzeit widerrufen werden. Nach der Entbindung besteht ein generelles Beschäftigungsverbot von 8 Wochen. Bei Früh- und Mehrlingsgeburten verlängert sich diese Frist zusätzlich um den Zeitraum, der vor der Entbindung nicht in Anspruch genommen werden konnte.

### So viel dürfen werdende Mütter arbeiten

Werdende und stillende Mütter dürfen nicht über 8,5 Stunden täglich oder 90 Stunden in der Doppelwoche beschäftigt werden. Bei schwangeren Frauen unter 18 Jahren verringert sich die Arbeitszeit auf 8 Stunden täglich oder 80 Stunden in der Doppelwoche. Ebenso besteht ein Beschäftigungsverbot zwischen 20:00 Uhr und 6:00 Uhr sowie an Sonn- und Feiertagen. Am Arbeitsplatz dürfen schwangere Frauen nicht

- körperlich schwer arbeiten (z. B. kein Heben oder Tragen von Kindern)
- sich häufig strecken, sich beugen, dauernd hocken oder sich gebückt halten
- mit aggressiven oder verhaltensgestörten Kindern arbeiten
- auf Leitern oder Tritten stehen oder auf rutschigem Boden gehen
- einem Lärmgrenzwert von über 80 dB ausgesetzt werden

### Infektionsgefahren für werdende Mütter

Der Arbeitgeber ist verpflichtet, allen Beschäftigten Zugang zu arbeitsmedizinischen Vorsorgeuntersuchungen zu verschaffen. Diese Vorsorgeuntersuchungen umfassen auch die Beratung, die Feststellung der Immunitätslage sowie das Angebot von fehlenden Impfungen gegen folgende Krankheiten: Keuchhusten, Masern, Mumps, Röteln, Windpocken, Keuchhusten, Hepatitis A und B.

Lehrerinnen sind jedoch nicht verpflichtet, sich gegen die genannten impfpräventablen Krankheiten immunisieren zu lassen. Sie können ebenfalls durch eine Blutuntersuchung feststellen lassen, ob sie Antikörper gegen nicht impfpräventable Krankheiten haben, z. B. Ringelröteln und Zytomegalie.

Kommt es zum Auftreten von Infektionskrankheiten in der Schulgemeinschaft, sind werdende Mütter daher ganz besonders gefährdet. Laut Mutterschutzgesetz (MuSchG) und Mutterschutzrichtlinienverordnung sind in solchen Fällen vorsorglich Maßnahmen zu ergreifen, um Infektionen zu vermeiden. Der Übersicht entnehmen Sie, welche Schutzmaßnahmen bei relevanten Infektionskrankheiten für werdende Mütter in der Schule erforderlich sind.

## Übersicht: Relevante Infektionskrankheiten und Schutzmaßnahmen für Schwangere in der Schule

| **Erkrankung** | **Prüfung der Immunität** | | **Schutzmaßnahme** | |
|---|---|---|---|---|
| | **Impfung vor/ nach der Schwangerschaft empfohlen** | **Impfpass-kontrolle/ Serologie** | **Beschäftigungsverbot in der Schwangerschaft bei fehlender oder nicht geklärter Immunität nach § 4 MuSchG und §§ 3, 4, 5 MuSchRiV** | |
| | | | **befristet** | **generell** |
| **Röteln** | Ja | Ja | Bei Ausbruch der Erkrankung in der Schule nach der 20. SSW<br><br>WZ: **Am 22.** Tag nach dem letzten Erkrankungsfall | Ja, bis zum Ende der 20. SSW bei beruflichem Umgang mit Kindern und Jugendlichen bis zum vollendeten 18. Lebensjahr |
| **Masern** | Ja | Ja | Beim Umgang mit älteren Kindern: bei Ausbruch der Erkrankung in der Schule<br><br>WZ: am **15. Tag** nach dem letzten Erkrankungsfall | Evtl. beim beruflichen Umgang mit behinderten Kindern |
| **Mumps** | Ja | Ja | Beim Umgang mit älteren Kindern: bei Ausbruch der Erkrankung in der Schule<br><br>Wz: am **26. Tag** nach dem letzten Erkrankungsfall | Evtl. beim beruflichen Umgang mit behinderten Kindern |

## Übersicht: Relevante Infektionskrankheiten und Schutzmaßnahmen für Schwangere in der Schule

| | | | | |
|---|---|---|---|---|
| **Windpocken** | Ja | Ja | Beim Umgang mit älteren Kindern: bei Ausbruch der Erkrankung in der Schule<br>WZ: am **29. Tag** nach dem letzten Erkrankungsfall | bei beruflichem Umgang mit Kindern bis zum vollendeten 10. Lebensjahr |
| **Zytomegalie** | keine Impfung möglich | Ja | Nein | Evtl. bei beruflichem Umgang mit behinderten Kindern |
| **Ringelröteln** | keine Impfung möglich | Ja | Beim Umgang mit älteren Kindern: bei Ausbruch der Erkrankung in der Schule<br>WZ: am **21. Tag** nach dem letzten Erkrankungsfall | Nein |
| **Hepatitis A** | Ja | Ja | Bei Ausbruch der Erkrankung in der Schule<br>WZ: am **51. Tag** nach dem letzten Erkrankungsfall | Nein |
| **Hepatitis B** | Ja | Ja | Bei Ausbruch der Erkrankung in der Schule | Ja, bei der Betreuung von Hepatitis-B-infizierten oder aggressiven Kindern und Jugendlichen und evtl. bei der Betreuung von Kindern und Jugendlichen |

## Übersicht: Relevante Infektionskrankheiten und Schutzmaßnahmen für Schwangere in der Schule

| | | | | |
|---|---|---|---|---|
| **Scharlach** | keine Impfung möglich | Nein | Bei Ausbruch der Erkrankung in der Schule<br>WZ: Am **5. Tag** nach dem letzten Erkrankungsfall | Nein |
| **Keuch-husten** | Ja | Ja | Bei Ausbruch der Erkrankung in der Schule<br>WZ: Am **21. Tag** nach dem letzten Erkrankungsfall | Nein |
| **Grippe** | Ja (während der Schwangerschaft möglich) | Nein | Bei Ausbruch der Erkrankung in der Schule<br>WZ: Am **6. Tag** nach dem letzten Erkrankungsfall | nein |

**Legende:**
WZ: Wiederzulassung
SSW: Schwangerschaftswoche
MuschG: Mutterschutzgesetz
MuschRiV: Mutterschutzrichtlinienverordnung

# Teil 2

## Hygiene und Infektionsschutz in der Schule

# 2.1 Hygienemanagement - Schutz vor Infektionen und Visitenkarte der Schule

Was bedeuten Hygiene und Infektionsschutz in der Schule für Sie als Schulleiter ganz persönlich? Verbinden Sie damit hauptsächlich Sauberkeit in den Toiletten oder Ordnung in den Klassenzimmern?

In diesem Abschnitt widmen wir uns dem Hygienemanagement von verschiedenen Seiten. Sie werden sehen, dass Hygiene und Infektionsschutz sehr viel mehr als nur saubere Toiletten bedeuten. Auf den 1. Blick gehören Hygiene und Sauberkeit zum Bild, das die Schule nach außen abgibt, sie sind sozusagen die Visitenkarte Ihrer Schule. Der 1. Eindruck ist mitunter schwer zu korrigieren und bleibt lange haften. Ist der Schulhof vermüllt? Sind die Toiletten sauber, gibt es Flüssigseife und Papierhandtücher? Sind die Ecken in den Fluren verdreckt, die Klassenzimmer unordentlich und voll gestellt? All dies nehmen Eltern, Schüler, Kollegen und Besucher bewusst oder unbewusst wahr und beziehen diese Eindrücke in die Bewertung Ihrer Schule ein.

Hygiene und Sauberkeit in der Schule sind deshalb auch sensible Indikatoren für die Wahrnehmung der Führungsverantwortung der Leitung. Das Hygienemanagement ist ein Teilbereich der gesamten Führungsaufgaben der Schulleitung. Die Vernachlässigung dieser Aufgaben kann sehr schnell einen Reputationsschaden bewirken, der nur mit größtem Aufwand wieder behoben werden kann. Hygienemanagement kann jedoch nur umgesetzt werden, wenn Sie sich als Schulleitung selbst damit identifizieren und eine proaktive Haltung dazu einnehmen. Machen Sie sich unbedingt ein Bild von den Gegebenheiten vor Ort. Denn eine hygienisch sichere Schule ist nicht allein mit Checklisten oder Reinigungs- und Desinfektionsplänen zu erreichen.

### Trennung zwischen fachlicher und disziplinarischer Führungsverantwortung

Im Bereich der Hygiene gibt es eine Trennung zwischen disziplinarischer und fachlicher Führungsverantwortung für die Schulleitung. Dies stellt für Sie als Schulleiter eine besondere Herausforderung dar. Die rein fachliche Führungsverantwortung für das Hygienemanagement haben Sie als Schulleitung inne. Durch das Aufzeigen der Bedeutung von Hygiene und Sauberkeit erzeugen Sie dauerhaft ein Gesamtverständnis für die Übernahme von Verantwortung durch die Schulgemeinschaft beim Thema Hygiene. Sie als Schulleitung können jedoch nicht an allen Orten gleichzeitig sein. Somit besteht die Notwendigkeit, klare Verantwortlichkeiten an die Lehrer- und Schülerschaft zu adressieren und zu organisieren. Dies muss zunächst in den gesetzlich geforderten Hygieneplänen erfolgen. Sie als Schulleiter können aber auch gemeinsam mit dem Lehrerkollegium Ziele formulieren und vereinbaren. Nach jedem Schulhalbjahr sollte die Zielerreichung evaluiert und ggf. verbessert werden. Das Muster zeigt beispielhaft, wie die Zielvereinbarungen im Bereich „Hygiene und Sauberkeit" aussehen könnten.

## Musterbeispiel: Zielvereinbarungen zu Hygiene und Sauberkeit

| Nr. | Ziel | Maßnahme | Verantwortlich | Termin / Turnus | Zielerreichung |
|---|---|---|---|---|---|
| 1 | Förderung der Konzentrationsfähigkeit durch bessere Luft (mehr Sauerstoff) im Klassenzimmer | Quer- und Stoßlüftung über 3 bis 5 Minuten nach jeder Unterrichtsstunde | Frau Krämer | täglich | |
| 2 | Ordnung im Lehrerzimmer und Sauberkeit in der Lehrerküche | Erstellung und Überprüfung des Spülplans und Prüfung der Warmwasserversorgung (Kalk) | Herr Kurz, Frau Schneider monatlich rotierend | wöchentlich | |
| 3 | Vermeidung von Schädlingsbefall durch organische Abfälle im Klassenzimmer | Nach dem Verzehr von Lebensmitteln (Frühstück, Geburtstagsfeiern) umgehende Entsorgung des organischen Abfalls in verschlossene Plastikbeutel durch die Schüler | Herr Franke | bei Bedarf | |
| 4 | Dauerhafte Verbesserung der Händehygiene | Einüben der Einreibemethode nach DIN 1500 durch die Schüler und Lehrer | Frau Maier | halbjährlich | |

## Was versteht man konkret unter Hygiene in Ihrer Schule?

Grob gesagt geht es darum, alle Menschen, die sich in der Schule aufhalten, vor Gesundheitsschäden zu schützen. Durch das enge Zusammenleben über viele Stunden des Tages hinweg kann es besonders schnell zur Übertragung von Krankheitserregern oder anderen berufsbedingten Gesundheitsschäden kommen.

### Info-Box: Was ist Hygiene?

Hygiene wird definiert als „die Gesamtheit aller Bestrebungen und Maßnahmen zur Verhütung von Krankheiten und Gesundheitsschäden beim Einzelnen (Individualhygiene) und bei der Allgemeinheit (Allgemeinhygiene), besonders hinsichtlich der durch das Zusammenleben der Menschen (Infektionskrankheiten und Epidemien) und den Beruf (Arbeitshygiene) entstehenden bzw. drohenden Erkrankungen".

(Quelle: Gesundheitsberichterstattung (GBE) des Bundes vom 26.11.2013)

Maßnahmen zur Einhaltung der sogenannten Infektionshygiene werden oft infrage gestellt oder bagatellisiert („Dreck reinigt den Magen", „Das hat noch keinem geschadet"). Was Hygiene und Sauberkeit in öffentlichen Räumen betrifft, verhalten sich die Menschen oftmals anders als in ihren Privaträumen. Nämlich so, als ob sie keine Verantwortung für ihre Umgebung übernehmen müssten. Dies führt zu einem sich wechselseitig negativ verstärkenden Sauberkeitsverhalten: Wenn ich die Toiletten / Räume so verdreckt vorfinde, muss ich mich auch nicht bemühen, sie selbst sauber zu halten. In Schulen und in Kinder-Gemeinschaftseinrichtungen allgemein sind Hygiene und Infektionsschutz so lange kein Thema, bis die Akteure persönlich von Krankheiten bedroht oder betroffen sind.

## Erinnern Sie sich noch an die sogenannte „Schweinegrippe"?

Vor gefährlichen neuen Krankheitserregern oder aber schon bekannten, durch Mutationen oder Resistenzen für den Menschen gefährlich gewordenen Keimen können wir uns nur bedingt im Vorfeld schützen. Sie als Schulleiter haben aber großen Einfluss darauf, ob eine Infrastruktur in Ihrer Schule geschaffen und erhalten wird, die ein schnelles Eingreifen und sinnvolle Schutzmaßnahmen (z. B. die Unterbrechung von Infektionsketten) erleichtern. Nach Auftreten der Schweinegrippe wurden in vielen Schulen beispielsweise in aller Eile Händedesinfektionsmittel, Flüssigseife und Papierhandtücher in Spendersystemen in den Klassenzimmern installiert.

Im Nachhinein stellte sich die übereifrige Beschaffung zum Teil als fehlerhaft heraus, da nach dem allgemein anerkannten Stand der medizinischen Wissenschaft Konsens darüber besteht, dass Kinder nicht unbeaufsichtigt Zugriff auf Desinfektionsmittel haben sollten. Die Händedesinfektionsmittelspender wurden also wieder deinstalliert. Über die nun ausreichende Ausstattung mit Flüssigseifen- und Papierhandtuchspendern ist man jedoch noch heute froh. Dieses Beispiel zeigt, dass im Falle einer Pandemie durchaus sinnvolle Anschaffungen getätigt werden, aber in der Eile oder auch im guten Glauben Geld zum Fenster herausgeworfen wird. Strukturiertes und planvolles Vorgehen im Vorfeld spart daher Geld und Frustration!

## 2.2 Rechtsgrundlagen zum Thema „Hygiene und Infektionsschutz"

Im Folgenden werden die für Schulen wichtigsten gesetzlichen Grundlagen des Infektionsschutzgesetzes erläuternd dargestellt. Hierbei handelt es sich nur zum Teil um den Original-Gesetzestext.

Den Gesetzestext im Wortlaut können Sie auf der beiliegenden CD-ROM nachlesen oder unter folgender Internetadresse einsehen:
**http://www.gesetze-im-internet.de/ifsg/**

### Im Überblick: Dies sind die wichtigsten Bestimmungen des Infektionsschutzgesetzes

**§ 33 Gemeinschaftseinrichtungen**

- Im Sinne dieses Gesetzes sind dies Einrichtungen, in denen überwiegend Säuglinge, Kinder oder Jugendliche betreut werden, insbesondere Kinderkrippen, Kindergärten, Kindertagesstätten, Kinderhorte, Schulen oder sonstige Ausbildungseinrichtungen, Heime, Ferienlager und ähnliche Einrichtungen.

**§ 34 Gesundheitliche Anforderungen, Mitwirkungspflichten, Aufgaben des Gesundheitsamtes**

- Automatische Beschäftigungs- und Besuchsverbote für die in Gemeinschaftseinrichtungen Beschäftigten und Betreuten
- Unverzügliche Mitteilungspflicht (d. h. ohne schuldhaftes Verzögern) der Beschäftigten und der Sorgeberechtigten an die Gemeinschaftseinrichtung bei Verdacht oder Auftreten bestimmter Krankheiten und Krankheitserreger oder Lausbefalls
- Unverzügliche Benachrichtigungspflicht der Schulleitung an das Gesundheitsamt beim Verdacht oder Auftreten bestimmter Krankheiten, Krankheitserreger, Lausbefalls oder Krankheitsausbrüche (2 oder mehr gleichartige, schwerwiegende Erkrankungen, wenn als deren Ursache Krankheitserreger anzunehmen sind)

- Die Benachrichtigung an das Gesundheitsamt durch die Schulleitung muss krankheits- und personenbezogene Angaben des oder der Betroffenen enthalten.
- Anordnung des Gesundheitsamtes zur anonymen Bekanntgabe des Verdachts oder der aufgetretenen Erkrankung in der Schule entweder durch Elternbrief oder Aushang
- Die Schulleitung (und das Gesundheitsamt) sollten die Sorgeberechtigten über einen vollständigen Impfschutz und über Präventionsmaßnahmen übertragbarer Krankheiten aufklären.
- Die Schulleitung muss die Sorgeberechtigten über die Besuchsverbote und Mitteilungspflichten vor Neuaufnahme in die Schule belehren.

Die Belehrungsbögen des Robert-Koch-Instituts über die Mitwirkungspflichten der Sorgeberechtigten in Gemeinschaftseinrichtungen finden Sie auf der beiliegenden CD-ROM. Alternativ können sie unter folgender Internetadresse heruntergeladen werden: **http://tinyurl.com/belehrungsboegen**

**§ 35 Belehrung für Personen in der Betreuung von Kindern und Jugendlichen**

- Die Schulleitung muss die Beschäftigten vor Aufnahme der Tätigkeit und im Folgenden mindestens alle 2 Jahre über den Inhalt des § 34 IfSG belehren.
- Die Dokumentation der Belehrung muss 3 Jahre aufbewahrt werden.

Die Belehrungsbögen des Robert-Koch-Instituts über die Mitwirkungspflichten der Beschäftigten in Gemeinschaftseinrichtungen finden Sie ebenfalls auf der beiliegenden CD-ROM. Alternativ können sie unter folgender Internetadresse heruntergeladen werden: **http://tinyurl.com/belehrungsboegen-2**

**§ 36 Einhaltung der Infektionshygiene**

- Die Schulleitung ist verpflichtet, Verfahrensweisen zur Einhaltung der Infektionshygiene in einem Hygieneplan festzulegen. Hygienepläne haben das Ziel, durch eine Risikoanalyse der verschiedenen Bereiche einer Gemeinschaftseinrichtung eine Bewertung der Infektionsrisiken vorzunehmen. Aufgrund dieser Bewertung sollen durch geeignete Maßnahmen Infektionsrisiken minimiert werden.
- § 36 IfSG bestimmt ebenfalls, dass die Gemeinschaftseinrichtungen durch das Gesundheitsamt überwacht werden.

**§ 42 Tätigkeits- und Beschäftigungsverbote im Lebensmittelbereich**

- § 42 Abs. 1 IfSG listet bestimmte Krankheiten auf, die **automatisch**, d. h. also ohne eine behördliche Anordnung, zu einem Tätigkeitsverbot in der Schule führen. Es handelt sich dabei um das Herstellen, Behandeln oder Inverkehrbringen bestimmter

Lebensmittel. Dies gilt auch, wenn die Mitarbeiter mit Bedarfsgegenständen (z. B. Geschirr, Töpfe, Küchengeräte etc.) für die dort genannten Tätigkeiten so in Berührung kommen, dass eine Übertragung von Krankheitserregern auf Lebensmittel zu befürchten ist. Lebensmittel im Sinne des Absatzes 1 sind:
- Fleisch, Geflügelfleisch und Erzeugnisse daraus
- Milch und Erzeugnisse auf Milchbasis
- Fische, Krebse oder Weichtiere und Erzeugnisse daraus
- Eiprodukte
- Säuglings- und Kleinkindernahrung
- Speiseeis und Speiseeishalberzeugnisse
- Backwaren mit nicht durchgebackener oder durcherhitzter Füllung oder Auflage
- Feinkost-, Rohkost- und Kartoffelsalate, Marinaden, Mayonnaisen, andere emulgierte Soßen, Nahrungshefen
- Sprossen und Keimlinge zum Rohverzehr sowie Samen zur Herstellung von Sprossen und Keimlingen zum Rohverzehr.

• Folgende Krankheiten (auch bei Verdacht) bzw. Verletzungen führen zu einem automatischen Tätigkeitsverbot in der Schule:
  - Typhus abdominalis, Paratyphus, Cholera, Shigellenruhr, Salmonellose, eine andere infektiöse Gastroenteritis oder Virushepatitis A oder E
  - infizierte Wunden oder Hautkrankheiten, bei denen die Möglichkeit besteht, dass deren Krankheitserreger über Lebensmittel übertragen werden können und
  - Ausscheider von Shigellen, Salmonellen, enterohämorrhagische Escherichia coli oder Choleravibrionen
• Die Nichtbeachtung ist strafbewehrt und kann mit einer Geld- oder Gefängnisstrafe geahndet werden.

**§ 43 Belehrung, Bescheinigung des Gesundheitsamtes**

• Personen, die im Sinne des § 42 IfSG eine Tätigkeit in der Schule ausüben, müssen über die Hinderungsgründe erstmalig vor Aufnahme ihrer Tätigkeit vom Gesundheitsamt belehrt werden. Die Tätigkeit muss spätestens 3 Monate später aufgenommen werden. Im Folgenden muss der Arbeitgeber (Schulleiter) diese Personen alle 2 Jahre über den Inhalt des § 42 wiederbelehren und diese Belehrung dokumentieren. Die Belehrungsunterlagen sind in der Schule aufzubewahren.

Die Belehrungsbögen des Robert-Koch-Instituts für Personen, die im Lebensmittelbereich in Gemeinschaftseinrichtungen tätig sind, finden Sie auf der beiliegenden CD-ROM. Alternativ können sie unter folgender Internetadresse heruntergeladen werden: **http://tinyurl.com/belehrungsboegen-3**

## 2.2.1 Kopfläuse – lästig und schädlich für die Schulgemeinschaft

Das Thema „Kopflausbefall“ ist vielen Annahmen zum Trotz ein ganzjähriges Problem in vielen Schulen. Besonders in den Grundschulen kommt es zu fortwährenden Meldungen über Kopflausbefall. Aber auch die weiterführenden Schulen melden vor allem in den unteren Klassen das Auftreten von Kopfläusen.
Warum bekommen Eltern, Schulen und Behörden das Problem nicht in den Griff? Nach wie vor werden Kinder, die von Kopfläusen betroffen sind, immer noch schnell stigmatisiert. Vor allem, wenn zusätzliche stigmatisierende Faktoren wie ein niedriger sozialer Status, Migrationshintergrund oder auffälliges Sozialverhalten hinzukommen. Schnell scheint die Quelle des Übels gefunden, wenn die Meldungen über Kopfläuse

**Info-Box: Fakten zum Thema „Läuse“**

Um die Weiterverbreitung von Kopfläusen ranken sich viele Mythen und Märchen. Kopfläuse können vielen Annahmen zum Trotz nicht hüpfen, springen oder fliegen. Auch Saunabesuche, die Verwendung von Haarsprays oder eine Behandlung mit Essiglauge sind keine geeigneten Präventiv- oder Bekämpfungsmaßnahmen. Sogenannte Läuseföns („Lousebuster“), die in den USA verwendet werden, sind in Deutschland u. a. wegen der hohen Hitzeentwicklung zur Behandlung von Kopfläusen nicht zugelassen.

Kopfläuse krabbeln von Kopf zu Kopf und benötigen für ihre Weiterentwicklung die Körperwärme des Menschen (optimale Temperaturbedingungen bestehen bei 28 bis 29 °C). Bei massivem Befall können auch andere behaarte Stellen des Oberkörpers (Bart, Augenbrauen oder Achselhaare) betroffen sein. Läuse haben 3 Paar mit klauenartigen Fortsätzen versehene Beine, mit denen sie sich gut an den Haaren festhalten und fortbewegen können, sowie Mundwerkzeuge, mit denen sie stechen und saugen können. Sie nehmen mehrmals täglich Blut als Nahrung auf. Zugleich bringen sie Speichel in die Wunde ein, die häufig Juckreiz hervorruft. Kopfläuse übertragen in unseren Breiten keine Krankheitserreger. Sie können jedoch durch intensives Kratzen Entzündungen und bakterielle Infektionen hervorrufen. Im Laufe ihres etwa 4 Wochen währenden Lebens können sie 90 bis 140 Eier produzieren. Da Kopfläuse sich sehr gut an die gleich bleibenden Bedingungen am menschlichen Kopf angepasst haben, werden sie getrennt vom Wirt durch fehlende Blutmahlzeiten relativ schnell geschwächt. Sie überleben bei Zimmertemperatur in der Regel nicht mehr als 2, im Ausnahmefall 3 Tage. Kopfläuse verlassen ihren Lebensraum, den menschlichen Kopf, nur sehr ungern.

nicht abreißen. „Ich will ja nichts sagen, aber wir vermuten, dass Familie xy die Kinder immer wieder mit Kopfläusen in die Schule schickt. Unsere Kinder erzählen zu Hause, dass sich das Kind immer wieder kratzt."

Eltern wenden sich mit solchen oder ähnlichen Schilderungen gerne an die Gesundheitsämter, um zu veranlassen, dass seitens der Behörden Maßnahmen ergriffen werden. Auch kritisieren die Eltern den Umgang der Schule mit dem Thema „Kopfläuse". Dabei stehen Klagen über mangelnde Offenheit seitens der Schulleitung, nicht mehr aktuelle Informationen oder eine fehlende Attestpflicht zur Wiederzulassung im Vordergrund. Eltern beschließen dann gerne ihrerseits, den Meldepflichten nicht mehr nachzukommen: „Ich bin wohl die Einzige, die offen zugibt, dass ihr Kind Läuse hat. Ab jetzt sage ich einfach nur, dass mein Kind krank ist, aber nicht, dass es Kopfläuse hat".

Dadurch entsteht ein Klima des Misstrauens. Eine gute Kommunikation und ein offener Umgang mit dem Thema „Kopfläuse" ist die Voraussetzung dafür, dass die Eltern ihrer gesetzlichen Verpflichtung nachkommen wollen, der Schule zu melden, wenn bei ihrem Kind Kopfläuse festgestellt wurden. Nur dann kann die Schule aufmerksam darauf werden, dass es ein gehäuftes Auftreten von Kopfläusen gibt, und Maßnahmen ergreifen.

### Die Übertragung von Kopfläusen findet fast immer von Kopf zu Kopf statt

Gelegentlich aber ist eine Übertragung auch indirekt über Gegenstände möglich, die mit dem Kopfhaar in Berührung kommen. Dies kann geschehen, wenn innerhalb einer kurzen Zeitspanne gemeinsam Kämme, Haarbürsten, Schals und Kopfbedeckungen – auch Fahrradhelme oder Kopfunterlagen – benutzt werden.

Die Übertragung von Kopfläusen an der Garderobe ist hingegen als untergeordnet anzusehen.

### Wenn Läuse auftreten, informieren Sie die Schulgemeinschaft so schnell wie möglich

Je schneller die Gruppe, Klasse oder Jahrgangsstufe über das Auftreten von Kopfläusen informiert wird, desto größer sind die Chancen, dass es zu keiner Weiterverbreitung kommt. Der Aushang sollte selbstverständlich anonym und ohne Hinweis auf die betroffene Person erfolgen. In Grundschulen ist es hilfreich, der Klasse das Informationsschreiben persönlich mit nach Hause zu geben. Ihr zuständiges Gesundheitsamt wird Ihnen vorbereitete Informationsschreiben zur Verfügung stellen.

## Informieren Sie die Eltern regelmäßig über das aktuelle Behandlungsschema

Aufmerksamkeit, Offenheit und ein fundiertes Wissen über neue wissenschaftliche Erkenntnisse erleichtern es Lehrern und Eltern, auf einer fundierten Basis das Problem zu lösen. Die Therapien und das Behandlungsschema bei Kopfläusen haben sich in den letzten Jahren verändert. Eine Kombination aus der Anwendung chemischer Substanzen und mechanischem Entfernen der Schädlinge in definierten Abständen hat sich demnach bewährt.

Dabei ist zu beachten, dass es in der Vergangenheit Berichte über wirkstoffresistente Läuse gegeben hat. Auch ein gestiegenes Bewusstsein der Eltern, die eine gesundheits- bzw. nervenschädigende Wirkung der herkömmlichen Mittel befürchten, hat dazu geführt, dass neue Produkte auf den Markt gekommen sind, die den Kopfläusen physikalisch und nicht chemisch zu Leibe rücken. Diese werden nicht als Arzneimittel, sondern als Medizinprodukte eingestuft. Bei Produkten auf Silikonbasis wurde wissenschaftlich nachgewiesen, dass sie in die Tracheen (Atmungsorgane) der Läuse eindringen, deren Wasserhaushalt zerstören und die Läuse infolgedessen verenden. Bei keinem der auf dem Markt verfügbaren Produkte ist jedoch bislang wissenschaftlich nachgewiesen worden, dass es auch gegen die äußerst widerstandsfähigen Eier der Läuse zu 100 % wirkt. Daher ist die 2. Behandlung nach 8 bis 10 Tagen maßgeblich, um auch die nachgeschlüpften Läuse abtöten zu können.

Die Behandlung bei Kopflausbefall ist zeitintensiv. Gerade dieser Umstand scheint einer der Hauptgründe dafür zu sein, dass Kopfläuse nicht wirklich eradiziert werden können. Kinder sind bei der Körperpflege häufig sich selbst überlassen. Die Berufstätigkeit beider Eltern, Zeitdruck und mangelnde Aufmerksamkeit führen dazu, dass Untersuchung, Behandlung und aufwendiges Durchkämmen der Haare mit einem Nissenkamm gar nicht oder zu oberflächlich durchgeführt werden. Die 2. notwendige Behandlung mit einem Insektizid nach 8 bis 10 Tagen wird zudem häufig vergessen. Dadurch können weitere Larven schlüpfen und sich vermehren. Der Kreislauf beginnt von vorne.

Darüber hinaus sollten Sie die Eltern regelmäßig darauf hinweisen, ihre Bekämpfungsmaßnahmen auf den Kopf des betroffenen Kindes zu richten. Fatalerweise stellen viele Familien ihre Wohnung oder das Haus auf den Kopf und reiben sich mit überflüssigen Desinfektions- und Reinigungsmaßnahmen auf. Übertragungen von Kopfläusen über Gegenstände sind jedoch als zweitrangig zu betrachten. Viel wichtiger ist das folgende Behandlungsschema.

## Muster: Behandlungsschema bei Kopfläusen

**Tag 1:**
Mit einem Insektizid behandeln und anschließend nass auskämmen

**Tag 5:**
Nass auszukämmen, um früh nachgeschlüpfte Larven zu entfernen, bevor sie mobil sind

**Tag 8, 9 oder 10:**
Erneut mit dem Insektizid behandeln, um spät geschlüpfte Larven abzutöten

**Tag 13:**
Kontrolluntersuchung (Eltern) durch nasses Auskämmen

**Tag 17:**
Letzte Kontrolle (Eltern) durch nasses Auskämmen

**Weitere Hinweise zur Therapie:**
Bezüglich der Anwendung und der möglichen Nebenwirkungen sind die Angaben der Hersteller sorgfältig zu beachten. Bei fehlender Erfahrung sollte ganz besonders bei der Behandlung von Kleinkindern ärztlicher Rat eingeholt werden. Während der Schwangerschaft und in der Stillzeit, bei MCS-Syndrom (multiple Überempfindlichkeit gegen chemische Substanzen) und Chrysantemenallergie wird empfohlen, Kopfläuse rein mechanisch durch nasses Auskämmen mit dem Läusekamm zu entfernen.

Weiterführende Informationen finden Sie unter:
**http://tinyurl.com/kopflaeuse**

Kostenlose Infobroschüren für Eltern in verschiedenen Sprachen (deutsch, türkisch, arabisch, russisch, englisch) erhalten Sie unter:
**http://tinyurl.com/kopflaeuse-2**

## Lassen Sie sich von den Eltern die Kontrolle und Behandlung ihrer Kinder schriftlich bestätigen

Eine schriftliche Bestätigung der Eltern, dass die Untersuchung und Behandlung sachgerecht durchgeführt worden ist, führt zu mehr Verbindlichkeit zwischen Schule und Elternhaus. Die mündliche Rückmeldung seitens der Erziehungsberechtigten ist zwar möglich, hat aber gerade wegen der fehlenden schriftlichen Festlegung eine geringere Aussagekraft. Machen Sie den Eltern bewusst, dass das rasche Erkennen und Behandeln eines Kopflausbefalls und die pflichtgemäße Mitteilung darüber eine Voraussetzung für die erfolgreiche Verhütung und Bekämpfung von Kopfläusen in der Schule sind.

## Muster-Bescheinigung der Eltern bei Kopflausbefall

Geben Sie diese Bescheinigung bitte ab, wenn Ihr Kind wieder in die Schule geht!

Kopflausbefall meines Kindes: . . . . . . . . . . . . . . . . . . . . . . . . . . . . . . . . . . . .

Hiermit bestätige ich der Schule, dass ich die im Elternbrief beschriebene Kopflaus-Behandlung mit dem Pedikulozid

. . . . . . . . . . . . . . . . . . . . . . . . . . . . . . . . . . . . . . . . . . . . . . . . . . . . . .

angefangen habe und die Behandlung wie dort beschrieben vollständig durchführen werde.

. . . . . . . . . . . . . . . . . . . . . . . . . . . . . . . . . . . . . . . . . . . . . . . . . . . . . .

(Datum und Unterschrift der Eltern / Erziehungsberechtigten)

## Muster-Bescheinigung der Eltern bei deutlich gehäuftem Auftreten von Kopfläusen in der Schule

Geben Sie diese Bescheinigung bitte bis zum . . . . . . . . . . . . . . . . . . . . . . . . in der Schule ab!

Name Ihres Kindes: . . . . . . . . . . . . . . . . . . . . . . . . . . . . . . . . . . . . . . . . . . . . . . . . . .

❑ Hiermit bescheinige ich der Schule, dass ich den Kopf meines Kindes mit einem feinen Kamm (am besten ist ein Nissenkamm) gut untersucht und keine Läuse oder Nissen gefunden habe.

❑ Ich habe mein Kind einem Arzt vorgestellt; das Attest ist beigefügt.

. . . . . . . . . . . . . . . . . . . . . . . . . . . . . . . . . . . . . . . . . . . . . . . . . . . . . . . . . . . . . . . . . . .

(Datum und Unterschrift der Eltern / Erziehungsberechtigten)

### Denken Sie an die Meldepflicht Ihrer Schule gemäß Infektionsschutzgesetz

Gemäß § 34 IfSG müssen Sie jeden einzelnen Befall mit Kopfläusen an das Gesundheitsamt melden. Ein entsprechendes Meldeformular stellt Ihnen das Gesundheitsamt Ihrer Kommune zur Verfügung. In diesem Zusammenhang können Sie auch weitere Maßnahmen besprechen:

- Ist ein Elternabend sinnvoll, an dem ein Experte aus dem Gesundheitsamt den Lehrern und Eltern Rede und Antwort steht?
- Könnte in Zusammenarbeit mit dem Gesundheitsamt eine Ausstellung organisiert werden, die über Vorkommen, Entwicklung und Bekämpfung von Kopfläusen informiert?

**Es gibt keine Attestpflicht für die Wiederzulassung**

Eltern wünschen sich verständlicherweise größtmögliche Sicherheit, wenn sie ihre Kinder nach erfolgter Behandlung wieder in die Schule schicken. Keinesfalls möchten sie ihre Kinder öfter als nötig mit Insektiziden behandeln, nur weil andere Familien ihrer Verantwortung nicht nachkommen und sich ihre eigenen Kinder erneut anstecken können. Daher rührt immer wieder der Wunsch nach einem schriftlichen ärztlichen Attest.

Die Erfahrungen haben jedoch gezeigt, dass die Forderung nach einem Attest keine Sicherheit in Bezug auf die Lausfreiheit gibt. Ärzte haben nicht die notwendigen zeitlichen Ressourcen, um die Kinder gründlich genug auf Laus- und Nissenfreiheit zu untersuchen. Hinzu kommt, dass der Nachweis kostenpflichtiger Atteste dazu führt, dass Eltern den Kopflausbefall ihrer Kinder lieber verschweigen, als Geld für das Attest bezahlen zu müssen. Daher ist es allgemeiner Konsens, dass statt eines Attests auf die Compliance der Eltern gesetzt werden sollte. Durch Information, Aufklärung, Beratung und schriftliche Rückmeldung durch die Eltern kann man sich der Lösung des Problems annähern. Schulen in privater Trägerschaft ist es freigestellt, mit den Eltern vertraglich die Beibringung eines Attests zu vereinbaren. Aus den oben beschriebenen Gründen sollte man dieses Vorgehen jedoch noch einmal überdenken.

**Geben Sie zusätzlich den Eltern folgende Tipps mit auf den Weg:**

- Überprüfen Sie, ob das Kopflausmittel korrekt angewendet wurde (Dosierung, Einwirkzeit, Nachbehandlung).
- Binden Sie Ihrem Kind in der Schule die Haare zusammen.
- Denken Sie bei wiederholtem Befall darüber nach, Ihrem Kind die Haare kürzer zu schneiden (Kontrolle und Behandlung werden dadurch vereinfacht).
- Kontrollieren Sie regelmäßig den Kopf Ihres Kindes auf Kopfläuse (auch wenn keine Fälle in der Schule bekannt sind).
- Kopfläuse haben nichts mit Sauberkeit zu tun! Es gibt auch saubere Kopfläuse.

## 2.3 Hygienisch relevante Bereiche in Ihrer Schule

### 2.3.1 Lufthygiene

Laut der Kommission Innenraumlufthygiene des Umweltbundesamtes stellen die Belastungen in der Innenraumluft in Schulgebäuden ein hygienisches und damit ein gesundheitliches Problem dar. Die Ursachen können auf bauliche Mängel, Fehler in der Lüftungstechnik, unsachgemäßes Lüftungsverhalten oder die Verwendung bestimmter Bauprodukte, Einrichtungsgegenstände oder Reinigungsprodukte, die chemische Stoffe in die Raumluft abgeben, zurückzuführen sein. Auch Schimmelbefall spielt in Schulgebäuden oftmals eine wichtige Rolle (vgl. hierzu Umweltbundesamt, 2012). Die gesundheitlichen Beeinträchtigungen durch den Aufenthalt in Schulgebäuden reichen von allgemeinen Befindlichkeitsstörungen über Kopfschmerzen, Müdigkeit, mangelnde Konzentration, Reizungen der oberen Atemwege und Augen, Nebenhöhlenentzündungen oder das Auftreten allergischer Reaktionen.

Nach einer Untersuchung im Rahmen des Kinder- und Jugendsurvey des Umweltbundesamtes 2007 halten sich Kinder im Alter von 3 bis 14 Jahren im Winter rund 90 % des Tages in Innenräumen auf – d. h., sie sind zu 90 % den hygienischen Bedingungen in Innenräumen ausgesetzt! Aber das Freizeitverhalten der Kinder und Jugendlichen hat sich auch in den Sommermonaten in Richtung geschlossener Räume verlagert. Die Qualität der Innenraumluft hat deshalb auch große Auswirkungen auf das Wohlbefinden von Kindern und Jugendlichen. Leider wird dieser Faktor im Alltag oftmals vernachlässigt.

Die Stadt Frankfurt am Main hat in ihren Daten des Amtes für Gesundheit von 2002 bis 2008 festgestellt, dass sich Eltern und Mitarbeiter von Gemeinschaftseinrichtungen bei den Gesundheitsbehörden am zweithäufigsten über die schlechte Raumluftqualität in den Klassenzimmern beschweren. Laut dieser Veröffentlichung ist die Ursache für die schlechte Raumluftqualität in den meisten Fällen nicht durch einen bestimmten Schadstoff zu finden, sondern durch mangelndes oder gänzlich fehlendes Lüften. Die Anreicherung der Raumluft mit Kohlendioxid ($CO_2$) ist ein Indikator für schlechte Raumluftqualität (sogenannter „Pettenkofer-Wert“).

### Warten Sie nicht, bis Elternbeschwerden eintreffen

Wenn Schüler und das Lehrerkollegium zunehmend über die oben genannten oder auch andere Beschwerden klagen, können Sie bei Ihrer zuständigen Behörde (Schul- oder Gesundheitsamt) um eine Kohlendioxid-Messung der Raumluft bitten. Dies sind einfache Messungen, die den Kohlendioxidgehalt online anzeigen und „das Ergebnis den Betroffenen unmittelbar zeigen und so die Forderung nach besserer Lüftung unterstreichen“ (Gesundheitsamt Frankfurt am Main, 2010).

Die Konzentration von Kohlendioxid kann auch im Rahmen des Unterrichts oder eines Projektes von den Schülern selbst gemessen werden. Dazu wird lediglich ein $CO_2$-Messgerät benötigt, die mittlerweile von zahlreichen Anbietern zu günstigen Konditionen angeboten werden. Die folgende Grafik zeigt ein Beispiel für den Verlauf der $CO_2$-Konzentration im Klassenraum über einen Schultag verteilt.

**Grafik: Beispiel für den Verlauf der $CO_2$-Konzentration im Klassenraum**

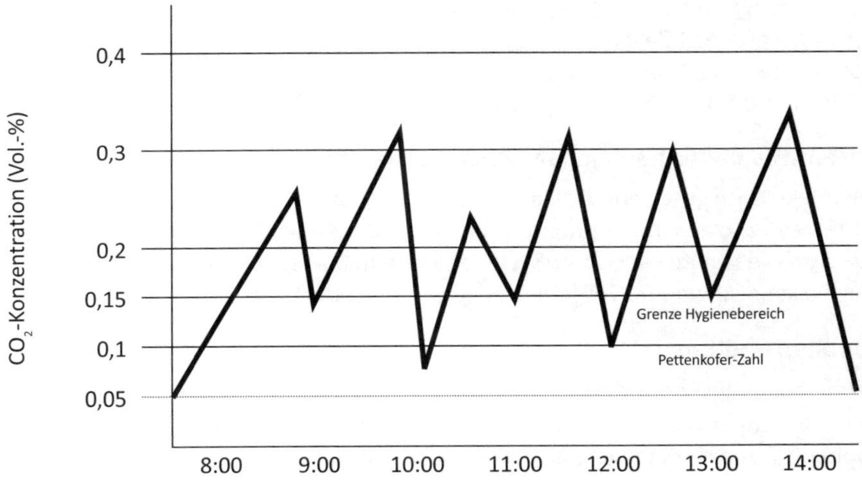


(Quelle: Bundesministerium für Umwelt, Naturschutz und Reaktorsicherheit, 2005)

1. Stunde: Während des Unterrichts sind alle Fenster und die Tür geschlossen.
2. Stunde: Während des Unterrichts sind alle Fenster und die Tür geschlossen. In der Mitte der Stunde wird mit weit geöffneten Fenstern 5 Minuten lang gelüftet (Stoßlüftung).
3. Stunde: Alle Fenster und die Tür sind geschlossen. In der Mitte der Stunde findet eine 5-minütige Querlüftung des Klassenzimmers statt (Fenster und Tür sind vollständig geöffnet).
4. Stunde: Während des Unterrichts wird ein Fenster gekippt, die Tür bleibt verschlossen.

Die Messungen machen deutlich, dass sich die $Co_2$-Konzentrationen am deutlichsten bei einer Querlüftung („Durchzug") vermindern. Nur dann wird der Pettenkofer-Wert von 0,15 Vol.-% (das sind 1,5 Liter $CO_2$ in 1.000 Liter Luft) unterschritten.

Auch andere Luftverunreinigungen spielen in Schulen eine Rolle. Bei älteren Gebäuden liegt der Grund dafür häufig in undichten Fenstern, Undichtigkeiten und Abnutzungserscheinungen an Mauerwerk und Dächern und Feuchteschäden durch undichte Hausinstallationen.

Neben den $CO_2$-Anreicherungen zählen zu den Hauptluftverunreinigungen in Schulen auch die Emissionen aus folgenden Quellen:

- Bauprodukte
- Einrichtungs- und Ausstattungsgegenstände
- Reinigungs- und Pflegemittel
- Staub- und Rauchgase aus Werk- und naturwissenschaftlichem Unterricht
- Feinstäube durch Einträge von außen und aus Innenraumquellen

**Lüften Sie daher nach jeder Schulstunde den Klassenraum**

Am effektivsten geschieht die Lüftung durch vollständig geöffnete Fenster und Türen mittels einer so genannten Querlüftung. Wenn Durchzug nicht möglich ist, kann auch nur durch geöffnete Fenster stoßgelüftet werden. Dies sollte mehrere Minuten erfolgen. So kann ein nahezu vollständiger Luftaustausch erfolgen.

**Problem und Lösung**

Oftmals sind die Fensterbänke so voll gestellt, dass die Fenster nicht weit zu öffnen sind. Beherzigen Sie die Tipps zu Ordnung und Übersicht in Ihrem Klassenzimmer im Kapitel 4.5, sodass ein regelmäßiger Luftaustausch erfolgen kann.

In manchen Bundesländern sind die Fenster nach vorwiegend sicherheitstechnischen Aspekten, d. h. zur Unfallprävention konzipiert und somit nicht ohne Weiteres vollständig zu öffnen. Dieses Problem ist nur pädagogisch / organisatorisch zu lösen, z. B. indem die Schüler das Klassenzimmer während des Lüftens verlassen oder während der Pausen das verschlossene Klassenzimmer gelüftet wird. Auch während des Unterrichts sollte unter Aufsicht zur Frischluftzufuhr zwischendurch ein Fenster für ein paar Minuten geöffnet werden.

Ein weiterer Grund spricht für die regelmäßige Lüftung des Klassenraumes: Die Kleidung und Schuhe der Kinder werden in vielen Schulen aus brandschutztechnischen Gründen nicht in den Garderoben der Flure, sondern in den Klassenzimmern gelagert. Feuchte oder nasse Kleidung muss ausdünsten und trocknen können. Dies kann nur gelingen, wenn regelmäßig geheizt und gelüftet wird.

## 2.3.2 Garderobe / Kleiderablage

Von den Gesundheitsbehörden wird gefordert, die Kleiderablage aus hygienischen Gründen (Läuseprophylaxe) so zu gestalten, dass die Kleidung keinen Kontakt zueinander hat. Die Kleiderhaken sollten ca. 20 cm Abstand voneinander haben.

**Problem und Lösung**

Haben Sie so etwas schon einmal in irgendeiner Schule gesehen?

Die Realität sieht folgendermaßen aus: Dicke Winterjacken, Turnbeutel, Schals und Mützen über- und untereinander, ein einziges Chaos. In den Grundschulen hängen oftmals mehrere (liegen gelassene) Jacken übereinander an einem Haken. Zur Parasiten-Prophylaxe ist dies gänzlich ungeeignet. Dennoch lässt sich dieses Problem nur pädagogisch lösen, sofern die baulichen Gegebenheiten keinen ausreichenden Abstand zulassen: Schals, Mützen und Handschuhe können in dafür vorgesehene Beutel (sogenannte „Läusebeutel“) verschwinden, am Haken darf jeweils nur ein Kleidungsstück hängen. So wird der Kontakt der Kleidungsstücke minimiert.

## 2.3.3 Toilettenhygiene

**Ausstattung der Toilettenräume**

Neben den baulichen Anforderungen an die Toilettenanlagen, die in Richtlinien und Verordnungen geregelt sind, wird im Folgenden auf die Ausstattungsmerkmale eingegangen, die veränderlich sind oder Verbrauchsmaterialien betreffen. Diese liegen hauptsächlich im Verantwortungsbereich des Hausmeisters.

Toilettenräume sollten in jedem Fall mit Flüssigseife ausgestattet sein, die sich in Wandspendern befindet. Unter den Flüssigseifenspendern sollte eine Auffangvorrichtung angebracht werden, damit Seife nicht auf den Boden tropfen kann. Sogenannte Seifencremespender, Pulverseifenspender, Seifenmühlen oder Kippseifenspender finden sich in Schulen kaum noch, sind jedoch ebenfalls geeignet.

Papierhandtücher werden vorzugsweise auch aus Wandspendern zur Verfügung gestellt. Es ist nicht zielführend, die Papierhandtücher lose auf eine Ablage in unmittelbarer Umgebung der Handwaschbecken zu legen (Verkeimungsgefahr der Einmalhandtücher durch Spritzwasser). Gemeinschaftshandtücher und Nagelbürsten sind zur Vermeidung der Weiterverbreitung von Krankheitserregern nicht gestattet. Auch Warmlufthändetrockner sind eine gute Möglichkeit, hygienisch sinnvoll und platzsparend das Problem zu lösen, dass von den Schülern massenhaft Papierhandtücher aus den Spendern entnommen werden.

Legen Sie fest, wer dafür zuständig ist, Flüssigseife und Papierhandtücher regelmäßig aufzufüllen (Hausmeister oder Reinigungsfirma). Die Toilettenzellen selbst müssen mit Toilettenpapier, Papierhalter und Kleiderhaken ausgestattet sein.

Auf den Mädchentoiletten sollten sich, auch im Grundschulbereich, Hygiene-Eimer mit Plastikbeuteln befinden. Im Vorraum der Toiletten muss mindestens ein Abfalleimer mit Deckel vorhanden sein.

## Problem und Lösung

Die folgenden Begebenheiten kommen immer wieder an Schulen vor und behindern eine sachgerechte Händehygiene bzw. führen zu unerwünschten „Nebenwirkungen“:

- Die Flüssigseifenspender sind oft nicht aufgefüllt.
- Es gibt keine Auffangvorrichtung für die Flüssigseife, sodass die Seife auf den Boden tropft.
- Die Papierhandtücher befinden sich nicht in den Spendern, sondern verstopfen die Toiletten.
- Toilettenpapierrollen werden in die Toiletten gestopft.
- Spendervorrichtungen und Klobürstenhalterungen werden von den Wänden gerissen.
- Es wird neben die Toiletten und Urinale uriniert / defäkiert.
- Es herrscht beißender Geruch.
- Die Wände sind verschmutzt, beklebt oder bemalt.

Die Liste ließe sich noch weiter fortführen. Vandalismus, renovierungsbedürftige und ekelerregende Zustände in den Toilettenanlagen sind der häufigste Grund für Elternbeschwerden an die zuständigen Gesundheitsämter. Es ist an vielen Schulen deshalb inzwischen die Regel geworden, dass die Schüler nur im Notfall die Toiletten besuchen, was u. a. auch zur Folge hat, dass Schüler häufiger über Bauchschmerzen klagen. Da sich die Schüler nur äußerst ungern in diesen Räumen aufhalten, wird das Gefühl verstärkt, für Sauberkeit in den Toilettenanlagen nicht selbst verantwortlich zu sein. Die Hände werden oft nicht gewaschen, weil man geradezu fluchtartig die Toilette verlässt.

Das Problem „Saubere Toiletten“ ist also ein Dauerbrenner in den Schulen. Ganz lösen lässt es sich sicher nicht, aber es gibt ein paar hilfreiche und praxiserprobte Tipps, wie man das Problem zumindest in den Griff bekommen kann. Erarbeiten Sie in einer von Ihnen als Schulleiter initiierten Projektgruppe zusammen mit Lehrer-, Eltern-, und Schülervertretern einen Maßnahmenplan mit dem Ziel, die hygienische Zustände in den Schultoiletten wieder herzustellen. Überlegen Sie gemeinsam, welche Maßnahmen zur schnellen Verbesserung der Situation absolut notwendig sind und welche langfristigen Projekte Ihre Bemühungen unterstützen. Orientieren Sie sich dabei an unseren 12 Tipps für eine verbesserte Toilettenhygiene auf der nächsten Seite.

## 12 Tipps für eine verbesserte Toilettenhygiene

1. Die Toilettenanlagen sollten außerhalb der Pausenzeiten verschlossen sein.
2. Eine Pausenaufsicht (Lehrer) kontrolliert die Benutzung der Toiletten.
3. Ein Schülerdienst ab dem 3. Schuljahr, der sich klassenweise abwechselt, übernimmt die Aufsichtsfunktion in den Toiletten und wendet sich im Beschwerdefall an die Pausenaufsicht.
4. Während der Unterrichtszeiten gehen die Schüler zu zweit auf die Toilette und erhalten einen Schlüssel (ggf. kann für eine gewisse Zeit eine Liste geführt werden, wer zu welchen Zeiten die Toilette benutzt).
5. Der Schlüssel wird an einem vom Hausmeister montierten, gut sichtbaren Haken im Vorraum der Toiletten aufgehängt.
6. Der Hausmeister sammelt das Toilettenpapier nach der Pause ein und füllt es vor der nächsten Pause wieder auf.
7. Das Toilettenpapier wird generell nur vom Lehrer / Hausmeister ausgeteilt.
8. Das Toilettenpapier hängt an einer außerhalb der Toilettenanlagen angebrachten Halterung und wird vor Benutzung der Toilette blattweise entnommen.
9. Es gibt Toilettenregeln, die in der Klasse ausgehängt und in regelmäßigen Abständen durchgesprochen werden.
10. Es werden sogenannte „Hygieneboxen“ eingerichtet: Jede Klasse erhält eine Box mit einer Grundausstattung von Hygieneartikeln – Toilettenpapier, Auflagen für den Toilettensitz, Flüssigseife, Papierhandtücher, Tüten für Monatsbinden. Achtung: Hände- und Flächendesinfektionsmittel sind für Kinder nicht erlaubt! Diese Hygienebox wird bei Bedarf dem Schüler mit zur Toilette gegeben (den Schülern muss der hygienische Umgang mit der „Hygienebox“ vermittelt werden). Dies darf nicht in Form einer einmaligen „Belehrung“ stattfinden, sondern muss immer wieder Thema im Unterricht werden.
    Die Aufbewahrung der Hygienebox sollte so gestaltet sein, dass sie keinen Kontakt mit Lebensmitteln (nicht neben dem Schulobst!) hat.
11. Es wird eine „Hygiene-AG“ eingerichtet. Die Schüler befassen sich mit dem Thema „Hygiene“ im Rahmen eines Projekts und führen selbstständig die Aufsicht über die Räume. Sie sorgen für Ordnung und Sauberkeit und haben größtmöglichen Spielraum für die künstlerische Gestaltung der Räume.
12. Beschäftigung einer Reinigungskraft für die Toilettenanlagen, die auch die Aufsicht über die Toiletten führt.

## So verändern Sie das Toilettenverhalten in der Grundschule

Neben dem Aufstellen eines Regelkatalogs sollten Sie Ihre Schüler mit Beginn des Schulbesuchs zum richtigen Verhalten auf der Toilette erziehen.

### Praxistipp: So fördern Sie die Toilettenhygiene

In vielen Grundschulen ist es üblich, dass Kinder auch während des Unterrichts zur Toilette gehen dürfen. Nur in den seltensten Fällen ist dies erforderlich. Häufig wird der Toilettenbesuch von Kindern genutzt, um sich eine Auszeit zu verschaffen. Das ist gerade bei solchen Kindern festzustellen, die besonderen schulischen Stress empfinden. Dem kann ein ausgeprägtes motorisches Bedürfnis des jeweiligen Kindes zugrunde liegen. Oder ein Kind fühlt sich den Anforderungen des Unterrichts nicht gewachsen. Die Lösung ist im pädagogisch-erzieherischen Bereich zu suchen.

**Gemeinsamer Toilettenbesuch mit Erstklässlern**

Schon in der 1. Schulwoche sollte man mit den Erstklässlern die Toiletten aufsuchen. Regeln werden besprochen und die Nutzung der Waschanlagen gezeigt. Wenn Sie in der 1. Klasse täglich nach 30 Minuten eine kurze Bewegungspause mit Gymnastik auf dem Schulhof durchführen, wird dies immer mit einem Toilettengang verbunden. Dadurch haben Sie neben der besseren Kontrolle über die Einhaltung von Toilettenregeln gleichzeitig eine gesicherte Aufsicht. Mit der Zeit bekommen die Kinder ein gutes Gefühl dafür, wann es sinnvoll ist, die Toilette aufzusuchen. Ergibt sich aber der Fall, dass ein Kind auch während der übrigen Unterrichtszeit die Toilette aufsuchen muss – man denke etwa an eine krankheitsbedingte Ursache –, so sollten Kinder niemals allein die Toilette aufsuchen, sondern immer zu zweit gehen. Auch hier lassen sich wieder Kontrolle und Sicherheit miteinander verbinden.

Eine zusätzliche Möglichkeit ist die Einführung von Toilettenregeln für Ihre Schule. Diese Regeln sollten auch mit gemeinsamen Toilettenbegehungen verbunden werden:

- Jeder Klasse wird eine bestimmte Toilettenkabine zugewiesen. Diese wird mit einem Klassenschild beschriftet, und nur die Kinder der entsprechenden Klasse dürfen diese Toilette benutzen.
- Die Kinder einer Klasse sind dafür verantwortlich, dass ihre Toilette sauber bleibt.
- Ab sofort dürfen alle Schülerinnen und Schüler nur noch einzeln auf die Toilette gehen.
- Verstecken oder Spielen in den Toilettenräumen ist verboten.
- Das Überklettern der Kabinen ist verboten.
- Es darf keinerlei Papier auf den Boden geworfen werden.
- Die Toilette muss sauber wieder verlassen werden.

**Praxistipp: Richten Sie eine Hygiene-AG ein**

Ziel der Hygiene-AG ist es, das Verantwortungsbewusstsein für die Benutzung der Toilettenanlagen zu stärken. Im Rahmen des Unterrichts (Biologie, Sachkunde, Gemeinschaftskunde etc.) oder von fächerübergreifenden Projekten wird eine Hygiene-AG eingerichtet. Diese besteht aus einer definierten Anzahl von Schülern (z. B. 2 bis 4 Schüler). Die Hygiene-AG ist für eine festgelegte Toilettenanlage (z. B. Jungen- oder Mädchentoilette) verantwortlich. Für diese Toilettenanlage erarbeitet sie einen Reinigungs- und Desinfektionsplan und einen Einsatzplan für die Pausenaufsicht. In jeder Pause wird Aufsicht geführt.

Je nachdem, welche Erfahrungen in der Schule mit Vandalismus in den Toilettenanlagen vorliegen, kann die Benutzung der Toilettenanlagen für eine gewisse Zeit oder dauerhaft dokumentiert werden (Name und Uhrzeit). In der Gestaltung der Räume wird der Hygiene-AG größtmögliche Freiheit gelassen. Entwürfe in der Gestaltung und die Auswahl der Farben können beispielsweise im Kunstunterricht erarbeitet und abgestimmt werden. Die Mitarbeit in der Hygiene-AG wird als außerschulisches Engagement auf dem Zeugnis oder dem „Qualipass“ (Pass für soziales Engagement) vermerkt.

### Ziehen Sie zusätzliche Reinigungskräfte in Erwägung

Die Beschäftigung einer Reinigungskraft wird vielfach kontrovers diskutiert, da Kosten damit verbunden sind, die von den Eltern übernommen werden müssen. In der Regel sind dies Beiträge von ca. 1 Euro pro Kind und Monat. Das erscheint auf den 1. Blick nicht viel. Jedoch sehen viele Eltern die Bauunterhaltung und Ausstattung der Toilettenanlagen als Aufgabe des Schulträgers an und sind nicht bereit, aus eigener Tasche für saubere Toiletten zu bezahlen. Die Erfahrung zeigt jedoch, dass in den Schulen, in denen eine Reinigungskraft ausschließlich für die Toilettenanlagen zuständig ist, die hygienischen Probleme deutlich zurückgegangen sind. Der Elternbrief auf Seite 56 einer nordrhein-westfälischen Schule zeigt, wie Sie das Thema angehen und kommunizieren können.

## 2.3.4 Erste-Hilfe-Raum / Sanitätsraum

In der Schule muss ein geeigneter Raum vorhanden sein, um verletzte Schülerinnen und Schüler nach einem Unfall oder im Falle akuter Erkrankungen betreuen und versorgen zu können. Dieser sollte sich möglichst ebenerdig und in zentraler Lage im Gebäudekomplex der Schule, im Bereich der Werkstätten und / oder in der Sporthalle befinden und für den Rettungsdienst gut zugänglich sein.

## Muster-Elternbrief: Reinigungskräfte

Liebe Eltern,

bereits seit langer Zeit wird immer wieder der Wunsch an uns herangetragen, die allgemeine Toilettensituation in der Schule zu verbessern.

Auf den letzten Gremiensitzungen wurden hierzu sehr konstruktive Vorschläge gemacht und deren Umsetzung mit breiter Mehrheit beschlossen. Bereits umgesetzt wurde, dass die Schülervertretung eine Toilettenbetreuung während der beiden großen Pausen für die Außentoiletten (Pausentoiletten) organisiert. Die im Gebäude liegenden Toiletten werden immer 10 Minuten vor der Pause durch den Hausmeister verschlossen. Ebenso werden die Lehrer gebeten, Toilettengänge während des Unterrichts zu notieren. Aber keine Sorge, die Zettel werden spätestens am darauffolgenden Tag vernichtet.

Nach der Sanierung verschiedener Toiletten im Hauptgebäude ist es an der Zeit, den nächsten Beschluss in die Tat umzusetzen: die Beauftragung einer Firma zur Reinigung und Betreuung dieser neuen Toilettenräume (aber natürlich auch anderer WCs).

Wir werden daher in Abstimmung mit der Schulkonferenz verschiedene Reinigungsfirmen zur Angebotsabgabe auffordern. Der Leistungsrahmen soll grob wie folgt aussehen:

- Reinigungspersonal an 3 Tagen einer Schulwoche in der Zeit von 10:30 Uhr bis 13:30 Uhr.
- Das Reinigungspersonal trägt dafür Sorge, dass die anzugebenden WCs stets ordentlich sind.
- Das Personal meldet starke Verunreinigungen einzelner WCs umgehend der Schulleitung bzw. dem Hausmeister.

Diese Leistungen werden selbstverständlich Geld kosten. Die Schulpflegschaft war mit der Idee einverstanden, dass diese für jeden Schüler 1 Euro pro Monat kosten darf. Der Leistungsrahmen ist an diesem Budget ausgerichtet.

Deshalb werden die Klassenlehrer zu Beginn des nächsten Schuljahrs 12 Euro für das ganze Jahr einsammeln und zweckgebunden an den Förderverein weiterleiten, der Auftraggeber der Reinigungsfirma sein wird.

Wir bedanken uns sehr bei Ihnen, den großen Wunsch der Schülerinnen und Schüler nach sauberen und nutzbaren Toiletten im Schulalltag auf diese Weise erfüllen zu können.

Mit freundlichen Grüßen

________________________

Schulleiter

Dieser Raum muss mindestens mit einem kleinen Verbandskasten nach DIN 13 157 Typ C sowie einer Krankentrage nach DIN 13 024, Teil 1 oder DIN 13 024, Teil 2 oder einer Liege ausgerüstet sein. Auch sollte ein Waschbecken mit fließend kaltem und warmem Wasser vorhanden sein.

## Problem und Lösung

Als „Sanitätsräume“ bzw. „Kranken- oder Schularztzimmer“ werden häufig Räume genutzt, die als Abstellkammer oder trostlose, fensterlose Zimmer ihr Dasein fristen. Die Schränke sind vollgestopft und unübersichtlich, Erste-Hilfe-Schulungsmaterial vermischt sich mit der Erste-Hilfe-Ausstattung, alte und zerschlissene Wolldecken befinden sich auf defekten Pflegeliegen. Hände- und Flächendesinfektionsmittel sind nicht vorhanden. Ein Reinigungs- und Desinfektionsplan fehlt.

### Info-Box: Aufbereitung der Masken zum Einüben von Wiederbelebungsmaßnahmen

In weiterführenden und berufsbildenden Schulen werden häufig Masken zum Einüben von Wiederbelebungsmaßnahmen eingesetzt. Diese Masken müssen nach Gebrauch desinfiziert werden. Die Masken werden in eine Desinfektionslösung (VAH-gelistet) eingelegt und verbleiben mehrere Stunden oder gelegentlich über Nacht in der Lösung. Es sollte eine 0,5-%-Desinfektionsmittellösung angesetzt werden. Die erforderliche Menge Wasser muss nach Herstellerangaben exakt abgemessen werden. In der Regel sollten die Masken nach Herstellerangaben nicht länger als 60 Minuten in der Lösung verweilen. Es muss dabei sichergestellt werden, dass die Masken nach Entnahme aus der Lösung mit klarem Wasser abgespült werden.

**Tipps:**

- Beauftragen Sie den Hygiene- oder Sicherheitsbeauftragten mit dieser Aufgabe. Lüften Sie den Raum gründlich.
- Keinesfalls sollten Schüler mit der Aufbereitung (Umgang mit Gefahrstoffen) beauftragt werden!
- Um das aufwendige Prozedere der Aufbereitung zu vereinfachen, ist auch eine Desinfektion mit VAH-gelisteten desinfektionsmittelgetränkten Einmaltüchern möglich. Beachten Sie die Herstellerangaben. Gegebenenfalls müssen die Masken nach der erforderlichen Einwirkzeit ebenfalls mit klarem Wasser abgespült werden. Das Ansetzen der Lösung und die Organisation der weiteren Prozesse entfallen hierbei.

Legen Sie die Organisation der Strukturen und Prozesse des Sanitätsraumes in Ihrem Hygieneplan fest. Benennen Sie dabei eine verantwortliche Person (Sicherheits- oder Hygienebeauftragter oder Beauftragter für den Sanitätsdienst).

Folgende Bereiche sollten organisiert und festgelegt werden:

- Wer kontrolliert in welchen Abständen (z. B. 1 x monatlich) den Inhalt der Verbandskästen nach DIN (auch Sanitätstaschen für Ausflüge, Wanderungen, Sport)?
- Sind Kältepackungen für stumpfe Verletzungen vorhanden (kein Kältespray!)?
- Gibt es zusätzliche Einmalhandschuhe?
- Steht ein Verbandbuch und Schreibmaterial zur Verfügung?
- Wer füllt die Bestände des Schulungsmaterials auf und ist für Ordnung und Übersicht in den Schränken zuständig?
- Wer wäscht die Wolldecken in welchen Abständen (z. B. 1 x wöchentlich und bei sichtbarer Verschmutzung)?
- Wer ist für die Aufbereitung von Schulungsmaterial wie z. B. Wiederbelebungsmasken zuständig?
- Gibt es eine Verfahrensanweisung für die Aufbereitung der Wiederbelebungsmasken?
- Wer bestellt bzw. organisiert die Bestellung von Hände- und Flächendesinfektionsmittel?

**Wichtiger Hinweis** !

Desinfektionslösungen sind kein Erste-Hilfe-Material und dürfen deshalb am Verletzten nicht angewendet werden. Zum Schutz vor Infektionen ist aber die Verwendung von Hände- und Flächendesinfektionsmittel den Ersthelfern bzw. dem Schulsanitätsdienst erlaubt.

Die Verabreichung von Medikamenten ist ebenfalls keine Erste-Hilfe-Maßnahme. Bei chronischen Erkrankungen (z. B. Diabetes) darf eine Medikamentierung auf Wunsch der Eltern deshalb nur nach ärztlichen Angaben vorgenommen werden.

## 2.3.5 Lebensmittelhygiene

Einrichtungen zur Gemeinschaftsverpflegung in Schulen, d. h. Schulkantinen und Mensen, unterliegen strengen Kontrollen der Bundesländer und ihrer örtlich zuständigen Lebensmittelüberwachungsbehörden.

Daher wird im Folgenden nicht auf die Anforderungen an diese Form der Gemeinschaftsverpflegung eingegangen. Die Verantwortung für die Eigenkontrollverpflichtung der Einrichtungen zur Gemeinschaftsverpflegung obliegt dem Betreiber. Sie als Schulleiter müssen davon ausgehen, dass externe (Lebensmittelüberwachung) und interne (Eigenkontrollen des Betreibers) Qualitätskontrollen für die unbedenkliche Herstellung und Abgabe von Lebensmitteln sorgen. Bei festgestellten Mängeln durch die Behörden, aber auch bei Beschwerden von Schülern sollten Sie allerdings sicherstellen, dass Sie unverzüglich darüber informiert werden.

## Erstbelehrung durch das Gesundheitsamt

Da das Thema „Gesundheitszeugnis" bzw. „Belehrung nach Infektionsschutzgesetz" Fragen nach dem Personenkreis aufwirft, auf den diese Vorschriften zutreffen, soll dies in diesem Abschnitt näher betrachtet werden.

Das Küchenpersonal

- ist gemäß § 43 Infektionsschutzgesetz erstmalig über automatische Tätigkeits- und Beschäftigungsverbote im Gesundheitsamt zu belehren.
- Die Tätigkeit muss innerhalb der nächsten 3 Monate nach der Belehrung aufgenommen werden.
- Die Belehrung ist lebenslang gültig.
- Der Arbeitgeber hat nach Aufnahme der Tätigkeit und im Folgenden alle 2 Jahre die Beschäftigten über die in § 42 IfSG genannten Verpflichtungen und Tätigkeitsverbote erneut zu belehren.
- Die Belehrungen sind schriftlich zu dokumentieren.
- Die Belehrungsunterlagen müssen zur Einsichtnahme durch die Behörden beim Arbeitgeber aufbewahrt werden.

Die Erstbelehrung im Gesundheitsamt ist gebührenpflichtig (die Kosten betragen je nach Gebührenordnung der Kommunen ca. 25 bis 40 Euro). Immer wieder wird die Frage gestellt, wer für die Kosten einer Belehrung im Gesundheitsamt aufkommen muss. Dies ist abhängig davon, wer das Küchenpersonal eingestellt bzw. wer die Beschäftigung von unbezahlten Kräften veranlasst hat:

- Wird die Mensa / Kantine von einem Pächter betrieben, der sein eigenes Personal beschäftigt, so sind die Kosten vom Pächter zu tragen.
- Steht die Gemeinschaftsverpflegung in der Verantwortung eines Trägers (Wohlfahrtsverbände oder freie Träger), so ist der Träger für die Kostenübernahme verantwortlich.
- Hat der Förderverein Küchenpersonal eingestellt, so übernimmt er die Kosten.
- Sind die Küchenmitarbeiter Angestellte des Sachkostenträgers (Stadt/Kreis), so trägt er die Kosten.

## Problem und Lösung

Schwieriger wird die Beantwortung der Frage, welche Personen zum Kreis der zu belehrenden Mitarbeiter außerhalb der Küche zählen. Dabei sind folgende Kriterien anzulegen:

- Berühren (unmittelbare Berührung beim Herstellen, Behandeln und Inverkehrbringen von Lebensmitteln)
- Herstellen (das Gewinnen, Herstellen, Zubereiten, Be- und Verarbeiten von Lebensmitteln)
- Behandeln (das Wiegen, Messen, Um- und Abfüllen, Stempeln, Bedrucken, Kühlen, Lagern, Aufbewahren und Befördern von Lebensmitteln)
- Inverkehrbringen (das Anbieten, Vorrätighalten zum Verkauf oder sonstiger Abgabe, Freihalten und jedes Abgeben von Lebensmitteln an andere)

Zudem müssen diese Voraussetzungen ebenfalls erfüllt sein:

- Es muss sich um eine Tätigkeit handeln, die nicht dem privaten hauswirtschaftlichen Bereich zuzuordnen ist.
- Sie muss jedoch nicht zwingend gewerbsmäßig im Sinne einer Gewinnerzielung sein.
- Die Tätigkeit muss regelmäßig und häufig, d. h. mindestens 3-mal jährlich ausgeübt werden.
- Tätigkeiten im Rahmen von einmaligen Veranstaltungen sind ausgenommen.

Bei Mitarbeitern, die in der Küche tätig sind, bestehen die Tätigkeits- und Beschäftigungsverbote generell, also auch die Verpflichtung zur Belehrung. Dies schließt ausdrücklich die Personen mit ein, die nur Spül- und Reinigungsarbeiten ausführen.

Was aber ist mit dem Hausmeister, der in seinem Kiosk Brötchen zum Verkauf anbietet, den Müttern, die im Schulcafé Frühstück, Würstchen, Kuchen und Snacks zubereiten und verkaufen, den Schülern, die im Rahmen eines Projekts regelmäßig in der Schulkantine das Essen austeilen oder in einer „Schülerfirma" für die Versorgung in der Kantine verantwortlich sind? Und müssen die Schüler und Lehrer, die in der Lehrküche für die Klassengemeinschaft kochen oder Backwaren für Feste herstellen, nach dem Infektionsschutzgesetz belehrt werden?

Sie als Schulleiter sind verpflichtet, die individuellen Konstellationen anhand der oben genannten Kriterien zu überprüfen oder durch das zuständige Amt (Gesundheitsamt oder Lebensmittelüberwachungsamt) überprüfen zu lassen.

Veranlassen Sie deshalb ggf. eine Erstbelehrung durch das Gesundheitsamt!

Die Kosten für die Belehrung des Hausmeisters als Angestellter des Sachkostenträgers muss durch die Kommune getragen werden. Die Belehrungskosten der Mütter, die sich regelmäßig bei ihrer Tätigkeit im Schulcafé abwechseln, können z. B. durch den Förderverein übernommen werden. Fragen Sie bei Ihrem zuständigen Schul- bzw. Gesundheitsamt nach, wer die Kosten für die Schüler trägt, die regelmäßig das Essen in der Schulkantine ausgeben oder Backwaren in der Lehrküche herstellen, die z. B. auf Festen verkauft werden.

### Wiederbelehrung durch die Schulleitung

Stellen Sie sicher, dass die Mitarbeiter, deren Wirken den oben genannten Kriterien entspricht, durch eine fachlich geeignete Person alle 2 Jahre wiederbelehrt werden. Die Wiederbelehrung kann durch Sie selbst, den Hygienebeauftragten oder einen Lehrer erfolgen.

Es ist nicht zielführend, die Wiederbelehrung nur schriftlich durchzuführen. Die individuellen Bedingungen Ihrer Schule, aktuelle Themen und spezifische Fragen lassen sich nur in einem persönlichen Kontakt klären. Im Rahmen einer Mitarbeiterbesprechung kann über Tätigkeits- und Beschäftigungsverbote gesprochen werden. Die schriftlichen Hintergrundinformationen zu den Belehrungen entnehmen Sie den Vorschlägen des Robert-Koch-Instituts (s. Seite 40–41).

Lassen Sie sich die Belehrungsunterlagen unterschreiben, und dokumentieren Sie die durchgeführte Belehrung. Ihr zuständiges Gesundheitsamt wird bei einer Begehung diese Unterlagen einsehen wollen.

### Schulfeste, schulische Veranstaltungen und Kindergeburtstage

Es ist seitens der Schule gern gesehen bzw. erwünscht, dass die Eltern der Schüler zu schulischen Veranstaltungen selbst gemachte Speisen beisteuern. Es muss jedoch sichergestellt sein, dass diese Speisen gesundheitlich unbedenklich sind und sowohl bei der Herstellung als auch beim Verkauf aus hygienischer Sicht keine Risiken bestehen. Informieren Sie die Eltern über folgende Kriterien für die gesundheitlich unbedenkliche Abgabe Ihrer Speisen:

- Speisen aus rohen Eiern müssen vollständig durcherhitzt worden sein (bei mindestens 60 °C).
- Backwaren sollten keine nicht durcherhitzten Sahne- oder Cremefüllungen enthalten.
- Keine Desserts, die mit rohen Eiern zubereitet wurden (z. B. Tiramisu)
- Keine selbst hergestellten Milchspeiseeiszubereitungen oder Feinkostsalate (z. B. mit selbst zubereiteten Mayonnaisen aus rohen Eiern)

- Fleisch oder Fleischbestandteile müssen bei der Zubereitung vollständig durcherhitzt worden sein (z. B. kein Mett oder Tatar). Besondere Vorsicht gilt bei der Zubereitung von Geflügelfleisch.

Am Tag des Schulfestes muss zusätzlich sichergestellt sein, dass die Lebensmittel an einem kühlen und schattigen Platz angeboten werden. Ein Platz an der Sonne empfiehlt sich nicht, da Wärme die Vermehrung von Mikroorganismen begünstigt.

### Kindergeburtstagsgestaltung

Zu Kindergeburtstagen ist es seit vielen Jahren gängige Praxis, dass das Geburtstagskind einen Kuchen oder andere Spezialitäten an diesem Tag mit in die Klasse bringt. Natürlich ist es erwünscht, dass dieser Anlass in der Klassengemeinschaft gewürdigt und so das soziale Miteinander durch das gemeinsame Essen gestärkt wird. Die nötige Infrastruktur (Teller, Becher, Besteck, Kuchenmesser, Tortenplatte etc.) sollte durch die Schüler bereitgestellt werden. Lehrer sorgen zusätzlich dafür, Geschirr oder Besteck in Reserve zu haben. Das Geschirr kann anschließend nur mit kaltem Wasser gespült werden, da in Klassenräumen meist kein Warmwasseranschluss vorhanden ist. Das gemeinsame Essen und Aufräumen nimmt insgesamt einen großen Zeitrahmen ein. Geschirr und Besteck müssen untergebracht werden, und Platz zur Unterbringung von Material geht im Klassenraum verloren.
Denken Sie einmal über Alternativen zur Geburtstagsgestaltung nach! Es muss nicht immer das gemeinsame Essen sein, das dem Anlass einen würdigen Rahmen gibt.

#### Praxistipp: Die alternative Kindergeburtstagsgestaltung

Vereinbaren Sie mit der Klasse, dass das Geburtstagskind einen Beitrag zur Klassenbücherei liefert. Statt eines Kuchens bringt es ein Buch, das ihm besonders gefällt, an seinem Geburtstag mit in die Klasse. Die Eltern überzeugen Sie am besten damit, dass Sie bei den Backaktivitäten für den Kindergeburtstag nun einen Kuchen weniger backen müssen. Darüber hinaus weisen Sie darauf hin, dass die Klassenbücherei dringend einen Zuwachs an neuen Büchern benötigt. Der pädagogische Wert dessen ist den allermeisten Eltern vermittelbar. Geben Sie, um die Eltern zu entlasten, Büchertipps oder vielleicht auch eine Bücherliste mit gewünschten Büchern. So können Sie die Einrichtung Ihrer Klassenbücherei sinnvoll steuern.

### Praxisbeispiel für einen lebensmittelbedingten Krankheitsausbruch

Zwischen dem 19.09.2012 und dem 07.10.2012 ereignete sich in 5 ostdeutschen Bundesländern ein großer Ausbruch von akuten Brechdurchfällen überwiegend unter

Kindern und Jugendlichen, die in Kindergärten und Schulen gemeinschaftlich verpflegt worden waren. Von den insgesamt 390 Einrichtungen, waren 246 (63 %) Schulen betroffen. Insgesamt erkrankten 10.950 Personen an Brechdurchfällen, darunter auch Betreuungspersonal.

Die Gesundheitsbehörden führten daraufhin Fall-Kontrollstudien in den betroffenen Schulen und Kindergärten durch. Alle Studien identifizierten Tiefkühlerdbeeren bzw. daraus hergestellte Produkte als Ausbruchsursache. So ergab sich das Bild, dass aus Tiefkühlerdbeeren hergestelltes Erdbeerkompott mit Noroviren kontaminiert und für die Krankheitsausbrüche in den Gemeinschaftseinrichtungen verantwortlich war. Die Erdbeeren waren nach Deutschland importiert und über Catering-Unternehmen an Einrichtungen mit Gemeinschaftsverpflegung geliefert worden.

Der Ausbruch ist der bisher mit Abstand größte bekannte lebensmittelbedingte Ausbruch in Deutschland.

Dieses Beispiel veranschaulicht auch, wie wichtig die Einhaltung der Meldepflichten durch Schulen ist. Das Infektionsschutzgesetz schreibt zwar vor, dass Schulen Krankheitsausbrüche (d. h. ab 2 gemeldeten Krankheiten) an das Gesundheitsamt melden müssen. In Schulen werden jedoch täglich Schüler wegen unklarer Magen- / Darmsymptome von den Eltern krankgemeldet. Der bürokratische Aufwand führt dazu, dass besonders weiterführende Schulen nur extrem selten Krankheitsausbrüche melden, bei denen vorerst nur 2 Personen betroffen sind.

**Praxistipp: Melden Sie überdurchschnittliche Erkrankungen möglichst schnell**

Wenn gegenüber einer sogenannten „Grundrate" die Anzahl der gemeldeten Krankheitsfälle steigt, ist eine unverzügliche Meldung an das zuständige Gesundheitsamt unabdingbar.

Die frühzeitige Meldung ist ein wichtiger Baustein, um Infektionsketten schnell zu unterbrechen und Infektionsquellen (in diesem Fall die Tiefkühlerdbeeren des Caterers) zu ermitteln. Zum Zeitpunkt der akuten Erkrankungen liegen aber noch keine ärztlichen oder labordiagnostischen Nachweise vor. Die Gemeinschaftseinrichtungen ermöglichen daher durch ihre unverzüglichen Meldungen, dass epidemiologische Zusammenhänge und Infektionsquellen von den Gesundheitsbehörden schneller und leichter ermittelt werden.

## 2.3.6 Lehrküche

In vielen weiterführenden Schulen gibt es sogenannte „Lehrküchen“. Diese haben den Zweck, meistens mit einem Fachpraxislehrer, durch gemeinsames Kochen und hauswirtschaftliche Tätigkeiten, den Umgang mit Lebensmitteln zu lernen. Lehrküchen führen jedoch, was die Hygiene und den Arbeitsschutz betrifft, häufig ein Schattendasein. Sie werden von keinem Lebensmittelüberwachungsamt kontrolliert, da das Essen nicht an Dritte und somit auch nicht an die Öffentlichkeit abgegeben wird. Nicht beachtet wird, dass die Schüler die Lebensmittel zwar für sich selbst, aber auch gleichzeitig für die ganze Klasse oder auch für Schulfeste zubereiten und somit ein größerer Personenkreis betroffen ist.

### Sorgen Sie für Interesse, Freude und Verantwortung im Umgang mit Lebensmitteln

Darüber hinaus ist der erzieherische Aspekt, der mit einem systematischen und verantwortungsvollen Umgang mit dem Thema „Lebensmittelhygiene“ verbunden ist, für die Handlungskompetenz der Schüler wertvoll. Dennoch sollen in diesem Abschnitt die Anforderungen an den Umgang mit Lebensmitteln in Lehrküchen mit Augenmaß beschrieben werden. Die Freude am Umgang mit Lebensmitteln und der Zubereitung von Speisen für Lehrer und Schüler soll nicht durch überflüssige Bürokratie und Vorschriften gemindert werden.

In vielen Musterhygieneplänen der Gesundheitsbehörden werden die Lehrküchen aus diesen Gründen nicht in die Anforderungen mit einbezogen. Es gibt jedoch einige Aspekte, die einer Betrachtung standhalten sollten. Dies betrifft allgemeine Grundsätze der persönlichen und der Lebensmittelhygiene aber auch die Strukturqualität der Lehrküche.
Für detaillierte Erläuterungen zum sicheren Umgang mit Küchengeräten- und zubehör empfehlen wir zudem einen Blick in die entsprechenden GUV-Informationen zur Sicherheit im Unterricht, die Sie hier herunterladen können:
**http://tinyurl.com/lehrkueche**

### Die wichtigsten hygienischen Grundsätze für die Lehrküche Ihrer Schule

#### Verantwortlichkeiten

- Für den reibungslosen und sicheren Ablauf in der Lehrküche müssen eine oder mehrere Personen zur Verfügung stehen. Diese und ihre Vertreter werden im Hygieneplan der Schule festgelegt. Gibt es bereits einen hygienebeauftragten Lehrer an der Schule, so übernehmen er und dessen Vertreter diese Aufgabe.

**Verpackung und Beschriftung der Lebensmittel**

- Lebensmittel sollen so verpackt sein, dass einem Qualitätsverlust z. B. durch den Befall von Schädlingen und Mehlwürmern vorgebeugt wird (z. B. Haushaltsdosen, Umverpackungen, Eimer).
- Die Verpackungen sollten mit dem Anbruchs- und Verarbeitungsdatum und einer Inhaltskennzeichnung beschriftet sein.
- Wenn möglich, sollte täglich, zumindest aber regelmäßig eine Temperaturkontrolle der Kühl- und Gefriergeräte erfolgen. Die Temperatur darf im Kühlschrank nicht über 7 °C, in Gefriergeräten nicht über -18 °C ansteigen.
- Rohe und verzehrfertige Lebensmittel sollten getrennt voneinander gelagert werden.
- Die Mindesthaltbarkeitsdaten der Lebensmittel sollten regelmäßig überprüft werden.

**Achtung**: Die Mindesthaltbarkeitsdaten beziehen sich auf die ungeöffneten Verpackungen!

**Behandlung der Lebensmittel**

- Halten Sie die Kühlkette ein. Kaufen Sie gekühlte oder tiefgefrorene Lebensmittel am Ende Ihres Einkaufs.
- Erhitzen Sie Geflügelfleisch, Hackfleisch und frische Bratwurst immer durch, um auch die Keime im Innern des Lebensmittels abzutöten.
- Waschen Sie rohe pflanzliche Lebensmittel (Obst und Gemüse) vor dem Verzehr gründlich unter fließendem Wasser.

**Vermeidung von tierischen Schädlingen**

- Lebensmittelabfälle sollten nur in einem verschließbaren (nicht abschließbaren) Mülleimer mit Beutel entsorgt werden.
- Die Mülleimer mit Lebensmittelabfällen sollten täglich geleert werden.
- Wenn die Fenster in der Lehrküche nach innen geöffnet werden können, sollten Fliegengitter angebracht werden.

**Flächenreinigung und -desinfektion**

- Die Fußböden im Küchenbereich sind bei täglicher Nutzung täglich zu reinigen.
- Eine Flächendesinfektion ist erforderlich bei Arbeiten mit kritischen Rohwaren wie z. B. rohem Fleisch (Hackfleisch, frische Bratwurst), Geflügel, und Eiern oder Eiprodukten.
- Flächen, die mit Lebensmitteln in Berührung kommen, sind danach mit klarem Wasser abzuspülen. Es dürfen nur durch die Deutsche Gesellschaft für Veterinärmedizin (DGV) geprüfte und für den Lebensmittelbereich zugelassene Desinfektionsmittel verwendet werden.

- Die Flächendesinfektionsmittel sollten so gelagert werden, dass die Schüler keinen unbeaufsichtigten Zugriff darauf haben.

**Persönliche Hygiene**
- Schüler und Lehrer sollten sich vor Beginn der hauswirtschaftlichen Unterrichtsstunde und nach einem Toilettenbesuch gründlich die Hände mit Flüssigseife und warmem Wasser waschen. Anschließend werden die Hände mit Papierhandtüchern abgetrocknet.
- Ringe und Armbänder sollten abgelegt werden.
- Bei Hautverletzungen an den Fingern / Händen müssen die Wunden sachgerecht abgedeckt, d. h. flüssigkeitsdicht verbunden sein, z. B. mit einem Fingerling.
- Die Haare sollten zusammengebunden werden.
- Es wird eine Schürze getragen.
- Beim Umgang mit rohem Fleisch sind dünnwandige und flüssigkeitsdichte Einmalhandschuhe zu tragen.
- Kein Niesen oder Husten auf Lebensmittel.
- Ein VHA-gelistetes Händedesinfektionsmittel sollte in kleineren Gebinden in verschlossenen Schränken vorgehalten werden. Desinfektionsmittel werden laut geltendem Recht als Arzneimittel (Händedesinfektionsmittel) oder Biozidprodukte (Flächendesinfektionsmittel) eingestuft. Eine Entnahme über Händedesinfektionsmittelspender ist daher nicht sinnvoll, da die Schüler keinen ungehinderten Zugriff darauf haben sollten.
- Die Händedesinfektion der Schüler nach Kontakt mit kritischen Lebensmitteln wie z. B. rohem Fleisch und Geflügel sollte nur unter Aufsicht der Lehrer erfolgen.
- Eine prophylaktische Händedesinfektion ist nicht erforderlich.

**Wäsche**
- Die Reinigungsmaterialien und Küchenhandtücher sollten nach der Unterrichtsstunde gesammelt werden.
- Schürzen werden in festgelegten Intervallen (z. B. 1 x wöchentlich und nach Bedarf) gewaschen.
- Beschriftete (Wäsche)-Körbe stehen gut sichtbar zur Verfügung.
- Die Wäsche wird bei mindestens 60 °C gewaschen.
- Die Trocknung erfolgt anschließend in einem Wäschetrockner.

**Geschirr**
- Alle benutzten Geschirrteile sind nach jeder Benutzung im Geschirrspüler bei mindestens 60 °C zu reinigen (auch Spülbürsten).

- Bei manueller Reinigung ist das Geschirr unmittelbar nach der Reinigung abzutrocknen.
- Das saubere Geschirr sollte sauber, trocken und staubgeschützt gelagert werden.

**Ausstattung der Lehrküche**

- Ein ausgearbeiteter Reinigungs- und Desinfektionsplan hängt gut sichtbar an der Wand.
- Ein separates Handwaschbecken mit Papierhandtuch- und Flüssigseifenspender ist vorhanden.
- Eine Waschmaschine und ein Wäschetrockner sind vorhanden.
- Im Vorraum ist ausreichend Platz, um Jacken, Mäntel und Schultaschen zu verstauen.
- Die Geschirrschränke sind sauber und unbeschädigt.
- Die Elektrogeräte sind funktionstüchtig und unbeschädigt.
- Die Kühl- und Gefrierschränke sind funktionstüchtig, sauber und haben ein Thermometer (entweder integriert oder separat).
- Ein Erste-Hilfe-Kasten nach DIN 13157 oder DIN 13164 steht zur Verfügung.

## 2.3.7 Lehrerzimmer

Das Lehrerzimmer Ihrer Schule muss nicht der kleinste Raum der Schule sein, wenn es nicht zwingend notwendig ist. Gestalten Sie diesen Raum so, dass er 2 grundlegende Bedürfnisse befriedigt. Einerseits sollten sich die Kollegen in ihrem Lehrerzimmer entspannen können. Andererseits sollte es die Möglichkeit zum Informationsaustausch geben. Ihr Lehrerzimmer sollte auf keinen Fall als Ausweich-Förderraum genutzt werden. Ebenso wenig ist Ihr Lehrerzimmer eine Abstellkammer für Lehrmittel.

Wenn es sich machen lässt, sollten Sie einen Raumteiler (z. B. Regale) nutzen, der einen ruhigeren Bereich von einem Bereich trennt, der für das organisatorische Gespräch genutzt werden kann. Im ruhigeren Bereich können Sie Tischgruppen oder – wenn genügend Platz vorhanden ist – bequemere Sitzgelegenheiten anbieten. Manchen Schulen ist es gelungen, einen 2. Raum zur Verfügung zu stellen. Wenn Sie diese Möglichkeit haben, richten Sie doch ein „Lehrercafe“ ein. Die Konzeption und Einrichtung übernimmt ein Team aus kreativen Lehrern.

Im Bereich, der für organisatorische Gespräche genutzt wird, sollten Sie Informationstafeln, Fachliteratur, Stundenpläne und PCs mit Internetanschluss unterbringen. Gemütliche Sitzgelegenheiten sorgen auch hier für eine angenehme Atmosphäre, die den fachlichen Austausch befördert.

Unter der Lehrerschaft ist oft nicht geklärt, wer für Ordnung und Sauberkeit in der Lehrerküche zuständig ist. So ist die Lehrerküche oft vollgestellt mit benutzten Kaffeetassen. Verkalkte Wassererwärmungsgeräte, Armaturen, schmutzige Schränke und Handtücher bieten einen traurigen Anblick.

**Das Reinigungspersonal ist nicht für die Reinigung der Lehrerküche zuständig**

Nicht jede Schule kommt in den Genuss, eine eigene Küchenzeile für die Lehrerschaft zur Verfügung zu haben. Oftmals ist damit automatisch die Anspruchshaltung mancher Lehrer verbunden, dass der Träger für die Reinigung dieses Raumes zur Verantwortung zu ziehen ist. Eine Lehrerküche hat aber weder etwas mit hygienischen Bestimmungen zu tun (es handelt sich hier ja ausschließlich um die Eigenversorgung der Lehrer), noch muss dieser Raum von den Lehrern zum Zwecke der Lebensmittelzubereitung genutzt werden. Es fühlt sich also aus der Lehrerschaft niemand mehr zuständig.

Stimmen Sie sich mit der Lehrerschaft über einen Spül- und Putzplan in der Lehrerküche ab. So bleibt die Lehrerküche in einem vorzeigbaren Zustand, denn auch die Eltern und Schüler könnten mal einen Blick in die Lehrerküche werfen.

## 2.3.8 EU-Schulobst- und Gemüseprogramme

Seit 2008 haben die Bundesländer die Möglichkeit, an EU-geförderten Schulobst- und Gemüseprogrammen teilzunehmen. Europaweit werden jährlich 150 Mio. Euro für die Mitgliedsstaaten bereitgestellt. Ausgehend von den 6- bis 10-jährigen Kindern sollen alle Kinder und Jugendlichen in Bildungseinrichtungen von den Förderprogrammen profitieren.

Diese 7 Bundesländer nehmen am Schulobst- und Gemüseprogramm bereits teil: Baden-Württemberg, Bayern, Nordrhein-Westfalen, Rheinland-Pfalz, Saarland, Sachsen-Anhalt und Thüringen. Für das Schuljahr 2014 / 2015 haben die Länder Bremen und Niedersachsen ebenfalls ihre Teilnahme angekündigt.

Bevor Sie eine Teilnahme an diesem Projekt zur gesunden Ernährung in Erwägung ziehen, sollten Sie folgende Aspekte bedenken:

- Sind ausreichende zeitliche Ressourcen verfügbar, um Obst und Gemüse vor- und zuzubereiten?
- Welche räumlichen und technischen Bedingungen sind nötig, um die Lebensmittel aufzubewahren und zu verteilen (Küche, Geschirr, Verpackung)?

- Kann die Abfallentsorgung so organisiert werden, dass ein Befall mit Schädlingen (z. B. Kakerlaken) ausgeschlossen werden kann (tägliche Müllentsorgung)?

Vollständige Informationen und Materialien zum Schulobst- und Gemüseprogramm finden Sie unter:
**http://tinyurl.com/schulobst**

## 2.3.9 Trinkwasserhygiene

**Info Box: Rechtsgrundlagen nach dem Infektionsschutzgesetz**

**Trinkwasser**

**§ 37 Abs. 1 Beschaffenheit von Wasser für den menschlichen Gebrauch**

„Wasser für den menschlichen Gebrauch muss so beschaffen sein, dass durch seinen Genuss oder Gebrauch eine Schädigung der menschlichen Gesundheit, insbesondere durch Krankheitserreger, nicht zu besorgen ist."

### Untersuchung des Trinkwassers

Für den Fall, dass die Warmwasserversorgung der Schule durch zentrale Warmwasserspeicher erfolgt, ist gemäß Trinkwasserverordnung (TrinkwV) und DVGW-Arbeitsblatt W 552 einmal jährlich eine orientierende Untersuchung auf Legionellen (Bakterien) durchzuführen. Legionellen können schwere Atemwegserkrankungen durch das Einatmen von kleinsten erregerhaltigen Tröpfchen verursachen. Diese werden vor allem in den Hausinstallationen, beim Duschen, Waschen und im Schwimmbadbereich freigesetzt. Eine Gesundheitsgefährdung durch das Trinken von legionellenhaltigem Wasser ist nicht bekannt. Die Untersuchung wird durch den Sachkostenträger veranlasst, der für die Bauunterhaltung zuständig ist.

Der Hausmeister sollte daher regelmäßig überprüfen, ob an den Duschköpfen Kalkablagerungen vorhanden sind, da sich Legionellen bevorzugt an schlecht gewarteten Wassersystemen vermehren. Biofilme in Rohrleitungssytemen, Stagnation und Wassertemperaturen zwischen 25 °C und 45 ° C bilden optimale Lebensbedingungen für Legionellen. Daher sollten die Kalkablagerungen durch den Hausmeister regelmäßig entfernt und die Wassertemperatur so oft wie möglich kontrolliert werden.

Darüber hinaus sollte der Hausmeister zur Vermeidung von Stagnationsproblemen am Wochenanfang und nach den Ferien das Trinkwasser ca. 5 Minuten oder bis zum Erreichen der Temperaturkonstanz ablaufen lassen.

## Lehrschwimmbecken

Schwimmen gehört zu den beliebtesten und gesundheitsfördernden Sportarten. Damit die Freude und der gesundheitliche Gewinn durch den Schwimmunterricht nicht durch vermeidbare Risiken gemindert werden, soll nun auf die Anforderungen eingegangen werden, die an die Schule bezüglich der Bedingungen des Badebeckenwassers und der Schwimmumgebung zu stellen sind.

Schließlich vertrauen Lehrer und Schüler darauf, dass sie das Lehrschwimmbecken wieder gesund verlassen dürfen!

### Info-Box: Rechtsgrundlagen Infektionsschutzgesetz

**Schwimm- und Badebeckenwasser**

**§ 37 Abs. 2 Beschaffenheit von Schwimm- und Badebeckenwasser**

„Schwimm- oder Badebeckenwasser in Gewerbebetrieben, öffentlichen Bädern sowie in sonstigen, nicht ausschließlich privat genutzten Einrichtungen muss so beschaffen sein, dass durch seinen Gebrauch eine Schädigung der menschlichen Gesundheit, insbesondere durch Krankheitserreger, nicht zu besorgen ist."

Laut Umweltbundesamt hat „der Betreiber eines Bades ... die Verkehrssicherheit wie u. a. die zuverlässige Abwesenheit von Krankheitserregern und toxikologisch relevanter chemischer Stoffe zu gewährleisten." (Vgl. Umweltbundesamt, 2013)

Für die Überwachung des ordnungsgemäßen Zustandes des Lehrschwimmbeckens sind einerseits die Gesundheitsämter zuständig. Andererseits hat der sogenannte Betreiber (Schulleitung, Sachkostenträger) die Verpflichtung, durch regelmäßige Eigenkontrollen für die Sicherheit und den Gesundheitsschutz der Nutzer zu sorgen. Für die regelmäßigen Laboruntersuchungen auf mikrobiologische und chemische Belastungen sollten private Schulträger zertifizierte Labore beauftragen. Zertifizierte Labore (Trinkwasseruntersuchungsstellen) werden auf den Landeslisten der Bundesländer geführt.

Die Untersuchungsergebnisse werden automatisch an die zuständigen Gesundheitsämter geschickt.

In diesem Abschnitt widmen wir uns aber vor allem dem unmittelbaren Einfluss- und Verantwortungsbereich der Schule auf die Gesundheitsgefahren, die von unsachge-

**Linkliste: Zertifizierte Labore / Trinkwasser-untersuchungsstellen**

| | |
|---|---|
| Baden-Württemberg: | http://tinyurl.com/trinkwasser-bw |
| Bayern: | http://tinyurl.com/trinkwasser-by |
| Berlin: | http://tinyurl.com/trinkwasser-be |
| Brandenburg: | http://tinyurl.com/trinkwasser-bb |
| Bremen: | http://tinyurl.com/trinkwasser-hb |
| Hamburg: | http://tinyurl.com/trinkwasser-hh |
| Hessen: | http://tinyurl.com/trinkwasser-he |
| Mecklenburg-Vorpommern: | http://tinyurl.com/trinkwasser-mv |
| Niedersachsen: | http://tinyurl.com/trinkwasser-ni |
| NRW: | http://tinyurl.com/trinkwasser-nw |
| Rheinland-Pfalz: | http://tinyurl.com/trinkwasser-rp |
| Saarland: | http://tinyurl.com/trinkwasser-sl |
| Sachsen: | http://tinyurl.com/trinkwasser-sn |
| Sachsen-Anhalt: | http://tinyurl.com/trinkwasser-st |
| Schleswig-Holstein: | http://tinyurl.com/trinkwasser-sh |
| Thüringen: | http://tinyurl.com/trinkwasser-th |

mäß gewarteten Lehrschwimmbecken auf die Schüler und Lehrer ausgehen können. Vor allem die betriebseigenen Kontrollen durch die Schule verdienen eine nähere Betrachtung.

## Zuständigkeiten für das Lehrschwimmbecken

In der Regel wird die Eigenüberwachung an den Hausmeister delegiert, der durch den Sachkostenträger geschult sein sollte. Nicht immer ist dies aber in ausreichendem Maße der Fall, bzw. es ist sinnvoll, die korrekte Durchführung dieser Kontrollen durch die Schulleitung oder den Hygienebeauftragten zu überprüfen (z. B. zusammen mit der jährlichen Überprüfung des Hygieneplans). Die Eigenkontrollen stellen fachlich und zeitlich hohe Anforderungen an den Hausmeister, der in diesen Aufgaben Hilfe und Unterstützung durch die Schulleitung erhalten sollte.

## Werfen Sie einen Blick in das Betriebsbuch

Folgende sogenannte „Hygienehilfsparameter" sollten mehrmals täglich vom Hausmeister untersucht und in das Betriebsbuch (oder auf Datenträger) eingetragen werden:

- Freies Chlor (erfolgt mit einer Handmessung)
- pH-Wert (die bei Betriebsbeginn ermittelten Werte sind mit den von der Mess- und Regelanlage angezeigten Werten zu vergleichen)
- Redoxspannung (mithilfe einer Messeinrichtung)
- gebundenes Chlor (erfolgt mit einer Handmessung)

Wie man ein Betriebsbuch führt, wird in der DIN 19643-1:2012-11 beschrieben.

Im und um das Lehrschwimmbecken gibt es noch weitere gesundheitsrelevante Bereiche, die regelmäßig in Augenschein genommen und auch schriftlich dokumentiert werden müssen. Angaben zu Art und Menge der zugesetzten Aufbereitungschemikalien, Zahl der Badbesucher am Untersuchungstag oder durchgeführte Reinigungsarbeiten von Becken, Überlaufrinne und Wasserspeicher müssen dokumentiert werden. Das Betriebsbuch sollte bis zu 10 Jahre aufbewahrt werden.

## Beachten Sie die allgemeine Hygiene des Lehrschwimmbeckens

Die allgemeine Hygiene und Sauberkeit in der Umgebung des Lehrschwimmbeckens z. B. die Barfußbereiche, Sitzflächen, Sanitärbereiche und Umkleiden, stellen eine weitere Quelle potenzieller Gesundheitsgefahren dar. Hier kann es zur Übertragung von Krankheitserregern wie z. B. Warzenviren und Pilzinfektionen kommen, was z. B. bei Diabetikern zu Komplikationen führen kann.

Das Umweltbundesamt empfiehlt daher eine tägliche Reinigung und Desinfektion des Barfuß- und Sanitärbereiches sowie der Sitzflächen mit einem geeigneten, auf Viruzidie geprüften, VAH-gelisteten Flächendesinfektionsmittel in ausreichender Konzentration und Einwirkzeit. Abklatschuntersuchungen der Sitzflächen und Barfußbereiche nach erfolgter Desinfektion (nach der erforderlichen Einwirkzeit) in festgelegten Intervallen (z. B. halbjährlich) geben zusätzliche Sicherheit, ob die Desinfektionsmaßnahmen korrekt durchgeführt wurden. Die Kontrolle der Reinigungsarbeiten durch die Reinigungsfirma oder der eigenen Kräfte sollte in diesem Bereich durch den Hausmeister besonders gründlich erfolgen.

## Verabschieden Sie sich von Fußsprühanlagen

Fußsprühanlagen zur Fußpilzprophylaxe haben sich neuesten wissenschaftlichen Erkenntnissen zufolge als Infektionsprophylaxe nicht bewährt. Die Inhaltsstoffe stehen in Verdacht, Allergien auszulösen und das Badebeckenwasser und die Raumluft unnötig zu belasten. Ist bei Lehrern oder Schülern eine Pilzinfektion der Füße vorhanden, so besteht ein Infektionsrisiko über die Hautschuppen, die leicht abgelöst werden und sich so auf dem Barfußbereich verteilen. Lehrer und Schüller können sich aber am wirkungsvollsten durch ihr persönliches Hygieneverhalten schützen:

Trocknen Sie Ihre Füße und Zehenzwischenräume nach dem Schwimmen und Duschen gründlich, am besten mit einem separaten Handtuch, ab.

Sollten in Ihrem Lehrschwimmbecken Fußsprühanlagen montiert sein, ziehen Sie in Erwägung, diese entfernen zu lassen.

## Warzenprophylaxe

Da bei Schwimmbadbesuchen immer wieder die Frage auftaucht, welches Risiko besteht, sich mit Warzen zu infizieren, erhalten Sie in diesem Abschnitt Tipps und Empfehlungen zur Warzenprophylaxe.

Warzen werden durch Viren verursacht und sind übertragbar. Einige Warzenarten (z. B. Dellwarzen) sind von Mensch zu Mensch übertragbar (z. B. beim Sport). Andere (z. B. Dornwarzen oder Stechwarzen) werden indirekt, durch den Kontakt mit virushaltigem Material oder Gegenständen, übertragen. Hauptsächlich erfolgt die Ansteckung über Hautschuppen, die sich auf dem Barfußbereich im Schwimmbad befinden.

## Klären Sie Ihre Schüler regelmäßig über die Infektionswege von Warzen auf

Dabei sollten folgende Informationen enthalten sein:

- Keine gemeinsame Benutzung von Handtüchern und Pflegeprodukten (z. B. Körpercremes).
- Wenn Warzen bekannt sind, sollten die Betroffenen nicht barfuß gehen.
- Die Warzen müssen abgedeckt sein, z. B. durch großflächige Pflaster oder Schutzsocken / Schuhüberzieher.
- Auch beim Sportunterricht sollten die Warzen durch Pflaster abgedeckt sein.
- Badeschuhe sind nicht ausreichend.
- Ein Arztbesuch ist zu empfehlen.

Weitere und ausführliche Informationen zu den Anforderungen an die Badebeckenwasserhygiene finden Sie unter den Veröffentlichungen des Umweltbundesamtes unter:
**http://tinyurl.com/wasserhygiene**

Bei allen Auffälligkeiten sollte der Hausmeister umgehend die Schulleitung und das zuständige Amt darüber informieren.

### Trinkwasserzubereitungsgeräte

Im Ganztagesbereich bzw. in der offenen Ganztagsbetreuung werden gerne sogenannte Trinkwasserzubereitungsgeräte (z. B. Soda-Streamer) verwendet.

Im Hygieneplan sollte festgelegt werden, dass die Flaschen regelmäßig (z. B. 1 x täglich) mit Spülmittel oder, wenn die Wasserflaschen geeignet sind, in der Spülmaschine gereinigt werden. Ist es aus organisatorischen Gründen nicht möglich, Geräte und Flaschen regelmäßig zu reinigen, sollten sie abgeschafft werden.

## 2.3.10 Reinigung (Unterhaltsreinigung) Ihrer Schule

In den meisten Schulen wurden die eigenen fest angestellten Reinigungskräfte durch Reinigungsfirmen ersetzt. Dadurch kommt es nicht selten zu Defiziten in der Reinigungsqualität. Die fest angestellte Reinigungskraft identifiziert sich viel eher mit „ihrer Schule", kennt jede Schmutzecke und, noch wichtiger, hat auch persönlichen Kontakt zu den Lehrern und Schülern. Die Reinigungskräfte der Reinigungsfirmen jedoch hetzen oft von einem Objekt zum nächsten und müssen im Minutentakt ihre Arbeit verrichten. Sprachbarrieren, unzureichende Ausbildung, fehlende regelmäßige Schulungen der Reinigungskräfte und schlechte Bezahlung durch die Reinigungsfirma verhindern häufig, dass die Reinigungsarbeiten in der erforderlichen Qualität ausgeführt werden. Die Reinigungsarbeiten sollen nach DIN 77400 „Reinigungsdienstleistungen – Schulgebäude – Anforderungen an die Reinigung"

*Abb. 1: Reinigungskammer eines Gymnasiums 05/2013*

durchgeführt werden. In der DIN 77400 werden die Mindestanforderungen beschrieben, z. B. die tägliche Reinigung der sanitären Anlagen. Jedoch sollten diese Anforderungen an die Gegebenheiten vor Ort angepasst werden (in Abhängigkeit der Schulform, der Nutzungshäufigkeit, der Schülerzahlen etc.). Die Reinigungshäufigkeit der sanitären Anlagen mit OGS-Betrieb sollte durch die ganztägige Nutzung der Toilettenanlagen beispielsweise auf 2 x täglich erhöht werden. Die DIN 77400 betont explizit, dass die Reinigungsintervalle erhöht werden sollten, wenn der Bedarf dafür gegeben ist. Aber was nutzt Ihnen ein Anforderungskatalog nach DIN 77400, wenn die Reinigungskammer so aussieht wie in der Abbildung auf Seite 74?

## Machen Sie sich ein Bild von der Reinigungskammer

Die Reinigungskammer gibt Ihnen einen guten Einblick in die Organisation der Reinigung Ihrer Schule. Erster Ansprechpartner dazu ist der Hausmeister. Er ist für die Überprüfung des Reinigungspersonals verantwortlich. Täglich sollte er kontrollieren, ob die Arbeiten gemäß der Leistungsvereinbarung zwischen Sachkostenträger (Stadt- oder Kreisverwaltung) und Reinigungsfirma ordnungsgemäß erfolgt sind. Ist er mit der Qualität nicht zufrieden, erstellt er einen Mängelbericht, den er umgehend an das zuständige Amt des Sachkostenträgers per Fax oder E-Mail übermittelt. Stellt er Mängel in der Reinigungsqualität oder Unregelmäßigkeiten in den Arbeitszeiten fest, sollte er dies umgehend an seine Vorgesetzten und bei wiederholten Vorkommnissen an Sie als Schulleiter weiterleiten. Die Mängelberichte des Hausmeisters sind eine wichtige Handlungsgrundlage für den Träger, um die Reinigungsfirma abzumahnen und evtl. bestehende Verträge zu kündigen. Fragen Sie bei Ihrem Hausmeister nach, ob er mit der Reinigungsqualität zufrieden ist. Und fragen Sie ihn auch nach den Gründen. Erst dann können Sie mit der Ursachenforschung beginnen und qualitätsverbessernde Maßnahmen in der Reinigung voranbringen.

Wenn eine Reinigungskammer so oder ähnlich aussieht wie auf Abb. 1, können Sie durchaus davon ausgehen, dass Ihre Schule nur „optisch sauber" gereinigt wurde. Oftmals sind in der Schule weder der Hausmeister noch andere Mitarbeiter während der Reinigungszeiten anwesend, um die Prozesse und damit die Ausführung der Reinigung zu überprüfen. Die Mitarbeiter sind sich selbst überlassen, was zur Folge hat, dass die Arbeitszeiten gelegentlich sehr kreativ genutzt werden. Auch der Objektleiter, der die Verantwortung innerhalb der Reinigungsfirma für seine Mitarbeiter hat, ist nur Teil der Eigenkontrolle der Reinigungsfirma. Das heißt, es ist auch für den Hausmeister sehr schwer oder nur stichprobenartig zu überprüfen, wie die Prozessqualität tatsächlich aussieht. Wischt die Reinigungskraft z. B. mit dem gleichen Tuch über die Toilettenbrillen und anschließend über die Tische? Niemand steht hinter den Reinigungskräften, um dies zu kontrollieren. Überprüfbar jedoch ist die Strukturqualität, d. h. die Ausstattung der Reinigungskräfte mit technischen Geräten und Reinigungsmaterialien.

Die folgende Checkliste gibt einen Überblick über die Mindestanforderungen an die Strukturqualität in der Reinigungskammer.

### Checkliste: So prüfen Sie die Ausstattung der Reinigungskammer

| | |
|---|---|
| Ein Reinigungs- und Desinfektionsplan (gut sichtbar aufgehängt) ist vorhanden. | ❑ |
| Es gibt ausreichend viele saubere und trockene Feuchtwischbezüge („Wischmopps"). | ❑ |
| Ausreichend viele farblich sortierte Reinigungstücher für die verschiedenen Funktionsbereiche sind vorhanden.<br>**Für den aus infektionshygienischer Sicht kritischen Bereich:**<br>Rot = WC, Urinale und die Fliesen im umgebenden Bereich<br>**Für den aus infektionshygienischer Sicht weniger kritischen Bereich**<br>Gelb = Waschbecken, Fliesen, Ablagen, Armaturen und Spiegel.<br>**Für den aus infektionshygienischer Sicht eher unkritischen Bereich:**<br>Blau = Einrichtungsgegenstände, wie Schreibtische, Schränke, Stühle, Regale, Heizkörper, und Türen etc.<br>**Für den aus infektionshygienischer Sicht kritischsten Bereich:**<br>Jede andere Farbe = Besondere Bereiche, z. B. Reinigung und Desinfektionsarbeiten (bei Beauftragung einer Sonderreinigung z. B. nach Auftreten von meldepflichtigen Krankheitserregern oder Krankheitsausbrüchen. Dies können z. B. Krankheitsausbrüche durch Noroviren sein, die durch ihre kurze Inkubationszeit und geringe Infektionsdosis schnell einen großen Teil der Schulgemeinschaft infizieren können) | ❑ |
| Die Reinigungsmaterialien (Feuchtwischbezüge und Reinigungstücher) werden 1 x täglich gewechselt. | ❑ |
| Die Reinigungsmaterialien werden nur vollständig getrocknet (Trockner oder Wäschereck) gewaschen. | ❑ |
| Der Waschgang erfolgt bei mindestens 60 °C mit einem Vollwaschmittel. | ❑ |
| Eine Industriewaschmaschine und ein Trockner sind vorhanden. | ❑ |
| Die Kammer für das Einfüllen von Waschmittel der Waschmaschine ist sauber (keine größeren Waschmittelreste und kein Vorhandensein eines gelblichen Biofilms). | ❑ |
| Die Dichtungen der Waschmaschine sind nicht schwarz verfärbt. | ❑ |

| **Checkliste: So prüfen Sie die Ausstattung der Reinigungskammer** | |
|---|---|
| Bei externer Wäscheaufbereitung werden die Reinigungsmaterialien nur vollständig getrocknet angeliefert. | ❑ |
| Die gebrauchten Reinigungsmaterialien werden getrocknet bis zur Abholung aufbewahrt (kein Sammeln nasser Feuchtwischbezüge in Plastiksäcken). | ❑ |
| Die Reinigungskammer ist sauber und aufgeräumt. | ❑ |
| In den Reinigungswagen befinden sich keine Essensreste, Müll, Leergut, gebrauchte Tücher / Wischmopps oder gebrauchtes Putzwasser. | ❑ |
| Der Reinigungswagen ist sauber. | ❑ |
| Die Reinigungsmittel entsprechen den Vorgaben der Leistungsvereinbarung. | ❑ |
| Im Staubsauger befindet sich ein Staubsaugerbeutel. | ❑ |

Sind alle Ausstattungsmerkmale, die die Checkliste aufführt, vorhanden, können Sie davon ausgehen, dass zumindest die strukturellen Voraussetzungen für eine professionelle Reinigung Ihrer Schule gegeben sind und nicht nur oberflächlich bzw. „optisch sauber" geputzt wird.

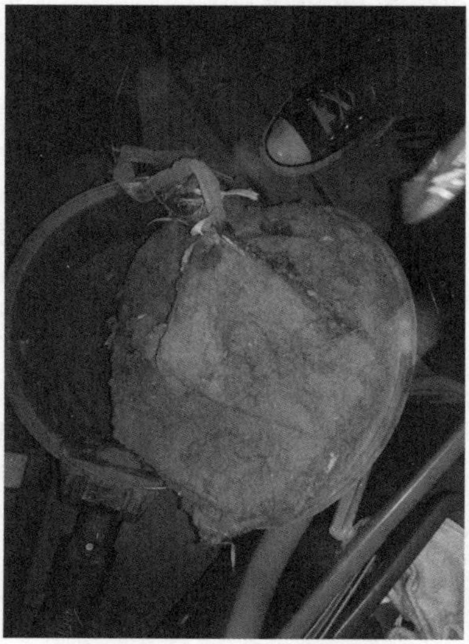

*Abb. 2: So nicht: Ein Industriestaubsauger ohne Beutel 01/2014*

Gehen Sie folgendermaßen vor, um die Strukturqualität auch langfristig aufrechtzuerhalten:

1. Der Hausmeister bearbeitet in regelmäßigen Abständen die Checkliste, z. B. 1-mal monatlich.
2. Der Hausmeister informiert die Schulleitung über festgestellte Mängel.
3. Bei Mängeln erstellt der Hausmeister einen Bericht an das vorgesetzte Amt (z. B. Liegenschaftsmanagement, Gebäudemanagement, Gesundheitsamt etc.).
4. Das zuständige Amt kommuniziert die Mängelliste an die Reinigungsfirma. Bei wiederholten oder schwerwiegenden Mängeln erfolgt ggf. eine Abmahnung.

## 2.3.11 Händehygiene

In jeder Influenza-Saison von Oktober bis März wird in den Medien auf die besondere Bedeutung der Händehygiene aufmerksam gemacht. „Vor dem Essen Händewaschen nicht vergessen“: Merksätze wie diese sind den älteren Generationen noch sehr vertraut. Händehygiene beinhaltet einerseits das Händewaschen, d. h. das gründliche Waschen der Hände mit Flüssigseife, um grobe Verschmutzungen zu beseitigen, und das anschließende Abtrocknen mit Papierhandtüchern. Andererseits gehört unter bestimmten Umständen (nicht nur im Krankenhaus oder in der Arztpraxis) eine Händedesinfektion, d. h. die gezielte Inaktivierung oder Abtötung von Mikroorganismen, dazu.

Die Hände gelten als die Hauptüberträger von Krankheitserregern. Mit den Händen werden täglich unzählige Male Oberflächen berührt (Bücher, Tische, Türklinken, Handläufe etc.), Hautkontakte aufgenommen (Händeschütteln zur Begrüßung, Nase putzen etc.), Lebensmittel angefasst u. v. m. Vor allem unbewusste Handlungen, wie z. B. die Berührung von Mund und Nase mit der eigenen Hand, führen dazu, dass wir immer wieder unsere Hände mit Krankheitserregern kontaminieren. Durch eine gute und ritualisierte Händehygiene kann man die Infektionsketten immer wieder unterbrechen und so dafür sorgen, dass wir selbst nicht zum Überträger von Krankheitserregern werden.

### Wissen Sie, was hygienisch sinnvoll ist?

Hygienisches Verhalten ist stark von Ritualen und Vorbildern abhängig. Schüler, die zu Hause nicht zu regelmäßigem Händewaschen angeleitet werden, werden das Fehlen von Flüssigseife in der Toilette noch nicht einmal bemerken. Der Nutzen von hygienisch sinnvollem Verhalten ist aber nicht sofort sichtbar, sondern liegt vor allem in der Motivation zur praktischen Umsetzung von erlerntem Hygienewissen. Dieses Hygienewissen zu vermitteln ist Aufgabe der Eltern **und** der Pädagogen. In einer Befragung der Lehrer in einer Grundschule zum Thema „Gesundheitserziehung in der Schule“ (Bergler, 2009) kommt der Autor zu dem Ergebnis, dass Lehrende in erster Linie das Elternhaus und nicht die Schule als zentrale Vermittler von Gesundheitsverhalten sehen. Von den Pädagogen wird die Ursache für den unterschiedlichen Gesundheits- und Hygienestatus der Schüler vor allem in der Vorbildfunktion der Eltern, dem Hygienestandard im Elternhaus sowie den Informationsdefiziten und dem mangelnden Interesse der Eltern gesehen. Von den Eltern wiederum wird die Hauptverantwortung für das Einüben sinnvoller Hygienerituale den Pädagogen der Schule übertragen. Kinder verbringen andererseits seit frühester Kindheit viele Stunden des Tages in Gemeinschaftseinrichtungen, die besonders günstige Bedingungen für die Weiterverbreitung von Krankheitserregern liefern. Daher haben beide Haltungen eine gewisse Berechtigung. Das mangelnde Zusammenwirken und Miteinander von Elternhaus und Schule führt jedoch in der Konsequenz lediglich zu einer gegenseitigen Delegation von Verantwortung.

## Hygiene in der Schule muss gelebt werden

Die Ritualisierung von Händehygiene, d. h. das stetige Einüben von hygienisch richtigem Verhalten, bis es im Unterbewusstsein fest verankert ist, ist also ein wichtiges Ziel, um Infektionskrankheiten vorzubeugen und ihre Weiterverbreitung zu verhindern. Für die Lehrer ist es daher von Bedeutung, dass sie neben dem Erwerb objektiver Kenntnisse über hygienische Risiken (wie z. B. Infektionskrankheiten, Übertragungswege, Prophylaxemaßnahmen, Weiterverbreitung von Krankheitserregern) auch einschätzen können, inwieweit für sie selbst und ihr eigenes familiäres Umfeld ein realistisches Infektionsrisiko besteht. Werden nämlich die rational erfassten Risiken nicht mit dem persönlichen Erkrankungsrisiko in Verbindung gebracht, so nehmen auch das Interesse und die Bereitschaft ab, Hygienemaßnahmen umzusetzen (vgl. Bergler, 2009).

Erwerben Sie und Ihr Kollegium Grundlagenwissen zu folgenden Themen:
- Erregerarten und deren besondere Bedeutung in Schulen
- Übertragungswege von Krankheitserregern
- Prophylaxe- und Bekämpfungsmaßnahmen

### Info-Box: Hygienisches Grundlagenwissen für Lehrer

**Welche Erregerarten gibt es?**
Viren, Bakterien, Pilze und Parasiten

## Viren

Viren sind winzig klein (20 bis 300 Nanometer) und auch mit dem Lichtmikroskop nicht zu erkennen. Sie bestehen aus DNA oder RNA und manche auch aus einer sie umgebenden Eiweißhülle. Sie lösen harmlose Erkältungskrankheiten aus, aber auch schwerwiegende Erkrankungen wie Aids, Hepatitis A, B, C, D und E und hämorrhagisches Fieber (z. B. Ebola). Die meisten Magen-Darm-Infektionen werden durch Viren verursacht. Auch Polio („Kinderlähmung"), Masern, Mumps, Röteln und Windpocken (die sogenannten „Kinderkrankheiten") werden durch Viren ausgelöst.

>

#### Vorkommen

Viren brauchen tierische, pflanzliche oder menschliche Zellen als Wirtszellen, um sich zu vermehren und ihr Überleben zu sichern. Auch auf unbelebten Oberflächen können viele Viren lange Zeit persistieren und ansteckend bleiben.

#### Bedeutung für die Schule

In Schulen spielen vor allem Infektionen durch Noro- und Rotaviren eine Rolle. Sie lösen Magen-Darm-Erkrankungen aus, die heftiges, häufig schwallartiges Erbrechen und Durchfälle zur Folge haben. Durch mangelnde Händehygiene, fehlendes Lüften und nicht sachgemäße Entfernung der Körperausscheidungen kommt es zur raschen Weiterverbreitung und damit zu vielen Fehlzeiten von Lehrern und Schülern.

Ernste Erkrankungen wie z. B. Masern-Infektionen sind in Deutschland, trotz der Möglichkeit, sich dagegen impfen zu lassen, seit Jahren auf einem gleichbleibenden Niveau. Da eine Masernerkrankung das Risiko von schweren Komplikationen (Gehirnentzündung) nach sich ziehen kann, müssen alle Maßnahmen (Besuchs- und Tätigkeitsverbote, Impfpasskontrolle, Informationen der Eltern usw.) eng mit dem zuständigen Gesundheitsamt abgestimmt werden.

### Bakterien

Bakterien sind um ein Vielfaches größer als Viren. Sie sind etwa 0,1 bis 700 Mikrometer groß, haben ihr eigenes Erbgut und einen eigenen Stoffwechsel.

#### Vorkommen

Bakterien kommen überall in der Umwelt, im Wasser, in Lebensmitteln und in und auf unserem Körper vor (Darm, Mundhöhle, Haut).

#### Bedeutung für die Schule

In Schulen spielen vor allem aerogen (über die Luft) übertragbare bakterielle Erkrankungen und Infektionen über Lebensmittel eine Rolle, z. B. Keuchhusten, Scharlach, Salmonellosen.

### Parasiten

Dazu zählen z. B. Kopfläuse, Bandwürmer oder Flöhe. Sie sichern ihr Überleben z. B., indem sie sich von menschlichem Blut ernähren. Manche Parasiten können auch schwerwiegende Krankheiten übertragen (z. B. Malaria, Pest, Borreliose).

**Vorkommen**
Würmer gelangen oft über befallene Lebensmittel, intensiven Tierkontakt oder verunreinigten Spielplatz-Sand in den Körper des Menschen.
Zecken kommen in der Natur (Wälder und Wiesen) vor. Als Überträger der FSME (Frühsommer-Meningokokken-Meningitis) findet man sie in Deutschland hauptsächlich in Baden-Württemberg und Bayern. Im Allgemeinen können sie aber auch die sogenannte Lyme-Borreliose übertragen.
Parasiten nutzen allgemein oft Haustiere als Zwischenstation, bevor sie den Menschen befallen. So finden z. B. Flöhe, Würmer oder Insekten und Spinnentiere ihren Weg über Hund, Katze und Co. zu uns.

**Bedeutung für die Schule**
Kopfläuse sind sogenannte Lästlinge und übertragen selbst keine Krankheiten. Allerdings kann es durch hartnäckiges Kratzen zu bakteriellen Infektionen kommen. Sie sind in deutschen Schulen ein ganzjähriges Problem (s. dazu auch das Kapitel 2.1.1.).
Gründliche Händehygiene schützt vor dem Befall mit Wurmeiern. Lange Kleidung bei Ausflügen und Wanderungen hindert Zecken daran, sich an der menschlichen Haut festzuhalten.

**Welche Übertragungswege gibt es?**
- Tröpfcheninfektion (z. B. Influenzaviren, Noro- und Rotaviren, Masernvirus)
- Fäkal-orale Schmierinfektion (Noro- und Rotavirus, Salmonellen),
- Infektionen, die durch Lebensmittel (Salmonellen, Campylobacter, Staphylokokken, Noroviren) und Wasser (Legionellen) ausgelöst werden

## Prophylaxe- und Bekämpfungsmaßnahmen

**Impfungen**
Bei einer Impfung werden abgeschwächte oder abgetötete Krankheitserreger bzw. deren Bestandteile verabreicht, die die Erkrankung nicht auslösen, jedoch dazu führen, dass der Körper Antikörper gegen diese Erkrankung bildet. Dies nennt man „aktive Impfung“. In Deutschland ist der Schulbesuch im Gegensatz zu anderen Staaten, wie z. B. den USA, auch ohne vollständigen Impfschutz gestattet (es existiert keine Impfpflicht). Für besonders anfällige Personengruppen, die an Grunderkrankungen leiden oder nicht geimpft werden können, bedeutet dies, dass sie nicht durch eine sogenannte „Herdenimmunität“ geschützt sind. Eine „Herdenimmunität“ wird nur erreicht, wenn mindestens 95 % einer bestimmten Gruppe geimpft sind. Dies könnte vor allem in Förderschulen oder inklusiven Schulen eine Rolle spielen, da die Kinder mit Behinderungen oft unter Grunderkrankungen leiden oder

durch die Art ihrer Behinderung einer größeren Anfälligkeit für Infektionen ausgesetzt sind. Eine Übersicht über die Impfempfehlungen der ständigen Impfkommission am Robert-Koch-Institut (STIKO) finden Sie hier:
**http://tinyurl.com/impfempfehlung**

Impfungen und eine sorgfältig durchgeführte Händehygiene, ggf. eine Händedesinfektion mit einem zertifizierten (VAH- oder RKI-gelisteten) Desinfektionsmittel sind die wichtigsten Maßnahmen, um Infektionen und deren Weiterverbreitung zu verhindern.

## 2.3.12 Händereinigung

In der Händehygiene unterscheidet man zwischen Händereinigung und Händedesinfektion.

Die Händereinigung beseitigt vor allem mechanisch Schmutz und Verunreinigungen, aber keine Krankheitserreger.

Lehrer und Schüler sollten eine Händereinigung durchführen
- nach jedem Toilettengang,
- vor und nach Umgang mit Lebensmitteln (z. B. vor und nach dem gemeinsamen Zubereiten des Frühstücks),
- bei Verschmutzungen (z. B. nach Arbeiten mit Lehm, Ton, Farben, nach dem Spielen auf dem Pausenhof etc.),
- nach dem Wickeln (z. B. in inklusiven Schulen).

Die Händereinigung sollte mit Flüssigseife und Papierhandtüchern erfolgen. Stückseife, Nagelbürsten und Gemeinschaftshandtücher sind aus hygienischen Gründen nicht sinnvoll, da sie einen guten Nährboden für die Vermehrung von Krankheitserregern bieten.

## 2.3.13 Händedesinfektion

### Wer sollte sich die Hände desinfizieren?

Die Desinfektion der Hände ist der 2. Baustein der Händehygiene. Die Desinfektion der Hände sorgt dafür, dass krank machende (pathogene) Mikroorganismen abgetötet oder inaktiviert werden. Betroffen sind davon in 1. Linie die Lehrer, der Hausmeister, die Reinigungskräfte und das Küchenpersonal bzw. die Personen, die mit Lebensmitteln umgehen (z. B. Eltern, die in der Cafeteria Brötchen, Obst etc. für das Frühstück herrichten). Schüler, die im Sanitätsdienst tätig sind, sollten ebenso in der Durchführung der korrekten Händedesinfektion unterwiesen werden. Eine Händedesinfektion sollte immer nach Kontakt mit Körperausscheidungen wie z. B. Blut, Erbrochenem und Urin / Fäkalien durchgeführt werden. Im Lebensmittelbereich, d. h. für Personen, die Lebensmittel herstellen, behandeln und in Verkehr bringen (an die Schüler austeilen), sollte eine Händedesinfektion durchgeführt werden

- bei Arbeitsbeginn,
- nach Pausen,
- nach jedem Toilettenbesuch,
- nach Schmutzarbeiten,
- nach Arbeiten mit kritischen Rohwaren, z. B. rohes Fleisch, Geflügel,
- nach Husten oder Niesen in die Hand und nach jedem Gebrauch des Taschentuches.

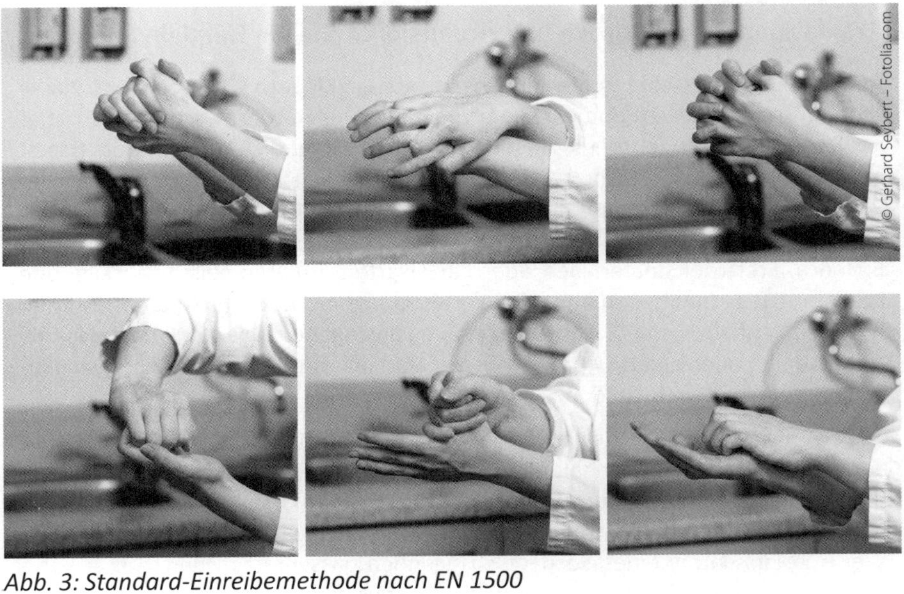


*Abb. 3: Standard-Einreibemethode nach EN 1500*

## Worauf es bei der Händedesinfektion ankommt – das richtige Händedesinfektionsmittel

Das Händedesinfektionsmittel sollte VAH-gelistet sein, d. h., es steht auf der Liste der zertifizierten und für wirksam befundenen Desinfektionsmittel des Verbundes für angewandte Hygiene. Zumindest der Hausmeister sollte Zugriff auf Händedesinfektionsmittel haben. Dieses kann er bei seinem zuständigen Schulamt bestellen. Aus Kostengründen wird der Schule oft verwehrt, mehrere sogenannte „Kittelflaschen“, d. h. Flaschen in 100-ml-Gebinden, in Gebrauch zu haben. Es lohnt sich, beim Schulamt diesbezüglich immer mal wieder nachzufragen.

Da bei der Beseitigung von infektiösen Körperausscheidungen vor allem die Gefahr besteht, sich selber zu infizieren, sollte in jedem Fall auch ein sogenanntes VAH-gelistetes „viruzides Händedesinfektionsmittel“ vorhanden sein – gerade in den Wintermonaten, in denen nicht nur Erkältungsviren, sondern auch Durchfall und Erbrechen (häufig ausgelöst durch Noroviren) besonders häufig vorkommen. Norovirus-Epidemien machen einen Großteil der Krankheitsausbrüche mit Durchfall und Erbrechen in Gemeinschaftseinrichtungen aus und führen zu vielen Fehlzeiten bei Lehrern und Schülern.

**Praxistipp: Thematisieren und ritualisieren Sie die Händehygiene**

Auch das Händewaschen sollte gemeinsam mit den Kindern schon ab der 1. Klasse thematisiert, ritualisiert und vor allem von ihnen eingefordert werden. Dazu ist es notwendig, dass die Lehrer die Hände der Kinder gelegentlich kontrollieren. Das ist an besonders heißen oder nassen Tagen oft sehr sinnvoll, wenn die Kinder nach der Pause in die Klasse kommen. Schulsachen sollten nicht mit schmutzigen Händen angefasst werden. Es ist nicht einzusehen, dass Kinder, die in Zukunft mit denselben Büchern, Freiarbeitsmaterialien oder Karteikarten arbeiten sollen, fleckige und beschmutzte Lernmittel erhalten. Die Verwendung solcher Materialien wird Kinder nicht dazu anhalten, mit diesen nun sorgfältig umzugehen. Das führt dazu, dass die Arbeitsmaterialien ersetzt werden müssen. Dadurch kommt es zu einer überflüssigen Ressourcenverschwendung.

Es geht nicht darum, Kinder zu beschämen, die von zu Hause aus diesbezüglich vernachlässigt werden. Deshalb ist es wichtig, Hygiene und die Erhaltung von Ressourcen mit den Kindern zum Thema des Unterrichts zu machen und als etwas zu verstehen, das alle im Alltag der Klasse betrifft. Hierzu eignet sich in hervorragender Weise die Einrichtung eines wöchentlich tagenden Klassenrates. Denn so ist gewährleistet, dass dieses Thema nicht im Rahmen eines einmaligen Unterrichtsprojekts nach einiger Zeit wieder in Vergessenheit gerät. Vor allem lässt sich die Erhaltung und Pflege von Ressourcen für Kinder wesentlich besser erleben und verarbeiten, wenn es um Dinge geht, mit denen sie täglich zu tun haben, als an eher abstrakten Dingen wie beispielsweise der Wasserqualität von Bächen und anderen Gewässern.

## Händedesinfektionsmittel für Schüler erbringen keinen Zusatznutzen

In einer neuseeländischen Studie an 68 Grundschulen wurden die Klassenräume der Interventionsgruppe während der Wintermonate mit berührungsfreien alkoholischen Händedesinfektionsmittelspendern (>60 % Ethanol) ausgestattet. Die Kinder der Interventionsgruppe wurden angewiesen, nach dem Husten und Niesen und bei Verlassen des Klassenzimmers vor dem Frühstück und dem Mittagessen die Hände zu desinfizieren. Die Kinder der Kontrollgruppe erhielten lediglich die allgemeine Unterweisung in Händehygiene. Zwischen der Kontrollgruppe und der Interventionsgruppe bestanden nach Auswertung der Studienergebnisse keine signifikanten Unterschiede in der Anzahl der krankheitsbedingten Fehltage (Erkältung und / oder Magen-Darm), der Länge der Fehltage, der Erkrankungen von Familienmitgliedern und auch nicht in der Anzahl der Hautirritationen. Die Autoren folgern, dass zumindest in Industriestaaten zusätzliche Investitionen für Händedesinfektionsmittel in Schulen für den Routinegebrauch keinen relevanten Zusatzeffekt auf die Anzahl der krankheitsbedingten Fehltage haben.

**Fazit**: Gründliches Händewaschen mit Flüssigseife unter fließendem Wasser und anschließendes Abtrocknen mit Papierhandtüchern sind für Schüler vollkommen ausreichend.

## Durchführung der Händedesinfektion

Die sogenannte „Einreibemethode nach EN 1500“ hat sich als standardisiertes Verfahren für die hygienische Händedesinfektion durchgesetzt. Die standardisierte Einreibemethode hilft durch Visualisierung, die auf Seite 83 gezeigten Schritte exakt durchzuführen. Schule ist aber kein Krankenhaus. Hier ist es wichtig zu wissen, worauf es bei der richtigen Durchführung der Händedesinfektion ankommt.

Der entscheidende Aspekt einer „eigenverantwortlichen“, also nicht standardisierten Einreibemethode, ist, dass das Händedesinfektionsmittel satt, also ausreichend auf die Hände aufgetragen wird. Dies geschieht am besten durch:

- Auftragen einer ausreichenden Menge Händedesinfektionsmittel (ca. 5 ml) in die trockene, hohle Hand, sodass alle Bereiche der Hand benetzt (nass) sind. Also alle Innen- und Außenflächen einschließlich Handgelenke, Fingerzwischenräumen, Fingerspitzen, Nagelfalze und Daumen
- sorgfältiges Einreiben des Desinfektionsmittels von mindestens 30 Sekunden

Sie benötigen dazu keine Stoppuhr: 30 Sekunden sind in der Regel vorbei, wenn die Hände wieder trocken sind.

Die Händedesinfektion sollte also nicht prophylaktisch, sondern vor allem gezielt zum eigenen Schutz eingesetzt werden.

## 2.3.14 Flächendesinfektion

Ziel einer Flächendesinfektion in der Schule ist es, die mit Körperausscheidungen verunreinigten Oberflächen so zu behandeln, dass von ihnen keine Gefahr mehr ausgeht. Potenziell infektiöse Körperausscheidungen sind Erbrochenes, Stuhl oder Blut. Derjenige, der mit der Aufgabe betraut ist, diese Körperausscheidungen zu beseitigen, sollte von der Schulleitung oder dem Sicherheitsbeauftragten so instruiert und ausgestattet sein, dass er sich selbst möglichst nicht in Gefahr bringt. Das bedeutet, er muss in der Lage sein, Schutzmaßnahmen zu kennen und das richtige Flächendesinfektionsmittel auf die richtige Art und Weise anzuwenden.

### Klären Sie die Zuständigkeiten

In vielen Schulen ist der Hausmeister für die Beseitigung der Körperausscheidungen zuständig. Aber nicht alle Hausmeister übernehmen diese unbeliebte Aufgabe ohne Weiteres. Manche verweisen darauf, dass es seitens des Trägers keine verbindliche Dienstanweisung dafür gibt und sie sich somit nicht in der Verantwortung für diese Aufgabe sehen. Daher muss unbedingt durch die Schulleitung geklärt und kommuniziert werden, wer für die Beseitigung von Körperausscheidungen zuständig ist. Bringen Sie in Erfahrung, ob es eine Dienstanweisung für diese Aufgabe gibt. Darüber hinaus ist es nicht sinnvoll, auf den Hausmeister zu warten, wenn z. B. im Klassenzimmer Erbrochenes schnell sachgerecht entsorgt werden muss. Durch kleinste Tröpfchen, sogenannte Aerosole, können Krankheitserreger über das Erbrochene in die Atemluft gelangen und innerhalb kürzester Zeit eine Infektion auslösen (z. B. mit Noroviren). Eine Zeitverzögerung vergrößert daher das Risiko, sich über das Erbrochene zu infizieren. Es ist daher im Sinne der Schulleitung, eine sinnvolle Lösung für die Zuständigkeiten in diesem Bereich zu finden, auch wenn sich der Hausmeister grundsätzlich verantwortlich fühlt. Im Rahmen einer Lehrerkonferenz sollten Sie dieses Thema auf die Tagesordnung setzen.

### Wählen Sie das richtige Flächendesinfektionsmittel

Das Flächendesinfektionsmittel sollte VAH-gelistet sein, d. h., es steht auf der Liste der zertifizierten und für wirksam befundenen Desinfektionsmittel des Verbundes für angewandte Hygiene. Auch hier (wie bei der Verwendung eines Händedesinfektionsmittels) sollte zumindest der Hausmeister (oder die jeweils zuständige Person) Zugriff darauf haben. Das Flächendesinfektionsmittel kann bei dem zuständigen Schulamt bestellt werden. Es hat sich bewährt, bei der Verwendung von Flächendesinfektionsmitteln ein Präparat zu wählen, das einfach anzuwenden ist und nicht erst angemischt (z. B. in Form eines Konzentrats) werden muss. Das Anmischen von Konzentraten ist aufwendig, führt zu Zeitverzögerung, und es besteht die Gefahr einer Unter- oder Überdosierung des Desinfektionsmittels. Die zuständige Person sollte daher möglichst schnell eine fertige Desinfektionsmittellösung oder ein desinfektionsmittelgetränktes Tuch verwenden können. Die Tücher gibt es in verschiedenen Größen im Handel, entweder in einer Spenderbox oder einzeln verpackt.

## Vorsicht bei der Verwendung von Bindemitteln

Mit Blut, Erbrochenem oder anderen potenziell infektiösen Körperflüssigkeiten verunreinigte Flächen sollten zunächst mit einem desinfektionsmittelgetränkten Tuch grob gereinigt werden. Das Tuch kann in einem Plastikbeutel mit dem Restmüll entsorgt werden. Anschließend sollte die betroffene Fläche nochmals desinfiziert werden. In vielen Schulen ist es gängige Praxis, dass das Erbrochene zunächst mit „Katzenstreu" oder Granulat gebunden und aufgekehrt wird. Dadurch wird der unangenehme Geruch schnell beseitigt und die Flüssigkeiten gebunden. Der Nachteil dieser Methode besteht darin, dass man nicht ausschließen kann, dass es durch die Inhaltsstoffe des Katzenstreus oder Granulats zu einer fehlerhaften oder ungenügenden Wirkung des Desinfektionsmittels kommt. Die Hersteller dieser Produkte machen dazu keine Angaben, da die Verwendung von Katzenstreu ursächlich einem anderen Zweck als der Desinfektion dient. Wenn es jedoch hilft, mehr Personal für diese unliebsame Aufgabe zu gewinnen, da die Beseitigung von Körperausscheidungen dadurch einfacher und „angenehmer" wird, kann es sinnvoll sein, Katzenstreu zu verwenden. Anschließend muss jedoch unbedingt eine sachgerechte Flächendesinfektion durchgeführt werden.

## Warten Sie nicht auf die Reinigungsfirma

Auf keinen Fall sollte man jedoch mit der Beseitigung von Blut, Stuhl oder Erbrochenem länger warten als nötig! Es ist nicht unwahrscheinlich, dass die Ursache für (schwallartiges) Erbrechen in einer infektiösen Krankheit liegt. In vielen Schulen behelfen sich Hausmeister und Lehrer damit, über das Erbrochene einen Eimer oder ein Verkehrshütchen zu stellen und auf die Reinigungsfirma zu warten. So ein Vorgehen sollten Sie unbedingt vermeiden! Über Aerosole, das sind kleinste erregerhaltige Tröpfchen, die eingeatmet werden, können die Krankheitserreger in den Organismus gelangen. Je schneller das potenziell infektiöse Material entfernt wird, desto wahrscheinlicher ist es, dass es sich nicht in der Raumluft verteilt und so innerhalb kürzester Zeit viele Anwesende erkranken. Bei unangenehmen Aufgaben wie dieser geschieht es schnell, dass das Thema weder angesprochen wird noch Lösungen gefunden werden.

Es wird ganz einfach ignoriert und spontan delegiert. Damit ist aber niemandem geholfen. Im Hygieneplan sollten die Zuständigkeiten und das Vorgehen so konkret wie möglich beschrieben werden. Voraussetzung ist auch hier das Vorhalten einer bestimmten Strukturqualität: d. h. Handschuhe und VAH-gelistete Hände- und Flächendesinfektionsmittel. Fragen Sie bei Ihrem Schulträger (Schulamt) konkret nach geeigneten Präparaten.

### Info-Box: Durchfallerkrankungen – so erkennen Sie einen Krankheitsausbruch

Häufigste Ursache für sogenannte Brechdurchfälle („Gastroenteritiden) bei Kindern in Gemeinschaftseinrichtungen sind Viren. Rotaviren und Noroviren stehen dabei im Vordergrund. Die Ausbrüche betreffen dabei meist einen größeren Personenkreis.

Der Anteil der viral bedingten Gastroenteritiden an Norovirus-Infektionen bei Kindern beträgt ca. 30 % und bei Erwachsenen bis zu 50 %. Noroviren sind weltweit verbreitet und können das ganze Jahr über auftreten, wobei ein saisonaler Gipfel in den Monaten von Oktober bis März zu beobachten ist. Daher und wegen des schwallartigen Erbrechens wird die Infektion mit Noroviren auch als „winter vomiting disease" bezeichnet. Die Viren werden über den Stuhl und das Erbrochene des Menschen ausgeschieden. Die Infektiosität ist sehr hoch, da nur 10 bis 100 Viruspartikel ausreichen, um eine Infektion auszulösen. Das erklärt auch die schnelle Verbreitung innerhalb von Krankenhäusern, Altenheimen und Gemeinschaftseinrichtungen. Die Inkubationszeit, d. h. die Zeit von der Aufnahme des Erregers bis zum Erkrankungsbeginn, beträgt 5 bis 60 Stunden. Eine Schutzimpfung steht nicht zur Verfügung. Daher kann nur durch andere Präventiv- und Schutzmaßnahmen innerhalb einer Gemeinschaftseinrichtung, vor allem durch konsequente Hygienemaßnahmen, die Weiterverbreitung verhindert werden.

Die Wiederzulassung der Erkrankten in die Gemeinschaftseinrichtung sollte nicht früher als 48 Stunden nach Abklingen der Symptome erfolgen.

Eltern sind gesetzlich dazu verpflichtet (s. § 34, Abs. 1 Infektionsschutzgesetz), der Schule jede Durchfallerkrankung ihres Kindes zu melden. Weisen Sie die Eltern in regelmäßigen Abständen (z. B. zu Beginn des Schuljahres) in einem Elternbrief auf die Mitteilungspflicht sowie auf die Wiederzulassungsbestimmungen hin. Nur so können Sie selbst ein gehäuftes Auftreten von Durchfallerkrankungen an das zuständige Gesundheitsamt (s. § 34, Abs. 1 Infektionsschutzgesetz) melden und frühzeitig einen beginnenden Krankheitsausbruch an Ihrer Schule erkennen.

Setzen Sie sich frühzeitig mit Ihrem Gesundheitsamt in Verbindung, um geeignete Präventions- und ggf. Desinfektionsmaßnahmen zu besprechen.

Aktualisieren Sie Ihre Elternbriefe, bzw. laden Sie sich die aktuellen Versionen der Eltern-Informationsschreiben Ihres zuständigen Gesundheitsamtes aus dem Internet herunter.

## 2.4 So erstellen Sie Ihren Hygieneplan

In § 36 Abs. 1 IfSG wird gefordert, dass die Leiter von Gemeinschaftseinrichtungen innerbetriebliche Verfahrensweisen zur Infektionshygiene in Hygieneplänen festlegen. Hygienepläne sollten dabei weitestgehend an die individuellen Besonderheiten der Einrichtung angepasst werden. Sie unterliegen allerdings keiner gesetzlich vorgeschriebenen Form. So ist es möglich, den Hygieneplan in Papierform oder digital, im Fließtext oder als Tabelle zu erstellen. Es ist allerdings nicht zielführend, die im Netz verfügbaren Musterhygienepläne ohne jede Bearbeitung auszudrucken und abzuheften. Die Auseinandersetzung mit den hygienerelevanten Bereichen (siehe Kapitel 2.3) in Ihrer Schule ist für eine gelebte Hygiene sehr wichtig.

Gehen Sie bei der Erstellung Ihrer Hygienepläne nach dem folgenden Schema vor.

### 1. Analyse der Infektionsgefahren

Bei der Analyse der Infektionsgefahren klären Sie, welche Infektionsrisiken, durch welche Personen und durch welche sonstigen Ursachen bestehen. Hier ist je nach Einrichtung zwischen den verschiedenen Bereichen (z. B. Klassenräume, Küchenbereich, Sanitätsraum, Sanitärbereich etc.) zu unterscheiden.

### 2. Bewertung der Risiken

Sie bewerten die Risiken auf Grundlage der Einschätzung, ob ein Infektionsrisiko niedrig ist und deshalb hingenommen werden kann und bei welchen Risiken Maßnahmen zur Risikominimierung ergriffen werden müssen.

### 3. Risikominimierung

Eine Risikominimierung wird durch die Festlegung bestimmter Maßnahmen erreicht. Damit sind geeignete Maßnahmen zur Minimierung des Infektionsrisikos oder zur Unterbrechung von Infektionsketten gemeint (z. B. Festlegung von Reinigungs- und Desinfektionsmaßnahmen i. S. eines Reinigungs- und Desinfektionsplans, Einmalhandtücher, Flüssigseife, Verfahrensanweisungen für Hände- und Flächenhygiene, Temperaturkontrolle der Kühl- und Gefriergeräte im Küchenbereich etc.). Reinigungs- und Desinfektionspläne enthalten Angaben über zu reinigende Einrichtungsgegenstände und Bodenflächen, die Häufigkeit und den Zeitpunkt der Reinigung, die anzuwendenden Reinigungsverfahren einschließlich Reinigungsmaterialien und -geräte, die zu verwendenden Desinfektionsmittel und Desinfektionsverfahren einschließlich der Konzentration und Einwirkzeiten, die verantwortlichen Personen und Kontrollmaßnahmen.

### 4. Festlegung von Überwachungsverfahren

In diesem Schritt legen Sie die Methoden für die Überwachung und Kontrolle der zuvor festgelegten Maßnahmen zur Risikominimierung durch verantwortliche Personen fest. Ebenfalls eignen sich Checklisten und schriftliche Dokumentationen der Maßnahmen in festgelegten Abständen.

### 5. Überprüfung des Hygieneplans

Hygienepläne sollten in festgelegten Intervallen auf Aktualität überprüft werden. Berücksichtigen Sie Veränderungen, wie z. B. bauliche Änderungen, Änderungen der Produktauswahl an Reinigungs- und Desinfektionsmitteln, Personalwechsel und damit eine mögliche neue Zuweisung von Verantwortlichkeiten, und legen sie diese im geänderten Hygieneplan neu fest. Empfehlenswert ist eine jährliche Überprüfung des Hygieneplans, z. B. in Verbindung mit der Überprüfung der Notfallpläne.

### 6. Dokumentation und Schulung

Die Mitarbeiter sollten über den Inhalt des Hygieneplans regelmäßig geschult werden. Dokumentieren Sie diese Schulungen. Planen Sie weiterführende Schulungen und Schulungsbedarf zum Thema „Infektionsschutz und Hygiene" und legen Sie sie ebenfalls schriftlich fest.

**Praxis-Beispiel für ein hinzunehmendes Infektionsrisiko**

Im Musikraum eines Gymnasiums wurden große Bodenkissen (ca. 2 x 2 m) angeschafft, um den Schülern zu ermöglichen, in der Mittagspause darauf zu entspannen. Der Musikraum sollte ohne Schuhe betreten werden.

Die Bodenkissen könnten durch häufige Körperkontakte und Körperausscheidungen verunreinigt und damit zu einer Infektionsquelle (z. B. für die Übertragung von Krätze) werden. Da Lehrer und Schüler aus pädagogischen Gründen aber nicht auf die Bodenkissen verzichten wollen, werden sie zur Vermeidung der Übertragung von Krankheitserregern und Parasiten 1 x wöchentlich und bei Bedarf abgesaugt.

Bei dauerhaften Verschmutzungen oder Verunreinigungen durch Körperflüssigkeiten oder dem Auftreten von Parasiten müssen sie ausgetauscht werden. Alternativ sollten abziehbare und waschbare Bezüge angeschafft werden.

## 2.5. Inklusion und Gesundheitsschutz

Marvin hat eine Körperbehinderung. Er ist auf seinen Rollstuhl angewiesen, den er aber selbstständig bedienen kann. Marvin trägt Windeln, seine Blase kann er mittels eines Blasenkatheters entleeren. Er ist darauf angewiesen, in den Pflegeraum der Schule begleitet zu werden, da er sich nicht selbstständig ent- und bekleiden kann. Die Windel wird auf einer Pflegeliege gewechselt.

### Problem und Lösung

Kinder mit dem Förderschwerpunkt „Körperliche und motorische Entwicklung" brauchen neben der barrierefreien Gestaltung des Schulgebäudes besondere Voraussetzungen, um sich selbst zu versorgen oder von anderen versorgen zu lassen. Dies betrifft insbesondere den Bereich der Toilettenhygiene und der medizinisch-pflegerischen Versorgung.

In Abhängigkeit der individuell unterschiedlichen Beeinträchtigungen muss es eine dementsprechende Infrastruktur in der Schule geben. Dabei gilt es auch stets zu beachten, dass Lehrer und Sonderpädagogen sehr nah (körperlich und emotional) in die pflegerische Versorgung eingebunden sind. In den Lehrplänen der Lehrer und Sonderpädagogen ist jedoch nicht vorgesehen, dass sie in den Themen „Pflege", „Hygiene" und „Infektionsschutz" ausgebildet werden. Schulbegleiter, Freiwilligendienste oder Pflegekräfte der Wohlfahrtsverbände stehen in der Schule nur eingeschränkt zur Verfügung. Daher übernehmen oft Sonderpädagogen und auch Lehrer die Aufgabe, die Kinder zur Toilette zu begleiten, das An- und Auskleiden zu unterstützen und bei Bedarf auch Windeln zu wechseln.

Abgesehen davon, dass Lehrer und Sonderpädagogen grundlegende Kenntnisse über Hygiene, Infektionsschutz und rückenschonendes Lagern und Versorgen der Kinder vermittelt bekommen müssen, sollte bedacht werden, dass z. B. ein Katheterwechsel unter hygienisch einwandfreien Bedingungen vorgenommen werden muss. Dabei ist es unerheblich, ob dieser durch das Kind selbst oder das Pflegepersonal erfolgt. Auch für das ambulant zur Verfügung stehende Pflegepersonal muss die in der Checkliste auf Seite 92 aufgelistete Infrastruktur zur Verfügung stehen.

### Checkliste für den Pflegeraum

| Es sind vorhanden: | |
|---|---|
| Ein Reinigungs- und Desinfektionsplan | ❑ |
| Eine geeignete Pflegeliege mit einer wisch-desinfizierbaren Oberfläche | ❑ |
| VAH-gelistetes Händedesinfektionsmittel in einer Spendervorrichtung | ❑ |
| Flächendesinfektionsmittel | ❑ |
| Flüssigseife und Papierhandtücher in einer Spendervorrichtung | ❑ |
| Einmalhandschuhe | ❑ |
| Einmalunterlagen für das Wechseln der Windeln | ❑ |
| Ein abschließbarer Schrank zur Aufbewahrung der Pflegeartikel und Medizinprodukte | ❑ |
| Abfallbehälter mit Deckel | ❑ |
| Ein Warm- und Kaltwasseranschluss | ❑ |

Der Pflegeraum ist nicht zu verwechseln mit den barrierefreien Sanitäranlagen. Er sollte abschließbar und nur für einen definierten Personenkreis zugänglich sein. Die sogenannten „Behindertentoiletten“ sind nicht geeignet, pflegerische Maßnahmen durchzuführen. Legen Sie in Ihrem Hygieneplan eine verantwortliche Person für den Pflegeraum fest. Besprechen Sie das Vorgehen bei pflegerischen Maßnahmen (zu denen auch das Wechseln der Windeln gehört), und klären Sie, ob ausreichende Kenntnisse zum Thema „Händehygiene“ vorliegen.

Kinder mit körperlich-motorischen Behinderungen oder Mehrfachbehinderungen sind durch häufige Krankenhausaufenthalte auch gefährdet, mit Krankenhauskeimen besiedelt oder infiziert zu werden. Dies liegt an ihrem herabgesetzten Immunstatus und möglichen Fremdkörpern wie Blasenkatheter oder Ernährungssonden. Obwohl auch gesunde Menschen vorübergehend mit MRSA besiedelt sein können, ohne dass der Erreger in den Körper eindringt und einen Krankheitswert besitzt, löst der Hospitalkeim häufig Ängste und Besorgnis im sozialen Umfeld des Betroffenen aus. Daher soll auch dieses Thema im Zusammenhang mit Inklusion hier kurz aufgegriffen werden.

Die betreuenden Lehrer, Sozialpädagogen oder Pflegekräfte sollten in die Lage versetzt werden, sich vor und nach dem pflegerischen Kontakt des betroffenen Kindes die

Hände mit einem VAH-gelisteten Händedesinfektionsmittel zu desinfizieren, da MRSA hauptsächlich über die Hände übertragen wird. Auch das betroffene Kind selbst sollte auf jeden Fall zu häufigem Händewaschen angehalten werden. Wenn sichergestellt werden kann, dass das Kind die nötige geistige und körperliche Reife besitzt, selbstständig eine Händedesinfektion durchzuführen, ist auch dagegen nichts einzuwenden. Auch eine Besiedlung des Nasenrachenraumes kann unter Umständen dazu führen, dass über Tröpfchen beim Sprechen, Husten und Niesen MRSA-Erreger in die Umgebung gelangen. Dies könnte theoretisch zu einer vorübergehenden Besiedlung von Personen in der Umgebung führen. Wissenschaftliche Untersuchungen haben jedoch ergeben, dass durch soziale Kontakte mit MRSA besiedelten Personen für gesunde Menschen außerhalb des Krankenhauses keine erhöhte Gefahr besteht. Selbst eine vorübergehende Besiedlung wird durch die eigene Immunabwehr unschädlich gemacht.

Angst, Unwissenheit und Besorgnis führen in einem solchen Fall zu vorschneller Meinungsbildung unter der Lehrer- und Elternschaft. Die Berichterstattung über Hospitalkeime macht es schwer, zwischen populistischen und wissenschaftlichen Informationen zu graduieren.

Halten Sie deshalb schnellstmöglich Rücksprache mit dem Gesundheitsamt.

**Wichtig: Gesunde, immunkompetente Menschen in der Umgebung des Kindes sind nicht gefährdet!**

# Teil 3

## Gesunde Schulleitung und gesunde Lehrer

## 3.1 Gesundes und gesundheitsförderndes Führungsverhalten

Ihr Führungsverhalten hat einen wichtigen Einfluss auf Ihre Gesundheit und die Gesundheit Ihrer Kollegen. Dies entspricht nicht nur der Alltagserfahrung, sondern lässt sich inzwischen auch in einer ganzen Anzahl von Studien nachweisen (vgl. hierzu Dadaczinsky, 2012 / Kauffeldt, 2012 ).

Als Schulleiter sind Sie bei der Umsetzung bestehender Konzepte und neuer Vorhaben als Erster gefragt. Der Erfolg eines Konzeptes hängt dabei davon ab, mit welcher Haltung Sie als Vorbild wirken. Resignatives oder zögerliches Verhalten seitens der Schulleitung führt dazu, dass Innovationsprozesse frühzeitig verhindert werden. Angefangene Konzeptionen versanden möglicherweise sehr schnell wieder. Zurückhaltende Kollegen werden sich daher in ihrer passiven Grundhaltung bestätigt fühlen. Aufgeschlossene Mitarbeiter werden jedoch ausgebremst. Gerade bei dieser Gruppe, die wichtig für den Start jeder neuen Unternehmung ist, führt dies zu Frustrationen, die sich langfristig negativ auf das eigene Berufsbild auswirken. Der „Rückzug ins Private“und das Erleben des eigenen Berufs als lästige Pflicht sind die Folgen. Sie als Schulleitung haben mithin auf die seelische und körperliche Gesundheit aller Mitarbeiter einer Schule einen erheblichen Einfluss. Robustere Naturen werden sich möglicherweise versetzen lassen. Dann haben Sie jedoch wertvolle Kollegen verloren, die Ihnen bei der Umsetzung weiterer Projekte fehlen werden.

Neben einem Führungsstil, der von pädagogischen Visionen geprägt ist und das schulische Personal zu motivieren vermag, ist die Beherrschung von organisatorischen Fähigkeiten ebenso wichtig. Schulleitungen, die die zahlreichen Austausch- und Arbeitsprozesse effizient und souverän zu managen wissen, tragen nachweislich dazu bei, Lehrerfehlzeiten in der Schule zu verringern. So sorgen Sie direkt für die Gesundheit Ihrer Kollegen und Mitarbeiter.

### 3.1.1 Machen Sie sich schlau und geben Sie ab

Die Umsetzung eines neuen Vorhabens setzt als Erstes eigene Sachkenntnis voraus. Dies bedeutet, dass Sie über die Vorgänge in Ihrer Schule informiert sind. Es bedeutet hingegen nicht, dass Sie alle Aufgaben, die damit verbunden sind, selbst erledigen müssen. Deshalb macht es im Interesse der Erhaltung von Gesundheit bei Führungskräften keinen Sinn, zum „Lastesel“ zu werden und / oder eine „Opferhaltung“ einzunehmen. Damit ist gemeint, dass Sie möglicherweise die Durchführung aller Aufgaben

## Grafik: Das Eisenhower-Prinzip

| | | Dringlichkeit | |
|---|---|---|---|
| | | **dringend** | **nicht dringend** |
| **Wichtigkeit** | **wichtig** | Sofort selbst erledigen | Terminieren und selbst erledigen |
| | **nicht wichtig** | An kompetente Mitarbeiter delegieren | Nicht bearbeiten (Papierkorb) |

selbst übernehmen, anschließend vielleicht aber über zu hohe Belastungen klagen müssen. Eine solche Haltung führt, wie immer wieder zu beobachten ist, in ein Suchtverhalten. Sogenannte „Workaholics“ sind nicht umsonst vor allem in Positionen zu finden, die eine hohe Verantwortung tragen. Es kann sicherlich auch andere Gründe dafür geben, die zu einem solchen Arbeitsverhalten führen. Veranlagung oder private Beweggründe mögen hier eine Rolle spielen. Allzu häufig aber nimmt man Beschwerden von Schulleitern über ein zu hohes Arbeitspensum wahr.

### Nutzen Sie das Eisenhower-Prinzip

Eine Möglichkeit, sich selbst so zu befähigen, dass gefühlte oder tatsächliche Belastungen auf ein erträgliches Maß reduziert werden, ist die Anwendung des sogenannten „Eisenhower-Prinzips“.

Wie in der Grafik oben zu sehen ist, wird dabei zwischen dringlichen und wichtigen Aufgaben unterschieden. Damit dringende Aufgaben ausgeführt werden können, die

### Praxisbeispiel: Sinnvolles Delegieren

Erleidet ein Schüler auf dem Schulhof einen Unfall, muss sich die Schulleitung nicht zwangsläufig um die Versorgung und Protokollierung des Geschehens kümmern. Auch ein Rettungswagen muss nicht von ihr angefordert werden. Viel sinnvoller ist es gerade in einem solchen Fall, dass Sie als Schulleiter oder Schulleiterin Distanz zum Geschehen halten. Die emotionale Beteiligung, die ein solcher Vorfall mit sich bringt, lenkt eher davon ab, den gesamten weiteren schulischen Tagesablauf im Blick zu behalten. Eine kurzfristige Delegation an einen Mitarbeiter verursacht jedoch nur weiteren Stress. Unterweisen und bestimmen Sie daher von vorne herein Mitarbeiter für solche Notfälle.

nicht zwingend von Ihnen selbst erledigt werden müssen, bedarf es kompetenter und verlässlicher Mitarbeiter. Je mehr Aufgaben Sie delegieren können, desto kleiner wird auch auf Dauer der Anteil der „wichtigen und dringenden" Aufgaben, die in der eigenen Hand liegen. Dies führt zur Verminderung von Stress.

### Grundsätzliches Vertrauen ist sinnvoll

Kompetente und verlässliche Mitarbeiter fallen nicht vom Himmel. Ein gewisses prinzipielles Grundvertrauen ist aber angebracht. Vertrauen allein reicht jedoch nicht aus. Wichtig sind Zielvereinbarungen zu der Art der delegierten Aufgabe, die Sie am besten schriftlich fixieren. In gemeinsamen Gesprächen, die nicht zwischen Tür und Angel stattfinden können, werden Aufgaben beschrieben und abgestimmt. Sie sollten jedoch niemanden überreden oder abordnen, bei dem Sie das Gefühl haben, dass er sich der Aufgabe nicht gewachsen fühlt. Mut machen bei Zweifel ist hingegen angebracht. Wichtig ist auch das Erteilen von Belohnungen. Dazu gehören (berechtigtes) Lob aber auch mögliche Vergünstigungen. Gerade unkonventionelles Verhalten seitens der

#### Muster: Mitarbeiter-Zielvereinbarung

**Datum:** ______________________________

Zu erledigende Aufgabe:

______________________________

Erledigungszeitraum:

______________________________

Unterstützungsmaßnahmen seitens der Schule (Personen / Sachmittel):

______________________________

Folgende Materialien / Medien sind vorhanden:

______________________________

Folgende Materialien / Medien werden noch benötigt:

______________________________

Werden besorgt von: ______________________________

Bis zum: ______________________________

Präsentation (z.B. bei Lehrerkonferenz / Mitarbeiterbesprechung usw.) des Projektes / der Ergebnisse / der laufenden Arbeit am: ______________________________

______________________________

(Unterschrift)

Schulleitung kann hier hilfreich sein. Einer engagierten Kollegin, die beispielsweise ihre gebrechlichen Eltern zu einem Arztbesuch begleiten möchte, sollte man hierzu die Möglichkeit geben.

## 3.1.2 Achten Sie auf Ihre Verlässlichkeit

Eine solche Haltung gegenüber Ihren Mitarbeitern bedeutet Wertschätzung und führt zu einem gesünderen Arbeitsklima. Dies kann nur durch Verbindlichkeit und Verlässlichkeit erreicht werden. Gerade hier wirken Sie Ihren Mitarbeitern und Kollegen gegenüber als Vorbild. Verbindlichkeit bedeutet in diesem Fall, dass man sich auf

**Checkliste zur Selbstanalyse: Meine Verbindlichkeit / Verlässlichkeit**

| | + | - |
|---|---|---|
| Ich bin pünktlich und kann Zeitstrukturen gut einhalten. | | |
| Ich gebe klare Strukturen vor und fordere diese ein. | | |
| Ich kenne mich mit den Innovationsfeldern und bestehenden Konzepten gut aus. | | |
| Ich bin von dem schulischen Vorhaben überzeugt. | | |
| Ich mache meine Haltung und meine Ziele zeitgerecht transparent. | | |
| Ich kann zu erledigende Arbeiten und Verantwortung gut abgeben. | | |
| Ich halte mich an meine eigenen Vorgaben. | | |
| Ich achte auf die Einhaltung gemeinsamer Vereinbarungen. | | |
| Ich stelle Folgekonferenzen und -arbeitstreffen sicher. | | |
| Ich nehme mir Zeit für persönliche Gespräche mit meinen Mitarbeitern. | | |
| Ich pflege einen wertschätzenden Umgang und lobe meine Mitarbeiter. | | |
| Es gelingt mir, mich in die Lage meiner Mitarbeiter hineinzuversetzen. | | |
| Ich kenne die Stärken und Schwächen aller meiner Mitarbeiter. | | |
| Ich äußere Kritik stets sachgerecht und am konkreten Beispiel begründet. | | |
| Ich kann selbst gut im Team arbeiten. | | |

gemeinsame Vereinbarungen verlassen kann und muss. Diese sollen von beiden Seiten eingefordert werden können. Verlässlichkeit zeigt sich im Laufe der Zeit und wirkt sich erst langfristig aus. Voraussetzung ist der Vertrauensvorschuss, den Sie zuerst vorgeben. Fragen Sie sich zunächst einmal selbst, ob Sie in allen Situationen verlässlich und verbindlich sind und welche Faktoren dies in Ihrem Alltag begünstigen oder verhindern. Eine solche Überprüfung der eigenen Verbindlichkeit / Verlässlichkeit lässt sich am besten in einer zweispaltigen Stärken-Schwächen-Liste festhalten (s. Seite 99).

## 3.1.3 Entfachen Sie keine Strohfeuer, sondern achten Sie auf Nachhaltigkeit

Zu oft werden neue Projekte mit Begeisterung angestoßen und auch von einem Großteil des Kollegiums entsprechend aufgenommen und mitgetragen. Schauen Sie dann 1 oder 2 Jahre später noch einmal hin, stellen Sie häufig fest, dass so manche Innovationen im Sande verlaufen sind oder nur noch von vereinzelten Kollegen und Mitarbeitern umgesetzt werden. Verlässlichkeit und Nachhaltigkeit erzielen Sie deshalb leichter, wenn Sie nicht nur die Einführung einer Innovation begleiten, sondern wenn Sie mit Ihren Mitarbeitern gemeinsam Zeitpunkte festlegen, bis zu denen bestimmte Aufgaben erledigt werden sollten.

### Halten Sie Ihren Terminkalender stets griffbereit

Diese Zeitpunkte sollten in Ihrem Terminkalender festgehalten werden! Stellen Sie dann an den vereinbarten Terminen gemeinsam fest, ob bestimmte Vorhaben erreicht wurden. Ist dies nicht der Fall, beginnt das Erkennen und Benennen der Ursachen. Gegebenenfalls müssen Ziele neu formuliert werden. Wichtig ist aber auch hier eine Festlegung von neuen Terminen zur Überprüfung des Geleisteten. Es geht letztendlich um ein Projektmanagement der kleinen Schritte, das am Ende zur gewünschten Nachhaltigkeit führt. Der Fokus ist nicht auf die Überprüfung von Fortschritten im Sinne einer Top-Down-Hierarchie gerichtet, sondern auf das gemeinsame Entwickeln. Sie als Schulleitung haben dabei die Aufgabe, den Überblick zu behalten. Wenn Erfolge erzielt wurden, müssen diese gebührend gewürdigt und gefeiert werden. Auch dies gehört in ein System von Belohnung und Anerkennung.

### Vieles kann, manches muss

Es gibt selbstverständlich auch Aufgaben, die von jedem Mitarbeiter erledigt werden müssen. So werden Lehrer nicht umhinkommen, Zeugnisse zu schreiben. Hausmeister müssen täglich die Sauberkeit der Toiletten kontrollieren. Erzieher in der Nachmittagsbetreuung sind bei der Organisation und Durchführung von Festen und Ferienangeboten beteiligt. Schulbegleiter nehmen an Ausflügen teil. Die Schulsekretärin bereitet die Schulanmeldungen vor.

Wichtig ist in diesem Zusammenhang die wertschätzende Haltung gegenüber den Kollegen, auch in Bezug auf scheinbar selbstverständliche (Pflicht-)Aufgaben. Wie eine konsequente Terminierung und eine wertschätzende Haltung zur nachhaltig erfolgreichen Umsetzung von Maßnahmen führen kann, zeigt das folgende Fallbeispiel.

**Fallbeispiel: Raumluft**

Im Lehrerkollegium der Pestalozzi-Grundschule kommt das Gespräch auf Konzentrationsschwierigkeiten bei Kindern gegen Ende des Unterrichtstages. Als einer der Gründe hierfür werden immer wieder die schlecht gelüfteten Klassenräume genannt. Bei einer informellen Befragung während einer Lehrerkonferenz stellt sich heraus, dass die Fenster insbesondere in den Wintermonaten in vielen Klassen von 8:00 Uhr morgens bis zur großen Pause um 9:30 Uhr geschlossen bleiben. Bis zur nächsten größeren Pause gestaltet sich die Situation genauso. Die Ursache hierfür liegt laut Meinung der Kolleginnen in der mangelnden Aufmerksamkeit, die man bisher diesem Problem geschenkt hat: *„Wenn ich mitten im Unterrichten bin, denke ich da meistens nicht dran."* Weiterhin wird auch die Angst vor Zugluft von einigen älteren Kolleginnen angeführt.

Einig ist man sich im Kollegium darüber, dass Frischluft sowohl für die Lehrer als auch für die Schüler gesundheitsförderlich ist und die Konzentrationsfähigkeit erhöhen wird.

Die Schulleitung schlägt daraufhin vor, dass eine Arbeitsgruppe Vorschläge sammelt, die bereits während der Konferenz angesprochen wurden („Stoßlüftung"), und konstruktive Vorschläge mit in eine der nächsten Konferenz einbringt. Die Mitglieder der Arbeitsgruppe und vor allem der Termin der Vorstellung der zukünftigen Arbeitsergebnisse werden protokollarisch festgehalten. Insbesondere wird bereits das 1. Treffen der Arbeitsgruppe terminiert. Nach dem 1. Treffen der Arbeitsgruppe lässt sich die Schulleitung berichten, gibt noch Anregungen und lobt die Vorschläge sowie die Bereitschaft für das Engagement innerhalb der Gruppe.

In der nächsten Phase werden die Vorschläge dem Kollegium zur Abstimmung vorgelegt. Zuvor findet eine (nur kurze) Diskussion im Sinne einer Würdigung statt.

Die Umsetzung der Vorschläge (z.B. Stoßlüftung alle 20 Minuten in allen Klassenräumen; Verlassen des Klassenraumes mit allen Schülern des 1. Schuljahres nach 20 Minuten innerhalb des 1. Unterrichtsblocks zur Schulhofgymnastik ...) werden eine Schulwoche lang erprobt. Auf der nächsten Konferenz wird eine kurze Rückmeldung in Form einer „Blitzlichtrunde" gegeben. An der Pestalozzi Grundschule sind sich alle Kolleginnen einig, dass die eingeleiteten Maßnahmen erfolgreich sind. Auch das Problem der Zugluft wird nicht mehr als gravierend gesehen, da die Fenster bei niedrigen Außentemperaturen zwischen den Stoßlüftungen geschlossen bleiben können.

Die entscheidende Phase für die Nachhaltigkeit der gewünschten Veränderung beginnt jetzt. Da bereits zu Beginn des Austauschs über das Thema „Raumluft" darauf hingewiesen wurde, dass man während des Unterrichts das Lüften oft vergessen hat, ist anzunehmen dass nach einer Phase der besonderen Aufmerksamkeit sich der alte Zustand schleichend wieder einstellt.

Aus diesem Grund hat sich die Schulleitung in Zusammenarbeit mit der Arbeitsgruppe schon im Vorfeld entschieden, das Thema Raumluft in ein erzieherisches Konzept einzubinden. Die Schüler werden in Form von Diensten dazu angehalten, auf die zeitliche Einhaltung der Stoßlüftung zu achten und diese, wo dies gefahrenlos möglich ist, selbst vorzunehmen. Die Schulleitung hat sich in ihren Terminkalender eingetragen, wann sie (halbjährlich) die Umsetzung dieser pädagogischen Maßnahme abfragt und ggf. überprüft. Der Erfolg des bereits vor einigen Jahren eingeführten Klassenrats zur Unterstützung der Partizipation der Schüler und als Maßnahme der Konfliktbewältigung und -vermeidung in allen Klassen der Schule macht zuversichtlich, dass dies auch dieses Mal gelingt.

Da bereits nach einem Jahr in der Schule einige Lehrerwechsel durch Erziehungsurlaube und Versetzungen anstehen, ist es der Schulleitung wichtig, dass die Arbeitsgruppe weiterhin formell besteht und nun die neuen Kolleginnen in die Schulvereinbarung einweist. Auch dies wird in ersten Gesprächen mit den neuen Kolleginnen terminiert und in laufenden Konferenzen – wenn auch nur kurz – thematisiert.

### Info-Box: Blitzlicht

Das **„Blitzlicht"** ist eine Methode der Rückmeldung, die schnell die Stimmung, Meinung oder den Stand bezüglich der Inhalte oder Beziehungen in einer Gruppe ermitteln kann. Die Gruppenmitglieder äußern sich kurz – mit einem oder wenigen Sätzen – zu einem klar eingegrenzten Thema.
Das sich aus einer Blitzlichtrunde ergebende Bild kann helfen, die Arbeitssituation positiv und ergebnisorientiert zu verändern.

## 3.1.4 Schaffen Sie Transparenz

Eine nicht zu unterschätzende Auswirkung auf das Arbeitsklima in einer Schule hat die Weitergabe von Informationen. Herrscht in Ihrem System mangelnde Transparenz oder Informationshoheit bei wenigen Einzelpersonen, müssen Sie damit rechnen, dass sich andere Kollegen zurückgesetzt fühlen und sich auf Dauer „ausklinken". Hohe Fehlzeiten und eine schlechte Beziehung der Mitarbeiter zu ihren Vorgesetzten korrelieren wie man weiß miteinander. Dafür verantwortlich gemacht werden vor allem mangelnde Rücksprache oder die fehlende Einbindung in Entscheidungsprozesse.

**Übersicht: Faktoren, die zu Kollegenfrustration und Rückzugsverhalten führen**

- zu geringe Anerkennung der Leistung der Mitarbeiter (fehlendes Lob)
- Vorenthalten von Informationen
- mangelnde Vermittlung der Bedeutung der Aufgabe
- fehlende Gleichbehandlung der Kollegen
- ungerechte Arbeitsverteilung
- zu ausgeprägte Kontrolle und Aufsicht
- unklare und ständig wechselnde Zielvorgaben
- zu geringe Einarbeitung neuer Kollegen in vorhandene Methoden und Vorgaben
- Nichteinhalten von Versprechen
- Arbeitsziele werden nicht zeitlich terminiert und verursachen dadurch Zeitdruck
- häufiges Einmischen in Delegationsbereiche

### Seien Sie klar in Ihren Erwartungen und Formulierungen

Legen Sie daher mit Ihren Kollegen gemeinsam fest, wer welche Aufgabe im Kollegium übernimmt und welche Ermäßigungen ggf. hierfür erteilt werden. Bei wichtigeren Aufgaben wie beispielsweise der Verantwortungsübernahme für die Schulung neuer Kollegen im Rahmen eines im Schulprogramm festgelegten Konzeptes (Bewegungs- und Spielekonzept / Rechtschreibkonzept / Mathematikkonzept ...) ist es sinnvoll, mit dem betreffenden Kollegen auch Gespräche außerhalb der Lehrerkonferenz zu führen und einzelne spezifische Bedingungen vorab zu klären. Denn vor allem der Fachkollege weiß, welchen Zeitrahmen seine Aufgabe einnimmt und welcher Ressourcen sie bedarf. Dies innerhalb einer großen Lehrerkonferenz mit allen Teilnehmern klären zu wollen ist nicht sinnvoll und sprengt das Zeitmanagement einer solchen Konferenz.

Gerade die Vergabe von Ermäßigungsstunden sollten Sie so transparent wie möglich halten. Lassen Sie deshalb die Vergabe dieser wertvollen Stunden im Kollegium per Votum entscheiden. Führen Sie über die Aufgabenverteilung eine Liste, die für jeden im Kollegium einsehbar ist (Schwarzes Brett). Am Ende ist auch mit dem Kollegium zu gewichten, welche Aufgaben besonders viel Zeit einnehmen. Danach legen Sie einen Schlüssel fest, der zeigt, wem welche Aufgabe in welchem Maß zuzuteilen ist.

**Beispiel-Liste: Aufgabenverteilung**

| **Aufgabe** | **Name** | **Zeitrahmen** |
|---|---|---|
| **Kunstraum:**<br>Ordnung kontrollieren / neue Verbrauchs-materialien beschaffen / Inventarliste führen | Frau Müller | 2 x im Monat |
| **Musikraum:**<br>Ordnung kontrollieren / Instrumente auf Funktion überprüfen / Inventarliste führen | Herr Schmitz | 2 x im Monat |
| **Kontakt zu Kindergärten:**<br>2 bis 4 Treffen pro Jahr mit Vertretern der Kindergärten im Einzugsbereich der Schule / Besuch der Vorschulkinder<br>*siehe hierzu: Anhang Schulprogramm (z. B. genauere Beschreibung des Übergangkonzepts der Schule) | Frau Walter<br><br>Vertretung: Herr Meier | 4 x im Jahr |
| Implementierung Rechtschreibkonzept „Richtig Schreiben Lernen" und LRS-Förderung / Schulung neuer Kolleginnen / Beratung der Kolleginnen in Klasse 1 bis 4 / Festlegung von Fördergruppen / Hilfe bei Diagnoseverfahren<br>*siehe hierzu: Anhang Schulprogramm (z.B. genauere Beschreibung des Rechtschreibkonzepts der Schule) | Frau Schmidt | ca. 1 bis 2 Stunden pro Woche<br><br>**1 Stunde Ermäßigung!**<br>Siehe Konferenzbeschluss 25.02.2014 |
| ... | | |

## 3.1.5. Machen Sie Mut

Wenn Sie dazu neigen, der Hauptbedenkenträger Ihrer Schule zu sein, sollten Sie sich darüber klar sein, dass Veränderungen an Ihrer Schule nur sehr langsam in Gang kommen. Es ist wichtig, in heiklen Fällen formaljuristisch korrekt zu agieren. Dies betrifft vor allem die Vergabe von Zeugnissen, Versetzungen, Entscheidungen, die mit Eltern bezüglich der Zukunft ihres Kindes getroffen werden, oder auch Personalentscheidungen, denen ein Konflikt zugrunde liegt. Wenn es aber um das Einführen von Neuerungen geht, bei denen Sie Kollegen mit einbeziehen wollen und müssen, sollten Sie Vorbild sein und Mut zeigen.

### Beispiel: Eltern- und Schülerwünsche umsetzen

Nehmen Sie den Fall, die Schüler und Eltern Ihrer Schule haben den Wunsch geäußert, dass in den Pausen Bewegungsangebote eingeführt werden sollen. Außerdem soll dies durch eine neue Gestaltung des Schulhofs unterstützt werden, indem bessere und neue Spielgeräte angeschafft werden. Eine größere Gruppe von Kollegen unterstützt diesen Vorschlag und möchte aktiv bei der Umsetzung eines neuen Pausen- und Schulhofkonzepts mitarbeiten. Wenn Sie gleich zu Beginn dieses Prozesses diejenigen Kollegen unterstützen, die auf den hohen Zeitaufwand hinweisen, den eine solche Neuerung mit sich bringt, oder wenn Sie den hohen finanziellen Aufwand betonen, werden Sie Ihre übrigen Kollegen und Mitarbeiter sehr schnell demotivieren. Motivationsfaktoren für Ihre aufgeschlossenen Kollegen sind stattdessen

- die Herausforderung, die in einer neuen Aufgabe steckt,
- die Achtung und Wertschätzung der geleisteten Arbeit und letztendlich
- der Erfolg, der sich einstellt, wenn Veränderungen bewirkt worden sind.

Dies fördern Sie durch Informationszugang, durch einen Vertrauensvorschuss und dadurch, dass Sie Leistungsziele planen, die auch erreichbar sind.

### Fallbeispiel: Mit unkonventionellen Methoden Mut machen und Motivation schaffen (aus: H. Klippert, 2000, S. 142f.)

„Wie der Herr, so's Gescherr", so hat der deutsche Volksmund diese Wechselwirkung auf den Punkt gebracht. Beispielhaft lässt sich der positive Einfluss der Schulleitung auf einen ins Stocken geratenen Innovationsprozess an folgendem Geschehen in einem Münchner Gymnasium ablesen. In diesem Gymnasium, in dem einige engagierte Lehrkräfte gerade dabei waren, eine Trainingswoche mit Schülern vorzubereiten, gab es bei der Suche nach entsprechenden Konferenzterminen erhebliche Schwierigkeiten, die dem Schulleiter zeitversetzt zu Ohren kamen. Die betreffenden Lehrkräfte waren zwar grundsätzlich bereit, sich vor den Sommerferien noch einige Male nachmittags zu treffen, um das konkrete Trainingsprogramm abzustimmen und die korrespondierenden Materialien vorzubereiten; als es jedoch darum ging, konkrete Termine zu definieren, hatte der eine diesen Hinderungsgrund, der andere jenen. (...) Beklagt wurden von den verantwortlichen Akteuren sowohl die eigenen Versäumnisse als auch die unzulänglichen Spielräume und Gelegenheiten, die im Schulalltag zur Verfügung stehen, um bestimmte pädagogische Sondermaßnahmen wie die besagte Trainingswoche gebührend vorzubereiten.

Der besagte Schulleiter hörte sich die vorgetragene (Selbst-)Kritik einige Zeit geduldig an, um dann mit einem ebenso unkonventionellen wie wirksamen Vorschlag den entstandenen Knoten aus Selbstmitleid und Frustration wieder aufzulösen. Seine rhetorische Frage nämlich lautete: „Wenn es selbst engagierten Lehrkräften wie euch nicht möglich ist, die vereinbarte Trainingswoche so ganz nebenbei vorzubereiten, was hindert uns dann eigentlich daran, die betreffenden Vorbereitungsteams für 1 bis 2 Tage vom Unterricht freizustellen, damit sie in einer speziellen Klausurtagung außerhalb der Schule die anstehenden Vorbereitungsarbeiten leisten und die vorgesehene Trainingswoche sowie den korrespondierenden Elternabend vorbereiten können?!“ Zwar gestand er ein, dass dieses Verfahren formaljuristisch nicht ganz sauber sei, da für Zwecke der schulinternen Fortbildung in Bayern eigentlich kein Unterricht ausfallen dürfe, aber schließlich könne man zu gegebener Zeit ja gute Gründe ins Feld führen, falls von irgendeiner Stelle tatsächlich kritisch nachgefragt werden sollte. Mit dieser unkonventionellen Interpretation der schulischen Gestaltungsaufgabe machte dieser Schulleiter unverkennbar Mut. Er löste bei den betreffenden Lehrkräften nicht nur beträchtliches Erstaunen aus, sondern zeigte mit diesem Beispiel auch ganz konkret, wie man in pragmatischer Weise Probleme lösen und die pädagogische Gestaltungsaufgabe selbstbewusst und „schlitzohrig“ wahrnehmen kann. So gesehen war und ist der angesprochene Schulleiter Vorbild und Ermöglicher im besten Sinne des Wortes.

## 3.1.6 Haben Sie Geduld

Lassen Sie sich nicht davon abschrecken, dass einige Ihrer Anstrengungen nicht sofort Wirkung zeigen. Ihre unaufgeregte und zuversichtliche Haltung wird sich auch auf Ihre Mitarbeiter übertragen. Nutzen Sie diese auch als Motivationsinstrument:

- Sichtbare oder vorzeigbare Ergebnisse sind bei einigen Projekten vielleicht erst nach 1 bis 2 Jahren zu erreichen. Machen Sie deutlich, dass Sie heute den Grundstein für eine zukünftige Verbesserung legen und dass niemand sofortige Ergebnisse erwartet.
- Unterstützen Sie neue Arbeitsgruppen zunächst einmal moralisch, und bekunden Sie Ihre Zuversicht bezüglich des Gelingens des Vorhabens.

- Vereinbaren Sie realistische (Zwischen-)Ergebnisse innerhalb eines gemeinsam festgelegten Zeitrahmens.
- Begleiten Sie den Arbeitsprozess kontinuierlich, aber:
  - Seien Sie selbst geduldig, und
  - vermitteln Sie diese Geduld den Prozess- und Projektbeteiligten, indem Sie immer wieder ermutigen.

## 3.1.7 Bleiben Sie bei Ihrer Linie

Das Gegenteil eines Bedenkenträgers und ebenfalls abträglich für die besonnene Führung einer Schule ist der sprunghafte Entscheider, der durch allzu „kreatives" Umgehen mit schulinternen Vereinbarungen Kollegium, Mitarbeiter, Eltern und Schüler ständig verunsichert. Die Sprunghaftigkeit mag begründet sein in dem Wunsch, optimal am

**Checkliste: So erstellen Sie ein Leitbild**

| | |
|---|---|
| Funktionen eines Leitbildes erarbeiten in Lehrerkonferenz:<br>Orientierung im Alltag, Basis für Kooperation der Lehrer, Grundlage für Mitarbeitergespräche, klares Erscheinungsbild nach außen, Information für neue Kollegen, Basis für Neuerungen | ❑ |
| Von Anfang an eine hohe Beteiligung des Kollegiums sichern | ❑ |
| Alle Beteiligten der Schule mit einbeziehen: Schüler, Eltern, Mitarbeiter, Lehrer... | ❑ |
| Gesamtkonferenz mit allen Mitarbeitern als Ganztagsveranstaltung | ❑ |
| Beispiele von Leitbildern einbeziehen | ❑ |
| Zeitrahmen klären | ❑ |
| Bisherige Ziele und bisher Erreichtes der Schule sammeln | ❑ |
| Visionen formulieren und auf Realisierbarkeit überprüfen: Balance zwischen Visionärem und Machbarem halten; Entwicklungsvorstellungen sowie Menschenbild, Prinzipien der Kommunikation und Kooperation formulieren | ❑ |
| Leitbild in einem Satz formulieren mit begründendem Text | ❑ |
| Redaktionsgruppe benennen | ❑ |
| Veröffentlichung und „Sichtbarmachen" des neuen / überarbeiteten Leitbildes (z. B. Informationstafeln im Lehrerzimmer einrichten) | ❑ |

Puls der Zeit zu arbeiten. Gleichzeitig kann sie auch Ausdruck tiefer Verunsicherung angesichts einer Flut von „verbindlichen“ neuen Vorschriften oder Anforderungen seitens der übergeordneten Schulbehörden sein.

**Erstellen Sie ein Leitbild**

Voraussetzung für eine gute gesunde Schule ist neben der transparenten Informations- und Kommunikationsstruktur, der Verlässlichkeit und der Unterstützung durch die Schulleitung ein Leitbild für die Schule. Es sollte in Ihrer Verantwortung liegen, dass dieses Leitbild im Schulalltag gelebt und umgesetzt wird. Seien Sie deshalb zielstrebig, was das Festhalten am einmal als richtig und wichtig für Ihre Schule Erkannten betrifft. Das schulische Leitbild soll die Entwicklung Ihrer Schule langfristig begleiten. Daher ist auch der höchstmögliche Konsens aller an Schule Beteiligten zu sichern. Das Leitbild macht das Profil Ihrer Schule aus. Deshalb können Sie alle zukünftigen Vorhaben daran messen. Nutzen Sie für den Erstellungsprozess die Checkliste auf Seite 107.

## 3.1.8 Beweisen Sie Augenmaß

Sie haben alles getan, um ein gesundes, kommunikativ offenes, demokratisches Miteinander in der Schule zu verwirklichen. Dennoch werden Sie nicht immer alle Kollegen einer Schule überzeugen können, sich in gleichem Maße einzubringen oder sich Neuerungen gegenüber zu öffnen. Die Diskussionen darüber, wer wie viel in einem Kollegium leistet, werden ja immer wieder geführt. In fast jeder Schule finden sich Kollegen und Mitarbeiter, die sich gegenüber vorhandenen Konzepten oder Neuerungen resistent verhalten. Der Ruf nach Konsequenzen oder gar disziplinarischen Maßnahmen kommt schnell auf. Sollten Sie zu Formen des restriktiven Führungsverhaltens greifen, werden Sie damit jedoch bei den betreffenden Personen keine positiven Veränderungen bewirken. Im schlechtesten Fall wirken sich Ihre Maßnahmen auch auf diejenigen Kollegen negativ aus, die bisher vorbildlich gearbeitet haben. Ein Klima der Angst ist also kontraproduktiv. Lassen Sie sich von dem Modell leiten, dass die Reaktion auf eine Neuerung als Normalverteilung zeigt. Sie werden feststellen, dass es sich bei den wirklich resistenten Kollegen letzten Endes nur um eine kleine Minderheit handelt.

Stellen Sie sich die Frage, ob es sich lohnt, für Sie oder Ihr Kollegium in eine Konfrontation zu gehen, die einem Kampf gegen Windmühlen gleicht. Schauen Sie besser nach vorn, und widmen Sie sich positiv den Kollegen, die Ihre Schule voranbringen können. Kollegen mit extrem hohen Fehlzeiten oder einer Einstellung, die dem Dienst nach Vorschrift entspricht, sollten, wenn sich dies vermeiden lässt, z. B. keine Klassenleitung oder andere wichtige Funktionen übernehmen. Auch sollten Sie dem Wunsch dieser

**Grafik: Innovationsbereitschaft als Normalverteilung**

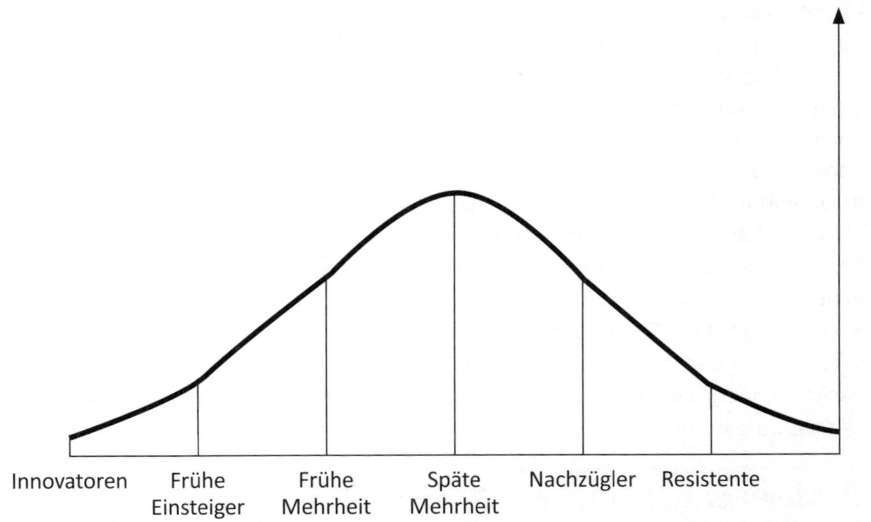


*Abb. 4: Nur ein geringer Teil des Kollegiums nimmt i. d. R. eine Totalverweigerungshaltung ein (nach Rogers, 2003).*

Kollegen nach dem Erteilen von Lieblingsfächern in Lieblingsklassen nur dann nachkommen, wenn niemand anderes dadurch beeinträchtigt wird.

## 3.1.9 Jeder will lieber fremde Fehler verbessert haben als eigene – Fördern Sie eine offene Feedbackkultur

Gespräche, die in Gruppen geführt werden oder die Sie als Schulleitung führen, beinhalten häufig die Rückmeldung zu geleisteten Aufgaben. Im Sinne einer positiven Feedbackkultur informieren sich die Gesprächsteilnehmer, was sie über sich selbst oder den anderen denken und was sie fühlen. Das heißt, sie teilen mit, wie sie die Arbeit und das Verhalten des jeweiligen Gesprächspartners erleben, wahrnehmen und verstehen. Dabei sollten bestimmte Regeln eingehalten werden, um das Feedbackgespräch sachlich zu führen und zu einem konstruktiven Ergebnis zu kommen:

- Interpretieren Sie nicht das Verhalten des anderen („Wahrscheinlich haben Sie sich dabei wieder gedacht, dass…"), sondern versuchen Sie, das zu beschreiben, was Sie wahrnehmen. Dies setzt voraus, dass Sie Ihre eigenen blinden Flecke kennen.

- Vermeiden Sie pauschalisierende Worte wie: *immer, nie, jedes Mal* usw. Beziehen Sie sich stattdessen auf konkrete Situationen, die Sie möglichst genau benennen können. Ansonsten erreichen Sie eher eine Stagnation beim Feedbacknehmer.
- Beziehen Sie Ihr Feedback möglichst auf zeitnahe Ereignisse, also Situationen, an die sich Ihr Gesprächspartner noch gut erinnern kann. Voraussetzung hierfür ist allerdings, dass der Gesprächspartner emotional dazu in der Lage ist, Ihre Rückmeldung anzunehmen.
- Achten Sie darauf, dass Ihr Gegenüber mit Ihrem Feedback etwas anfangen kann. Rückmeldungen auf Situationen und Dinge, die sich nicht ändern lassen, wie Verhaltens- oder Körpermerkmale, wirken verletzend und frustrierend.
- Nehmen Sie auch selbst Feedback entgegen. Ein beidseitiger Rückmeldeprozess ist in der Regel effizienter.
- Wenn Sie an Ihrer Schule erreicht haben, dass gegenseitige Rückmeldungen eine Selbstverständlichkeit geworden sind, werden Sie auch erreichen, dass Feedback ausdrücklich erwünscht wird. Erwünschtes Feedback wird in jedem Fall hilfreicher sein als aufgezwungenes.

## Muster-Formulierungen: So geben Sie positives Feedback

| | |
|---|---|
| Förderung positiver Verhaltensweisen | *„Durch Ihren tatkräftigen Einsatz wurde es möglich, unser Vorhaben rechtzeitig zu erledigen.“* |
| Korrektur kritischer Verhaltensweisen | *„Es hilft uns, wenn Sie die Zusammenhänge offen mitteilen.“* |
| Klärung der Beziehung und des Verständnisses | *„Ich dachte immer, dass Sie diese Aufgabe gerne ausüben. Jetzt weiß ich, dass Sie lieber ... tun.“* |
| Schaffen von Orientierung | *„Habe ich Sie richtig verstanden, dass ...“*<br>*„Haben Sie gemeint, dass ...“*<br>*„Kann ich festhalten, dass ...“*<br>*„Kommt rüber, dass ...“* |
| Sicherstellen von Lernen bzw. Lernprozessen | *„Wenn Sie an dieser Stelle weiterarbeiten, kann ... gelingen.“*<br>*„Hier finden Sie weiterführende Hinweise, die Ihnen ermöglichen ...“*<br>*„Bis hierhin ist das richtige Ergebnis erzielt. Der nächste Schritt kann sein ...“*<br>(Besser als: *„So geht das bestimmt nicht.“* Oder: *„Damit kann man überhaupt nichts anfangen!“*) |

- Nutzen Sie die Möglichkeit, andere Personen in Ihr Feedback mit einzubeziehen. Das Feedback wird nicht per se besser, wenn mehrere Personen dasselbe sagen. Es besteht aber die Chance, dass die eigene Wahrnehmung und Form der Rückmeldung korrigiert oder präzisiert werden.
- Positives Feedback kann nur funktionieren, wenn kein Zwang ausgeübt und der Gesprächspartner nicht unter Druck gesetzt wird. Zwang zur Veränderung führt zu Manipulation, Druck und letztendlich zu Aussteiger-Verhaltensweisen wie erhöhten Fehlzeiten, offenem Widerstand, Burn-out oder innerer Immigration.

## Die „4 Ws" beim Feedbackgeben (nach Hattinger Büro, 2003b)

Hilfreich für das Erkennen einer Gesprächsstruktur ist die Unterscheidung von Wahrnehmung, Wirkung, Wunsch und AusWirkung. Die Reihenfolge, in der diese Aspekte im Gespräch eingesetzt werden, ist beliebig. Die Übersicht zeigt, welche Gesprächstechniken Sie einsetzen können.

### Übersicht: Die 4 Ws beim Feedbackgeben

| | |
|---|---|
| Wahrnehmung | Hier geht es Ihnen um die Beobachtung einer konkreten Situation.<br>*„Heute Morgen haben Sie beim Gespräch mit Frau Schulz …"*<br>*„Sie sind an folgenden Tagen zu spät gekommen: …"*<br>*„Sie sind dem Einwand von Frau Müller auf der letzten Konferenz angemessen begegnet."* |
| Wirkung | Hier beschreiben Sie, was das Verhalten des anderen bei Ihnen ausgelöst hat bzw. welche Gefühle damit verbunden waren.<br>*„… das hat mich sehr verärgert …"*<br>*„… da fühlte ich mich etwas hilflos …"*<br>*„… das war sehr hilfreich für mich …"* |
| Wunsch | Hier teilen Sie dem Gesprächspartner mit, wie Sie es wünschen, wie Sie es besser finden würden, wie Sie es weniger ärgerlich finden würden.<br>*„… wenn Sie mich vorher ansprechen könnten, dann …"*<br>*„… wenn Sie bei der Mutter von Kerim darauf achten, dass …"*<br>*„… weiter so!"* |
| AusWirkungen | Hier nennen Sie Konsequenzen, wenn der Gesprächspartner erwünschte oder unerwünschte Verhaltensweisen dauerhaft beibehält.<br>*„… das wird das Schulhofprojekt weiterhin voranbringen."*<br>*„… damit wird unsere Zusammenarbeit mit den Eltern noch besser."*<br>*„… dann kann ich Ihnen nicht mehr vertrauen."*<br>*„… dann können Sie diese Aufgabe nicht mehr übernehmen."* |

## Suchen Sie nicht Fehler, suchen Sie Lösungen – Konfliktmanagement

Es ist nicht zu vermeiden, dass im schulischen Alltag vor allem bei der Einführung von Innovationen Konflikte zwischen Schulleitung und Mitarbeitern bzw. zwischen den Kollegen oder Kollegengruppen auftreten. In jedem Fall sind Sie involviert und mit der Lösung dieser Auseinandersetzungen befasst.

Bevor Sie sich mit Ihrem eigenen Führungsstil in Bezug auf den Umgang mit Konflikten auseinandersetzen, sollten Sie sich zunächst selbst unter die Lupe nehmen und Ihre generelle Haltung gegenüber auftretenden Konflikten überprüfen. Hierzu dient der folgende Fragenkatalog.

### Fragenkatalog zur Selbstanalyse: Meine Haltung zu Konflikten

| | |
|---|---|
| Welche Emotionen lösen Konflikte und Auseinandersetzungen bei Ihnen aus? | |
| Wie gehen Sie mit Emotionen um? Wie verhalten Sie sich in Konfliktsituationen häufig? | |
| Was befürchten Sie, wenn Sie in einen Konflikt verwickelt sind? | |
| Was brauchen Sie, um sich in Konflikten sicher zu fühlen? | |
| Welche Fähigkeiten sind das genau? | |
| Was halten Sie von Konflikten? Wie beurteilen Sie Auseinandersetzungen? | |
| Notieren Sie Ihre innere Einstellung und Bewertung (überflüssig, notwendig …) in Bezug auf Konflikte. | |

Kommunikative Situationen unterliegen immer der eigenen Wahrnehmung und Interpretation. Die daraus folgende Konsequenz heißt, dass es zu Abweichungen in den Handlungen der Kommunikationspartner kommen kann.

Hinterfragen Sie bei auftretenden Konflikten daher immer Ihre eigene Interpretation, sammeln Sie weitere Beobachtungen, und fragen Sie nach, um zu einer geteilten Sichtweise des Problems oder Konflikts zu kommen.

## Nutzen von Konflikten

Konflikte müssen per se nicht nur negativ sein. Sie können sowohl Chancen bieten als auch Nutzen bringen. Sie können

- zur Selbsterkenntnis führen,
- Identität und Festigung einer Gruppe schaffen,
- Wurzel für Veränderungen sein,
- Stagnation verhindern,
- Interesse und Neugier anregen,
- Medium für das Finden von Problemen sein,
- Medium für das Lösen von Problemen sein (vgl. Hattinger Büro, 2003a).

## 6 Phasen der kooperativen Konfliktbewältigung

Als hilfreich beim Management von Konflikten hat sich eine Vorgehensweise gezeigt, die auch als 6-Phasen Modell bezeichnet wird. Versuchen Sie, auch wenn ein Konflikt emotional aufgeladen ist, die folgende Schrittfolge konsequent einzuhalten und den Konflikt zu einem produktiven Ergebnis zu bringen.

### 1. Erregung kontrollieren

Die Kontrolle über die eigene emotionale Erregtheit fällt leichter mit steigendem Selbstvertrauen in die Richtigkeit der eigenen Handlungsweise. Dies setzt jedoch voraus, dass Sie auf ein Repertoire an Möglichkeiten zurückgreifen können, wie Sie Konflikte am besten in den Griff bekommen:

- Achten Sie auf die eigenen körperlichen Warnsignale (Erröten / erhöhter Puls ...).
- Machen Sie sich die Reizworte bewusst, die Sie wütend machen.
- Überhören Sie Vorwürfe, oder übergehen Sie diese.
- Unterscheiden Sie zwischen der (Verhandlungs-)Rolle des anderen und seiner Person.

### 2. Vertrauen bilden

Dieser Punkt setzt viel eigenes Erkennen voraus. Sie müssen es wagen, sich verletzbar zu zeigen. Wenn Sie Ihre eigenen Zweifel, Ängste und Schwächen eingestehen können, können Sie den Mut und Optimismus aufbringen, Ihrem Gegenüber offen zu begegnen:

- Öffnen Sie sich: Teilen Sie Ihre eigenen Vorstellungen und Empfindungen mit.
- Kommen Sie dem anderen mit realistischen Vorschlägen entgegen.
- Nutzen Sie Chancen, den anderen zu übervorteilen, bewusst nicht.
- Stellen Sie durch Nachfragen sicher, dass die eigenen Motive und Absichten nicht als Täuschung verstanden werden.

**3. Offen kommunizieren**

Führen Sie ein konstruktives Gespräch, in dem Sie zunächst die Umstände und Aspekte klären, die für die Beziehung zwischen Ihnen und dem oder den Konfliktpartner/n wesentlich sind. Hierzu gehören Klärungen über die Angemessenheit des Gesprächsorts, vorhandene Emotionen oder die unterschiedliche Wahrnehmung des Geschehens. Gehen Sie erst dann zur Klärung der Sachlage über:

- Hören Sie gründlich zu.
- Fragen Sie sorgfältig nach.
- Vergewissern Sie sich bisheriger Ergebnisse durch Nachfragen.
- Beachten Sie Details, und registrieren Sie diese evtl. durch Notizen.

**4. Problem lösen**

Wenn die Phasen 1 bis 3 gelingen, muss berücksichtigt werden, ob ausreichend Zeit für die Lösung vorhanden ist und ob beide Konfliktparteien bereit sind, auch verschiedene Wege der Konfliktbewältigung zu akzeptieren:

- Trennen Sie beiderseitig die Mussziele von den Wunschzielen.
- Verlieren Sie das „übergeordnete" Ziel nicht aus den Augen, auch wenn Sie Teilziele vereinbaren.
- Führen Sie immer wieder Nutzen und Vorteile vor, die jede Seite von der Einigung hat.
- Bedenken Sie das Risiko, wenn es zu keiner Einigung kommt.

**5. Vereinbarung treffen**

Verbuchen Sie auch kleine Ergebnisse als Erfolg:

- Springen Sie im Zweifelsfall über Ihren eigenen Schatten, indem Sie Kompromisse akzeptieren.
- Geben Sie sich allerdings auch nicht mit vorschnellen Ergebnissen zufrieden.
- Formulieren Sie die getroffenen Vereinbarungen klar und eindeutig, sodass später kein Interpretationsspielraum bleibt.

**6. Persönlich verarbeiten**

Natürlich müssen Sie auch, wenn eine Konfliktbewältigung kooperativ verlaufen ist, den Konflikt für sich selbst verarbeiten:

- Unterscheiden Sie daher das Mögliche von dem Gewünschten.
- Verbannen Sie vor allem etwaige Rachegefühle.
- Versuchen Sie daher, mit Enttäuschungen fertig zu werden, und sagen Sie zu der getroffenen Vereinbarung „Ja".

## 3.1.10 Schützen Sie Ihre Kollegen

Es versteht sich von selbst, dass schulinterne Konflikte zwischen Lehrkräften und Schulleitung nicht nach außen getragen werden dürfen. Solange sie keine Verstöße gegen das Dienstrecht betreffen, ist dies ja auch nicht notwendig. Berechtigte Kritik im Sinne einer konstruktiven Auseinandersetzung innerhalb des Kollegiums muss aber möglich sein. Kritik an Kollegen vor Eltern oder Schülern muss – selbst wenn sie noch so begründet erscheinen mag – unterbleiben. Sie unterminieren damit nicht nur die Persönlichkeit des betreffenden Kollegen, sondern machen sich selbst mittel- und langfristig als ernst zu nehmenden Gesprächspartner unglaubwürdig. Bei einem Konflikt zwischen Eltern und Kollegen unterstützen Sie Ihre Kollegen, wenn Sie sie bezüglich der Gesprächsführung beraten oder selbst an einem solchen Beratungsgespräch teilnehmen.

## 3.1.11 Stundenplanung: Schaffen Sie Zeitfenster

Die Erstellung eines Stundenplans gehört sicher an vielen Schulen nicht zu den beliebtesten Aufgaben. Aber auch bei der Planung des Einsatzes von Lehrkräften lassen sich Maßnahmen ergreifen, die der Gesundheitsförderung des Schulpersonals dienen.

In manchen Grundschulen hat es sich eingebürgert, dass die Vermeidung sogenannter Spring- oder Freistunden oberste Priorität bei der Stundenplanung hat. Besonders Teilzeitkräfte mit einer geringen Stundenzahl legen hierauf großen Wert. Dies ist einerseits verständlich, da gerade Frauen hiervon betroffen sind, die sich neben ihrem Beruf um Haushalt und Kinder kümmern. Diese Doppelbelastung führt verständlicherweise zu dem Wunsch, die Zeit in der Schule möglichst kompakt zu gestalten. Dagegen stehen möglicherweise Anforderungen seitens des Stundenplaners oder der Schulleitung, die im Rahmen von Schulentwicklung Zeitfenster flexibel gestalten möchte. So können Freistunden beispielsweise für Besprechungen von Jahrgangsteams bewusst eingeplant werden. Lehrer, die in Schulen arbeiten, in denen die Lehrkräfte während des Unterrichtstages Freistunden haben, berichten, dass sie die Freistunde nutzen, um Unterricht vorzubereiten oder auch einfach zu entspannen. Dafür müssen allerdings auch räumliche Gegebenheiten geschaffen werden, die diese ermöglichen.

### Entlasten Sie Ihre Teilzeitkräfte

Die Stundenorganisation muss, wenn sie zu Belastungen einzelner Lehrkräfte führt, Thema der gesundheitsfördernden Schulentwicklung sein. So sollte die Entlastung von Teilzeitkräften mitgedacht werden. Das heißt nicht, dass bei Teilzeitkräften keinesfalls

Springstunden entstehen dürfen. Diese sollten jedoch in geringerem Umfang geplant werden. Außerdem sollten Sie eine Liste führen, wer mit welchen zusätzlichen Aufgaben betreut ist (siehe Kapitel 3.1.4).

| Checkliste: Stundenplanung | |
|---|---|
| Klären Sie, welche Zeitfenster für Teamsitzungen benötigt werden. | ❑ |
| Klären Sie im Kollegium, dass alle Lehrkräfte – gemäß ihrem Stundensoll – an Springstunden beteiligt werden können (mindestens 1 Stunde pro Woche). | ❑ |
| Klären Sie, wer welche Aufsichten übernehmen möchte. Manche Kollegen übernehmen gerne Frühaufsichten, andere eher Spätaufsichten. | ❑ |
| Legen Sie zuerst fest, welche Blockungen bei der Unterrichtsverteilung möglich sind, z. B: Parallelklassen gehen gemeinsam zum Schwimmunterricht, aber nach Leistungsgruppen getrennt. Die jeweiligen Leistungsgruppen werden zeitgleich im Fach Kunst unterrichtet. So kann man Aufsichtspersonal sparen. | ❑ |
| Klären Sie, wer welche zusätzlichen Aufgaben im Kollegium übernimmt. | ❑ |
| Klären Sie, wie die Erledigung der verschiedenen Aufgaben in ihrem Zeitaufwand zu gewichten ist. | ❑ |
| Legen Sie einen Schlüssel fest, der zeigt, wem welche Aufgaben in welchem Maß zuzuteilen sind. | ❑ |

### Vertretungskonzept

Morgens um 7:00 Uhr erhalten Sie einen Anruf vom Kollegen X, der Ihnen mitteilt, dass er für den Rest der Woche krankheitsbedingt ausfällt. Eine alltägliche Situation in der Schule, die sowohl bei dem Verantwortlichen für den Stundenplan als auch bei Kollegen, die vom Unterrichtsausfall tangiert werden, für enormen Stress sorgt. Ärgerlich, wenn sich später herausstellt, dass dem betreffenden Kollegen schon am Abend vorher klar war, dass er unmöglich am nächsten Tag unterrichten kann. Besonders ärgerlich aber auch, wenn sich Lehrer aus falschem Pflichtbewusstsein oder im schlechtesten Fall aus Angst vor der Schulleitung oder den Kollegen mit ihrer Krankheit in die Schule schleppen. Denn ein solches Verhalten wird langfristig zu chronischen Krankheiten führen. Beide Extremfälle sind zum Glück selten. Sorgen Sie im Sinne der Gesundheitsfürsorge dafür, dass sich niemand in Ihrem Kollegium aus Angst vor äußerem Druck krank in die Schule begibt. Geben Sie aber auch Ihrem Kollegium Sicherheit, indem Sie deutlich machen, dass Krankmeldungen lieber zu früh als zu spät erfolgen. Der Stress, der durch plötzliche Krankheitsvertretung entsteht, wird sich zwar nie ganz vermeiden lassen, vor allem in Jahreszeiten, in denen sich Krankheiten häufen. Ein vernünftiges Vertretungskonzept kann aber helfen, den Stress zu minimieren. Hier ist zu unterscheiden zwischen der Vertretungssituation großer und kleiner Schulen – in der Regel Grundschulen und Schulen im Sekundarbereich.

| Übersicht: Faktoren, die ein gutes Vertretungskonzept begünstigen |
|---|
| **Grundschule** |
| Legen Sie Ordner oder Kisten mit Unterrichtsmaterial nach Klassenstufe und Fächern geordnet für den 1. Vertretungstag an. Bestimmen Sie einen Verantwortlichen für die Materialsammlung. |
| Installieren Sie langfristig möglichst einheitliche Konzepte zur Rechtschreibung, zum Lesen, zum Mathematikunterricht. |
| Nutzen Sie Formen der Planarbeit: Die Kinder führen über den Fortschritt ihrer individuellen Arbeit Buch in Form von Wochenplänen, Lesepässen usw. |
| Teilen Sie die Schüler nach einem am Anfang des Schuljahres festgelegten Plan auf die anderen Klassen auf. |
| Vereinbaren Sie langfristig, dass die Unterrichtsvorbereitung in Stufenteams durchgeführt wird. |
| Setzen Sie bei kurz- und mittelfristigen krankheitsbedingten Vertretungen bevorzugt Lehrer aus Parallelklassen im Vertretungsunterricht ein. |
| Treffen Sie im Kollegium die Vereinbarung, dass Krankmeldungen zum frühestmöglichen Zeitpunkt erfolgen müssen. |
| **Weiterführende Schulen** |
| Legen Sie Ordner oder Kisten mit Unterrichtsmaterial nach Klassenstufe und Fächern geordnet für den 1. Vertretungstag an. Bestimmen Sie mehrere Verantwortliche für die Materialsammlung. |
| Ist kein Vertretungsmaterial vorhanden, unterrichtet der Vertretungslehrer sein Fach. Auch in der Unterstufe kann eine Stunde interessant sein, die an Ihrer Schule erst ab der Mittel- oder Oberstufe erteilt wird! |
| Vereinbaren Sie langfristig, dass Unterrichtsvorbereitung in Stufenteams durchgeführt wird. |
| Treffen Sie im Kollegium die Vereinbarung, dass Krankmeldungen zum frühestmöglichen Zeitpunkt erfolgen müssen. |

## 3.1.12 Konferenzgestaltung: Alles muss nicht mit jedem diskutiert werden

Endlos erscheinende Lehrerkonferenzen sind kräfteraubend und meist unergiebig. Das muss nicht sein. Eine Lehrerkonferenz kann
- Mittel zur Koordination und Abstimmung sein,
- der Klärung von Delegierungen dienen,
- Breiteninformation liefern,
- zum Erfahrungstausch genutzt werden,
- Raum bieten, um eine Richtungsdiskussion in Gang zu setzen.

Die Konferenz ist jedoch nicht dazu da, all diese Prozesse zu jedem Zeitpunkt mit gleicher Gewichtung zu steuern und zu bearbeiten.

Treffen Sie bei Ihrer Konferenzplanung Entscheidungen darüber, was zentrales Thema der Konferenz sein muss, welche Themen Sie vorab delegieren können und welche Themen nur der Informationsweitergabe zuzuordnen sind. Handelt es sich lediglich um wichtige, aber nicht dringliche Informationsweitergaben (Terminerinnerungen, Erlasstexte, Abwesenheitsmitteilungen usw.), können Sie diese in ein Mitteilungsbuch eintragen oder an einem Schwarzen Brett aushängen.

Sie können auch Aufgaben abseits der Konferenz delegieren. Dies betrifft allerdings nur solche Aufgaben, die ohnehin in den Bereich der betreffenden Lehrkraft fallen, wie etwa die Anschaffung von Büchern für die Schulbibliothek. Wenn es sich um neue Aufgabenbereiche handelt, für die es vielleicht mehrere Interessenten gibt, können diese am Schwarzen Brett vorab ausgeschrieben werden. Sie können dann außerhalb der Lehrerkonferenz mit den Interessenten das Wesentliche bereits abklären.

### Der Mensch lebt nicht vom Lohn allein

Was Sie aus dem Klassenrat mit Schülern kennen, können Sie auch mit Erwachsenen praktizieren: die positive Runde. Das bedeutet, dass Sie zu Beginn der Konferenz ein positives Feedback der Lehrkräfte einholen. Was ist diese Woche, diesen Monat gut gelaufen? Welche Schüler haben sich positiv hervorgetan? Welche Eltern, welche Kollegen, welche Mitarbeiter haben sich verdient gemacht? Dies ist sicherlich zunächst einmal ungewohnt und sollte auch keinen quasi-religiösen Charakter bekommen. Aber Sie werden bemerken, dass sich eine solche Form von Rückmeldung positiv auf die Haltung eines Kollegiums auswirken kann. Voraussetzung dafür ist ein Kollegium, das sich nicht in einer Krise befindet oder heillos zerstritten ist.

| Checkliste: So planen Sie die Konferenz | |
|---|---|
| Führen Sie eine positive Runde ein. | ❑ |
| Setzen Sie während der Konferenz einen Zeitwächter ein. | ❑ |
| Halten Sie sich unbedingt an Ihr geplantes Zeitraster, und vertagen Sie ggf. Themen. | ❑ |
| Werten Sie nach der Konferenz aus, welche Themen mehr Zeit benötigt hätten. | ❑ |
| Planen Sie generell ein Zeitpolster mit ein. | ❑ |
| Wenden Sie bei der Planung das Eisenhower-Prinzip an. Entscheiden Sie vorher, was dringlich ist und was wichtig ist, aber verschoben werden kann. | ❑ |
| Delegieren Sie vorab festgelegte Aufgaben an Kollegen, und informieren Sie darüber auf der Konferenz. | ❑ |
| Schreiben Sie neue Aufgaben vorab aus. | ❑ |
| Treffen Sie sich mit den an neuen Aufgaben interessierten Lehrkräften außerhalb der Konferenz. | ❑ |

## 3.2. Faktoren, die die Lehrergesundheit begünstigen oder beeinträchtigen

Wie an Ihrer Schule Stress bewältigt und empfunden wird, hängt sehr stark von Ihrem eigenen Verhältnis zur Stressbewältigung ab. Wenn Sie persönlich Stress bei Lehrkräften eher für ein Zeichen von Schwäche halten, werden Sie wahrscheinlich weniger dazu neigen, sich für die Reduzierung von Belastungen einzusetzen. Möglicherweise geben Sie aber auch Ihren eigenen Stress an Lehrkräfte und Mitarbeiter unbewusst weiter. Ebenso kann aber auch das Verhalten des Personals zu Stress bei Ihnen führen.

### 3.2.1 With a little help from my friends ... Soziales Miteinander

Ein positiv erlebtes soziales Klima und unterstützendes Verhalten durch die Schulleitung hat eine gesundheitsfördernde Wirkung auf das Kollegium. Dazu trägt jedoch nicht nur bei, dass man Geburtstage miteinander feiert oder einen höflichen Umgangston pflegt. Das soziale Miteinander sollte über das rein Private und Freundschaftliche Einzelner im Kollegium hinausgehen. Gemeinsame Tätigkeiten wie die Planung neuer

Projekte oder auch die gelungene Vorbereitung von Unterricht stärken das Wir-Gefühl an einer Schule. Voraussetzung hierfür ist das Arbeiten, das sich am gemeinsamen schulischen Leitbild orientiert. Stellen Sie daher einmal im Jahr das schulische Leitbild in einer ganz- oder halbtägigen Konferenz wieder auf den Prüfstand. Das bedeutet, dass Sie mit Ihrem Kollegium ein Resümee über Erfolge und noch zu verwirklichende Ideen ziehen. Es bedeutet nicht, dass Sie das Leitbild als solches in Frage stellen.

### 3.2.2 „Mir wird alles zu viel!" – Die Folgen von Überengagement

Zu hohe Erwartungen an sich selbst und ein ungenügendes Zeitmanagement führen bei Lehrern oft dazu, dass sich die anfänglich euphorische Einstellung zum Lehrerberuf in Resignation verwandelt und im schlimmsten Fall zum Burn-out führt. Ob Sie sich als Lehrer selbst zu viel zumuten, hängt aber auch damit zusammen, dass Sie sich möglicherweise von Ihren Kollegen zu wenig unterstützt fühlen. Als Schulleitung beugen Sie vor, indem Sie Unterstützungssysteme an Ihrer Schule einrichten, die beispielsweise die Unterrichtsvorbereitung im Team vorsehen. Führen Sie darüber hinaus mit Ihren Kollegen und Mitarbeitern regelmäßige Gespräche über persönliche Belastungssituationen. Dabei sollten auch solche Belastungen besprochen werden, die mit den per-

| **Übersicht: Warnzeichen für Burn-out** |
|---|
| Sie können innerlich nicht mehr abschalten. |
| Sie sind nur noch erschöpft. |
| Sie kommen in der Freizeit nicht mehr zu Kräften. |
| Sie leiden unter permanenten Schlafstörungen. |
| Sie benötigen immer mehr Zeit für Ihre Arbeit, schaffen dabei aber immer weniger. |
| Sie können nicht mehr genießen. |
| Ihre ursprüngliche Begeisterung für Ihren Beruf wandelt sich in Zynismus gegenüber Schülern, Eltern oder Kollegen. |
| Sie leiden unter folgenden körperlichen Symptomen:<br>• hoher Blutdruck<br>• Tinnitus<br>• ständige Kopfschmerzen<br>• Magen-Darm-Erkrankungen |

sönlichen pädagogischen Zielen und Visionen verbunden sein können. Gibt es Grund zur Klage, klären Sie in dem Beratungsgespräch, ob die Gründe hierfür in zu hohen Erwartungen oder einem ungenügenden Zeitmanagement seitens der betroffenen Lehrkraft liegen oder ob tatsächlich die Teamstrukturen nicht greifen.

## 3.2.3. „Mir ist das alles zu simpel!" - Die Folgen von Unterforderung

Sie werden wahrscheinlich nicht zu denjenigen gehören, die behaupten, sie seien in der Schule unterfordert – ist mit Ihrer Arbeit doch ein erheblicher Zeitaufwand verbunden. Trotzdem kann man von Unterforderung sprechen, wenn Sie die Ziele, die Sie sich für Ihren Beruf als Lehrer gesetzt haben, nicht umsetzen können, weil Kollegen bei der Verwirklichung Ihrer Ideale nicht „mitziehen". Hinterfragen Sie sich deshalb zuerst, ob und wie Ihre Ziele realisierbar sind. Dies lässt sich am besten mit einem Ziel-Einschätzungsbogen bewerkstelligen. Dieser kann aus Schulleitungsperspektive und aus Lehrerperspektive betrachtet werden. Einen solchen Bogen wie auf Seite 122 können Sie für die eigene Zielanalyse nutzen. Sie können ihn jedoch auch sinnvoll in Gesprächen mit der Schulleitung und Teams oder mit einzelnen Kollegen nutzen.

Sollten Sie nach der Analyse zu einer realistischeren Einschätzung Ihres Ziels kommen, kann dies unter Umständen auch bedeuten, dass Sie Ihr bisheriges schulisches Engagement neu überdenken. Dies ist sinnvoll, denn es führt dazu, ein Gleichgewicht zwischen beruflichem Einsatz und Privatleben herzustellen.

## 3.2.4 Mit dem Belastungsfaktor „Lärm" umgehen lernen

Eine Umfrage kommt zu dem Ergebnis, dass 80 % von 1.200 befragten Lehrern sich von dem Lärm, den Schüler machen, belastet fühlen. Ein Forschungsprojekt der Bundesanstalt für Arbeitsschutz und Arbeitsmedizin zeigt einen durchschnittlich gemessenen Schallpegel im Unterricht von ca. 65 dB(A) (Median). Dies sind Werte, bei denen Kommunikationsprozesse deutlich erschwert sind, in vielen Fällen sogar unmöglich. Doch was ist eigentlich Lärm?

Nicht jedes Geräusch wird als störende Lärmquelle empfunden. Geräuschquellen im Klassenzimmer sind neben erwünschten Kommunikationsprozessen und aktiver Mitarbeit – gerade in Partner- oder Gruppenarbeit – auch Störungen wie Tuscheln, Flüstern oder Kichern, schabende Stuhlbeine, Quietschen, Lachen und Rufen etc. Schallwellen verschiedenster Quellen suchen sich ihren Weg durch die Schule. Über Belüf-

## Ziel-Einschätzungsbogen: Umsetzbarkeit meiner Ziele in der Schule

| | + | - |
|---|---|---|
| **Inhaltliche Dimension** | | |
| Handelt es sich um Ziele im Bereich des Erzieherischen? | | |
| Handelt es sich um ein Ziel, das der fachlichen Qualifizierung der Lehrer dient? | | |
| Handelt es sich um ein Ziel, das der fachlichen Qualifizierung der Schüler dient? | | |
| Entspricht mein Ziel dem Leitbild der Schule? | | |
| **Personale Dimension** | | |
| Bin ich in der Lage, das Ziel allein ohne Unterstützung umzusetzen? | | |
| Benötige ich die Hilfe der Schulleitung? | | |
| Benötige ich die Hilfe einiger Kollegen? | | |
| Benötige ich die Hilfe aller Kollegen? | | |
| Teilen mehr als die Hälfte meiner Kollegen meine Zielvorstellung? | | |
| **Zeitliche Dimension** | | |
| Ist mein Ziel im Laufe eines Schuljahrs zu verwirklichen? | | |
| Benötigt die Umsetzung meines Ziels mehrere Schuljahre? | | |
| **Ressourcenbedingte Dimension** | | |
| Benötige ich materielle oder finanzielle Ressourcen? | | |
| Kann die Schule diese Ressourcen bereitstellen? | | |
| ***Welche Möglichkeiten habe ich, andere von meinem Ziel zu überzeugen?*** | | |
| Welche Argumente benötige ich hierfür? | | |
| Welche Argumente sprechen gegen die Umsetzung meines Ziels? | | |
| Welchen Zeitrahmen benötige ich hierfür? | | |

tungsanlagen, schlecht gedämmte Türen, Fenster und Flure, Musikräume, Schulmensen und Pausenhöfe. Nicht zuletzt die äußere Umgebung der Schule kann durch Verkehrslärm, Sport- und Spielplätze permanente Geräusche emittieren.

### Vermeiden Sie den Lombard-Effekt

Ein erhöhter Störgeräuschpegel im Klassenzimmer (z. B. mehrere Personen sprechen durcheinander) hat eine Verminderung der gegenseitigen Sprachverständlichkeit zur Folge. Dies führt zum sogenannten Lombard-Effekt: Lehrer und Schüler versuchen, durch eine Erhöhung ihrer Sprechlautstärke diesen Effekt zu kompensieren. Mit dem Ergebnis, dass sich der Geräuschpegel im Klassenzimmer aufschaukelt und immer höher wird, obwohl gleich viele Leute im Raum sind. Eine gute Akustik im Raum mit geringen Nachhallzeiten führt nachweislich zu einer Verminderung des Schallpegels im Klassenzimmer.

**Die DIN 18041 „Hörsamkeit in kleinen bis mittelgroßen Räumen“ legt für Klassenräume Nachhallzeiten von um die 0,5 s fest.**

Bessere Decken- und Wandverkleidungen können die Nachhallzeiten nachweislich senken und die Sprachverständlichkeit erhöhen.

Im Rahmen des Aktionsprogramms Umwelt und Gesundheit NRW (APUG NRW) belegen Studien an Schülern eine Verringerung der Leistungsfähigkeit bei einer Lärmeinwirkung von mehr als 70 dB. Werden Kinder einer erhöhten chronischen Schallbelastung ausgesetzt, was bedeutet, dass sie tagsüber einem Lärm zwischen 57 und 76 dB (A) ausgesetzt sind, so sinkt ihre selektive Aufmerksamkeitsleistung im Vergleich zu Kindern, die tagsüber einer Schallbelastung von 49 bis 57 dB (A) ausgesetzt sind.

**Info-Box: Geräuschquellen im Vergleich**

| Geräuschquelle | Schallpegel | Geräuschquelle | Schallpegel |
|---|---|---|---|
| Flüstern | 30 dB (A) | Kreissäge | 100 dB (A) |
| Leise Radiomusik | 40 dB (A) | Elektrische | |
| Normales Gespräch | 60 dB (A) | Schlagbohrmaschine | 110 dB (A) |
| Schulunterricht | 65 dB (A) | Propellermaschine | 120 dB (A) |
| Personenwagen | 70 dB (A) | Niethammer | 130 dB (A) |
| Starker Straßenverkehr | 80 dB (A) | Düsenmotor | 140 dB (A) |
| Schweres Fahrzeug | 90 dB (A) | Geschützknall | 150 dB (A) |

## So hören alle besser

Es ist keine Frage, ob die inklusive Schule kommt, sondern lediglich, wie sie umgesetzt wird. In einigen Schulen werden bereits jetzt schon FM- bzw. Microport-Anlagen für Schüler mit Hörbeeinträchtigungen eingesetzt. Die Lehrer tragen in einer solchen Klasse ein Mikrofon, das direkt mit der Empfangsanlage des Schülers verbunden ist. Dies kann ein abnehmbares Hörgerät sein oder auch ein Cochlea-Implantat. Solche FM-Anlagen lassen sich auch mit Lautsprecheranlagen in der Klasse verbinden, die die allgemeine Sprachverständlichkeit verbessern und damit allen helfen. Solche Anlagen haben heute eine hohe Qualität. Dies ermöglicht daher einen wesentlich differenzierteren und schonenderen Einsatz der Stimme. Lehrer, die mit solchen Systemen gearbeitet haben, berichten von signifikanten Verbesserungen im Hinblick auf die Belastung der eigenen Stimme. Auch wird von ruhigeren Klassenzimmern berichtet. Der Vorteil stellt sich also nicht nur für den Einzelnen sondern für alle dar.

## So sorgen Sie für Ruhe im Unterricht – Tipps zum Geräuschmanagement

Neben den akustischen Bedingungen, die durch die Gestaltung und den Bau der Unterrichtsräume vorgegeben sind, ist das Maß an Lautstärke während des Unterrichts auch an pädagogische Bedingungen geknüpft. Achten Sie deshalb auf Maßnahmen zum Geräuschmanagement während der Unterrichtszeit.

### 1. Sprechen Sie nicht in die Unruhe

Eine alte pädagogische Weisheit ist die, nicht in die Unruhe zu sprechen. Leider achten auch ältere Lehrer nicht immer darauf, Schüler zuerst zur Ruhe kommen zu lassen, bevor sie selbst sprechen. Sich körperlich so zu präsentieren, bis der Lärmpegel in der Klasse abebbt, ist eine Übungssache, der man sich von Zeit zu Zeit bewusst werden muss. Zur Unterstützung der Reflexion des eigenen Lehrerverhaltens in Bezug auf Geräuschmanagement sollten Sie von Zeit zu Zeit Kollegen bei sich hospitieren lassen (siehe Kapitel 3.3.). Lassen Sie sich anschließend Rückmeldung über Ihr Gesprächsverhalten geben, damit Sie falsche (alte) Muster ablegen können.

### 2. Achten Sie auf die Einhaltung der Gesprächsregeln

Wie laut es im Unterricht ist, hängt u. a. von der Einhaltung von Gesprächsregeln ab. Lebhafte Diskussionen mögen interessant erscheinen. Und bei Gesprächsphasen während einer Gruppenarbeit spricht man in der Pädagogik auch gerne von produktiver Unruhe. Trotzdem darf ein gewisser Lärmpegel nicht überschritten werden. Deshalb muss auch bei Diskussionen im Plenum und bei Gesprächen in Gruppenphasen die Regel gelten: Sprich so, dass der andere dich versteht. Dies bedeutet: deutliche Aussprache geht vor Lautstärke (siehe hierzu Kapitel 4.3.4 Klassenrat).

**3. Wird es lauter, sprechen Sie leiser**

Hier wirken vor allem Sie als Vorbild. Sie erzielen eine ruhigere Atmosphäre in Ihren Klassen, wenn Sie selbst Ruhe ausstrahlen und Ihre Stimme gezielter einsetzen. Werden Ihre Schüler lauter, dann sprechen Sie leiser. Bleiben Sie aber nonverbal immer präsent.

**4. Nutzen Sie Ruhezeichen**

Wenn Ihre Schüler in Partner- und Gruppenarbeitsphasen beschäftigt sind, kann es sein, dass sie die von Ihnen gewünschte Beendigung der Arbeitsphase nicht bemerken. Nutzen Sie daher eine ruhige Aufräummusik oder ein Klangzeichen. Die Aufräummusik nutzen Sie, wenn Sie den Schülern Zeit lassen wollen, einen Arbeitsvorgang in Ruhe zu beenden. Das Klangzeichen ist dafür da, sofortige Aufmerksamkeit zu erzielen. Üben Sie die Reaktion auf das Klangzeichen von Anfang an ein. Wenn ein Klangzeichen Sinn machen soll, müssen die Schüler ihre Aufmerksamkeit unmittelbar auf Sie richten.

**5. Eine Minute der Ruhe**

Ein einfaches Mittel, um die Schüler und auch sich selbst zur Ruhe kommen zu lassen, ist ein Spiel, das Sie jederzeit in jedem Unterrichtsfach einsetzen können: Schweigen Sie gemeinsam mit Ihren Schülern eine Minute. Schließen Sie mit den Schülern bei den ersten Durchführungen eine Wette ab. Sie wetten, dass die Klasse es nicht schafft, eine

## Übersicht: So üben Sie die Reaktion auf ein Klangzeichen ein

- Kündigen Sie beim 1. Mal an, dass Sie gleich das Klangzeichen benutzen werden.
- Lassen Sie die Schüler bewusst miteinander sprechen.
- Sobald das Klangzeichen ertönt, verschränken Ihre Schüler die Arme und wenden sich Ihnen zu. Mit verschränkten Armen können sie sich nicht so schnell ablenken.
- Messen Sie die Zeit, wie lange dieses Prozedere dauert.
- Machen Sie mit Ihren Schülern ein Wettspiel.
- Wiederholen Sie nun die Einübung so oft, bis Ihre Schüler es in der schnellstmöglichen Zeit schaffen, zur Ruhe zu kommen und Ihnen ihre Aufmerksamkeit zuzuwenden.

**So setzen Sie das Klangzeichen richtig ein**

- Verwenden Sie das Klangzeichen nicht zur Disziplinierung, wenn andere Versuche, Ihre Schüler zur Ruhe zu bringen, scheitern.
- Niemand außer Ihnen darf das Klangzeichen benutzen!
- Ihr Klangzeichen sollte einen langen, nicht zu lauten Ton abgeben. Von Glocken mit einem Klöppel ist abzuraten.

Minute lang zu schweigen. Bedingungen sind: Niemand darf jemand anderen bewusst anschauen und jeder darf bequem sitzen, sich aber nicht herumfläzen. Sie können später die Schüler fragen, wie sie sich dabei gefühlt oder was sie akustisch von außerhalb der Klasse wahrgenommen haben. Das Zur-Ruhe-Kommen wird von den meisten Schülern als sehr angenehm empfunden. Außerdem bieten solche Phasen Ihnen als Lehrkraft die Möglichkeit, zu verschnaufen und über den nächsten Schritt im Unterricht nachzudenken.

**6. Lassen Sie Ihren Schülern Zeit zum Aufräumen**

Beim Einsatz zeitgemäßer methodischer Arbeitsformen wird oft unterschätzt, wie lange manche Schüler für die Beendigung einer Arbeitsphase benötigen. Darüber muss man nicht klagen. Geben Sie Ihren Schülern klare Strukturen auch für das Aufräumen und Beenden von Arbeitsphasen vor. Dies verringert am Ende den Lärmpegel und begrenzt ihn vor allem auf eine überschaubare Zeit. Kündigen Sie deshalb das Ende einer Arbeitsphase immer mindestens 5 Minuten vorher an. Beginnen Sie dann, wenn es eine Auf-

| **Checkliste: Lehrerstress vermeiden** | |
|---|---|
| Pflegen Sie das soziale Miteinander auch beruflich: Vermeiden Sie Einzelkämpfertum. | ❑ |
| Tauschen Sie sich über Erfolge im Unterricht aus. | ❑ |
| Pflegen Sie das soziale Miteinander in Ihrem Privatleben. | ❑ |
| Suchen Sie bewusst Entspannung in der Freizeit, und planen Sie diese ein. | ❑ |
| Pflegen Sie ein positives Menschenbild von Ihren Schülern. | ❑ |
| Entwickeln Sie eine Haltung, indem Sie ein klares Erziehungsziel verfolgen. | ❑ |
| Bleiben Sie fachlich neugierig und probieren Sie Neues aus. | ❑ |
| Verfolgen Sie im Unterricht realistische Ziele. | ❑ |
| Arbeiten Sie ständig an einer Verbesserung Ihrer Vorbereitung und Unterrichtsorganisation. | ❑ |
| Zeigen Sie ein realistisches Engagement. | ❑ |
| Lernen Sie den Umgang mit Kritik, und begreifen Sie diese als Lernchance: Übernehmen Sie beispielsweise Techniken professioneller Gesprächsführung, und ziehen Sie daraus Erfolg und Selbstbewusstsein. | ❑ |
| Beachten Sie die Tipps zum Geräuschmanagement. | ❑ |

räumphase gibt, diese mit einer Musik, und planen Sie die entsprechende Aufräumzeit bewusst mit ein. Auch hier gelten Klassenregeln, die den Ablauf einer solchen Phase festlegen. Der Ablauf einer Aufräumphase muss also eingeübt und ritualisiert werden.

**Tipps für Schüler, die Umweltreize nicht filtern können**

*Wie kann Ablenkung durch auditive Einflüsse vermieden werden?*

Ein Problem für manche Kinder ist die Ablenkung durch akustische Reize. Es nützt nichts, wenn Sie versuchen, solche Kinder an einen gewissen Geräuschpegel zu gewöhnen. Die Schwierigkeit für diese Kinder besteht darin, dass sie Umweltreize nicht filtern können. Hier hilft neben Bewegungsangeboten eine reizarme Umgebung. Diese ist einerseits durch räumliche Faktoren gegeben, die Rückzugsmöglichkeiten bieten und eine visuelle Beeinflussung vermindern. Akustische Reize lassen sich auch durch den Einsatz von Ohrstöpseln und Schallschutz-Kopfhörern vermindern. Diese sind inzwischen bei etlichen Anbietern (z. B. www.sonicshop.de) zu finden und sollten jedem Kind zur Verfügung stehen. Außerdem kann das Kind so signalisieren, dass es für sich allein lernen möchte.

## 3.3 Unterstützungsangebote für Lehrer

### 3.3.1 Mit Teamarbeit Belastungen reduzieren

*„Eine Gemeinschaft ist nicht die Summe von Interessen, sondern die Summe an Hingabe." – Antoine de Saint-Exupéry*

Teamentwicklung ist eine dauerhafte Führungsaufgabe von Schulleitung und muss von Ihnen sinnvoll eingesetzt und in den Kollegien geübt werden. Dabei sind Widerstände gegen Teamarbeit im System „Schule" zu erwarten. Oft genug schon haben Sie oder

**Info-Box: Gründe von Widerständen und Einwände gegen Teamarbeit**

- „Chef-System": Bisher werden – bei durchaus harmonischem Arbeitsklima – fast alle Entscheidungen und ihre Umsetzung durch die Schulleitung getragen.
- Einzelne Kollegen haben bisher die Erfahrung gemacht, dass sie als „Einzelkämpfer" erfolgreicher waren als in versuchter Teamarbeit.
- Der Versuch der Einführung von Innovationen hat zu lange gedauert. Der anfängliche Schwung ist verloren gegangen.
- Der Aufwand steht nicht im Verhältnis zum Ergebnis.

Ihre Kollegen die Erfahrung gemacht, dass die Arbeit in Gruppen zu wenig effizient gewesen ist. Deshalb stellt sich zunächst einmal die Frage, welche Art von Einwänden auftreten können oder anzunehmen sind.

Diese Widerstände und Schwierigkeiten können dazu führen, dass der Sinn von Teamarbeit grundsätzlich infrage gestellt wird. Im System „Schule" mit einer Tradition von Einzelkämpfertum ist dies auch nicht unbedingt verwunderlich.

## Argumente für Teamarbeit

Es gibt jedoch auch zwingende Gründe, die für den Einsatz von Teamarbeit sprechen:

- Teamarbeit wird von Schülern erwartet. Dann muss man es auch selbst können.
- Pädagogen müssen auf die Zukunft vorbereiten und dies in der Schule durch Einüben erfahrbar machen. Dazu gehört Teamfähigkeit.
- Die Informationsbeschaffung über das Internet und soziale Netzwerke bedeutet auch die Fähigkeit von Wissensbeschaffung, Wissensbewertung und Wissensaustausch. Dieser Austausch gelingt nutzbringend nur in Teams.
- Der ständig zunehmende Arbeitsaufwand in der Schule erzwingt Strukturen, die es möglich machen, diesen zu bewältigen. Dabei ist Teamentwicklung eine Möglichkeit verbesserten Selbstmanagements.

Wenn die Bildung eines Teams bereits vollzogen ist, gibt es aber immer noch genügend Schwierigkeiten, die den Teamprozess als solchen erschweren oder gar sabotieren können:

- Es bestehen zu hohe Erwartungen seitens des Teams oder an das Team von außen.
- Die Prozesse der Teamentwicklung sind den Teammitgliedern nicht bekannt.
- Einzelne Experten dominieren die Gruppe.
- Entscheidungen und Beschlüsse des Teams werden von Seiten der Schulleitung nicht respektiert (Managementdurchgriff).
- Die Schulleitung unterstützt das Team nicht in der Darstellung des Projektziels nach außen.
- Es gibt keine klar vorgegebene Terminierung.
- Ziele werden nicht klar formuliert.
- Die Widerstände im Kollegium sind zu groß.

Konzentrieren Sie sich auf die Anwendung der folgenden 3 Lösungsstrategien, um eine erfolgreiche Teamarbeit zu fördern:

- Nehmen Sie sich im Team nicht zu viel vor. Machen Sie die Ziele stattdessen überschaubar und „klein".

- Konkretisieren Sie die Aufgaben (konkrete Aufgabenstellung), und formulieren Sie Leistungsziele.
- Gegenstand der Teamarbeit ist neben der gewählten Methode die angestrebte Leistung. Fördern Sie also das Bestreben, das angestrebte Ziel auch zu erreichen.

## „Und wenn keiner weiterweiß, dann gründen wir 'nen Arbeitskreis"

Dieser Satz wird auch gerne ergänzt: „Und ist mir alles schnuppe, dann gründe ich 'ne Arbeitsgruppe." In diesen beiden Aussagen, die man gerne einmal von älteren Kollegen hört, die schlechte Erfahrungen mit Delegation und vermeintlichem Teamwork gemacht haben, verbergen sich 2 wesentliche Elemente, die echte Teamarbeit (nicht) ausmachen. Bei Teamarbeit geht es vor allem darum, dass 1. ein Leistungsziel vorhanden ist und dieses 2. von allen Gruppenmitgliedern entwickelt und getragen wird.

Mit einem Leistungsziel ist ein möglichst konkretes Ziel gemeint. Der bloße Wunsch nach der Veränderung der Bewegungsangebote in der Pause ist beispielsweise kein Leistungsziel, denn er bewegt sich zu sehr im Vagen. Die Bewertung und ggf. Neuanschaffung von Spielgeräten in einer Grundschule sowie die fest umrissene Organisation der Nutzung in den Pausen können hingegen ein solches konkretes Ziel sein.

Über dieses Ziel müssen sich alle Teammitglieder verständigen.

Darüber hinaus sollten innerhalb eines Teams folgende Qualifikationen vorhanden sein, die die Mitglieder des Teams erfüllen:

- Der Experte: Ohne Fachwissen lässt sich ein Ziel nicht erreichen.
- Der Kommunikator: Ohne Kommunikation nach außen und innen lässt sich das Ergebnis der Teamarbeit und dessen Umsetzung nicht vermitteln.
- Der Organisator: Ohne Organisation lassen sich auch gute Ansätze nicht verwirklichen.
- Der Entscheider: Ohne die Fähigkeit zu entscheiden, verlaufen Gruppenergebnisse im Sande.

## „Was ich nicht weiß, macht mich nicht heiß"

Die Rolle der Kommunikation nach außen darf nicht unterschätzt werden. Es kann passieren, dass eine Gruppe über einen längeren Zeitraum an der Entstehung eines neuen Konzepts arbeitet. Dabei durchlaufen die Mitglieder selbst einen Entwicklungsprozess. Wenn sie diesen nicht zeitnah transparent machen, kann es passieren, dass sie an Akzeptanz im Kollegium verlieren, welches diese Entwicklungen und Prozesse ja noch nicht vollzogen hat. Das Resultat der Teamarbeit kann dann zu erheblichem

Widerstand führen, zu großen Enttäuschungen der Teammitglieder und zuletzt zum Scheitern des ganzen Projekts.

| Checkliste: Kriterien für die Teamentwicklung | |
|---|---|
| Ist die Gruppe klein genug? | ❑ |
| Ist ein spezifisches Ziel vorhanden, das alle Teammitglieder erreichen wollen? | ❑ |
| Wird der Ansatz von allen Teammitgliedern verstanden? | ❑ |
| Fühlen sich alle Teammitglieder für die Erreichung des Teamziels verantwortlich? | ❑ |
| Ergänzen sich die Teammitglieder in Bezug auf Fachwissen, Organisationsbegabung und Kommunikationsfähigkeit? | ❑ |
| Sind die Arbeitsweise des Teams und die Kriterien der Teambildung allen bekannt? | ❑ |
| Werden die Zwischen-Arbeitsergebnisse dem Kollegium transparent gemacht? | ❑ |

## TEAM: „Toll, ein anderer macht's" oder „Toll, endlich alle motiviert"?

Ein Team – vor allem wenn es sich um ein neu zusammengesetztes handelt – wird nur selten von Beginn an produktiv im Sinne des Leistungsziels arbeiten. Neben der Zielformulierung wird der Arbeitsprozess innerhalb der Gruppe Thema sein. Dies ist auch nicht als Störfaktor zu werten, sondern grundsätzlich zu erwarten. Unproduktiv wird die Teamentwicklung nur dann, wenn sie dieses Stadium nicht überwindet. Aus diesem Grund bietet sich ein Instrument der Teamsteuerung an, das sich im folgenden Fragenkatalog in 4 Schritten wiederfindet. Dieser kann zur Vorbereitung der Teamentwicklung und prozessbegleitend verwendet werden.

## So fangen Sie an

Für den Ablauf einer Teamsitzung benötigen Sie eine feste Struktur. Eine solche Struktur geht von verschiedenen Phasen der Sitzung aus, von der Benennung eines Moderators bis zum Protokoll. Einen Anhaltspunkt für die Strukturierung Ihrer Teamsitzungen gibt die Checkliste auf Seite 132.

## Team"leiter" - ein Widerspruch?

Was zunächst wie ein Widerspruch erscheinen mag, ist bei genauerer Betrachtung ein wesentliches Element bei der Einführung von Teamarbeit in Ihrem Kollegium. Teamleitung bedeutet keine starre Führung, sondern setzt voraus, dass die Teamleitung eher eine moderierende Haltung einnimmt und zu verschiedenen Phasen der Team-

| Fragenkatalog: 4 Phasen der Teamsteuerung | | |
|---|---|---|
| I. Klarheit schaffen und Richtung formulieren | Was wollen wir erreichen?<br>1. Sinn: Wozu machen wir das?<br>2. Ziel: Wie stellen wir uns konkret das Ergebnis unserer Arbeit vor?<br>3. Wert: Welchen Nutzen erhoffen wir uns von unserer Arbeit?<br>4. Qualität: Woran wollen wir am Ende messen, ob wir erfolgreich waren? | ❑ |
| II. Planung | Welche Aufgaben müssen wir angehen?<br>1. Wer kann mit Ideen zur Bewältigung dieser Aufgabe beitragen? (Sammlung)<br>2. Wer hat Erfahrungen in der Abwicklung eines solchen Auftrags?<br>3. Auf welche Schwierigkeiten müssen wir achten? | ❑ |
| III. Methodisches Vorgehen | Wie wollen wir konkret vorgehen?<br>1. Wie soll das Ergebnis präsentiert werden?<br>2. Wer macht was?<br>3. Welche Teilaufgaben sind bis wann fertig?<br>4. Wie wollen wir uns gegenseitig über den Arbeitsfortschritt informieren? | ❑ |
| IV. Ergebnis- und Prozessanalyse | Wie gut arbeiten wir?<br>Wie gut sind unsere Ergebnisse?<br>1. Liegen wir im Zeitplan?<br>2. Gibt es Umsetzungsprobleme, die auf die Arbeit anderer kritische Auswirkungen haben können?<br>3. Entspricht das Ergebnis unseren Zielen?<br>4. Was war an unserer Zusammenarbeit förderlich?<br>5. Was sollten wir beim nächsten Vorhaben anders machen? | ❑ |

arbeit auch verschiedene Aufgaben übernimmt. In der Initialphase einer Teamarbeit ist es zunächst einmal wichtig, Informationen weiterzugeben, Ziele und Aufgaben zu klären und Regeln im Blick zu haben.

In der Phase der inneren Kritik und der Teamfindung bedarf es der Fähigkeit, zu ermutigen, Unzufriedenheit zu benennen, Verwirrung zuzulassen und kleine Schritte zu vereinbaren. Dies ist vor allem wesentlich, da in dieser Phase der Wert der Teamarbeit als solcher infrage gestellt werden kann.

Wenn das Team klare Formen des Umgangs, d. h. eine Konfliktkompetenz entwickelt hat, ist es Aufgabe der Teamleitung, bei der Bewältigung der Aufgaben zu sekundieren und weiterhin zu motivieren. Konflikte werden als konstruktive Katalysatoren im Sinne der Bewältigung der Teamaufgabe bewertet.

Arbeitet das Team schließlich produktiv und erledigt alle gruppendynamischen und sachlichen Funktionen selbstständig, ist es Aufgabe der Teamleitung, sich in den Gruppenprozess einzuordnen und die Führungsrolle abzugeben.

### Checkliste: So beginnen Sie eine Teamsitzung (nach Dyrda, 2002b, S. 125)

| | | |
|---|---|---|
| Ankommen | 1. Themen visualisieren<br>2. Sitzordnung festlegen<br>3. Moderator bestimmen<br>4. Aufgaben im Team verteilen | ❑ |
| Kennenlernen | 1. Blitzlicht (wenn Teilnehmer sich noch nicht kennen)<br>2. Gesprächsregeln festlegen | ❑ |
| Themen bestimmen | 1. Tagesordnung festlegen<br>2. Reihenfolge der Themen absprechen<br>3. Zeitrahmen bestimmen | ❑ |
| | Bei offener Tagesordnung:<br>1. Kartenabfrage zur Themenbestimmung mit den Teammitgliedern durchführen<br>2. Themenspeicher anlegen<br>3. Überschriften zu Themen festlegen<br>4. Reihenfolge festlegen<br>5. Zeitrahmen festlegen | ❑ |
| Themen bearbeiten | 1. Themenspeicher bearbeiten<br>Ist-Soll-Abgleich<br>Erfolge und Stärken benennen<br>2. Maßnahmenplan erstellen<br>3. Zuständigkeiten klären | ❑ |
| Ergebnissicherung | 1. Ergebnisse festhalten<br>2. Organisatorische Fragen klären<br>3. Abschluss-„Blitzlicht" zur Teamarbeit selbst | ❑ |

**Info-Box: Aufgaben und Führungsstile der Teamleitung**

1. Weitergabe von Informationen, Dirigieren
2. Innere Kritik (am Gruppenziel, an der Kompetenz der Mitglieder): Dirigieren und Motivieren
3. Konstruktive Auseinandersetzungen, Ingangsetzung des Selbstmanagements der Gruppe: Sekundieren und weiter motivieren
4. Führung abgeben und delegieren

## 3.3.2 Kollegiale Hospitationen als Unterstützungsmechanismus

Um den Informationsfluss in Ihrem Kollegium zu verbessern, sind gegenseitige Hospitationen Ihrer Kollegen im Unterricht vonnöten. Der Austausch von methodischem Wissen dient einerseits der Professionalisierung bei der Einführung neuer Unterrichtskonzepte. Andererseits werden ganz konkret Vertretungspläne auch auf fachlicher Ebene einfacher umzusetzen sein, wenn Ihre Kollegen inhaltlich stärker miteinander vernetzt sind.

Die Rückmeldung in Bezug auf das eigene pädagogische Handeln ist für den unterrichtenden Lehrer zugleich aber auch Bestätigung und Evaluation seiner Arbeit. Hospitationen und ihre Auswertung helfen, eigene Zweifel zu klären oder ggf. auch zu zerstreuen. Die gewonnene Klarheit hinsichtlich der eigenen Lehrerrolle bestärkt das Vertrauen in die eigene Person und unterstützt somit die berufliche Motivation und Zufriedenheit.

### Lieber doch nicht?

Grundsätzlich herrscht in den meisten Schulen eine positive Einstellung gegenüber Hospitationen. Wenn dieses Vorhaben jedoch konkret wird, häufen sich erfahrungsgemäß die Einwände:

- Die Kollegen möchten sich nicht gerne in die Karten schauen lassen.
- Die Hospitationen lassen sich mit der Stundenplanung nicht vereinbaren.
- Durch gegenseitiges Hospitieren fällt zu viel Unterricht aus.
- Es ist keine Zeit für die Nachbesprechung da.
- In der Nachbesprechung wird zu viel Belangloses erörtert.
- Die Nachbesprechungen führen nicht zu Veränderungen.

## Lösung: Argumente für die Planung kollegialer Hospitationen

- Bieten Sie auch als Schulleitung an, Ihren Unterricht für Hospitationen durch Kolleginnen und Kollegen zu öffnen.
- Überzeugen Sie als Ersten die für die Erstellung der Stundenpläne zuständige Lehrkraft von der Bedeutung des Hospitierens.
- Zeit für Nachbesprechungen muss geplant werden. In Grundschulen gelingt dies oft nach der 6. Stunde. In größeren Systemen und den Sekundarstufen müssen hierfür im Stundenplan Freiräume durch Springstunden geschaffen werden. Bieten Sie an, hier entsprechende Freiräume zu schaffen.
- Die Zeit, die durch Hospitationen „verloren" geht, gewinnen die Lehrer durch höhere Planungssicherheit und Austausch von Material und Wissen mehrfach zurück.
- Hospitationen führen dazu, dass Vertretungsunterricht erleichtert wird, weil Konzepte sich angleichen.
- Um den Austausch im Sinne einer Verbesserung der Unterrichtsqualität zu intensivieren, entwickeln / nutzen Sie ein Nachbesprechungskonzept, mit dem Ihre Lehrkräfte strukturiertes und konstruktives Feedback geben.
- Positive Veränderungen sind beabsichtigt und primäres Ziel. Sie orientieren sich am Schulprogramm und am Leitbild der Schule.

## Öffnen Sie Ihren eigenen Unterricht

Grundsätzlich ist nichts dagegen zu sagen, wenn Sie als Schulleitung ebenfalls an einem Hospitationssystem teilnehmen. Das setzt jedoch großes Vertrauen in Ihre Kollegen und seitens Ihrer Kollegen Ihnen gegenüber voraus. Vor allem müssen Sie bereit sein, auch Ihren eigenen Unterricht zur Begutachtung freizugeben. Dies bedeutet keinen Autoritätsverlust, auch wenn Sie möglicherweise in Ihrem Unterricht Schwächen offenbaren. Im Gegenteil ist zu erwarten, dass Sie durch Ihr Vorbild zu einer Versachlichung des Instruments „Hospitation" beitragen und auf diese Weise evtl. bestehende Ängste im Kollegium abbauen helfen.

## Arbeiten Sie mit einem Nachbesprechungskonzept

Hospitationen müssen, wenn sie zur Verbesserung von Unterricht führen sollen, auf der Grundlage eines Nachbesprechungskonzepts geführt werden. Achten Sie darauf, dass die wertvolle Zeit der Nachbesprechungen nicht in Plaudereien oder Lobhudeleien versandet. Hospitationen und ihre Nachbesprechungen müssen mit dem Schulprogramm und dem Leitbild der Schule verknüpft sein und sind somit ein wichtiges Instrument der Entwicklung und Weiterentwicklung von Schule. Auf Seite 135 stellen wir Ihnen ein Muster für ein standardisiertes Nachbesprechungskonzept zur Verfügung.

## Muster: Nachbesprechungskonzept

- Festlegung des Zeitrahmens
- Erster (grober) Abgleich von Selbst- und Fremdeinschätzung
- Bei einer eher beratenden Hospitation bezüglich neu zu erwerbender methodischer Fähigkeiten: Zwischenbilanz über bereits erworbene berufsbezogene Kompetenzen, Ist-Stand, Kompetenzen, die noch erworben werden müssen

| | ✓ erreicht | weiterentwickeln |
|---|---|---|
| **Zeitmanagement** | | |
| Redeanteil der Lehrperson | | • *Meldekette einführen*<br>• *Kleinschrittiger bei Planung vorgehen, Neueingeführtes öfter üben lassen* |
| hoher Anteil an echter Lernzeit | ✓ | |
| individuelle Lernziele werden erreicht | *Schüleräußerung:*<br>*„Ich habe heute die Übungen, die ich mir vorgenommen habe, geschafft. Dabei ist mir aufgefallen, dass …“* | |
| übergeordnete Lernziele für alle oder Gruppen von Schülern werden erreicht | *Die Lernplakate zeigen die inhaltliche Auseinandersetzung mit dem Lernstoff* | |
| **Zieltransparenz** | | |
| Schüler wissen, wie sie ihr (individuelles) Lernziel erreichen | | *Anlegen eines Protokollbogens / eines Plans, der von den Schülern geführt wird* |

## Muster: Nachbesprechungskonzept

| | | |
|---|---|---|
| Schüler wissen, warum / wofür sie die entsprechende Arbeitsphase / Übung durchführen | *Schüleräußerung:*<br>*„Ich führe diese Messung durch, weil ich herausfinden möchte …“*<br>*„Ich überprüfe die Verschreibungen in diesem Text mit einer Verb-Probe. Ich bin noch unsicher bei der Groß- und Kleinschreibung.“* | |
| **Lehrerpersönlichkeit** (Rückmeldung, wenn erwünscht) | | |
| verbale und nonverbale Besonderheiten | *Wenn Lautstärke im Klassenraum ansteigt, senkt Lehrerin die Stimme.* | • *Spricht mit hohem Stimmdruck*<br>• *Sagt zu häufig: „So!“* |
| Rituale (werden genutzt / funktionieren reibungslos) | *Wechsel der Sitzordnung: Jeder Schüler kennt im Sitzkreis seinen Platz.* | *Schüler beachten das Ruhesignal nicht:*<br>• *Kollegin sollte sich mehr Zeit lassen,*<br>• *sich nonverbal positionieren,*<br>• *Verhalten bei Ruhesignal einüben, konsequent bei Nichteinhaltung des Ruhesignals eingreifen.* |
| Konsequentes erzieherisches Verhalten | *Kollegin hat alle Schüler im Blick, reagiert bei Regelverstößen unmittelbar.* | • *Mädchen werden häufiger gelobt*<br>• *Leistungsträger der Klasse werden häufiger drangenommen* |
| Entwicklung von Perspektiven | | |
| konkrete Zielvereinbarungen | | |
| Weitere Vorschläge | | |

Der vorliegende Bogen für eine Unterrichtsnachbesprechung dient gleichzeitig als Protokollbogen. Er darf von Ihnen als Schulleitung nicht als Instrument der dienstlichen Beurteilung von Kollegen missbraucht werden. Dies würde auch keinen Sinn machen, denn das Hospitationskonzept wäre damit an Ihrer Schule ganz schnell zum Scheitern verurteilt. Eine Protokollierung ist jedoch wichtig. Wenn Ihre Kollegen die Hospitation wirklich nutzen wollen, um ihren Unterricht zu verbessern, ist der Abgleich des War-Ist-Soll-Zustands nur in dieser Form hilfreich. Dabei sollten Sie sich aber klarmachen, dass der Protokollbogen nicht der Befriedigung administratorischer Bedürfnisse dient. Schreiben Sie nur das auf, was wirklich von Belang ist und woran Sie arbeiten wollen.

Gegenseitiges Hospitieren von Kollegen kann auf gleicher Ebene vonstattengehen. Das heißt, der Hospitierende und der Hospitant befinden sich fachlich auf gleichem Niveau. Hospitationen können jedoch auch beinhalten, dass der Hospitierende als fachlicher Begleiter bei der Einführung eines Konzeptes unterstützt.

## 3.3.3 Hilf mir, es selbst zu tun – Tutorensysteme für Lehrer

Es passiert häufig, dass eine Schule sich mit hohem Zeitaufwand und viel Mühe auf den Weg macht, unterrichtsmethodische oder erzieherische Neuerungen an der Schule zu installieren. Nach 3 bis 4 Jahren ist jedoch durch Versetzung, Pensionierung und Erziehungsurlaube ein völlig neues Kollegium entstanden. Nun entstehen möglicherweise Diskussionen im Kollegium, ob das Modell zur Gewaltprävention und der Klassenrat wirklich so sinnvoll sind oder ob das Raumkonzept der Schule nicht zu sehr den pädagogischen Spielraum einengt. Die Kollegen, die bis zu diesem Zeitpunkt engagiert und überzeugt nach dem eingeführten Konzept gearbeitet haben, kommen nun möglicherweise in einen Rechtfertigungszwang – vor allem, wenn Sie sich als Schulleitung indifferent verhalten. Andererseits ist es auch verständlich, wenn neue Kollegen verunsichert sind und sich lieber an ihre alten „Rezepte" halten, wenn ihnen neue Systeme nicht klar sind. Insgesamt führt dieser Umstand zu Unzufriedenheit auf beiden Seiten und dazu, dass jeder seine Klassentür verschließt oder sich Fraktionen im Kollegium bilden.

### Durchbrechen Sie den Kreislauf der Unzufriedenheit

Installieren Sie daher an Ihrer Schule ein Tutorensystem, wenn Sie daran interessiert sind, dass bewährte Unterrichts- und schultragende Konzepte erhalten bleiben sollen. In fast jedem Kollegium gibt es Lehrer, die bereit sind, ihre neuen Kollegen zu unterstützen. Sprechen Sie diese gezielt an, und vereinbaren Sie ein Schulungsziel und Hospitationsprogramm. Wenn ein Tutor die Betreuung mehrerer neuer Kollegen übernimmt, lässt sich auch über die Entlastungsstunden nachdenken. Ist dies aus Gründen des Stundendeputats nicht möglich, können solche Kollegen aber vielleicht von anderen Aufgaben (Aufsichten, Bibliotheksbetreuung, Homepage-Gestaltung etc.) entbunden werden. Noch effizienter gestalten Sie diesen Prozess, wenn Sie an Ihrer Schule das Tutorensystem im Schulprogramm festschreiben, sodass jedem neuen Kollegen von vorneherein klar ist, dass dieses Tutorensystem verbindlich und nicht nur als Angebot zu verstehen ist.

| **Checkliste: Tutorensystem** | |
|---|---|
| Sprechen Sie gezielt die Kollegen für eine Tutorentätigkeit an, die bei der Installation eines neuen Konzepts federführend mitgearbeitet haben. | ❑ |
| Stellen Sie wenn möglich Ermäßigungen und Erleichterungen bereit. | ❑ |
| Die Tutoren beraten im Sinne des Konzeptes. | ❑ |
| Darüber hinaus erfolgen Beratungen nur, wenn dies von den neuen Kollegen gewünscht wird. | ❑ |
| Vereinbaren Sie das Tutorensystem als verbindlich für das ganze Kollegium. | ❑ |
| Schreiben Sie das Tutorensystem im Schulprogramm fest. | ❑ |
| Klären Sie mit neuen Kollegen und Mitarbeitern sowie den Tutoren den Prozess des Tutoriums: | |
| • Hospitationszeiträume | ❑ |
| • Besprechungszeiten | ❑ |
| • Materialbedarf | ❑ |
| • Möglicherweise weitere außerschulische Fortbildungen | ❑ |

## Sogenanntes Team-Teaching

Sogenanntes Team-Teaching wird schon in vielen Schulen praktiziert. Gerade im Rahmen von integrativem bzw. inklusivem Unterricht finden sich häufig mehrere Lehrpersonen und darüber hinaus Schulbegleiter in einer Klasse. In manchen Fällen unterrichten die betreffenden Kollegen parallel im Klassenraum. Das heißt, ein Kollege kümmert sich um Schüler mit Förderbedarf, während der andere Kollege die übrigen Schüler der Klasse unterrichtet. Bei entsprechenden Kapazitäten ist es möglich, dass die Schülergruppen räumlich voneinander getrennt sind. In Grundschulen gibt es gelegentlich auch die Regelung, dass sich die Sonderpädagogen und die Grundschullehrer die Unterrichtsfächer aufteilen. Der jeweils andere Kollege tritt dann beim (Frontal-)Unterricht des anderen in den Hintergrund und betreut gezielt einzelne Kinder. Von Team-Teaching kann hier eigentlich nicht gesprochen werden, da es sich um Abteilungsunterricht handelt, der in einem Klassenraum stattfindet.

## Echtes Team-Teaching

Sollen Förderbemühungen dauerhaften Erfolg zeigen, ist es wichtig, dass die Team-Kollegen einer Klasse nach demselben Konzept arbeiten. Das setzt zunächst einmal voraus, dass beide Lehrer davon überzeugt sind, dass „alle" Schüler im Sinne eines differenzierten Konzepts unterrichtet werden können. Die meisten Schüler mit Down-Syndrom – um nur ein Beispiel zu nennen – können lesen und schreiben lernen. Sie brauchen dafür mehr Zeit und kleinschrittigeres Üben. Das Unterrichts-Setting muss also für alle Schüler so gestaltet sein, dass für Übungsphasen ausreichend Zeit gegeben ist und das Unterrichtsmaterial so zur Verfügung steht, dass es unterschiedlichen Anforderungen und Niveaustufen entspricht. Darüber hinaus sollte es im Sinne eines ökonomischen Umgangs mit Ressourcen wiederverwendbar sein. Ein Arbeitsblatt-Unterricht verbietet sich hier von selbst.

Institutionalisiertes Team-Teaching kann auch in Verbindung mit einem Tutorensystem erteilt werden. Allerdings ist hierbei zu berücksichtigen, dass der Tutor die Aufgabe des Beratens und Vormachens klar von seinen übrigen Aufgaben in der Klasse trennt. Es darf nicht dazu kommen, dass der neue Kollege zu einer Art Hilfslehrer mutiert. Dies ist im Rahmen von Teamsitzungen und bei der Neueinstellung zu thematisieren und sollte mit in das Tutorenkonzept aufgenommen werden.

## Arbeiten Sie mit einem einheitlichen Konzept

Im Rahmen eines einheitlichen Unterrichtskonzepts können diejenigen Lehrer, die gemeinsam in einer Klasse unterrichten, ihre Schüler effizienter und gezielter beraten. Sie können miteinander in einen fachlich fundierten Austausch gehen, da sie mit dem gleichen Instrument arbeiten. Gemeinsame Unterrichtsvorbereitung wird zudem erleichtert, wenn nicht jeder seinen eigenen Stoff bearbeitet. Echtes Team-Teaching unter Einsatz eines gemeinschaftlichen Unterrichtskonzepts bedeutet in der 1. Phase sicher einen Mehraufwand in der Planung des Unterrichts. Gemeinsame Absprachen sind zu treffen, und es muss zunächst einmal eine gemeinsame Arbeits- und Kommunikationsbasis entwickelt werden. Das kostet Zeit. Haben sich aber Arbeitsformen entwickelt, die eine Aufgabenverteilung bei der Unterrichtsvorbereitung und Materialerstellung ermöglichen, beschleunigen sich diese Prozesse. Wenn Unterrichtsreihen und Konzepte einmal erprobt sind, minimiert sich die Vorbereitung auf ein geringes Maß. Wie und ob sich Konzepte und Unterrichtsreihen bewährt haben, lässt sich durch die Bewertung und Überarbeitung eines Teams sehr viel besser validieren als in der Rückschau des einzelnen Lehrers.

### Fortbildung für interessierte Nachzügler

Verbinden Sie mit einem Tutorensystem an Ihrer Schule Fortbildungen für neue Kollegen oder solche, die sich bisher bei der Einführung eines neuen Konzepts zurückgehalten haben. Die Planung einer solchen Fortbildung hängt davon ab, wie viele Kollegen davon profitieren können. Wenn ein Drittel Ihres Kollegiums Schulungsbedarf hat, sollten Sie erwägen, eine solche Fortbildung durchzuführen. Dies schließt die gleichzeitige oder weiterführende Betreuung durch Tutoren nicht aus. Im Gegenteil: Dies ist eine sinnvolle Ergänzung.

Erwägen Sie in jedem einzelnen Fall, ob Kollegen der Schule diese schulinterne Fortbildung übernehmen können oder ob Sie einen Moderator von außen wählen. Wenn es im Kollegium einen ausgewiesenen Experten gibt, kann das für ein Tutorensystem Vorteile haben. Im Rahmen einer Fortbildung ist dies jedoch gelegentlich hinderlich, gerade wenn in Ihrem Kollegium noch Widerstände gegenüber einem bestimmten Unterrichtskonzept herrschen. Hier bewahrheitet sich dann oft der Satz, dass der Prophet im eigenen Lande nichts gilt.

### Schulexterne Fortbildungen

Oft besteht auch die Möglichkeit, Kollegen, die eine Schulung benötigen, außer Haus fortbilden zu lassen. Es hängt vom Ihrem jeweiligen Konzept ab, ob dies sinnvoll ist. Handelt es sich um eher genormte Sachverhalte wie z. B. die Erlangung der Rettungsfähigkeit oder einen Erste-Hilfe-Lehrgang, ist eine Schulung außerhalb Ihrer eigenen Schule sinnvoll. Bei schulspezifischen Anpassungen lassen sich Schulungen hingegen nicht sinnvoll „outsourcen“.

## 3.3.4 Bereitstellung von Unterrichtsmaterial

Ein Grund für häufige Klagen in Schulen ist die vorhandene Material- oder Ressourcenknappheit. In Grundschulen fehlen Freiarbeitsmaterialien oder nützliche Ergänzungshefte für den Unterricht. In weiterführenden Schulen finden sich veraltete Materialien oder Medien. Dass Bildung eine wichtige wirtschaftliche Ressource ist, bleibt unbestritten, und man würde sich wünschen, dass schneller auf einen Wandel hingearbeitet würde. Diese Erkenntnis bringt Sie in der aktuellen Situation an Ihrer Schule jedoch nicht weiter.

Oft genug wird neues Material für die Schule beschafft, ohne dass in klassenübergreifenden Unterrichtskonzepten gedacht wird. Stattdessen wird oft das Gießkannenprinzip angewendet: Jeder bekommt ein bisschen ab. In Grundschulen ist dies schon länger bekannt, da sich hier die Bemühungen um offene Unterrichtsformen schon früher durchgesetzt haben. Folglich wird der klassische Buchunterricht häufiger durch zusätzliche Materialien ergänzt. Dies betrifft nicht nur die Freiarbeit, sondern eine ganze Anzahl an Unterrichtsansätzen, die Karteien, Lernspiele oder Konstruktionsbausätze erfordern. Gerade im modernen Sachunterricht ist ein hoher Materialeinsatz erforderlich.

### Behalten Sie den Überblick über Ihr Unterrichtsmaterial

Sie sollten unnötigen bürokratischen Aufwand vermeiden, wo er nicht nötig ist. In einem Punkt sollte Ihre Schule jedoch genau Buch führen: Nicht nur Bücher sollten inventarisiert werden. Auch über alle anderen Unterrichtsmaterialien sollte von einer oder mehreren zuständigen Personen eine Inventarliste geführt werden. Wenn Sie beispielsweise Lesematerialien, Rechenhilfen oder Karteien von einer Klasse an die nächste weitergeben, sollte dies über eine zuständige Stelle laufen, die die Materialien hinsichtlich Vollständigkeit und Gebrauchszustand kontrolliert. Sind Karteien beispielsweise unsortiert, sollten diese an die entsprechende Lehrkraft mit der Auflage, für Ordnung zu sorgen, zurückgegeben werden. Als Schulleitung müssen Sie denjenigen Kollegen unbedingt den Rücken stärken, die diese Kontrollfunktion übernommen haben. Denn mit diesem Kontrollverfahren erreichen Sie langfristig ein höheres Bewusstsein für die Pflege der Schulmaterialien und behalten den Überblick, welche

| **Beispiel-Checkliste: Materialverwaltung Klasse 4c** |
|---|
| **Lese-Kartei**<br>Karten 45 / 76 / 83 nachkopieren<br>Vollständige Karteien nachbestellen: 2 x |
| **Materialkasten Luftdruck Sachunterricht**<br>auffüllen: 20 Luftballons<br>Nachbestellen beim Verlag: 2 Spezialflaschen mit Loch |
| **Geo-Bretter Mathematikunterricht**<br>23 Stück; 1 x erneuern |
| **Wegwerfen**<br>Plakate Wortarten; Pixi-Hefte … |
| … |

Medien wie häufig eingesetzt werden. Und ganz nebenbei: Nicht die Lehrer müssen am Ende des Schuljahres Karteien sortieren. Das ist Aufgabe der Schüler!

### Prinzip der Selbstausbeutung

Bei geringer finanzieller Ausstattung neigen viele Lehrer dazu, sich selbst auszubeuten. So werden Karteien, Bastelmaterialien oder ganze Klassenbibliotheken gerne aus der eigenen Tasche bezahlt. Auf Dauer kann dies aber zu Frustration und Enttäuschung führen, wenn der eigene Einsatz nicht gewürdigt wird.

### So sparen Sie

Haben Sie sich an Ihrer Schule auf ein einheitliches Rechtschreib-, Lese-, Mathematikkonzept und auf einheitliche Materialkisten für den Sachunterricht geeinigt? Dann wird Ihre Finanzierung auf Dauer überschaubarer. Die Liste lässt sich leicht für andere Fächer und Bereiche ergänzen. Sie setzt allerdings voraus, dass die Einheitlichkeit durch gegenseitige Unterstützungsmaßnahmen wie ein Tutorensystem und Teamarbeit gewährleistet bleibt.

#### Praxistipp: Wie sparen Sie noch? – das leidige Kopierbudget

Das Kopierbudget ist an fast jeder Schule zu gering. Auch dies führt zu dauernder Unzufriedenheit unter den Lehrern. Sammeln Sie Kopiergeld von den Eltern ein? In Nordrhein-Westfalen beispielsweise ist dies nur in Form von freiwilligen Spenden möglich. Dies wiederum führt gelegentlich zu Unzufriedenheit in der Elternschaft.

An die Ursache für das hohe Maß an verbrauchten Kopien gehen jedoch die wenigsten Schulen heran. Überprüfen Sie doch einmal an Ihrer Schule, welche Kopien wirklich unverzichtbar für den Unterricht sind. Sie werden staunen, wie viele überflüssige Arbeitsblätter vervielfältigt werden. Sie werden möglicherweise Arbeitsblätter vorfinden, die lediglich aus einem Schmuckrahmen und einer Arbeitsanweisung in Form eines Satzes bestehen. Oder es handelt sich um ein Blatt, auf welchem die Schüler lediglich 3 bis 4 Wörter einsetzen sollen. Dies ist ökonomisch in keiner Weise sinnvoll und zeigt eine Unterrichtsplanung, die nicht langfristig angelegt ist. Unterrichtsmaterialien sollten auf Wiederverwertbarkeit angelegt sein. Dies ist eher möglich wenn sie in ein unterrichtliches Gesamtkonzept eingebunden sind. Außerdem lassen sich zahlreiche Arbeitsanweisungen von Schülern in ihr Heft abschreiben. Dies dient einerseits dem Üben der Handschrift. Andererseits werden die Schüler angeleitet und darin ausgebildet, ihre Ausführungen zu gliedern und zu strukturieren. Auch im Hinblick auf die Schonung wirtschaftlicher und ökologischer Ressourcen sollten Sie dieses Problem angehen.

## 3.3.5 Beratungsangebote: Supervision / Mediation / Coaching

Nicht alle zwischenmenschlichen Situationen lassen sich schulintern klären oder im Konfliktfall schulintern lösen. Deshalb gibt es inzwischen eine Vielzahl von Beratungsangeboten, die von übergeordneten Schulbehörden oder auch auf dem freien Markt angeboten werden. Bekannt sind in diesem Zusammenhang u. a. die Begriffe „Supervision“, „Coaching“ und „Mediation“. Zwischen diesen Methoden gibt es einige Überschneidungen, was zum Teil auf unterschiedliche wissenschaftliche Ansätze bzw. Einsatzbereiche zurückzuführen ist.

Im Gegensatz zu einer *Supervision*, die auch Prozesse in Gang setzen kann, setzt die *Mediation* eher im Bereich der Konfliktbewältigung zwischen 2 Personen oder Gruppen an. Der Begriff *Coaching* stammt ursprünglich aus dem Bereich der Schulung von Führungskräften. Inzwischen zeigt er jedoch starke Überschneidungen mit den Merkmalen der Einzel-Supervision.

Für Sie ist es wichtig zu wissen, wann Sie an Ihrer Schule welche Maßnahme in Erwägung ziehen: Was hilft, einen schulinternen Konflikt zu lösen? Was kann einen Entwicklungsprozess in Gang setzen, der möglicherweise ins Stocken geraten ist?

**Beispiel: Lehrerausbildung**

Dass die Bedeutung von Coaching bereits in der Lehrerausbildung angekommen ist, zeigt die Ordnung des Vorbereitungsdienstes und der Staatsprüfung für Lehrämter an Schulen, NRW (OVP):

**Auszug aus der OVP §10**

„(4) Zur Ausbildung gehört verpflichtend die personenorientierte Beratung. (...)“

Angestrebt wird dabei insgesamt die Entfaltung der individuellen Potenziale für die berufliche Aufgabe als Lehrerin oder Lehrer.

Coaching wird in diesem Zusammenhang als ein interaktiver, personenzentrierter Beratungs- und Begleitungsprozess verstanden. Es zielt immer auf eine (auch präventive) Förderung von Selbstreflexion und -wahrnehmung, Bewusstsein und Verantwortung, um so Hilfe zur Selbsthilfe zu geben, d. h. Akzeptanz des Gecoachten als autonome Person, die über Ressourcen verfügt und in der Lage ist, selbst Probleme zu lösen. Zudem zielt das Coaching auf die Verbesserung der Selbstmanagementfähigkeiten.

## Lassen Sie sich checken: Einzel-Supervision / Coaching

Bei einer Einzel-Supervision geht es darum, die eigene berufliche Rolle zu reflektieren oder den Umgang mit Kollegen, Vorgesetzten oder Mitarbeitern zu verbessern. Supervision beinhaltet Elemente von Psychotherapie und Organisationsentwicklung.

Sie kann dabei behilflich sein, das eigene berufliche Fortkommen zu planen oder zu ermessen, aber auch dazu dienen, eine Krise im Berufsleben zu überwinden. Gerade bei großem beruflichen Stress ist eine Supervision ein wichtiges Mittel, um ein Burn-out zu vermeiden. Im Laufe der Supervision entwickelt die betroffene Person schrittweise Handlungsoptionen und Ressourcen, die sie im beruflichen Alltag nutzen kann.

Empfehlenswert ist eine Supervision aber nicht erst im Fall innerer oder äußerer Konflikte, sondern generell auch beim Einstieg in ein neues Aufgabenfeld wie die Leitung einer Schule.

Supervisionen werden auch als Gruppen-Supervisionen angeboten, an denen Personen teilnehmen, die sich in der gleichen beruflichen Situation oder Rolle befinden, aber nicht an der gleichen Schule arbeiten.

### Fallbeispiel: Gruppen-Supervision

Herr M. berichtet in einer Gruppen-Supervision von großen Disziplinproblemen in seinen Klassen. Er unterrichtet die Fächer Deutsch und Sozialwissenschaften an einer Realschule. Obwohl ihm der Beruf immer sehr viel Spaß gemacht und er innerhalb der Schule viel Engagement gezeigt hat, fühlt er sich inzwischen so angespannt, dass er sonntags bereits Bauchschmerzen hat, wenn er daran denkt, anderntags wieder in den Unterricht zu müssen. So ist in den letzten Jahren sein Berufsleben eine stete Belastung „zwischen den Ferien". Nur dort kann er sich noch entspannen. In seinem Freundeskreis und innerhalb der Familie findet er nur wenig Verständnis für seine Situation.

Im Unterricht kommt er kaum noch dazu, mit den Schülern Inhalte zu erarbeiten, da einzelne Schüler den Unterricht permanent stören. Diese „Störer" haben, so berichtet er, offensichtlich großes Vergnügen daran, den Unterricht immer wieder zu unterbrechen. Seine direkten Interventionen auf solche Störungen würden am Ende zu nichts führen, da die Schüler sich nur weiter gegenseitig aufheizen.

In einem Rollenspiel werden verschiedene Schülerrollen und die Lehrerrolle besetzt und die unterrichtlichen Situationen in Szene gesetzt. Disziplinlosigkeit und (vergebliche) Interventionsversuche des Lehrers werden nachgespielt. Auf Nachfrage des Supervisors kommt das Gefühl der Ohnmacht seitens des Lehrers zur Sprache. Auf Seiten der Schüler(-rollen) ergeben sich verschiedene Aspekte. Die „Störer" zeigen, dass ihnen das Machtspiel besondere Freude bereitet. Sie wollen austesten, wie weit sie gehen können. Je gereizter der Lehrer wird, desto mehr Ehrgeiz entwickeln sie, ihn aus dem Konzept zu bringen. Die „friedlichen" Schüler wollen eigentlich lernen, fühlen sich aber vom Lehrer nicht gesehen und unterstützt.

Für alle Schüler zeigt sich letztendlich, dass sie von ihrem Lehrer wahrgenommen werden möchten und Kontakt suchen. Diese Erkenntnis ist für Herrn M. neu und eine wichtige Grundlage für neue Handlungsmöglichkeiten. In einem weiteren Rollenspiel werden Verhaltensmuster erprobt und eingeübt, die ihm helfen, unmittelbarer und souveräner mit Störungen umzugehen und auf die Schüler zuzugehen. Er bekommt von den teilnehmenden Gruppenmitgliedern die Rückmeldung, dass sein Auftreten wesentlich freier und unverkrampfter gewirkt hat und sie in ihrer Rolle als Schüler die aufgezeigten Grenzen deutlich spüren konnten. Für Herrn M. war wichtig, sein Verhalten gespiegelt zu sehen, das „Kontaktproblem" zu erkennen, Handlungsalternativen aufgezeigt zu bekommen und zu bemerken, dass er selbst Lust darauf verspürte, diese aktiv in seinem Unterricht umzusetzen.

### Verordnen Sie keine Supervision im Kollegium: Team-Supervision / Mediation

In der Team-Supervision oder auch Mediation geht es darum, Teams, Arbeitsgruppen oder ganze Kollegien zu begleiten. Unzureichende Kooperation, stockende Projekte oder schwelende Konflikte innerhalb des Kollegiums, zwischen Kollegium und Leitung zwischen Leitung und Ko-Leitung oder auch zwischen Kollegium und Nachmittagsbetreuung sind Gründe dafür, eine Supervision zu erwägen. Auch bei Konflikten innerhalb des Kollegiums werden Sie als Schulleitung im Laufe des Supervisions-Prozesses mit einbezogen werden. Dies macht auch Sinn, denn ein Kollegium kann nicht unabhängig von Ihnen als Schulleitung operieren und umgekehrt.

Entscheidend für eine gelingende Supervision sind allerdings der Wunsch und das Einverständnis aller Beteiligten. Zwingen Sie deshalb niemandem eine Supervision auf. Ziel einer Team-Supervision im Konfliktfall ist es herauszufinden, welche Absichten, Interessen und Vorstellungen den Spannungen zugrunde liegen. Die verschiedenen Fraktionen möchten sich verstanden wissen. Dieser Klärungsprozess muss gewährleistet sein, damit Lösungen gefunden werden können, bei denen sich niemand als Verlierer fühlt. Gelungene Team-Supervision bedeutet deshalb das Schaffen einer Win-win-Situation.

## 3.3.6 Kollegiale Fallberatung

Sie können sich Angebote zur Entwicklung der Lehrerpersönlichkeit oder zur Lösung von Konflikten von außen in Ihre Schule holen. Im Rahmen der Kollegialen Fallberatung haben Sie jedoch auch ein Instrument, das sie innerhalb Ihrer Schule nutzen können. Die Kollegiale Fallberatung ist ein strukturiertes Beratungsgespräch in einer gleich bleibenden Gruppe von wenigen Kollegen. Einer der Teilnehmer lässt sich von den übrigen Personen nach einem feststehenden Ablauf beraten. Dabei sollen Lösungen für konkrete Probleme aus der Alltagspraxis des betreffenden Kollegen gefunden werden. Wie auch bei der Supervision oder dem Coaching dient die Kollegiale Fallberatung der Bearbeitung von Interaktions- bzw. Beziehungsfragen, der eigenen Rollendefinition und von Entscheidungsdilemmata.

In die Kollegiale Fallberatung werden zunächst einmal solche Kollegen einsteigen, die bereit sind, ihr eigenes berufliches Handeln kritisch zu hinterfragen und sich anderen Kollegen gegenüber zu öffnen. Dies fällt manchen Berufseinsteigern zunächst einmal leichter als Kollegen, die es gewohnt sind, sich eher abzugrenzen. Es ist jedoch wichtig, dass Gruppen, die Kollegiale Fallberatungen durchführen, auch erfahrene Kollegen aufnehmen. Dies ist wesentlich, denn es sollen möglichst viele verschiedene Perspektiven mit einfließen, die es ermöglichen, eigene Interpretationen zu hinterfragen und neue Sichtweisen zu entwickeln. Erst daraus können Handlungsalternativen erwachsen.

| Checkliste: So gelingt die Kollegiale Fallberatung | |
|---|---|
| Der Gesprächsfokus liegt auf der Persönlichkeit des Fallbringers, d. h. auf dem Bereich, der von ihm beeinflusst werden kann. Sonst ist die Beratung demotivierend. | ❑ |
| Vertrauen und Verschwiegenheit nach außen müssen gewährleistet sein. | ❑ |
| Kollegiale Fallberatung setzt auch bei Erfahrungsunterschieden Respekt voreinander voraus. | ❑ |
| Die Bereitschaft, voneinander zu lernen, muss bei allen Teilnehmern vorhanden sein. | ❑ |
| Alle Teilnehmer sollten sich aktiv an der Beratung beteiligen. | ❑ |
| Wenn es um einen Konflikt zwischen Kollegen geht, dürfen die Konflikt-Beteiligten nicht gleichzeitig Teil der Beratungsgruppe sein. Für die Lösung einer solchen Situation ist die Kollegiale Fallberatung nicht das geeignete Instrument. | ❑ |

## Hierauf achten Sie bei der Einführung

Kollegiale Fallberatungen wirken nur dann auf das gesamte Kollegium als vertrauensbildende Maßnahme, wenn gewährleistet ist, dass keine Cliquenbildung innerhalb des Kollegiums entsteht. Sitzen immer nur dieselben 4 Kollegen zusammen, um ihre „Fälle“ zu besprechen, kann dies leicht zu Abgrenzungen der übrigen Kollegen führen, was es zu vermeiden gilt.

Deshalb sollten Sie die Kollegiale Fallberatung als eine Beratungsform für alle Kollegen im Rahmen einer Fortbildung einführen. Wer anschließend dieses Instrument nutzt, steht nicht in Verdacht, etwas gegenüber den übrigen Kollegen verheimlichen zu wollen.

### Rollenkarte: Diese Rollen nehmen Sie in der Kollegialen Fallberatung wahr

**Fallerzähler**
- berichtet vom Fall
- antwortet auf Verständnisfragen
- hört Beratern in der Brainstorming-Phase nur zu
- formuliert evtl. eine Beratungsfrage oder hilft bei der Formulierung der Beratungsfrage
- hört Beratern bei der Suche nach Entwicklungsmöglichkeiten nur zu; wählt evtl. aus 3 angebotenen Lösungen aus und begründet dies
- beginnt die Sharing-Runde

**Berater**
- hören dem Fallerzähler aktiv zu
- stellen Verständnisfragen
- formulieren Gefühle und führen Perspektivwechsel durch
- formulieren evtl. Beratungsfrage
- einigen sich auf 3 Handlungsalternativen oder sammeln weitere mögliche Handlungsalternativen
- äußern sich nach dem Fallerzähler dazu, was sie erlebt und für sich mitgenommen haben.

**Moderator**
- ist inhaltlich nicht beteiligt; konzentriert sich auf den Prozess
- moderiert die gesamte Beratung
- achtet auf Zeitmanagement
- führt Konfliktmanagement durch
- verschriftlicht die Beratungsfrage
- verschriftlicht die Handlungsschritte / Lösungsvorschläge

## So führen Sie die Kollegiale Fallberatung in 8 Phasen durch

**1. Phase: Rollenverteilung**
- sammeln, wer sich beraten lassen möchte
- Fallauswahl nach Dringlichkeit und Entscheidung der Gruppe
- Rollenverteilung: Fallerzähler, Berater, Moderator
- günstige Sitzordnung wählen, z. B. Fallerzähler am Kopf des Tisches

**2. Phase: Fallschilderung**
- Spontanbericht des Fallerzählers
- Berater hören intensiv zu
- Moderator (siehe Rollenkarte)

**3. Phase: Befragung des Fallerzählers**
- Berater stellen Verständnisfragen: keine Diskussion, keine Analysen, keine Probleminterpretation, keine Fragen wie: „Hast du schon versucht ...?“

**4. Phase: Brainstorming der Berater**
- Berater formulieren ihre Gefühle, Wahrnehmungen und Assoziationen, (Ich-Botschaften, keine Diskussion)
- nehmen Perspektivwechsel vor (z. B. „Ich als Schüler ...“)
- Fallerzähler hört aktiv zu, ist nicht am Gespräch beteiligt

**5. Phase: Beratungsfrage**
- Berater formulieren gemeinsam die Beratungsfrage (in Absprache mit dem Fallerzähler) oder
- Fallerzähler formuliert die Beratungsfrage (in Absprache mit den Beratern)
- Moderator verschriftlicht Beratungsfrage

**6. Phase: Entwicklung von Handlungsalternativen**
- Berater formulieren im freien Gespräch Handlungsalternativen (ungeachtet dessen, ob diese direkt zu realisieren sind)
- Berater einigen sich auf 3 Handlungsalternativen
- Moderator verschriftlicht die Ideen
- Fallerzähler hört kommentarlos zu

**7. Phase: Entscheidung für Handlungsalternativen**
- Fallerzähler wählt begründet aus den 3 Vorschlägen die Handlungsalternativen aus, die er bis zum nächsten Treffen angehen will, und benennt zentrale Einsichten.

**8. Phase: Blitzlichtrunde / Reflexion der Beratungssequenz**

- Teilnehmer äußern in 1 bis 2 Sätzen, was sie sich mitnehmen; dabei beginnt der Fallerzähler
- Schreiber übergibt die Notizen dem Fallerzähler

## 3.3.7 Maßnahmen bei Mobbing gegen Lehrer oder Schulleiter

Aus dem Vorwort zur Online-Befragung „Mobbing und Cybermobbing von Lehrkräften durch Schüler, Eltern oder Kollegen" des Zentrums für Empirische Pädagogische Forschung (ZEPF) der Universität Landau:

„Schule wird deshalb umso erfolgreicher sein, je deutlicher es gelingt, in ihr ein günstiges Lern- und Erziehungsklima zu schaffen bei gleichzeitiger Wahrung der Gesundheit ihrer Vertreter: den Lehrkräften. Die Voraussetzungen für das Lernklima werden dabei gleichermaßen seitens der Schulleitung, des Kollegiums, aber auch der Schülerinnen und Schüler bereitgestellt. Eine besondere Verantwortung kommt dabei der Schulleitung und den Lehrkräften zu, die als Experten für das Lernen und Erziehen gelten. Als Teilaspekt eines guten Lernklimas gilt es deshalb, Mobbing – egal von welcher Seite –, welches das Lernklima vergiftet, an jeder Schule zu minimieren." (Jäger, 2012)

Mobbing ist ein Begriff, der heutzutage schnell bei der Hand ist, wenn es um konfliktträchtige Situationen im Bereich Schule geht. Daher lohnt es sich, einmal auf die bekannteste Definition dieses Begriffes zu schauen.

**Info-Box: Definition „Mobbing"**

„Mobbing ist eine konfliktbelastete Kommunikation am Arbeitsplatz unter Kollegen oder zwischen Vorgesetzten und Untergebenen, bei der die angegriffene Person unterlegen ist, von einer oder mehreren anderen Personen oft systematisch und während längerer Zeit mit dem Ziel und / oder dem Effekt des Ausstoßes direkt oder indirekt angegriffen wird und dies als Diskriminierung empfindet."
(Leymann, 1993)

Was als Mobbing empfunden wird, mag von Person zu Person variieren. Sie wissen für sich am ehesten, wo Ihre eigenen Grenzen liegen. Sie haben vielleicht individuelle Bewältigungsmöglichkeiten und können Konsequenzen selbst verantworten. Wichtig für Sie als Betroffenen ist es, ernst genommen und gehört zu werden. Das Gefühl, etwas wiederholt über sich ergehen lassen zu müssen, sich nicht wehren zu können, entspricht dem, was sich als Mobbing bezeichnen lässt.

## Ursachen und Kennzeichen von Mobbing

Man hört immer wieder von Mobbing unter Schülern. Mobbing kann aber ebenso gegen Lehrer oder auch Schulleiter gerichtet sein. Die Mobbing-Handlung kann dabei von unterschiedlichen Akteuren ausgehen – von Eltern, Schülern oder auch von Kollegen.

Mobbing zeichnet sich aus

- durch das systematische Vorenthalten von Informationen,
- durch wiederholt verschärften Umgangston unter Kollegen oder mit Vorgesetzten,
- durch ständiges Übergehen bei Entscheidungen,
- durch das Verweigern von Grußformeln.

Es ist darüber hinaus gekennzeichnet durch die Ausübung von Dominanz gegenüber einem vermeintlich Unterlegenen oder wird als Mittel zur Schwächung eines Gegners genutzt. Zwar gibt es Anlässe oder möglicherweise Ursachen für das Ausüben dieses Machtspiels. Das Kennzeichnende eines solchen Konfliktes ist jedoch die Verschiebung von der Sache auf das Opfer hin. Schüler, die ihre Lehrer unter Druck setzen, wollen möglicherweise herausfinden, wie weit sie in der Ausübung des Machtspiels gehen können, bis ihnen Grenzen aufgezeigt werden. Kollegen oder Schulleiter versuchen, einen unbequemen Kollegen auszublenden oder gar „wegzuekeln". Mobbing gegen Schulleiter kann beispielweise auftreten, wenn eine Schulleiterstelle ausgeschrieben war und ein Kollege der Schule als Mitbewerber übergangen worden ist. Schulleiter können aber auch von Mobbing betroffen sein, das von einzelnen Elterngruppen ausgeht, die mit dem Stil der Leitung der Schule nicht einverstanden sind.

## So bleiben Sie integer bei Mobbing von Kollegen oder Vorgesetzten

Gehen Sie gegen Mobbing so schnell wie möglich vor. Werden Sie von Kollegen nicht mehr gegrüßt, sprechen Sie diese – auch wenn es unangenehm ist – sofort an. Enthält man Ihnen Informationen vor, ist auch dies zu benennen. Leider liegen die Fälle nicht immer so klar. Denn wenn Sie bemüht sind, Konflikte friedlich und einvernehmlich zu lösen, werden Sie vielleicht nicht sofort bemerken, wann Grenzen überschritten werden. Möglicherweise zweifeln Sie zunächst an Ihrer eigenen Wahrnehmung. Sehen Sie es aber nicht als Ihre Schwäche an, wenn Sie einem Prozess der Desinformation oder Verleumdung über einen längeren Zeitraum ausgesetzt waren. Sprechen Sie vor allem mit Menschen, denen Sie vertrauen. Es macht wenig Sinn, eine solche Krise allein bewältigen zu wollen. In manchen Personalräten gibt es Beauftragte für Mobbing. Auch diese Gesprächsmöglichkeit sollten Sie unbedingt nutzen. Der Versuch, sich im Fall von Mobbing mit Teilen des Kollegiums zu solidarisieren, ist hingegen äußerst riskant. In vielen Fällen werden Sie zunächst auf Verständnis stoßen, bei längerem Andauern des Konflikts wird man Sie jedoch als den Störenden empfinden, da Ihr Problem für permanente Unruhe im Kollegium sorgt.

Gelingt es Ihnen nicht, die Verursacher des Mobbings gegen Sie in die Schranken zu weisen oder eingefahrene Strukturen zu verändern, sollten Sie in letzter Konsequenz sogar über eine Versetzung nachdenken. Im Sinne des Selbstschutzes ist dies eine sinnvolle Maßnahme. Entscheidend ist es, einen solchen Schritt nicht als Niederlage zu begreifen, sondern einen Neuanfang als Chance zu begreifen.

### Mobbing von Eltern gegen Lehrer

Die bereits angesprochenen Maßnahmen gelten auch im Fall von Mobbingattacken durch Eltern oder Schüler. Bei manchen Lehrern gibt es die Befürchtung, dass „die" Eltern eine homogene Gruppe von Beschwerdeträgern seien. Häufig wird dann geklagt, dass „die" Eltern sich gegen einen zusammengetan hätten. Dies ist jedoch nur in Ausnahmefällen zu beobachten. Es gibt zwar immer wieder einzelne Eltern, die aus vermeintlicher oder echter Sorge um ihr Kind versuchen, andere Eltern gegen die Schule zu mobilisieren, wenn ihnen das nützlich erscheint. Wenn Sie diese Eltern frühzeitig im Blick haben und sie auf ihre Vorstellungen und Probleme ansprechen, verhindern Sie am ehesten, dass sich eine Stimmung gegen Sie aufschaukelt. Die Gesprächsangebote oder im Notfall auch Gesprächsverpflichtungen binden diese Eltern stärker an Sie als an andere. In manchen Fällen lassen sich „problematische" Eltern in die schulische Arbeit mit einbinden. Dies setzt jedoch voraus, dass mit solchen Eltern immer wieder ein enger Kontakt gesucht wird, im Sinne des schulischen Leitbilds zu arbeiten. Ihre Gesprächsbereitschaft geht einher mit Offenheit in Lehrinhalten und Klarheit in erzieherischen Maßnahmen. Eltern dürfen eine andere Meinung in Bezug auf Lehrmethoden haben, aber als kompetente Fachkraft sollten Sie selbstbewusst Ihre Methoden begründen und einsetzen können. Im Erzieherischen ergreifen Sie in der Schule Ihre Maßnahmen, die geeignet sind, das soziale Miteinander im demokratischem Sinne zu steuern. Daran können sich alle orientieren. Wenn zu Hause anders gehandelt wird, ist dies kein Maßstab für das schulische Umfeld.

### Mobbing von Schülern gegen Lehrer

Auch bei Schülern muss man davon ausgehen, dass nur ein Teil der Klasse bewusstes Mobbing ausübt. Der größere Teil gehört zur schweigenden Mehrheit oder zu denjenigen, die interessiert zuschauen. Kollegen, die von Mobbing durch Schüler betroffen sind, sollten sowohl durch die Schulleitung als auch durch das Kollegium Unterstützung finden. Sicher ist es sinnvoll, wenn Sie sich als Schulleitung auf geeignete Ansprechpartner für die gemobbte Person, z. B. den Lehrerrat, verlassen können. Diese Ansprechpartner sollten die Betroffenen stärken und stützen. Ansprechpartner und erziehungskompetente Kollegen können auch anbieten, die Betroffenen bei sich im Unterricht hospitieren zu lassen, wenn es etwa um Disziplinprobleme geht, die sich aus dem Lehrerverhalten ergeben.

Wirken Sie als Schulleitung umgehend auf Schüler ein, die in besonderem Maße auffällig gegen gefährdete Kollegen in Erscheinung treten. Denn Mobbing funktioniert besonders in den Fällen, wo es sich langfristig auswirken darf.

Als Lehrkraft sollten Sie sich aus den sozialen Netzwerken Ihrer Schüler heraushalten. Zumindest sollten Sie die Möglichkeit einschränken, die gesamte Öffentlichkeit auf Ihre persönlichen Inhalte zugreifen zu lassen.

Es ist allerdings auch nicht auszuschließen, dass Sie als Betroffener – auch wenn Sie nicht selbst im Netz präsent sind – von Schülern oder Eltern davon in Kenntnis gesetzt werden, dass in einem sozialen Netzwerk Ihre Persönlichkeitsrechte massiv verletzt werden oder Beleidigungs- sowie Bedrohungsdelikte vorliegen. Treten solche Angriffe gezielt und wiederholt auf, können Sie gegen sogenanntes Cybermobbing strafrechtlich vorgehen. Zum anderen sollte in jedem Fall eine innerschulische Reaktion erfolgen.

## 3.4 Elternarbeit

Zufriedene Kollegen, Mitarbeiter und Schüler setzen zufriedene Eltern voraus. Wenn Ihre Schule von den Eltern geschätzt wird und sie diese Anerkennung zeigen, führt dies dazu, dass auch die meisten Ihrer Kollegen gerne an dieser Schule arbeiten werden. Die Motivation, gute Arbeit im Lehrerberuf zu leisten, wird weniger durch lukrative Beförderungsmöglichkeiten erzeugt. Vielmehr geht es um ein Wechselspiel aus Herausforderung, Erfolg des Geleisteten und Anerkennung und Wertschätzung. Anerkennung und Wertschätzung erfahren Lehrer einerseits durch die Schüler selbst: *„Der ist streng, aber irgendwie auch lustig."* Die Rückmeldung durch die Eltern ist jedoch ebenfalls ungeheuer wichtig.

Anerkennung müssen Sie sich allerdings verdienen. Dies erfordert fachliche Kompetenz, erzieherische Wirksamkeit und verbindliche Kommunikation. Fachliche Kompetenz ist erlernbar. Erzieherische Wirksamkeit und verbindliche Kommunikation können Sie sich ebenfalls aneignen, diese hängen jedoch immer auch von Ihrer Haltung und Ihrem beruflichen Selbstbild ab.

Wenn Sie hinter Ihrem schulischen Leitbild stehen und sich eindeutig in Ihrem Kollegium dazu bekennen und dafür einsetzen, werden Sie bei dem nötigen Maß an Transparenz und Offenheit die Elternschaft langfristig hinter sich bringen. Dies bedeutet aber auch, dass Sie die Eltern über Innovationen und schulische Konzepte informieren und mit einbinden. Nutzen Sie dabei die Fähigkeiten der Eltern. Gerade kritische Geister werden konzilianter, wenn sie in die schulische Arbeit mit eingebunden werden. Dafür müssen Sie diese gezielt anwerben. Sprechen Sie doch den Vater, der Ihr Deutschkonzept so stark kritisiert, an, ob er sich an der Redaktion Ihrer Schulzeitung beteiligen kann!

## 3.5. Lehrerfortbildung zur Förderung der Gesundheitskompetenz

Sie finden eine große Anzahl an Angeboten zu Fortbildungen im Bereich der Lehrergesundheit im Netz. Fortbildungen im Bereich des Gesundheitsmanagements bieten auch Ihre Schulbehörden (in manchen Bundesländern beispielsweise der schulpsychologische Dienst) an.

Doch worauf kommt es bei der Auswahl einer passenden Fortbildung an? Gehen Sie hier am besten schrittweise vor, um ein passendes Fortbildungskonzept zu entwickeln.

### 1. Schritt: Ermitteln Sie den Ist-Stand

Sammeln Sie mit Ihrem Kollegium, was an Ihrer Schule bereits erfolgreich im Sinne gesundheitsförderlicher Maßnahmen durchgeführt wird. Dies ist notwendig, um erkennen zu können, wo Innovationen eingeordnet werden sollen, und über welche Ressourcen die Schule bereits verfügt. Es hilft auch, die Hemmschwelle abzubauen, wenn Neues eingeführt werden soll.

### 2. Schritt: Erfassen Sie den Bedarf

Nachdem Sie den Ist-Stand ermittelt haben, ist es wichtig festzuhalten, welcher Bedarf an gesundheitsförderlichen Maßnahmen noch gesehen wird und wie dieser sich in Ihrem Kollegium verteilt. Es ist daher sinnvoll, zunächst einen Fragebogen einzusetzen, der die ersten beiden Schritte involviert. Werten Sie diesen Fragebogen aus, bevor Sie zu Schritt 3 gehen.

## Muster-Fragebogen: Welche gesundheitsförderlichen Maßnahmen wünschen wir uns für unserer Schule?

***Ist-Stand***
Was leisten wir bereits, was uns als Kollegium guttut?
Was tut mir persönlich in unserer Schule gut?
Welche Maßnahmen werden durchgeführt, die den Schülern guttun?

- Bewegung
- Ruhe
- Ernährung
- soziales Miteinander (z.B. Spiele)
- demokratisches Miteinander
- Unterrichtskonzepte

***Wunsch für die Zukunft***
Welche gesundheitsfördernden Maßnahmen wünsche ich mir an meiner Schule?

- für mich persönlich
- für alle Kollegen und Mitarbeiter
- für die Schüler
- für alle

Meine Fortbildungswünsche:

.......................................................................................................................................

## 3. Schritt: Legen Sie ein gemeinsames Ziel fest

Das Ziel, Ihre Schule im Sinne gesundheitsförderlicher Maßnahmen zu stärken, sollte möglichst konkret gefasst und mit einem Zeitplan verbunden werden. Es ist auch die Erreichung mehrerer Ziele denkbar (Beispiele: Verbesserung des Bewegungsangebots für Schüler, Schaffung von Ruhezonen für Lehrer, Einführung eines Schülerparlaments, Erwerb von Kompetenzen der Konfliktbewältigung usw.). Jedoch muss klar festgelegt und gewichtet werden, welche Vorhaben in welcher Reihenfolge erarbeitet werden sollen. Sonst besteht die Gefahr, sich zu verzetteln, was dazu führen kann, dass die angedachten Ziele nicht erreicht werden.

## 4. Suchen Sie kompetente Referenten

Glücklicherweise gibt es im Bereich des Gesundheitsmanagements inzwischen eine Vielzahl an Fortbildungsangeboten, die sowohl von Unternehmen aus der freien Wirtschaft, von Trägerverbänden oder auch von Schulbehörden angeboten werden. Fragen Sie auch andere Ihnen bekannte Schulleiter nach Erfahrungen, die sie in diesem Bereich der Weiterbildung gemacht haben. Entscheidend ist immer die Frage nach der Machbarkeit und der praktischen Umsetzung in der Schule.

### 5. Schritt: Treffen Sie möglichst genaue Absprachen

Wichtig vor jeder Fortbildung oder Fortbildungsreihe ist die genaue Absprache mit den Referenten. Laden Sie diese im besten Fall zu einem Vorgespräch ein, an dem Mitglieder Ihres Kollegiums teilnehmen. Die Referenten sollten in der Lage sein, ihr Thema den Gegebenheiten Ihrer Schule anzupassen.

### 6. Schritt: Planen Sie Ihre Fortbildung langfristig

Einmalige Fortbildungen, die über einen halben Tag gehen, sind in der Regel nicht sehr effizient und wirken kaum nachhaltig. Deshalb sind bei größeren Veränderungswünschen Fortbildungen sinnvoll, die über einen längeren Zeitraum angelegt sind.

### 7. Schritt: Geben Sie der Fortbildung Gewicht

Wenn Sie eine Fortbildung durchführen, sollten Sie mit der Begrüßung gleich betonen, welches Gewicht die Veranstaltung für die Schule hat. Geht es um eine grundlegende Neuorientierung, ist es ratsam, dass Sie an der Fortbildung selbst teilnehmen. Dies verleiht der Innovation einerseits Gewicht. Andererseits können Sie Stimmungen im Kollegium ausloten. Dies ist wiederum wichtig für die weitere Planung.

### 8. Schritt: Sorgen Sie für die Einbettung der Fortbildung

Für die Einbettung einer Innovation an Ihrer Schule ist es sinnvoll, wenn Sie mit den Referenten vereinbaren können, dass diese über einen Zeitraum von einem Jahr Ihre Schule mehrfach besuchen. Eine Begleitung eines neu eingeführten Konzepts besteht nicht nur aus Nachmittagsveranstaltungen mit Lehrern. Manche Moderatoren können Sie auch in Ihrem Unterricht begleiten und beraten. Es können Kleingruppen-Moderationen stattfinden oder auch Beratungen von Organisationsteams.

### 9. Schritt: Sorgen Sie auch weiterhin für Nachhaltigkeit

Auch nach Abschluss einer Fortbildungsreihe und der Einbettung eines neuen Konzeptes ist es geboten, die Ziele, die Sie mit der Fortbildung verbunden haben, weiterzuverfolgen. Dazu bedarf es einer nachhaltigen Personalplanung. Achten Sie darauf, dass auch nach Versetzungen und Pensionierungen weiterhin genügend Kräfte in Ihrem Kollegium vorhanden sind, die mit dem einmal eingeführten Konzept vertraut sind. Wichtig ist also immer auch die Nachschulung von neuen Lehrkräften und Mitarbeitern (siehe hierzu auch Kapitel 3.1).

# Teil 4

## Pädagogische Gestaltung und Umsetzung des Themas „Gesundheit“

## 4.1. Ernährung: Kooperieren Sie mit den Eltern

### Das gesunde Frühstück

Vielleicht erleben Sie, dass Schüler morgens entweder mit einem Vollkornbrot und geschnittenen Gurkenscheiben mit Tomaten in die Schule kommen oder mit einer Tüte Chips, die noch schnell vor dem Unterricht am Kiosk gekauft wurde. In welche Richtung die Mehrheit Ihrer Schüler neigt, hängt sehr von der jeweiligen Schule und ihrem sozialen Umfeld ab. Sie werden vielleicht nicht alle Eltern erreichen. Es ist dennoch wichtig, dass Sie ab dem 1. Elternabend in der Grundschule darauf hinweisen, dass Ihre Schule als „Gesunde Schule“ Wert auf eine gesunde Ernährung legt. Hierzu müssen Sie Beispiele geben, denn manchen Eltern ist inzwischen vielleicht nicht mehr bewusst, worauf es bei einer gesunden Ernährung ankommt. Informationsabende zu diesem Thema schaden nicht, erreichen allerdings leider meist nur die Eltern, die bereits ein entsprechendes Gesundheitsbewusstsein haben.

Eine Empfehlung an die Eltern Ihrer Schule können Sie mit einer Ernährungsliste geben, die zeigt, worauf Ihre Schule Wert legt. Am ehesten erreichen Sie die Eltern noch auf Klassenpflegschaftssitzungen. Auf eine solche Liste können Sie sich aber auch bei direkten Elterngesprächen beziehen und damit auf die Leitlinien Ihrer Schule verweisen.

### Die gute alte Schulmilch

Das Schulmilchprogramm, das historisch einmal Sinn gemacht hat, ist leider durch die Ergänzung mit zuckerhaltigen Getränken wie Kakao, Vanillemilch, Erdbeermilch usw. ad absurdum geführt worden. Stimmen Sie in der Schulkonferenz darüber ab, dass an Ihrer Schule nur Milch angeboten wird.

### Schulobst und -gemüse

Inzwischen sind einige Schulen dazu übergegangen, ihre Schüler mit Obst und Gemüse für die Frühstückszeit zu versorgen. Dies ist im Rahmen von Förderprogrammen möglich. Erkundigen Sie sich, ob auch Ihre Schule daran partizipieren kann. Zu bedenken ist jedoch, dass das angebotene Obst und Gemüse (hierbei handelt es sich beispielweise um Kohlrabi, Gurken oder Möhren) bereits in aufbereitetem Zustand in die Klassen kommt. In der Grundschule kann man Lehrern nicht zumuten, das Obst oder Gemüse für eine ganze Klasse vor dem Unterricht zu schälen und zu waschen. Hier ist eine organisierte Elternhilfe vonnöten. In weiterführenden Schulen ist Schülerhilfe möglich, allerdings nur, wenn gewährleistet ist, dass eine große Zahl von Schülern beteiligt ist.

**Empfehlungsliste für ein gesundes Frühstück (auszuteilen an einem 1. Elternabend)**

| Empfohlen | Nicht empfohlen |
|---|---|
| **Getränke** | |
| • Wasser<br>• Milch | • Apfelschorle<br>• Cola, Fanta ...<br>• Energydrinks<br>• Kakao<br>• Vanillemilch |
| **Essen** | |
| • Vollkornbrot<br>• Obst<br>• geschnittenes Gemüse<br>• Müsli<br>• ungesüßte Quarkspeise | • Chips<br>• Süßigkeiten: Gummibärchen, Schokolade, Kekse ...<br>• Weißbrot<br>• Schokocroissant<br>• Nutella-Brot<br>• Süße Cerealien |

## 4.2. Interaktive Hygieneprojekte bringen Erfolge

In einem Schulungsprojekt für Kinder zwischen 5 und 8 Jahren an 2 britischen Grundschulen in Nottingham wurden eine UV-Leuchtbox, ein Video und verschiedene andere Materialien eingesetzt, um das richtige Händewaschen sowie die Übertragungsmechanismen zu demonstrieren. Darüber hinaus wurde mit den Kindern und Studenten des Fachbereichs Produktdesign an der Hochschule Nottingham ein Spielzeug entwickelt, ein spezielles Jo-Jo, das ein kleines „UV-Mini-Experiment" darstellt, mit dem die Kinder individuell prüfen können, ob sie ihre Hände richtig gewaschen haben. Letztendlich stellte sich heraus, dass die Kombination aus theoretischer und visueller Wissensvermittlung und eigener aktiver Beteiligung der Kinder zu einer nachhaltigen Verhaltensänderung führte (BMC Public Health, 2013). Die Durchführung interaktiver Hygieneprojekte in der Schule ist im Hinblick auf den zu erwartenden Lerneffekt insgesamt sehr empfehlenswert. Dazu müssen Sie das Rad nicht neu erfinden.

Materialien für Hygieneprojekte in der Schule finden Sie unter:

und

# 4.3. Gewaltprävention

## 4.3.1 Gewalt unter Schülern

Die gesundheitlichen Auswirkungen von Gewalterfahrungen im Kindes- und Jugendalter stützten sich bislang auf eine nur unzureichende Datenlage, da sich Untersuchungen dazu zumeist nur auf begrenzte Phänomene beschränkten (z. B. Gewalt in sozialen Brennpunkten). In aktuellen Befragungen des Robert-Koch-Instituts wurden insgesamt 6.616 Kinder und Jugendliche im Alter von 11 bis 17 Jahren nach ihren subjektiven Gewalterfahrungen befragt. Unter Gewalt wurde hier vornehmlich körperliche Gewalt verstanden. Unterschieden wurde zudem zwischen Gewalterfahrungen als Opfer, Täter oder sowohl Opfer als auch Täter.

Das Lebensalter spielt für die Häufigkeit der Gewalterfahrungen offenbar keine Rolle, das Geschlecht jedoch schon. Jungen sind in allen Täter- und Opferkategorien häufiger betroffen als Mädchen. Interessant ist auch der Blick auf die Schulformzugehörigkeit: Kinder und Jugendliche, die selbst als Täter Gewalt ausgeübt haben, sind an Hauptschulen am häufigsten anzutreffen. Rund ein Viertel der der Hauptschüler gab an, in den letzten 12 Monaten Gewalt gegen andere ausgeübt zu haben. Opfer von Gewalttaten werden am häufigsten Schüler von Gesamtschulen, gefolgt von Haupt- und Realschulen. Gymnasiasten erleben Gewalterfahrungen in der Rolle des Opfers am seltensten.

Täter und Opfer zugleich werden Kinder und Jugendliche am häufigsten an Gesamtschulen, wobei das Geschlecht (männlich), niedriger Sozialstatus und Migrationshintergrund hierbei eine entscheidende Rolle spielen.

**Diese Faktoren verringern das Risiko, Opfer oder Täter von Gewalterfahrungen zu werden:**

- hohes Selbstwertgefühl
- geringer elterlicher Schulleistungsdruck
- aktive Bewältigung von Problemen
- ein positives Familienklima und fehlende Gewalterfahrungen in der Familie
- gute soziale Unterstützung durch Peers
- Anti-Gewalt-Bestimmungen an der Schule

Mädchen scheinen ebenso seltener von Gewalterfahrungen betroffen zu sein, wenn sie in nicht übermäßig behütenden Familien aufwachsen und sich an eine Vertrauensperson wenden können. Jungen profitieren davon, wenn Väter sich für ihre Belange engagieren.

### Info-Box: Gewalterfahrungen

- Rund ein Viertel der 11- bis 17-jährigen Kinder und Jugendlichen in Deutschland hat Gewalterfahrungen.
- Jungen erleben doppelt so häufig Gewalt wie Mädchen.
- Die häufigsten Gewalterfahrungen werden mit Gleichaltrigen in der Schule gemacht.
- Gewalterfahrungen gehen mit vielfältigen gesundheitlichen (körperlichen und psychischen) Risiken einher.
- Unter Gesamt- und Hauptschülern sowie unter Schülern mit niedrigem sozialen Status und Migrationshintergrund ist der Anteil an Kindern und Jugendlichen mit Täter **und** Opfererfahrungen gleich hoch.

- Mit anderen Menschen kommunizieren und kooperieren,
- die Meinungen anderer anhören und akzeptieren,
- die eigene Meinung äußern,
- sich für andere einsetzen,
- Hilfe geben und annehmen,
- gemeinschaftlich Entscheidungen treffen,
- sich in andere Menschen hineinversetzen und mitfühlen,
- Verantwortung für das eigene Handeln übernehmen,
- selbstständiges Denken und Handeln,
- Konflikte friedlich lösen etc.,

dies sind alles Fähigkeiten, die für das Leben in unserer demokratisch aufgebauten Gesellschaft von großer Bedeutung sind – Fähigkeiten, die nicht angeboren sind, sondern von klein auf eingeübt werden müssen, wenn sie zu einem stabilen Verhaltensrepertoire werden sollen.

Gewalt unter Schülern ist kein neues Phänomen. Schon immer gab es körperliche Auseinandersetzungen auf dem Schulhof oder auf dem Weg zur Schule. Unterschiede zwischen den gewaltsamen Auseinandersetzungen früher und heute bestehen in der Grenzüberschreitung bei der Ausübung von Gewalt. Zu bedenken ist jedoch auch, dass Gewalt heute anders wahrgenommen wird. Waren Auseinandersetzungen in früheren Zeiten oft Privatsache der Schüler, so ist heute Gewalt unter Schülern nicht zuletzt durch deren Thematisierung in Form von Streitschlichter- und Präventionsansätzen in Schulen präsent. Darüber hinaus sind der Einfluss der Eltern und ihr Interesse am schulischen Geschehen heutzutage wesentlicher größer.

## 4.3.2. Wenn 2 sich streiten, schlichtet der Dritte: Streitschlichtermodelle

**Info-Box: Was ist Streitschlichtung?**

Streitschlichtung – auch Mediation genannt – bezeichnet einen Ansatz zur Konfliktlösung, bei dem unparteiische Dritte helfen, unter den Personen zu vermitteln, die miteinander im Konflikt stehen. Streitschlichtung kann Konflikte nicht vermeiden oder verhindern, sondern hat zum Ziel, den konstruktiven Umgang mit diesen zu unterstützen.

Das Prinzip der Streitschlichtung an Schulen ist in Deutschland seit den 90er Jahren bekannt.

Die Lösung von Konfliktsituationen, die im Rahmen von Schule auftreten, nimmt sehr viel Zeit in Anspruch. Oft dauert es viele Minuten, bis Streitigkeiten, die in der Pause zwischen Schülern aufgetreten sind, von Ihnen geklärt werden. Dabei benötigen Sie als Schulleiter oder Ihre Lehrkräfte die meiste Zeit dafür aufzuklären, was denn überhaupt in welcher Reihenfolge geschehen ist. Um an dieser Stelle Lehrer zu entlasten, wertvolle Lernzeit zu gewährleisten und die Schüler in ihrem Verhalten zu erziehen, haben sich viele Schulen im Sekundarbereich für den Einsatz von Streitschlichterprogrammen entschieden.

Schüler werden an diesen Schulen zu Streitschlichtern ausgebildet. Begleitet werden Sie vor und während der Ausübung dieses Amtes von geschulten Lehrern oder anderem pädagogischen Personal. Wichtigstes Ziel ist es, die Lösung der Konflikte in die Hand der Schüler selbst zu legen.

### Nehmen Sie alle mit ins Boot

Ein Streitschlichterprojekt kann nur gelingen, wenn Sie bei der Implementierung die gesamte Schulgemeinde (Lehrer, Schüler, pädagogisches Personal, Hausmeister, Eltern) mit einbeziehen. Lassen Sie sich das neue Modell durch die Schulkonferenz bestätigen. Nur das führt zu einer breiteren Akzeptanz und hat auch wieder Auswirkungen auf die Schüler.

Die Betreuung der Streitschlichter setzt voraus, dass Sie Lehrkräfte oder Sozialpädagogen zur Verfügung stellen können, die sich dieser Aufgabe widmen werden. Regelmäßige Treffen mit den Streitschlichtern seitens der sie betreuenden Pädagogen sind unabdingbar und helfen, das Projekt am Leben zu erhalten.

### Info-Box: Ablauf einer Streitschlichtung

**1. Regeln**
Die Streitschlichter erklären die Regeln des Gespräches. Die Konfliktparteien müssen erklären, ob sie freiwillig zum Gespräch gekommen sind oder ob sie von einer Lehrkraft darum gebeten wurden. Nur wenn alle Konfliktparteien freiwillig da sind, kann das Gespräch fortgesetzt werden.

**2. Sachverhalte klären**
Jeder legt genau seine Sicht der Dinge dar. Niemand darf ihn dabei unterbrechen. Anschließend darf die andere Partei ihre Sicht der Dinge schildern. Beschimpfungen sind verboten. Dieser Punkt kann mitunter mehrere Sitzungen beanspruchen.

**3. Lösungen finden**
Wenn der Sachverhalt geklärt ist, wird nach einer Lösung gesucht.

**4. Vertrag**
Der endgültig vereinbarte Konsens wird schriftlich – vergleichbar mit einem Vertrag – festgehalten, der von allen Gesprächsteilnehmern unterzeichnet wird.

**5. Kontrollgespräch**
Einige Zeit später wird ein weiterer Termin verabredet. Die Einhaltung des Vertrags wird überprüft. Wurde er nicht eingehalten, geht man zurück zu 3.

Damit die Streitschlichter ihrer Arbeit ungestört nachgehen können, benötigen Sie vor allem einen eigens hierfür bereitgestellten Raum.

Vor Beginn des Projekts müssen noch folgende organisatorische Maßnahmen verabredet werden:

- Wie nehmen die Schüler Kontakt zu den Streitschlichtern auf?
- Welche Sprechstundenzeiten gibt es?
- Wie viele Streitschlichter werden ausgebildet?
- Wie viele Streitschlichter sind an einer Sitzung beteiligt (1 oder 2)?
- Wie müssen die Protokollformulare aussehen?
- Wann finden die Treffen der Streitschlichter mit den betreuenden Pädagogen statt?

## Hier kommen Sie an Ihre Grenzen

Streitschlichtung ist nur ein Mittel unter anderen, um Konflikte zu vermeiden und zu bewältigen. Daneben muss soziales Lernen in der Schule in vielfältiger Form gelebt werden und im Schulprogramm verankert sein. Unterstützend wirken Gewaltpräventionsprogramme und im Besonderen Maßnahmen der Schülerpartizipation wie der Klassenrat (siehe Kapitel 4.3.4) und das Schülerparlament.

Bei schwerwiegenden Konflikten gerät die Streitschlichtung an ihre Grenzen. Hierzu gehören z. B. Straftaten und Mobbing. In diesen Fällen muss die Verantwortung auf Erwachsene übertragen werden. Vor allem aber setzt Streitschlichtung die Bereitschaft der Streitenden voraus, sich auf ein Mediationsgespräch einzulassen. Diese Akzeptanz erzielen Sie nur durch eine gründliche und breite Einführung des Streitschlichtermodells an Ihrer Schule und letztendlich durch die erfolgreiche Umsetzung der Mediationsgespräche.

**Praxistipp: Informationen zu Streitschlichterprogrammen**

Unter folgenden Links finden Sie weiterführende Informationen zu Streitschlichterprogrammen:

## 4.3.3 So weit muss es gar nicht erst kommen! - Gewaltpräventionsprogramme

„Vorbeugung hat im Gegensatz zu ‚Reparatur‘ den entscheidenden Vorteil, dass die innerpsychischen Strukturen der Kinder noch nicht verfestigt sind und man die sozialen und emotionalen Kompetenzen auf eine kindgemäße, spielerische und dadurch sehr lernförderliche Art und Weise vermitteln kann.“ (Schick / Cierpka, 2005, S.46)

Man braucht sich keiner Illusion hinzugeben: Das soziale Umfeld einer Schule kann vorgeblich noch so bilderbuchhaft sein. Streit und Konflikte unter Schülern wird es immer geben. Weder sollten Sie Konflikte unter den Teppich kehren, noch sollte jemand glauben, Konflikte ließen sich durch Präventionsmaßnahmen ganz ausschalten. Um aber eine Streitkultur zu entwickeln, bedarf es gezielter Maßnahmen, die auf das Vorfeld von Streitigkeiten abzielen.

In Deutschland gibt es inzwischen eine Unzahl an Programmen, die sich die Prävention von Gewalt zu ihrem Ziel gesetzt haben. An dieser Stelle soll daher nur auf wesentliche Grundprinzipien von Gewaltprävention hingewiesen werden, die sich im Alltag bewährt haben.

## Früh übt sich ...

Gewaltprävention und Konfliktlösung müssen in der Grundschule bereits im ersten Schuljahr ansetzen. Vereinbaren Sie deshalb in Ihrem Kollegium ein Konzept, dass für alle Klassen gilt und bald nach der Einschulung ansetzt.

### Praxistipp: Schritte zur Konfliktbewältigung

Folgende Schritte müssen Sie mit den Schülern immer wieder üben, bis diese verinnerlicht werden. Bezogen sind diese auf den verbalen Aspekt der Konfliktsituation:

- Wie würdest, du dich fühlen wenn ...
  (Aufbau von Empathiefähigkeit)
- Ich finde es nicht in Ordnung, dass ... / Ich möchte nicht, dass ...
  (Ich-Botschaften senden)
- Ich würde jetzt gerne...
  (Umgang mit Ärger und Wut)

Dem Aufbau von Empathiefähigkeit kommt dabei eine besondere Bedeutung zu. Sie bedeutet, sich in das andere Kind hineinversetzen zu können.

„Wie würdest du dich fühlen, wenn dich jemand schubst / beleidigt / sagt, dass... ?“

Diese Frage können auch schon sehr junge Schüler verstehen und beantworten. Thematisieren Sie Konfliktsituationen im Unterricht in Form von Rollenspielen. Dies sollten Sie nicht erst dann praktizieren, wenn aktuelle Streitigkeiten vorliegen, sondern kontinuierlich. Kommt es zum nächsten Konflikt, haben Sie ein Handlungsmuster, mit dem Sie agieren können.

## Der hat mich geschlagen!

Beispiel „Pausenhofstreit“: Mehrere Schüler kommen nach einer Auseinandersetzung während der Pause zu Ihnen und sprechen Sie als Schlichtungsperson an. Sie stellen fest, dass ein Kind oder mehrere Kinder geschlagen wurden. Lassen Sie die genannte Frage „Wie würdest, du dich fühlen wenn...?“ nicht im Raum stehen. Diejenigen Kinder, die die Gewalt ausgeübt haben, müssen die Frage in jedem Fall beantworten. Das erfordert möglicherweise eiserne Geduld. Aber diese Zeit müssen Sie sich nehmen. Denn nur so ist gewährleistet, dass die Kinder diese Maxime lernen, d. h. als etwas für sich Relevantes übernehmen. In der Regel zeigt sich, dass diese Kinder ehrlich antworten: „Schlecht würde ich mich fühlen!“

## „Was wünschst du dir, was der andere jetzt tun soll?“

Anschließend müssen die Kinder ein Angebot zur Konfliktlösung machen. Dazu fragen Sie das von verbaler oder körperlicher Gewalt betroffene Kind: „Was wünschst du dir, was der andere jetzt tun soll?“ Stellen Sie sich dabei hinter das Kind, das zu einer Entschädigung aufgefordert wird. Der Grund hierfür ist vielschichtig:

- Das Kind, das Gewalt erlitten hat, lernt, seine Position ohne nahe Hilfe eines Erwachsenen auszudrücken.
- Das Kind, das um eine Entschädigung ersucht wird, steht nicht einer „geballten Macht“ gegenüber, sondern erfährt Unterstützung bei der Aufforderung zu einer positiven Handlung, die auf Veränderung seines Verhaltens abzielt.
- Und: Dieses Kind kann nicht vor der Lösung des Konflikts weglaufen.

## So stärken Sie Ihre Schüler

„Du nervst!“ oder „Du bist blöd!“ sind verletzende Äußerungen. Trotzdem kann die Ursache für solche Aussagen in dem berechtigten Anliegen begründet sein, ungestört spielen zu wollen.

Vermitteln Sie daher Ihren Schülern die Fähigkeit, Ich-Botschaften zu senden. Auch dies ist immer wieder einzufordern und bietet sich bei der Klärung von Streitsituationen an. Die Einführung bietet sich, wie auch beim Aufbau von Empathiefähigkeit, in Rollenspielen in gesonderten Unterrichtseinheiten an.

### Beispiele für Ich-Botschaften

- „Ich möchte jetzt lieber mit Laura spielen.“
- „Ich möchte nicht, dass du Hasi zu mir sagst.“
- „Ich will nicht, dass du mich beleidigst.“
- „Ich möchte nicht, dass du mich schubst.“
- „Ich finde blöd, was du mit uns machst. Hör auf damit! Wir wollen das nicht.“

Kinder, denen es schwerfällt, ihre Impulse zu steuern, müssen langfristig lernen, ihren Umgang mit Wut und Ärger zu steuern. Andernfalls werden sie in ihrer weiteren Schullaufbahn und darüber hinaus scheitern. Hilfreich sind hierfür verbale Selbstinstruktionen. Dies setzt zunächst einmal eingehende Gespräche mit solchen Schülern voraus, in denen man klärt, wann Ärger bei ihnen aufkommt. Kann der Schüler solche Anzeichen und Zeitpunkte erkennen, ist der nächste Schritt die intervenierende Maßnahme. Diese kann darin bestehen, dass er oder sie innehält und zuerst einmal bis 5 zählt, bevor er nun eine Ich-Botschaft sendet. Eine verbale Selbstinstruktion kann auch ein erlernter innerer Monolog sein.

**Beispiele für Selbstinstruktionen in Form innerer Monologe**

- „Ich zähle jetzt bis 5 (... und sage dann)."
- „Das macht mich wütend, aber ich sage jetzt ganz ruhig ..."
- „Ich bin fair und deshalb sage ich jetzt ..."
- „Ich helfe anderen immer und deshalb mache ich jetzt ..."

Ganz wichtig ist es, Erfolge von Schülern in der Lösung von Konflikten positiv zu kommentieren und hier ausgesprochenes Lob zu erteilen.

Stellen Sie sich vor, Dennis hat bisher jede Frustration seinerseits mit körperlicher Gewalt ausgedrückt. Nun ist es ihm jedoch gelungen, einen aufkommenden Streit dadurch zu vermeiden, dass er seine Absicht verbal ausgedrückt hat. Durch ein Lob und das Benennen seines Erfolges („Das hast du geschafft!") erreichen Sie mehr als durch jede Diskussion.

**Praxistipp:**

Ein Gewaltpräventionsprogramm, welches diese Maßnahmen in sinnvollen Trainingseinheiten für den Unterricht anbietet, ist das von der Universitätsklinik Heidelberg entwickelte Programm „Faustlos":

Literaturhinweis mit Hintergründen zum Programm:

Andreas Schick und Manfred Cierpka: Faustlos – Förderung sozialer und emotionaler Kompetenzen in Grundschule und Kindergarten. In: Psychotherapie, Psychosomatik, Medizinische Psychologie 55 (2005), S. 462 bis 468.

Einen Überblick über weitere Gewaltpräventionsprogramme finden Sie unter:

**http://tinyurl.com/praeventionsprogramme**

**http://tinyurl.com/praeventionsprogramme2**

## 4.3.4 Guter Rat ist nicht teuer: Der Klassenrat

Eine sinnvolle Synthese aus Streitschlichtung und Gewaltprävention ist die Einrichtung des Klassenrats. Der Klassenrat ist eine große Bereicherung für jede Klasse.

Er bietet die Möglichkeit,
- die Meinung anderer anzuhören und zu akzeptieren,
- die eigene Meinung zu äußern,
- gemeinschaftlich Entscheidungen zu treffen,
- sich in andere Menschen hineinzuversetzen und mitzufühlen.

Doch hierbei sollten Sie die Anstrengung, Zeit und Geduld, die die Einführung beansprucht, nicht unterschätzen: Klassenrat muss geübt werden!

Wenn 2 Schüler sich streiten, wollen sie diesen Streit oft sofort geklärt wissen. Dies kostet – wie oben bereits erwähnt – sehr viel Unterrichtszeit. Haben diese Schüler jedoch die Möglichkeit, die Klärung ihres Streits oder ihres Anliegens zu vertagen, gewinnen Sie als Lehrperson für Ihren Unterricht wertvolle Zeit.

### So vertagen Sie einen Streit

Die Schüler haben bei der Einsetzung eines Klassenrats die Möglichkeit, eine Beschwerde oder auch ein allgemeineres Anliegen wie z. B. Fragen nach einem Klassenausflug, nach Pausenspielen usw. in Form eines Anliegens auf einen sogenannten Anliegenzettel zu schreiben. Dieser Zettel wird in einer Anliegenbox bis zur nächsten Sitzung des Klassenrats aufbewahrt. 1-mal pro Woche findet nun der Klassenrat mit allen Schülern der Klasse in Anwesenheit der Lehrkraft statt.

### Tagen Sie im Kreis

Die Schüler finden sich im Sitzkreis ein. Als 1. werden die folgenden Ämter vergeben: Zeitwächter, Regelchef, Anliegenvorleser, Zählchef, Protokollschreiber, Vorsitzender.

Die Aufgabe des Zeitwächters besteht darin, 5 Minuten vor Unterrichtsende das Ende der Sitzung anzukündigen.

Der Regelchef verliest zu Beginn der Sitzung die von der Klasse verfassten Gesprächsregeln für den Klassenrat.

Der Anliegenvorleser liest die Anliegenzettel vor. Diese Aufgabe übernimmt im 1. Schuljahr zunächst die Lehrkraft.

Der Zählchef achtet darauf, dass zu jedem Anliegen nicht mehr als 5 Meldungen (Beobachtungen / Bemerkungen / Zeugenaussagen) sowie 5 Lösungsvorschläge genannt werden.

Der Protokollschreiber hält Datum, Anwesenheit und die Ergebnisse, d. h. die Lösungsvorschläge bzw. Einigungen fest.

Der Vorsitzende behält den Überblick und hält die Chefs an, ihre Ämter konsequent wahrzunehmen. Diese Aufgabe übernimmt in den ersten 2 bis 3 Schuljahren ebenfalls die Lehrkraft. Jedoch müssen Sie im Blick behalten, dass Sie diese Aufgabe im Laufe der Zeit immer weiter an die Schüler abgeben.

## Musterprotokoll: Klassenrat

| | |
|---|---|
| Klassenrat Klasse: | |
| Datum: | Zeit: |
| fehlende Personen: | |
| Protokoll: | |
| Anliegen | Lösung |
| Anliegen | Lösung |
| Anliegen | Lösung |

## Beginnen Sie den Klassenrat positiv

Der Beginn einer jeden Klassenratsstunde sieht so aus: Gestartet wird mit einer positiven Runde. Jeder Schüler berichtet über positive Ereignisse oder persönliche Erlebnisse: „Ich finde gut, dass Karim mir …“ / „Ich habe mich heute darüber gefreut, dass …“. Anschließend werden die Ämter verteilt. Dies geschieht aus Gründen der Fairness jedes Mal neu.

**Tipp**: Führen Sie eine Liste, wer welches Amt schon ausgeübt hat. Das erspart Diskussionen wie: „Der hat das aber schon ganz oft gemacht!“

Nun werden die Gesprächsregeln für den Klassenrat vorgelesen. Dies dient der Bewusstmachung der Ernsthaftigkeit des Klassenrats. Erarbeiten Sie diese Regeln mit Ihren Schülern gemeinsam, bevor Sie den Klassenrat einführen. Diese Regeln dienen auch über die Klassenratsstunde hinaus als allgemeine Gesprächsregeln der Klasse.

### Praxistipp: Klassenregeln

Beschränken Sie sich mit Ihrer Klasse auf nur wenige Regeln.

Der Regelkatalog von Klassenregeln lässt sich auf einen Kern reduzieren: „Tu das, was du auch für dich selbst wünschst!“

Entscheidend ist, dass der Sprecher verstanden und respektiert wird. Es gilt also: Sprich verständlich (laut und deutlich). Und: Verhalte dich so, dass der Sprecher sich wohlfühlt.

Die Gesprächsregeln für eine Klasse sollten mit den Kindern erarbeitet werden. Dabei müssen vor allem Sie bei der unterrichtlichen Erarbeitung der Regeln darauf hinwirken, dass Redundanzen vermieden werden und Regeln einfach und in ihrer Anzahl gering bleiben. So sind beispielsweise Regeln wie: „Ich schnipse nicht mit den Fingern, wenn ich mich melde!“ oder: „Ich rufe nicht herein!“ oder: „Ich schubse meinen Nachbarn im Gesprächskreis nicht!“ nicht unbedingt nötig, wenn stattdessen die Grundregel gilt: „Verhalte dich so, dass der Sprecher sich wohlfühlt!“

Der Vorteil weniger Regeln besteht darin, dass die Kinder das gemeinsame demokratische Ziel leichter im Auge behalten und schneller verinnerlichen können.

Nach dem Vorlesen der Regeln liest der Vorsitzende die Ergebnisse bzw. Lösungsansätze der letzten Sitzung vor und fragt nach, ob diese eingehalten wurden. Ist dies nicht der Fall, muss neu verhandelt oder ein neues Anliegen geschrieben werden.

## So wirken die Anliegen

Die Anliegen sind immer mit Datum versehen und niemals anonym verfasst. Anonyme Anliegen landen im Papierkorb.

Beim Vorlesen der neuen Anliegen fragt der Vorlesechef, ob das Anliegen noch beibehalten wird oder ob es sich erledigt hat. An dieser Stelle zeigt sich ein großer Vorteil des Klassenrats. In vielen Fällen sind die Anliegen, denen Streitigkeiten zugrunde gelegen haben, nämlich nicht mehr relevant. Entweder haben sich die Schüler bereits wieder vertragen oder die Anlässe für einen Streit vergessen. Auf der anderen Seite werden wirklich wichtige Konflikte und deren Ursachen zur Sprache gebracht. Oft kristallisiert sich heraus, dass bestimmte Schüler immer wieder dieselben (negativen)

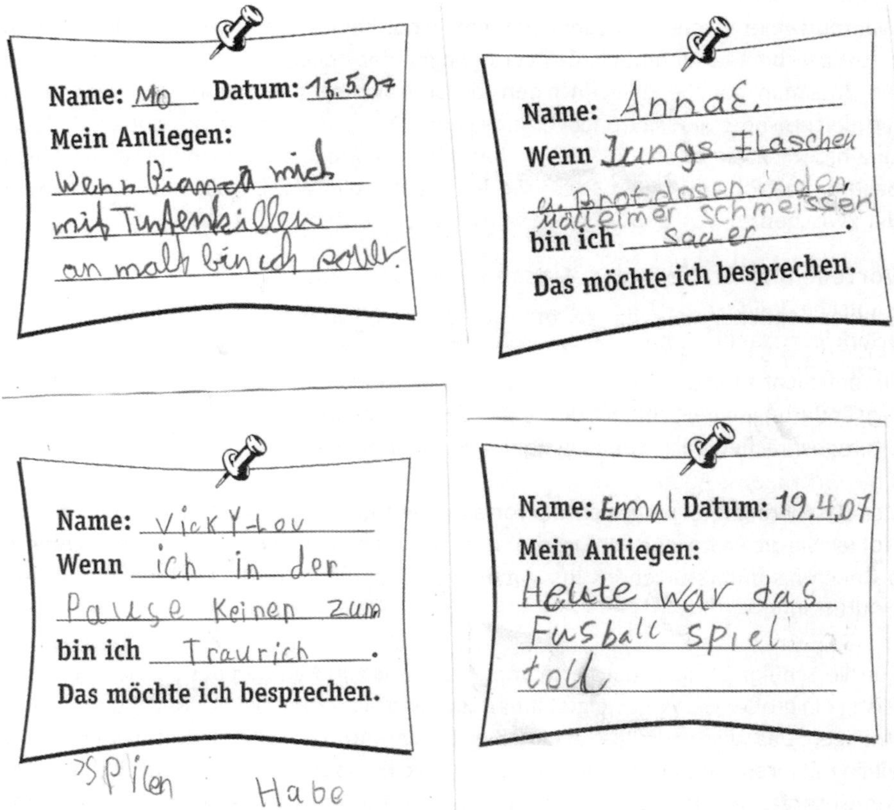


*Abb. 5: So formulieren Grundschüler ihre Anliegen.*

Verhaltensauffälligkeiten zeigen. Sie bekommen die für sie wichtige Rückmeldung, dass ihr Verhalten von allen anderen Mitschülern in der Klasse nicht akzeptiert wird. In einer stark ritualisierten Runde erzielt dies langfristig eine ganz andere Wirkung als in einem Gespräch, das nur zwischen Lehrer und Schüler stattfindet. Das Lehrer-Schüler-Gespräch ist deshalb zwar keineswegs überflüssig. Aber es bekommt einen anderen Stellenwert als zuvor. Denn der Lehrer kann nun den betreffenden Schüler mit der direkten Wirkung seines Tuns konfrontieren und selbst eine neutralere Position einnehmen:

- „Fällt dir auf, wie oft du im Klassenrat genannt wirst?“
- „Bemerkst du, dass dein Verhalten von allen abgelehnt wird?“
- „Was kannst du tun, damit eine Änderung eintritt?“

Während einer Klassenratsstunde hat man in den seltensten Fällen Zeit, alle Anliegen zu besprechen. Es kommt also zu Vertagungen der Anliegen. Auch hierbei stellt sich ein, dass man manche Anliegen in den nächsten Sitzungen bündeln muss, wenn es um die gleichen oder ähnliche Sachverhalte geht (11.2. „Lina hat mich geschubst.“ / 12.2. Lina hat mich gekniffen.“ 13.2. „Lina hat mich...“). Möglich ist auch immer, dass sich bestimmte Probleme im Laufe von 2 oder 3 Wochen in Wohlgefallen auflösen bzw. in der Zwischenzeit von den Schülern selbst gelöst werden.

## Vorteile und Grenzen des Klassenrats

Schüler-Konflikte, die in Ihrer Schule vorkommen, können nicht alle im Rahmen des Klassenrats gelöst werden. Hier gilt das Gleiche wie für die Streitschlichtung. Auch können nicht alle Auseinandersetzungen in kürzester Zeit gelöst werden. Denn Verhaltensänderungen bei Schülern benötigen Zeit. Sie werden deshalb weiterhin nicht von Elterngesprächen befreit sein, in denen es um Konflikte geht.

Der Klassenrat bietet jedoch ein hervorragendes Werkzeug des Konfliktmanagements. Nutzen Sie die Protokolle der Klassenratssitzungen sowohl für Gespräche mit Schülern als auch als unterstützendes Instrument für Gespräche mit Eltern oder beteiligten Institutionen.

Für die Schüler ist die ritualisierte Vorgehensweise im Rahmen des Klassenrats langfristig ein großer Gewinn. Sie gibt ihnen Halt und Sicherheit bei der Bewältigung ihrer Anliegen. Das Wissen um die regelmäßige Durchführung des Klassenrats lässt sie nicht allein mit ihren Problemen oder Wünschen. Die Einübung eines demokratisch geführten Gesprächsablaufs erzieht die Schüler außerdem zu bewusstem und verantwortungsvollem Miteinander.

## Übersicht: Klassenrat

**Klassenrat – Was ist das?**

Der Klassenrat ist eine regelmäßig stattfindende Gesprächsrunde, in der sich Schüler und Klassenlehrkraft gemeinsam mit konkreten Anliegen der Klassengemeinschaft (Ausflüge, Projekte, Dienste, Regeln, Probleme, Konflikte) beschäftigen und dafür möglichst einvernehmliche Lösungen finden.

**Klassenrat – Wozu?**

Ziel der Einführung ist es, den Kindern zu ermöglichen, Erfahrungen in der demokratischen Lösung ihrer Anliegen zu sammeln und zu erleben, dass ein konstruktiver Umgang mit Konflikten möglich ist und der Klassenrat die Möglichkeit der Mitgestaltung in sich birgt.

Den Klassenrat führt zu gutem Unterricht durch

- positives Klassen- und Lernklima
- Stärkung der Klassengemeinschaft
- Gewaltprävention

Der Klassenrat entlastet die Lehrkraft durch

- Vertagen und Konzentration der Anliegen und Probleme auf die Klassenratsstunde
- Teilen der Verantwortung

**Klassenrat – Wie geht das?**

- feste, immer stattfindende Stunde in der Woche
- fester Ablauf bei der Durchführung
- Anliegen-Sammelmethode
- Leitung des Klassenrates
- Dienste im Klassenrat

**Ablauf einer Sitzung**

- Positive Runde: Eröffnung der Sitzung mit Regelverlesung
- Überprüfung und Rückmeldung zu den Beschlüssen, die in der letzten Sitzung getroffen wurden
- Abfrage der zu klärenden Anliegen
- Besprechung des Anliegens
- Lösungssuche und Vereinbarung
- Protokoll und Schließen der Sitzung

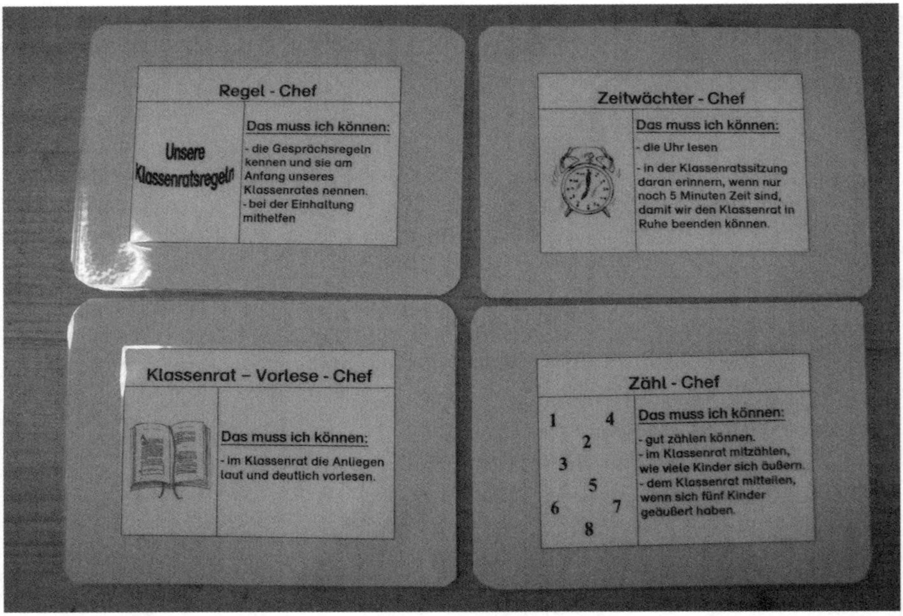


*Abb. 6: Chefkarten, die die Schüler vor Ausübung ihres Amtes erhalten*

## 4.3.5 Zeigen Sie Haltung! - Ihre Rolle als Lehrer

Sie können noch so viele Programme zur Streitschlichtung und Gewaltprävention an Ihrer Schule einsetzen. Wenn Ihre Kollegen sich in ihrer Rolle als Erzieher unsicher sind, werden diese immer nur bedingt zum Erfolg führen. Entscheidend ist deshalb immer auch die Auseinandersetzung mit dem eigenen Rollenverständnis als Pädagoge und Lehrkraft.

**Ein krasses Beispiel?**

„Boah, der ist voll streng!“, meint Sina zu ihrer Nachbarin. Dabei grinst sie über das ganze Gesicht. Was ist passiert? Ein Schüler muss seit 5 Minuten mit dem Gesicht zur Wand sitzen und darf auch nichts anderes tun. Er darf weder etwas lernen noch mit anderen sprechen. Das ist bitter. Schließlich hat er vorher versucht, die Aufmerksamkeit der ganzen Klasse auf sich zu lenken, indem er einen Milchkasten umgetreten hat.

So weit wie in dem angeführten Beispiel muss es in einer Klasse, in der man seit 2 Jahren als Klassenlehrer arbeitet, nicht unbedingt kommen. Schließlich haben Sie schon Klassenregeln eingeübt, und die Kinder haben das soziale Miteinander trainiert. Aber es kann eben doch einmal vorkommen, dass Schüler „ausrasten“. Das hängt von vielen Faktoren ab: soziales Umfeld, persönliche Befindlichkeit des Schülers oder auch des Lehrers, besondere Ereignisse im schulischen oder privaten Umfeld. Als Fach- oder Vertretungslehrer in einer anderen als der eigenen Klasse kommt außerdem hinzu, dass sich Kinder und Lehrer zuerst einmal kennenlernen müssen. Manche Schüler werden versuchen, neue Grenzen erst einmal auszutesten. Hier müssen Sie zunächst oft noch konsequenter reagieren, vor allem wenn die Kinder einen anderen Erziehungsstil gewöhnt sind.

## Früher war alles besser!?

Gerade zum Zeitpunkt der Einschulung kommen sich manche Lehrer/innen vor, als seien sie Dompteure in einem Zirkus. Da gibt es im Lehrerzimmer dann viele Kommentare, die die ersten Wochen im 1. Schuljahr als blanken Horror bezeichnen. Außerdem würden die Kinder ja immer schlimmer – sprich unerzogener. Es folgt eine Litanei über unerwünschte gesellschaftliche Veränderungen. Dabei wird leicht vergessen, dass auch „früher“ nicht alles in Butter war. In den 40er und 50er Jahren des 20. Jahrhunderts war es völlig normal, dass Kinder mit roten Haaren oder einer Brille es nicht gerade leicht auf dem Schulhof hatten.

Und was Vandalismus angeht: Auch in den 70er Jahren gab es verbrannte Klassenbücher – sozusagen aus Sicherheitsgründen, will sagen zur „Schuldentilgung“ von Klassenbucheinträgen!

Es spielt letztendlich keine Rolle, ob es früher einfacher für Lehrer und Schulleiter war. Es mag sein, dass der Beruf als solcher anerkannter war.

Die Frage, ob Lehrer früher strenger waren, ist jedoch falsch gestellt. Es gab und gibt immer schon *ungerechte* Lehrer. Als solche sind Pädagogen zu bezeichnen, die nicht kritisch mit sich selbst umgehen, sich selbst nicht im Spiegel der Schüler sehen können und die soziale Vorurteile besitzen.

## Zuwendung oder Missbrauch?

Ungerecht sind auch solche Lehrkräfte, die in der Grundschule „süße, anlehnungsbedürftige“ Kinder auf den Schoß nehmen oder anderweitig knuddeln. Das mag gut gemeint sein. Aber was ist mit den Kindern, die nicht auf den Schoß genommen werden, die außen vor bleiben – vielleicht auch gar nicht auf den Schoß genommen werden wollen? Wie fühlen diese sich?

Als Lehrer sollten Sie sich kritisch fragen, wer diese Nähe oder Zuwendung wirklich braucht – das Kind oder die Lehrkräfte? Es gibt Kinder, die durchaus mitbekommen, welches Bedürfnis auf Seiten der Lehrkraft vorhanden ist, und die spüren, wie sie dieses nutzen können. Dass wir an dieser Stelle aber nicht weit von emotionalem Missbrauch entfernt sind, liegt auf der Hand.[1]

Die Lehrer und Lehrerinnen, die Kindern immer gerne helfen wollen, indem sie ihnen die vermeintlichen Schwierigkeiten aus dem Weg räumen; die die Kinder motivieren wollen, indem sie immer neue Medien nutzen; die glauben, dass der Erfolg der Kinder nur durch die Abhängigkeit von der Lehrperson zustande kommt; diese Lehrer vertreten eine Haltung, die die Kinder entmündigt.

## Entschuldigen Sie sich!

Gehen Sie immer von der Maxime aus, dass Kinder erwachsen werden müssen. Im Sinne demokratischer Erziehung brauchen Klassen Strukturen, an die sich alle halten können und müssen. Dazu gehören auch Sie als Lehrer. Verhält sich ein Lehrer nicht korrekt – also ungerecht –, hat er sich zu entschuldigen. Wenn Sie das von Kindern erwarten, sollten Sie das als Pädagoge auch können.

Sie werden immer wieder erleben, dass Kinder eine Kränkung verzeihen, wenn Sie als Lehrer sich dafür vor der ganzen Klasse entschuldigen. Begreifen Sie sich selbst als Mensch mit Fehlern, so können Sie auch Fehlverhalten von Kindern besser verstehen. Entscheidend ist aber nicht das emotionale Wechselspiel zwischen Lehrer und Schülern, sondern ein Regelkatalog, an den sich alle halten müssen.

Seien Sie als „strenger“ Lehrer also auch streng mit sich selbst. Sie führen demokratische Spielregeln ein und erziehen die Kinder dazu, auf die Einhaltung bei sich und anderen zu achten.

## „Eltern wollen für ihre Kinder immer das Beste.“

Nehmen Sie diese Aussage ernst, haben Sie in Elterngesprächen einen entscheidenden Schritt auf die Eltern zu gemacht. Auch wenn Sie als Schulleiter oder Lehrer mit Recht

[1] Dass man ein Kind einmal in den Arm nehmen kann, wenn es sich verletzt hat, ist keine Frage. Als männliche Bezugsperson sollte man aber auch in diesem Fall wissen, welche Umstände das erlauben.

anzweifeln können, dass Eltern immer wissen, was das Beste für ihre Kinder ist, können Sie doch davon ausgehen, dass Eltern in der Regel eine positive Zukunft für ihre Kinder wünschen bzw. dass es den Kindern einmal genauso gut oder besser ergeht als ihnen selbst. Dies ist durchaus auch in sogenannten Problemfamilien der Fall. In diesem Sinne müsste man die in der Überschrift genannte Aussage erweitern: „Eltern wollen für ihre Kinder immer das Beste. Leider wissen sie nicht immer, wie man das macht.“

Hier setzen Sie als beratende Person an. Wenn Sie von einer positiven Grundannahme ausgehen, sind Sie an der Seite der Eltern. Sie werden selbstverständlich immer wieder erleben, dass man Ihnen misstraut, Ihre Kompetenz anzweifelt oder Sie als Person nicht mag. Aber darum geht es auch nicht. Sie müssen Eltern nicht überzeugen wollen, was für ihr Kind „das Richtige“ ist oder wie kompetent Sie in Wirklichkeit sind.

Sie können mit Eltern lediglich gemeinsam überlegen, wie der Wunsch der Eltern – nämlich nach einer positiven Zukunft für das Kind – verwirklicht werden kann. Sie können Vorschläge machen. Sie können von persönlichen Erfahrungen berichten. Oft mag es hilfreich sein, hier Beispiele aus dem privaten Bereich heranzuziehen.

### Die anderen sind schuld!

Verhält sich ein Kind an Ihrer Schule sozial auffällig, geraten die Eltern dieses Kindes automatisch in einen inneren Konflikt und in eine Verteidigungshaltung. Der innere Konflikt kann verlagert werden, indem man die Ursachen für das Verhalten des eigenen Kindes in der Schule oder generell bei „den anderen“ sieht. Dies kann dazu führen, dass Sie sich als Lehrer dieses Schülers rechtfertigen wollen oder ebenfalls in eine Verteidigungsposition übergehen. Möglich ist auch, dass Sie zum persönlichen Schutz eine Sanktionshaltung einnehmen.

Für Sie als Schulleiter muss im Vordergrund stehen, dass das Wohl anderer Kinder und Kollegen nicht beeinträchtigt oder gefährdet ist und dass das Kind mit Defiziten in seiner sozial-emotionalen Entwicklung Fortschritte in ebendieser macht.

Im Elterngespräch müssen Sie auch bei einem akuten Vorfall Ihre Haltung gegenüber den Eltern dieses Kindes nicht ändern. Die Verteidigungshaltung der Eltern brechen Sie noch am ehesten auf, wenn Eltern merken, dass es Ihnen ernst ist um die Entwicklung ihres Kindes. Letztendlich schließen Sie einen (emotionalen) Vertrag mit den Eltern, der besagt, wer welchen Anteil an der gewünschten Verhaltensänderung und an der Entwicklung des Kindes übernimmt. Sie benennen klar, welchen Anteil Schule leisten kann und welchen Anteil die Eltern zu leisten haben.

Zum Schluss sei gesagt, dass eine veränderte Haltung gegenüber den Eltern Sie nicht davon enthebt, konsequent gegenüber missliebigem Verhalten aufzutreten. Dies schließt auch disziplinarische Maßnahmen nicht aus.

**Praxistipp: Elterngespräche**

- Führen Sie nie „Zwischen-Tür-und-Angel“-Gespräche.
- Protokollieren Sie alle Gespräche.
- Nehmen Sie sich soweit möglich – vor allem bei heiklen Gesprächen – einen Zeugen hinzu, der auch das Protokoll führen kann.
- Sprechen Sie Ihre Grundannahme aus, dass die Eltern für ihr Kind das Beste wollen.
- Lassen Sie das Protokoll von den Eltern lesen und unterschreiben.
- Treffen Sie bei mehrmaligen Beratungen schriftliche Vereinbarungen, die Sie mit den Eltern gemeinsam formulieren.

## 4.4 Sport- und Bewegungsangebote

Dass ein höheres Maß an Bewegung in den Schulen auch zu einem höheren Maß an Konzentrationsfähigkeit bei den Schülern und am Ende zu besseren Schulleistungen führen kann, ist inzwischen nachgewiesen. Außerhalb des Sportunterrichts kommen die Angebote an zusätzlicher Bewegung aber oft zu kurz. Dies mag u. a. daran liegen, dass viele Lehrer die Sorge haben, dass ihnen zu wenig an Unterrichtszeit verbleibt, um mit dem „Stoff durchzukommen“, wenn sie mit ihren Schülern auch noch mehrmals am Tag Bewegungsphasen einplanen. Grundsätzlich ist die Einsicht zu mehr Bewegung auch während der Unterrichtszeit zwar vorhanden. Wenn Sie diese aber nicht fest mit einplanen, werden sie schlicht vergessen, oder es bleibt keine Zeit im Unterrichtsalltag mehr übrig, sie durchzuführen. Dabei ist es relativ einfach, sich täglich mehrfach mit den Schülern sportlich zu betätigen.

### 4.4.1 In den Klassenräumen

Sie sollten in jeder Unterrichtsstunde 5 Minuten fest einplanen, in denen Sie mit Ihren Schülern gymnastische Übungen durchführen. Das kann am Anfang der Stunde sein. Sie können dies aber auch am Ende einer Arbeitsphase mit allen Schülern praktizieren. Hierzu gehören Dehn- und Streckübungen, die jeder Schüler sogar an seinem Platz durchführen kann. Sie müssen als Vorbild jedoch immer vorangehen und die Übungen konsequent mitmachen. Ganz nebenbei dient dies auch Ihrer eigenen Gesundheit. Vereinbaren Sie mit dem Kollegium und den Lehrkräften, die an Ihrer Schule das Fach Sport unterrichten, dass Sie jede Konferenz mit einer neuen gymnastischen Einheit beginnen. So gewährleisten Sie, dass sich bei den Lehrkräften ein Repertoire an Übungen herausbildet. Legen Sie zusätzlich eine Bewegungskartei zu diesen Übungen an, die in den Klassen genutzt werden kann. Vereinbaren Sie darüber hinaus, dass die Verpflichtung, in jeder Stunde Bewegungsspiele oder -übungen durchzuführen, in Ihrem Schulprogramm verankert wird.

## Schüler, die besonders viel Bewegung benötigen

Auch bei einer Vielzahl an Bewegungsangeboten in den Klassen ist zu bedenken, dass Sie immer wieder Schüler haben, die einen höheren Bewegungsdrang als andere aufweisen; Schüler, denen es auch nicht gelingt, sich so lange zu konzentrieren wie den anderen. Nehmen Sie die Herausforderung, die diese Schüler an Sie stellen, ernst. Besprechen Sie die Situation mit den betroffenen Schülern, und verabreden Sie die Möglichkeit, dass solche Schüler auch während einer Arbeitsphase den Klassenraum (bei geöffneter oder angelehnter Klassentür) verlassen dürfen und auf dem Gang Bewegungsangebote wahrnehmen können. Dabei müssen selbstverständlich Regeln eingehalten werden. So darf immer nur ein Schüler auf dem Gang sein, und es darf kein Lärm entstehen, der andere belästigt.

Dieser Ansatz lässt sich sogar auf disziplinarische Maßnahmen übertragen. Ein Kind, das sich oder andere im Unterricht ablenkt, kann aufgefordert werden, den Flur aufzusuchen (bei geöffneter oder angelehnter Klassentür), um dort zur Ruhe zu kommen. Auch hier gilt die Vereinbarung: „Komm wieder in die Klasse, wenn du merkst, dass du wieder in Ruhe am Unterricht teilnehmen kannst“. Sicher gibt es Kinder die austesten möchten, wie lange sie wegbleiben können. Aber wenn ein Kind längere Zeit auf dem Flur bleibt, ist dies Teil des Lernprozesses. Zeigen Sie als Lehrperson Desinteresse an diesem „Spiel“, so haben Sie und die anderen Kinder der Klasse letztendlich gewonnen. Irgendwann wird es auch auf einem Schulflur zu langweilig.

In manchen Schulen kann man solche Kinder kurz mit einem Bewegungsauftrag und einem Zeitlimit auf den Schulhof entlassen. Voraussetzung ist, dass die Aufsicht gewährleistet bleibt.

Eine solche Regelung mag ungewohnt sein und zunächst Bedenken ob der Verlässlichkeit der jeweiligen Schüler verursachen. Dagegen steht aber das ständige Ermahnen solcher Schüler im Unterricht, welches bekanntermaßen keinen Erfolg verspricht.

## 4.4.2 Auf dem Schulhof

Gerade in Klassen mit jüngeren Schülern sollten Sie einmal am Tag auf den Schulhof gehen und dort mit Ihren Kindern eine Lauf- und eine gymnastische Einheit durchführen. Das ist am sinnvollsten nach der 1. Unterrichtsstunde. Hierfür sollten Sie 10 Minuten veranschlagen. Die Konzentrationsleistung für die sich anschließende Unterrichtsstunde erhöht sich hierdurch deutlich bei allen Kindern.

In Schulen gibt es verschiedene Möglichkeiten, Bewegungsangebote in den Pausen anzubieten:

**Spielgeräte und AGs**

Fördervereine lassen sich gerne darauf ein, für die Kinder der Schule Spielgeräte wie Bälle, Seile, Wackelbretter und dergleichen zu spenden. Organisieren Sie hierfür einen Austeildienst, der von den Kindern der höheren Klassen verwaltet wird. Wenn alle Schüler der Schule einen Spielehaus-Ausweis besitzen, den sie bei der Ausleihe gegen ein Sportgerät abgeben müssen, ist gewährleistet, dass die Geräte vollständig bleiben. Bei Beschädigung – jeder Ball hat eine begrenzte Lebensdauer – müssen Geräte ersetzt werden. Deshalb muss ein Lehrer die Kinder betreuen, die den Dienst übernehmen. Das ist in regelmäßigen Abständen nötig, aber keine Aufgabe, die jeden Tag zu erledigen wäre. Die Schüler nehmen ihre Dienste selbst überaus ernst!

**Muster: Spielehaus-Ausweis**

GGS Pestalozzi-Schule

SPIELEHAUS-AUSWEIS

Name:__________________________

Klasse 1a
Ausgestellt am:

In weiterführenden Schulen können ältere Schüler eine AG führen, die in den Pausen Bewegungsangebote unterbreitet. Hier ist auch ein reichhaltiges Angebot möglich, das über Fußball und Basketball hinausgehen kann. Ob Ihren Schülern solche AGs wichtig sind, hängt aber immer wieder von der Wertigkeit ab, die solchen Angeboten an Ihrer Schule zugemessen wird.

| Checkliste: Bewegungsangebote an Ihrer Schule | |
|---|---|
| Bringen Sie das Thema „Bewegung in Klassenräumen“ auf einer Konferenz ein. | ❑ |
| Beginnen Sie jede Konferenz mit einem neuen Bewegungsspiel. | ❑ |
| Legen Sie eine Bewegungskartei an. | ❑ |
| Kopieren Sie für jede Klasse eine Bewegungskartei. | ❑ |
| Vereinbaren Sie für Ihre Schule, dass in jeder Unterrichtstunde eine Bewegungseinheit stattfindet. | ❑ |
| Klasse 1 bis 3: Führen Sie jeden Tag eine 10-minütige Lauf- und gymnastische Einheit auf dem Schulhof durch. | ❑ |
| Schaffen Sie Sportspielgeräte an, oder erweitern Sie das Angebot, und richten Sie einen festen Platz (Schuppen / große Kiste ...) zur Aufbewahrung ein. | ❑ |
| Organisieren Sie einen Austeildienst für Sportspielgeräte (Kinder in höheren Klassen wechseln sich ab). | ❑ |
| Regeln Sie die Betreuung der Dienste und der Nachbeschaffung. | ❑ |
| Lassen Sie einen Spielehaus-Ausweis für alle Kinder herstellen und kopieren. | ❑ |

## 4.4.3 Kooperation mit einem Verein

Körperliche Aktivität bei Kindern und Jugendlichen wirkt sich nachweislich positiv auf deren physische und psychische Gesundheit aus. Leider werden die zeitlichen Ressourcen der Freizeitgestaltung für Kinder und Jugendliche immer knapper. Die Gründe sind z. B. in der Schulzeitverkürzung, dem Unterricht bis in den Nachmittagsbereich und elterlichem Leistungsdruck etc. zu finden. Durch den Ganztagsunterricht entfallen Vereinsaktivitäten zum Teil völlig. Daher bieten sich kreative Ideen an, um quasi „en passant“ und kostenlos Bewegungsangebote zur Verfügung zu stellen. Ein Schulzentrum in NRW stellt z. B. einem Sportverein einen Bewegungs- und Entspannungsraum („Multifunktionsraum“) zur Verfügung, um dort Yoga-Kurse abzuhalten. Der Verein suchte noch Räumlichkeiten für den Yoga- und Entspannungsbereich. Im Gegenzug verpflichtet sich der Verein, einen Übungsleiter zur Verfügung zu stellen, der von 13:00 Uhr bis 14:00 Uhr verschiedene Trendsportarten zum Mitmachen anbietet (Zumba, Aerobic, Rope Skipping etc.). Die Finanzierung des Übungsleiters ist über eine Sonderabgabe der Yoga-Gruppe von 1 € pro Person möglich.

## 4.5 So gestalten Sie Klassenzimmer, in denen man gut arbeiten kann und sich wohlfühlt

In der Grundschule werden die Unterrichtsräume von den Klassenlehrerinnen oft als ihr Hoheitsgebiet betrachtet. So hat man über die Jahre geliebte dekorative Elemente eingebaut, hat Nischen geschaffen, in die die Kinder sich zurückziehen können, um sich zu entspannen oder mit Partnern und in Gruppen zu arbeiten. Diese Idee der Gestaltung geht zurück auf reformpädagogische Erziehungsansätze, die es den Kindern ermöglichen wollen, Schule als Lern- und Lebensraum zu erfahren. Bewusst wollte und will man sich von einer Pädagogik abgrenzen, die nur das kopfgesteuerte Lernen und das Stillsitzen in geordneten Tischreihen propagiert hat.

Das Problem dabei ist, dass Klassenräume, die wie Wohnzimmer aussehen sollen, oft nicht so gepflegt werden können wie das Wohnzimmer daheim. In krassen Fällen werden solche Klassenzimmer auch schon einmal zu „kreativen“ Fallen, in denen beispielsweise benutzte Verbrauchs- und Bastelmaterialien nicht entsorgt werden. Sehr häufig findet man auch Klassenräume mit Möbeln ausgestattet, die aus dem eigenen Keller oder vom Sperrmüll stammen.

Dabei wird sehr schnell klar, dass solche Klassenräume auch von gutwilligem Reinigungspersonal nicht gründlich gereinigt werden können. Wer staubt Bücher oder Freiarbeitsmaterialien in offenen Regalen ab? Wer fegt oder putzt hinter einem Schrank, der sich nicht bewegen lässt? Wer saugt den Teppich, der im hinteren Bereich der Klasse ausliegt?

Diese Fragen lassen sich nur beantworten, wenn einerseits der gesamte pädagogische und erzieherische Prozess in den Blick genommen wird. Andererseits müssen die Erfordernisse betrachtet werden, die sich bei der Reinigung der Klassenräume und des Mobiliars ergeben.

Aus pädagogischer Perspektive wäre z. B. zu fragen: Lernen Schüler besser, wenn der Klassenraum wie ein Wohnzimmer aussieht?

Sicher hat jeder schon einmal die Erfahrung gemacht, dass er besonders dann gut lernt, wenn ihn der Lerngegenstand besonders fasziniert oder wenn er mit dem Lernen ein bestimmtes Ziel erreichen will. Welche Rolle spielt dann noch die Lernumgebung?

Solange die Grundbedürfnisse wie Hunger, Durst, genügend Schlaf nicht ausreichend befriedigt sind, ist die Ausrichtung der Aufmerksamkeit auf andere Bereiche (z. B. Lernen) nur eingeschränkt möglich (vgl. Deci; Flaste, 1995). Was ist jedoch mit den räumlichen Bedingungen? Sicher fühlt man sich in einer unfreundlichen, kalten, unsauberen und heruntergekommenen Lernumgebung nicht sehr wohl. Aber verhindert das Lernen?

Anders gestellt bekommt die Frage mehr Sinn. Wie muss ein Klassenraum aussehen, damit man darin gerne eine große Zeit seines Tages verbringt? Oder: Wie sollte ein Klassenraum aussehen, damit Schüler in ihm zum sorgsamen Umgang mit Ressourcen erzogen werden können? Und nicht zuletzt: Wie kann man einen Klassenraum so gestalten, dass er im Sinne des Gesundheitsschutzes zeitsparend und effizient gepflegt werden kann?

## Mit diesen Regeln gestalten Sie Klassenräume funktional und hygienisch

Zu den Elementen eines Klassenraumes gehören feste Einrichtungsgegenstände wie Tafeln, Bilderleisten, Waschbecken, Fensterbänke und inzwischen auch Smartboards oder Beamer. Daneben finden sich zahlreiche weitere Elemente, die mobil zu handhaben sind, wie Tische, Stühle, Hocker, Sitzbänke, Lehrerpult, Kartenständer, Schränke, Schubladenelemente, Regale, Trockenregale bzw. -wagen für Bilder, Trennwände, Computer usw.

Was die festen Einrichtungsgegenstände angeht, so lassen sich hier nur langfristig im Rahmen von Umbaumaßnahmen Veränderungen vornehmen, wenn diese erwünscht sind. Im Hinblick auf die mobilen Elemente bietet sich jedoch kurz- und mittelfristig bezüglich der Raumgestaltung eine Vielzahl an Möglichkeiten, um den Klassenraum zu optimieren.

## Ein Antrag an den Schulträger lohnt sich meistens

Mittelfristig – gemeint ist ein Zeitraum von einem Jahr – lassen sich in einer Schule erste neue Schulmöbel beantragen. Sicherlich werden Ihnen nicht sofort alle Wünsche bezüglich neuer Möbel erfüllt. Davon sollten Sie sich jedoch nicht entmutigen lassen. Die Erfahrung zeigt, dass Anträge an den Schulträger bezüglich der Bestellung neuer Schulmöbel oft schon nicht gestellt werden, weil „es ja doch so lange dauert, bis man etwas kriegt“. Oder man hört gar die Äußerung: „Das lohnt gar nicht die Mühe.“

Sicher ist die finanzielle Situation in den Kreisen und Städten unseres Landes sehr unterschiedlich. Jedoch ist es auch in einer Mittelstadt mit angespannter Haushaltslage gelungen, im Laufe von 4 Jahren, alle alten „verbrauchten" Schulmöbel durch neue Möbel zu ersetzen. Kümmern Sie sich deshalb frühzeitig um die Antragstellung, sprechen Sie mit den zuständigen Mitarbeitern, und haken Sie regelmäßig nach. Etwas Geduld ist dabei notwendig, denn es kann durchaus vorkommen, dass Sie 1 Jahr auf neues Mobiliar warten müssen. Das hängt von Bestellterminen und Bestellfristen ab.

### Funktionale Einrichtungsgegenstände erleichtern die Vorbereitung der Grundreinigung

Tragen Sie an den Schulträger besondere Wünsche heran wie z. B. die Anschaffung von Tischen und Stühlen mit Rollen oder verschiebbare Trennwände, so betreten Sie hiermit oft Neuland. Häufig treffen Sie dann auf Skepsis oder Ablehnung. Dies ist jedoch nicht unbedingt der mangelnden Phantasie seitens des Schulträgers geschuldet, was man mit einem Klassenraum gestalterisch machen kann. Vielmehr können hier finanzielle Aspekte die bedeutendere Rolle spielen. So ist zu bedenken, dass „traditionelle" Tische und Stühle oft günstiger sind, weil sie einfacher herzustellen sind. Tische mit Rollen können hingegen anfälliger sein und sind teurer. Ein weiterer Grund liegt allerdings in der Abnahmemenge von Schulmöbeln durch den Schulträger. Sonderwünsche bedeuten kleinere Stückzahlen bei der Bestellung. Und das wiederum bedeutet höhere Preise. Außerdem werden Sie immer wieder das Argument der langen Haltbarkeit der bisherigen Schulmöbel hören. Dieses ist auch berechtigt, denn im Sinne von Nachhaltigkeit sollte dieser Aspekt nicht aus den Augen verloren werden. Ein wichtiges Argument für die Anschaffung rollbarer Schränke und Regale ist aber vor allem die vereinfachte Reinigung von Räumen. Zunächst einmal lässt sich unter den Möbeln putzen. Aber es ist auch ein Geringes, gelegentlich in Zusammenarbeit mit dem pädagogischen Personal und den Schülern den Raum für die Reinigung entsprechend vorzubereiten. Die Grundreinigung eines Schulraumes, die meist während der Sommerferien erfolgt, kann so wesentlich schneller vorbereitet werden. Das spart für Hausmeister, Lehrer und Reinigungspersonal Zeit und Nerven.

### Ordnung und Raumästhetik – So gelingt Ihnen beides

Ein Klassenraum sollte so gestaltet sein, dass man sich einerseits darin wohlfühlt. Andererseits sollte er in seiner gestalteten Form als Vorbild für die Schüler und das Lernen insgesamt wirken. Gemeint ist hiermit eine Struktur, die Klarheit und Übersichtlichkeit vermittelt. Während in Grundschulen die liebevolle Raumgestaltung oft übertrieben wird und der Eindruck von Unordnung entsteht, wirken Klassenräume in der Sekundarstufe häufig eher steril und ungemütlich.

### Übersicht: So begründen Sie dem Schulträger gegenüber die Anschaffung funktionaler Einrichtungsgegenstände

| Argument | Wie Sie darauf reagieren |
|---|---|
| „Die Neuanschaffung von Möbeln ist angesichts der aktuellen Haushaltslage finanziell nicht möglich.“ | „Im nächsten Jahr muss ohnehin ein Teil des Mobiliars ersetzt werden. Wir möchten nicht alle Möbel auf einmal umrüsten, sondern schlagen eine stufenweise Ersetzung im Laufe der nächsten 4 Jahre vor.“ |
| „Herkömmliche Tische und Stühle sind günstiger als rollbare Möbel.“ | „Das mag auf den 1. Blick stimmen. Sie müssen allerdings auch bedenken, dass durch die rollbaren Möbel die Reinigung der Klassenzimmer deutlich schneller und gründlicher möglich ist. Am Ende sparen wir so bei Reinigungspersonal, Lehrkräften und Hausmeister Zeit ein.“ |
| „Herkömmliche Tische und Stühle sind günstiger als rollbare Möbel.“ | „Das ist richtig. Aber wir arbeiten als Vorreiter / im Rahmen eines Modellprojekts. Wenn sich die Anschaffungen bewähren, werden auch andere Schulen das Konzept übernehmen.“ |
| „Herkömmliche Tische und Stühle sind robuster und länger haltbar als rollbare Tische.“ | „Das mag in vielen Fällen stimmen. Aus diesem Grunde sollte hier besonderes Augenmerk auf die Nachhaltigkeit bei der Auswahl der Möbel gelegt werden.“ |

### Tipps zur perfekten Wandgestaltung

Einzelne schmückende Elemente lassen einen Raum freundlich erscheinen. Jedoch sollten sie nicht das Hauptmerkmal des Raums ausmachen. Hier ist weniger mehr. Dies gilt vor allem für Schautafeln, Plakate, Fotos und DIN-A4-Blätter mit Ergebnissen aus Werkstatt- oder Projektarbeiten. Es sollte nur das im Raum hängen, was auch aktuell benötigt wird. Wenn in dem Klassenraum einer Grundschule die Bilder der Kinder aufgehängt werden, die sie im Kunstunterricht gerade angefertigt haben, ist dies ein sinnvolles Unterfangen. Denn es wertschätzt die Arbeit der Kinder und ermöglicht den reflektierenden Umgang mit diesem Unterrichtsgegenstand. Sobald jedoch die nächsten Projekte oder Ergebnisse von Unterrichtsreihen fertig sind, sollten auch nur diese ausgestellt werden. Verbleiben aber alle älteren Arbeiten im Klassenraum, so ist der Raum sehr schnell überfrachtet. Das Auf- und vor allem das Abhängen der Kunstwerke können Sie oft zeitsparend mit den Schülern gemeinsam nach dem Unterricht durchführen. Das geht umso schneller, je mehr Platz Sie hierfür geschaffen haben und je ökonomischer ein Klassendienst hierfür eingerichtet ist.

## Überprüfen Sie Ihre Plakate

Was Plakate und optische Hilfsmittel angeht, ist es nicht notwendig, dass in der Grundschule die Anlauttabelle auch noch im 4. Schuljahr aushängt. In einer inklusiv geführten oder in einer jahrgangsübergreifenden Klasse kann es zwar gut möglich sein, dass manche Kinder bestimmte optische Hilfsmittel zu jedem Zeitpunkt benötigen. Geben Sie den Kindern diese Arbeitshilfen jedoch in verkleinerter Form an die Hand, z. B. eine Anlauttabelle.

Auch in den Sekundarstufen finden sich häufig im Klassenraum aufgehängte Plakate als Ergebnispräsentationen von Projekten, die in näherer oder fernerer Vergangenheit durchgeführt wurden. Hier ist es ebenso angebracht, diese zeitnah wieder abzuhängen, denn nichts ist trostloser als ein altes, halb von der Wand herabhängendes Plakat, zu welchem kein aktueller Bezug mehr besteht.

Was sogenannte Schautafeln angeht, sollten Sie überprüfen, welche pädagogische Wirkung diese erzielen. Dass man Nomen groß schreibt und diese daran erkennt, dass sie einen Artikel mit sich führen können, hilft dem Schüler, der mit der Groß- und Kleinschreibung noch Probleme hat, nicht wirklich. Würde ein Blick auf das Lernplakat ihm in seiner akuten Schreibsituation weiterhelfen, so hätten wir ein probates pädagogisches Mittel an der Hand. Dass dies nicht wirklich funktioniert, mag ein Beispiel aus dem Alltag verdeutlichen: Der Merkzettel mit dem Hinweis „Steuererklärung!“, der seit einem halben Jahr an der Pinnwand hängt, wird nicht mehr wirklich wahrgenommen – es sei denn im Unterbewusstsein als Ausdruck des schlechten Gewissen.

| Checkliste: So gestalten Sie die Wände Ihres Klassenraums | |
|---|---|
| Überprüfen Sie Poster, Plakate, Fotos an den Wänden auf Aktualität. | ❑ |
| Hängen Sie Aushänge, die älter als ein halbes Jahr sind, gemeinsam mit den Schülern ab. | ❑ |
| Entfernen Sie beschädigte oder vergilbte Wandaushänge. | ❑ |
| Überprüfen Sie Schautafeln auf deren pädagogische Funktion. Ersetzen Sie sporadisch genutzte Hilfsmittel durch kleinformatige Handreichungen an die Schüler. | ❑ |
| Planen Sie Ihren langfristigen Unterricht und Ihre Unterrichtsreihen bewusst im Hinblick auf die daraus resultierende Wand- und Raumgestaltung. | ❑ |
| Überlegen Sie eigens, welche Elemente Sie an den Wänden oder im Raum aus ästhetischen Gründen einsetzen wollen. | ❑ |

Weniger Plakate und Papiere in einem Klassenraum führen automatisch zu mehr Übersichtlichkeit für die Dinge, auf die man zur Veranschaulichung aktuell verweisen möchte und die dem Unterrichtsgegenstand angemessen sind. Gleichzeitig hilft das Weniger an Anschauungsmitteln an den Wänden der Schaffung eines übersichtlichen und ordentlich gestalteten Klassenraums.

## Die richtige Einrichtung unterstützt den Lernprozess

Sinnvoll sind Regalsysteme oder Schränke, die möglichst geschlossen sind, da dies schnelles Einstauben verhindert. Darüber hinaus haben sich rollbare Möbel als sehr sinnvoll erwiesen. Damit können Sie einen Raum auch während des Unterrichts innerhalb kurzer Zeit umgestalten. Durch rollbare Regale oder auch Sichtblenden („Spanische Wände“) lassen sich zudem Nischen und voneinander abgetrennte Arbeitsbereiche schaffen.

## Mit Lernnischen Schüler vor Ablenkungen schützen

Es gibt viele Schüler, die nur in einer reizarmen Umgebung effizient arbeiten können. Das heißt: Schutz vor visueller und akustischer Ablenkung ist für sie nötig. Für solche Situationen sind Einzeltische praktisch. Diese durch Einzeltische geschaffenen Nischen sind eindeutig nicht als Strafplätze zu verstehen. Dies sollte den Schülern so auch nicht vermittelt werden. Im Gegenteil können Sie diese besonderen Plätze den Schülern als „Büros“ anbieten. Wenn ein Schüler das Gefühl hat, sich für eine Arbeitsphase hier

*Abb. 7: Lernnischen oder Sichtblenden sorgen bei Ihren Schülern für bessere Konzentration.*

**Praxistipp: Pinnwände und Sichtblenden selbst herstellen**

Bei diesem Element der Raumausstattung lässt sich auch improvisieren. Die Sichtblenden lassen sich auch gelegentlich von hilfsbereiten Eltern aus Holz oder Pappe herstellen. Dies ist kostengünstig, und Sie können sich diese Elemente passend konfektionieren lassen.

besser konzentrieren zu können, sollten Sie ihm dies ermöglichen. Eine weitere gute Möglichkeit sind Sichtschutzwände oder Sichtblenden für Tische. Hierfür lassen sich auch Pinnwände (am besten auch auf Rollen) nutzen.

In räumlich geschaffenen Lernnischen ist aber auch Kleingruppenarbeit einfacher, weil sie vor schneller Ablenkung von außen geschützt ist. Dafür ist der Umbau von Tischen und rollbaren Regalen sinnvoll. Hierfür müssen nicht unbedingt Einzeltische genutzt werden. Dies lässt sich auch problemlos mit Zweiertischen durchführen. Der generelle Vorteil von Einzeltischen besteht jedoch darin, dass die Tische passgenau auf die jeweilige Größe des Kindes eingestellt werden können. Denn auch in einer jahrgangsgeführten Klasse gibt es in allen Klassenstufen enorme Größenunterschiede bei den Kindern. Um eine richtige Schreibhaltung zu erzielen und auch Haltungsschäden zu vermeiden, ist die genaue Passung von Tisch- und Stuhlhöhe wichtig.

### Hintergrund: Unterrichtsstörungen vermeiden

Jedem sind sicher Klassen gegenwärtig, in denen Schüler an Einzeltischen sitzen, weil sie sich oder andere zu stark ablenken. Diese Separierung ist im besten Fall gut gemeint. Man will doch dem betreffenden Kind und auch den anderen Schülern Raum für Lernzeit ermöglichen. Bleibt das Kind aber für mehrere Tage an einem solchen Platz sitzen, führt dies immer zu einer Stigmatisierung. Dem „problematischen" Kind wird es schwerfallen, aus seiner Situation herauszukommen, wenn ihm keine Möglichkeiten angeboten werden, sein Verhalten so zu verändern, dass es selbst und andere ertragreich lernen können. Ein fester Platz, der Isolation auf längere Dauer festschreibt, verhindert aber eine gewünschte Verhaltensänderung.

Ist ein Schüler nicht bereit oder in der Lage zu lernen, zeigt er dies durch entsprechendes Verhalten. In diesem Fall sollte ihm eine Alternative zur Verfügung stehen (z.B. Mandala malen, lesen). Voraussetzung muss sein, dass andere Schüler durch das Alternativangebot beim Lernen nicht gestört werden. „Wichtig ist, die Schüler(innen), die dem Üben ausweichen, zu ignorieren und nicht (durch welche Bemerkungen auch immer) zu verstärken." (Sommer-Stumpenhorst 2011, S.11) Eine solche Verstärkung führt letztendlich nur zu einer Abhängigkeit des Lehrers vom Schüler und umgekehrt. Verhaltensänderungen bei Schülern sollten nicht an Belohnungssysteme wie z. B. Verstärkerpläne geknüpft sein. Der Schüler sollte hingegen eine Rückmeldung darüber bekommen, dass er im Sinne des Lernfortschritts erfolgreich war. Hier ist Lob angemessen. Es ist ihm dabei deutlich zu machen, dass der jeweilige Lernfortschritt nur durch ihn selbst geleistet wurde. So äußert der Lehrer oder die Lehrerin zunächst: „Ich kann dir zeigen, wie man es machen kann. Üben und Lernen musst du selber.“ Erreicht der Schüler oder die Schülerin den Lernfortschritt, auch ohne viel oder gar nicht geübt zu haben, ist dies nicht unbedingt tragisch. Es geht im Unterricht nicht darum, zu einer Überhaltung zu erziehen. Sinnvoller ist es, eine Lernhaltung zu erreichen. Das pädagogische Können liegt darin begründet, Lernschritte so zu ermöglichen, dass sie passgenau sind bzw. etwas über dem Anforderungsniveau liegen. Voraussetzung hierfür sind wieder gute und regelmäßige diagnostische Maßnahmen, die schulintern und sinnvollerweise auch klassenübergreifend vereinbart werden müssen.

## So organisieren Sie kurzfristige Umbauten im Klassenraum

Auch wenn unter den Möbeln keine Rollen vorhanden sind, können Schüler Tische und Stühle in kürzester Zeit versetzen und neu anordnen. Der schnelle Umbau lässt sich mit den Schülern trainieren. So können Sie dies auch schon in den ersten Klassen in der Grundschule einführen. Dabei messen Sie die Umbauzeit und steigern die Geschwindigkeit des Umbaus immer weiter. Spielregel muss sein: Kein Kind darf beim Umbau sprechen. Kein Stuhl oder Tisch darf angestoßen werden. Sonst muss die Umbauübung neu begonnen werden. Kinder entwickeln hier einen ungeheuren Ehrgeiz, und es macht ihnen ebenfalls Spaß zu sehen, wie „leistungsfähig“ sie sind. Natürlich sollten Sie in der Phase des Einübens immer auch Strategien besprechen, in welcher sinnvollen Reihenfolge der Umbau vonstattengehen könnte.

### Praxisbeispiel: Sitzkreis-Ecken und Präsentationstische

Häufig findet man in Klassen fest eingerichtete Sitzkreise. In einer Ecke des Klassenraums werden kleine Sitzbänke als Quadrat angeordnet. Oft sind diese Bänke auch um eine große Tischplatte gruppiert. In manchen Klassenräumen nimmt dies fast ein Viertel des vorhandenen Raumes ein. Effektiv genutzt werden die Sitzkreise aber nur für eine kurze Zeit des Unterrichtstages. Das ist eine Verschwendung von räumlichen Ressourcen. Sinnvoller ist es auch hier, auf Mobilität zu setzen. Verzichten Sie auf einen fest eingebauten Sitzkreis, können die Tische der Schüler weiträumiger aufgebaut werden. Es ist jetzt relativ einfach, einen sogenannten großen Sitzkreis zu bilden. Er lässt sich innerhalb weniger Sekunden stellen, indem nur einige Schüler ihre Stühle verstellen müssen, wie die Grafik zeigt.

In Klassen sieht man immer wieder auch Präsentationstische. Auf diesen werden Objekte ausgestellt, die zu Projekten oder Unterrichtsreihen passen, die über einen längeren Zeitraum laufen. Oft werden hier auch jahreszeitliche Dekorationen verbracht. Auch diese Tische sind in der Regel „Raum-Diebe“. Man sollte sich bei der

Ausstellung von Objekten immer fragen, wie lange man diese wirklich benötigt bzw. wie lange sie eine didaktische Wirkung erzielen.

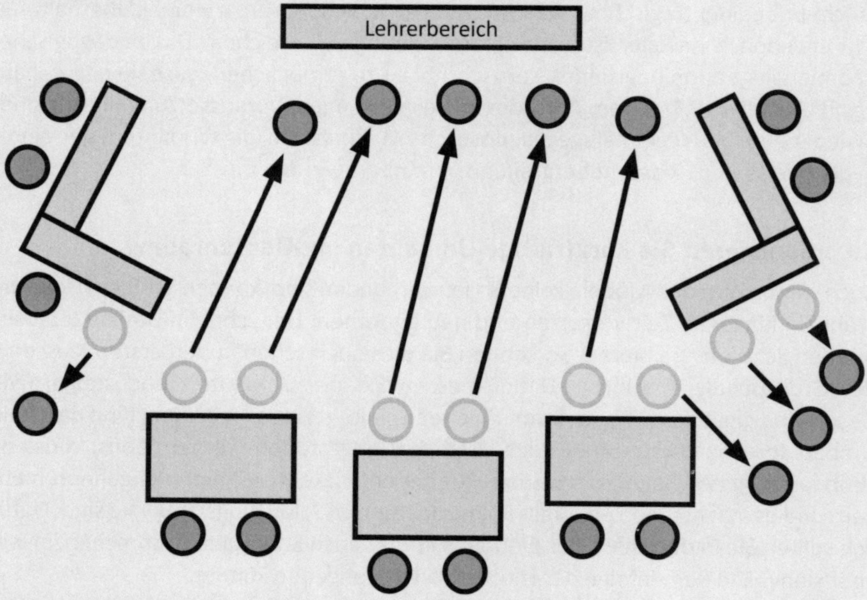


*Abb. 8: In wenigen Sekunden wird ein großer Sitzkreis errichtet.*

## Eine gute Raumaufteilung hilft bei Gruppenbildung und verringert den Lautstärkepegel

Wenn Sie den Klassenraum als mobilen Raum betrachten, werden Sie zahlreiche Möglichkeiten der Aufteilung finden. Geschlossene Sitzkreise und „Kino“-Halbkreise lassen sich wie oben beschrieben mit den Kindern einüben. Halbkreise sind sinnvoll, wenn etwas präsentiert wird. Man kann auch auf beengtem Raum Platz für jeden schaffen. Wichtig ist, dass jeder Schüler freie Sicht hat und sich nicht bedrängt fühlt. Als hilfreich erweist sich dabei eine Staffelung der Sitzordnung. Eine Gruppe sitzt auf den Tischen, eine Gruppe auf den Stühlen, und eine Gruppe setzt sich auf den Boden. Sitzkissen oder Fliesen machen das Sitzen auf dem Boden angenehmer. Einen solchen Halbkreis zu formieren, bedarf wieder einiger Übung und erfordert Absprachen mit den Kindern, die von allen einzuhalten sind: Wer trägt welchen Stuhl? Wer darf sich auf die Tische setzen? Wer holt wo die Sitzkissen? Dies darf nicht jedes Mal neu ausgehandelt werden, sondern die Sitzordnung muss festgelegt sein!

Als sehr praktikabel hat sich ein Vorschlag von Heinz Klippert erwiesen (Klippert, 2000, S.164). Für Gruppenarbeiten eignet sich eine Anordnung der Tische, die übereck geht.

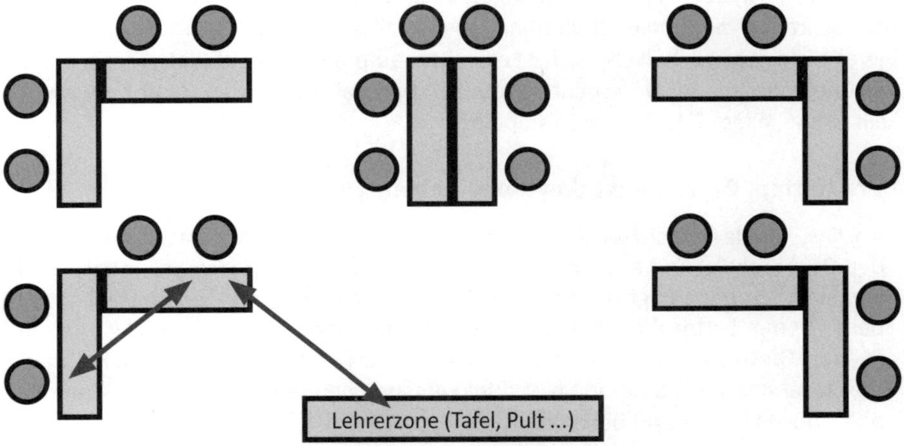


*Abb. 9: Diese Sitzordnung eignet sich besonders für Gruppenarbeiten.*

Die Schüler können in dieser Tischordnung sowohl dem Frontalunterricht folgen, als auch sehr schnell in eine Gruppenarbeit wechseln. Der Nachteil einer Gruppentischanordnung, bei der sich die Tische gegenüberstehen, ist die Verständigungsmöglichkeit der Schüler untereinander. Da sie zu weit voneinander entfernt sitzen, steigt die Lautstärke automatisch an, wenn sie miteinander ins Gespräch kommen wollen. Hier ist eine Übereck-Anordnung sinnvoller. Aber auch der Umbau aus einer Tisch-Gegenüberstellung lässt sich leicht einüben.

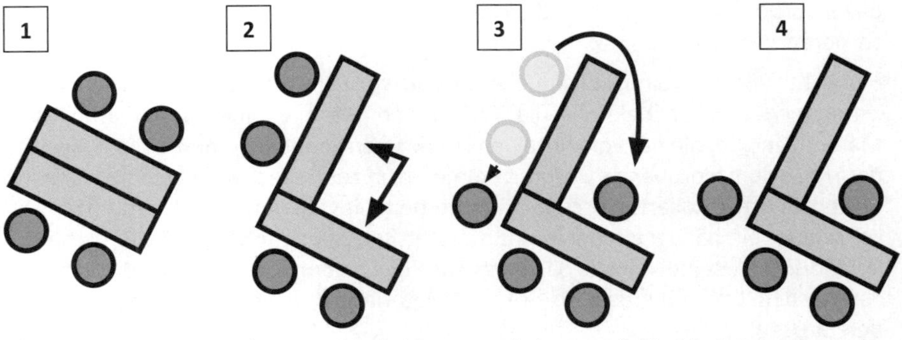


*Abb.10: Zur Verringerung der Lautstärke bei Gruppenarbeiten empfiehlt sich ein schneller Umbau.*

## So bringen Sie Ordnung in Regale und unter Tische

Was bei der Wandgestaltung richtig ist, gilt im Prinzip auch für die Einhaltung der Ordnung in Regalen. Was nicht mehr gebraucht wird, gehört nicht mehr in die Regale oder Schränke, die für die Schülerinnen und Schüler zugänglich sein sollen. Sicherlich bietet nicht jeder Schulkeller oder Lehrmittelraum ausreichend Platz, Gegenstände aufzunehmen, die im Unterricht gerade nicht gebraucht werden. Aber das ist noch kein Grund, alles in der Klasse zu stapeln.

### Praxistipp: Ordnung ist das halbe Leben

An dieser Stelle lässt sich ein tiefergreifendes Problem erkennen. Im Sachunterricht der Grundschule und auch bei projektbezogener Arbeit in den Sekundarstufen besteht themenbedingt ein erhöhter Materialaufwand. So ist es beispielsweise beim Thema „Luftdruck“ sinnvoll, auf vorgefertigte Materialkisten zurückgreifen zu können. Diese müssen natürlich einen festen Platz finden. Hat Ihre Schule Fachräume, so lässt sich die Situation hier durch entsprechende Aufbewahrungsschränke oder -regale in den Griff bekommen.

In Grundschulen ist die Einrichtung von Fachräumen einerseits abhängig von den äußeren Bedingungen, z. B. der Verfügbarkeit über Räume. Andererseits ist sie abhängig vom persönlichen Engagement des Personals. Ist lediglich ein Raum vorhanden, in dem Material gelagert werden kann, sollten hier nur die Dinge lagern, die von allen Lehrern und Lehrerinnen genutzt werden. Alles andere gehört nicht in die Schule, sondern in die privaten Hände der Lehrer. Je mehr Lehrmittel unterschiedlicher pädagogischer Konzepte in einem Lehrmittelraum lagern, desto uneinheitlicher scheint nämlich das didaktische Schulprogramm zu sein.

Es ist sinnvoll, auch scheinbar Bewährtes zu hinterfragen. Das bedeutet, dass auch Lehr- und Lernmaterialien sich irgendwann überleben. Schrecken Sie also nicht davor zurück, alte Materialien, die von niemandem mehr genutzt werden, auszusortieren.

Es macht außerdem Sinn, individuelle Zugänge von Lehrern zuzulassen, wenn diese ertragreich für die Schule und die Schüler sind. Wenn es aber eine Vielzahl von Materialien gibt, die nur von einzelnen Lehrkräften genutzt werden, sollten Sie mit dem Kollegium hierüber ins Gespräch kommen und entsprechende Vereinbarungen treffen, die protokollarisch festgehalten werden. Dies hat den Vorteil, dass letztendlich wieder ein pädagogischer Austausch stattfindet, und führt möglicherweise zu der Einsicht, dass individuelle pädagogische Entscheidungen auch individuell getragen werden. Das heißt, dass die privaten Materialien auch privat aufbewahrt werden müssen.

## Schülertische: So besiegen Sie das Chaos

Unter vielen Schülertischen befinden sich fest montierte Ablagen. Da diese meistens aus Drahtkörben bestehen, kann man kleinere Gegenstände wie z. B. Spitzerdosen oder von Schülern ausgeschnittene Papiermaterialien hier nicht aufbewahren. Deshalb gibt es in manchen Klassenräumen mobile Kunststoff-Ablagekörbe, die in die Drahtkörbe hineingeschoben werden. Nun lässt sich hier alles Mögliche sammeln. Leider finden sich aber auch hier oft überquellende Bestände von Schülermaterialien, die längst aussortiert gehören.

## Was gehört unter den Schülertisch?

Unter dem Tisch sollte nur das gelagert werden, was im Unterricht am jeweiligen Tag genutzt wird. Das kann ein Mathematikbuch sein, eine Lektüre oder etwas, an dem der Schüler in der darauffolgenden Stunde weiterarbeitet, wie z. B. ein Legespiel oder eine Bastelarbeit. Wird an einem Objekt oder einem Arbeitsblatt länger als ein Tag gearbeitet, sollten hierfür andere Aufbewahrungsmöglichkeiten vorhanden sein. Für kleinere Arbeiten aus Papier eignen sich Hängeregistraturen, die mit den Namen der Schüler versehen sind. Am besten steckt man diese Gegenstände zusätzlich in einen Umschlag oder eine Klarsichthülle. Hier können im Übrigen auch Hefte oder Dinge, die nicht mit nach Hause genommen werden, gelagert werden. Schülermaterialien, die nur 1-mal pro Woche genutzt werden, wie z. B. im Kunstunterricht, sollten auch in Boxen oder Schubladensystemen aufbewahrt werden. Es gibt hier zahlreiche weitere Möglichkeiten. Das Entscheidende ist, dass Materialien und Gegenstände leicht zugänglich sind und sich immer am gleichen Ort befinden. In der Werkstatt eines Handwerksbetriebs geht es aus gutem Grund nicht anders zu.

*Abb. 11: Ordentlich und übersichtlich: Hängeregister für Hefte und andere regelmäßig und häufig verwendete „flache“ Materialien; Schubladenboxen für sperrige Gegenstände, die in größeren Abständen genutzt werden.*

### Übersicht: Mit diesen Materialien sorgen Sie für Ordnung am Schülerplatz

- **Ablagekörbe** unter den Tischen (dienen der Ablage von Unterrichtsmaterialien des Tages)
- **Hängeregistraturen**, die mit den Namen der Schüler versehen sind, für Hefte und andere regelmäßig und häufig verwendete „flache“ Materialien
- **Umschläge / Klarsichthüllen** zur Aufbewahrung und zum Schutz von Dokumenten vor Ablage in der Hängeregistratur
- **Plastikboxen / Schubladensysteme** für Materialien, die regelmäßig verwendet werden
- **Evtl. Kurbelspitzmaschine** für die ganze Klasse an einem festen Ort

### Die Erhaltung der Ordnung ist Aufgabe von Schülern und Lehrkräften

Dass unter den Tischen aufgeräumt wird, liegt in der Verantwortung der Schüler. Dass Schüler eine Umgebung vorfinden, die es ihnen ermöglicht, Ordnung zu halten und Ordnungsprinzipien kennenzulernen, liegt in der erzieherischen Verantwortung der Lehrer. Deshalb sind klare Regeln notwendig. Ebenso ist es sinnvoll, feste Aufräumzeiten mit den Schülern zu vereinbaren. Anfangs dauert es immer etwas, bis die Schüler das Aufräumen gelernt haben. Und man mag bedauern, dass dabei viel Zeit verloren geht. Diese Zeit gewinnen Sie aber am Ende mehrfach dadurch zurück, dass Schüler in der Lage sind, schnell über ihr Material zu verfügen, die nächste Arbeitsphase zügig beginnen kann und Sie sich nicht immer wieder mit den gleichen Schülern beschäftigen müssen, die sich in einer nicht geordneten Atmosphäre entziehen können.

### Fensterbänke und Fenster sollen frei zugänglich sein

Wenn Sie regelmäßig lüften wollen (siehe Kapitel 2), müssen die Fensterbänke frei sein. Vereinbaren Sie mit Ihren Kollegen, dass dies in jedem Fall gewährleistet ist. Weisen Sie auch den Hausmeister darauf hin, sein Augenmerk von Zeit zu Zeit auf diesen Punkt zu richten. Fensterbänke sollten nur kurzfristig während der Stunde dazu genutzt werden, etwas abzulegen, etwa zu trocknende Bilder, wenn es im Klassenraum noch keinen Bilder-Trockenwagen gibt.

Was die Lichtdurchlässigkeit angeht, sollten Fenster nicht mit nichttransparenten Pappen oder Papier zugeklebt werden. Jahreszeitlicher Fensterschmuck ist vor allem in der Grundschule sehr verbreitet. Bedenken Sie jedoch, dass die Fensterreinigung schwieriger ist, wenn Klebereste zuvor nicht entfernt worden sind. Überlegen Sie auch, ob Sie sich nicht von dieser althergebrachten Vorstellung einer Fensterdekoration

## Muster: Aufräumregeln für die Hand der Lehrkraft

In folgenden Abständen / An folgenden Tagen in der Woche kontrolliere ich mit den Schülern ihre Materialien:

- Schultasche — Datum: ____________
- Federmäppchen — Datum: ____________
- Materialien unter dem Schülertisch — Datum: ____________
- Sonstige Materialien (z. B. Aufbewahrungsmappe für Bilder aus dem Kunstunterricht u. Ä.) — Datum: ____________

Zum folgenden Zeitpunkt führe ich mit den Schülern Aufräumprinzipien ein und lege mit ihnen gemeinsam Aufräumregeln fest: — Datum: ____________

Beispiel für Ordnungsregeln:

- Ich bin für die Ordnung unter meinem Tisch verantwortlich.
- Am Ende der Stunde / Am Ende der Arbeitsphase räume ich meine Materialien an den dafür vorgesehenen Platz.
- Dafür habe ich ____ Minuten Zeit.
- Fehlende Materialien (Bleistift, Füllerpatronen, Radiergummi, Lineale usw.) bringe ich unverzüglich innerhalb von 2 Tagen mit in die Schule.
- Nicht mehr brauchbare Schülermaterialien (zu kurze Bleistifte, zerbrochene Lineale etc.) ersetze ich unverzüglich innerhalb von 2 Tagen.

verabschieden sollten. Die lateinische Bedeutung für das Wort „Fenster" wird im Duden-Herkunftswörterbuch schließlich mit „Öffnung für Luft und Licht in der Wand" angegeben. Leider finden Sie diese Bedeutung nicht in allen Klassen wieder.

### Vereinbaren Sie den regelmäßigen Raumtausch

Wenn Sie Ihren Klassenraum so eingerichtet haben, dass dort alle Materialien und Lehrmittel aufbewahrt werden, die Sie vielleicht in den nächsten Jahren in Ihrem Unterricht einsetzen, dann möchten Sie diesen Raum ungern gegen einen anderen tauschen. Möglicherweise haben Sie ja zusätzliche Möbel besorgt, die nur schwer zu transportieren sind. Vielleicht gehören Sie aber auch zu den Kollegen, die einen äußerst funktionalen Klassenraum führen. Dann werden Sie ungern eine Klasse übernehmen, die ungepflegt ist. In Grundschulen, wo der Materialeinsatz oft sehr hoch ist, sind Raumwechsel nicht immer beliebt und führen zu heftigen Diskussionen.

Deshalb sollten Sie an Ihrer Schule einen turnusgemäßen Rhythmus des Raumtauschs entwickeln. Alle 2 Jahre sollten Klassenräume getauscht werden. Berücksichtigt werden müssen dabei die Klassenstärken. Es versteht sich von selbst, dass eine Klasse mit

20 Schülern nicht in einem größeren Raum als eine Klasse mit 29 Schülern untergebracht wird. Gerade dieser Umstand zeigt, dass es sinnvoll ist, Klassenräume öfter zu tauschen, als dies an Ihrer Schule vielleicht bisher üblich ist, da die Einschulungszahlen oft variieren. Der positive Effekt des Tausches ist die Reduzierung auf das Wesentliche in der Raumgestaltung und die Vermeidung von dauerhaften Ansammlungen von Materialien. Machen Sie die Angelegenheit des Raumtauschs deshalb zum Schulentwicklungsthema. Eng verknüpft mit dem Tausch von Klassenräumen und der Einrichtung von Räumen ist die Einigung auf einheitliche Unterrichtsmaterialien. Die effiziente und ökonomische Beschaffung und Erhaltung von Unterrichtsmaterial kann wiederum nur im Zusammenhang mit klassenübergreifenden Unterrichtskonzepten gesehen werden.

## Konferenzvorlage: Argumente sammeln für Raumtausch

Der Klassenraum ist kein Hoheitsgebiet des Lehrers!

Listen Sie auf, welche Lehrmaterialien Sie in Ihrem Klassenraum in diesem Schuljahr noch benötigen / nicht benötigen:

| | + | - |
|---|---|---|
| • Schulbücher: | | |
| • Karteien: | | |
| • Lernspiele: | | |
| • Hilfsmittel für Deutsch: | | |
| • Hilfsmittel für Sachunterricht: | | |
| • Hilfsmittel für Mathematik: | | |
| • Hilfsmittel für Religion: | | |
| • Kunstmaterialien: | | |

Listen Sie auf, welche Möbel Sie in Ihrem Klassenraum in diesem Schuljahr noch benötigen / nicht mehr benötigen:

| + | - |
|---|---|
| | |

Welche übrigen Gegenstände benötigen Sie / benötigen Sie nicht mehr / noch nicht?

Welche Anschaffungen im Bereich von Aufbewahrungsmöbeln halten Sie für sinnvoll?

## 4.6 Erziehung in einer gesundheitsförderlichen Schule

Lehrer und Schüler fühlen sich an Ihrer Schule wohler, wenn sie wissen, woran sie sich halten können. Für die Schüler gilt: Die Verpflichtung zur Einhaltung von Regeln ist immer verbunden mit der Verbindlichkeit, die die Schule vorgibt. Die Schulleitung und die Lehrer der Schule müssen also in ihren erzieherischen und pädagogischen Entscheidungen sicher und verlässlich sein.

- Dies gilt sowohl für Versprechungen und Ansagen als auch für das Bestehen auf der Einhaltung des schulischen Regelkatalogs.
- Bei Fehlverhalten sind Konsequenzen nicht nur anzudrohen, sondern auch umzusetzen.
- Positive Verhaltensweisen müssen belohnt werden – nicht nur in Form von guten Noten.
- Lehrer verpflichten sich zu zeitgerechtem Korrigieren von Klassenarbeiten, zu einer Transparenz in der Leistungsbeurteilung und zu der fachgerechten Vorbereitung und Durchführung von Unterricht.
- Schüler verpflichten sich zur Mitarbeit im Unterricht, zum adäquaten sozialen Umgang miteinander und zur Bereitstellung gepflegter Arbeitsmaterialien wie Heften, Stiften, Linealen usw.

Neben dem Einhalten des sozialen Kodex ist das Befolgen von geordneten Arbeitsstrukturen ein wesentliches Merkmal für eine Schule, in der sich sowohl die Erwachsenen als auch die Schüler wohlfühlen können.

### „Das ist doch Sache der Eltern!" – Erziehung zu verantwortlichem Handeln

Damit Ihre Schüler die Verantwortung für ihr eigenes Handeln im Unterricht übernehmen können, müssen Sie diese auch in Ihrem Unterricht vermitteln. Es reicht eben nicht, die Verantwortung für den sorgfältigen Umgang mit Arbeitsmaterialien oder das adäquate soziale Verhalten in Gruppen alleine den Eltern zu überlassen. Schüler, die bereits mit einem hohen Verantwortungsbewusstsein in die Schule kommen, sind immer erfreulich, doch leider nicht überall anzutreffen. Verlässt man sich in seinem Unterricht nur auf diese Schüler und deren Eltern, kommt man nicht weit. Nehmen Sie daher auch Ihre eigene Verantwortung für die Erziehung der Schüler wahr. Wenn die erwünschten Verhaltensweisen durch das Elternhaus nicht vermittelt wurden, müssen Sie an Ihrer eigenen Schule Werte setzen, diese einfordern und die Schüler dazu erziehen. Manche Eltern sind durchaus gutwillig, aber auch sehr hilflos, was konsequentes Erziehungsverhalten angeht.

## So unterstützen Sie die Eltern

Unterstützen Sie die Eltern, wenn Sie erreichen wollen, dass Ihre Schüler mit der Zeit ihre Schulmaterialien immer vollständig haben und in einem sorgfältigen Zustand führen. Hilfreich ist eine Liste, auf der Sie fehlende oder beschädigte Materialien ankreuzen können. Diese Liste wird den Schülern mit nach Hause gegeben. Damit verbunden ist die Auflage, die entsprechenden Gegenstände innerhalb eines kurzen Zeitraums neu zu beschaffen. Dieses Prinzip stellen Sie auf Ihrem 1. Elternabend in einer neuen Klasse vor.

### Muster-Materialliste

Sehr geehrte Familie ______________________ Bonn, den

Ihrem Kind fehlen zurzeit:

| | | |
|---|---|---|
| ❑ Bleistift | ❑ Radiergummi | ❑ Spitzerdose |
| ❑ Rotstift | ❑ Lineal | ❑ Gelber Hefter |
| ❑ Roter Hefter | ❑ Blauer Hefter | ❑ Grüner Hefter |
| ❑ Hausaufgabenheft | ❑ Wasserfarbkasten | ❑ Zeichenblock |
| ❑ Zeichenmappe | ❑ Wachsmalstifte | ❑ Deckweiß |
| ❑ Borstenpinsel Nr. | ❑ Klebestift | ❑ Schere |
| ❑ Folienschreiber [fein] (non-permanent) | | |

Folgende Farben im Farbkasten: ______________________
Folgende Buntstifte: ______________________
Folgende Wachsmalstifte: ______________________
Sonstiges: ______________________

Bitte denken Sie daran, in den nächsten Tagen für Ersatz zu sorgen.

Mit freundlichen Grüßen
Josefine Müller Unterschrift:

Die Last des Überprüfens fehlender Schulmaterialien muss nicht auf Ihren Schultern ruhen. Planen Sie daher folgende Schritte bei der Einführung der Materialliste in den Klassen 1 und 2 der Grundschule ein:

**1. Phase**

- Planen Sie für die nächsten 4 Wochen 6 bis 8 Kontrollen der Federmäppchen ein.
- Die Schüler der Klasse legen bei den ersten Kontrollen Bleistift, Rotstift (zum Unterstreichen von Datum und Überschriften im Heft!), Lineal, Radiergummi und Spitzerdose vor sich auf den Tisch.
- Sie gehen mit den Materiallisten von Tisch zu Tisch, überprüfen mit den Kindern fehlende Gegenstände und markieren entsprechend auf dem Zettel.
- Das Kind trägt anschließend den Familiennamen auf der Liste ein, sobald es diesen schreiben kann, und heftet den Zettel in seine Postmappe.

**2. Phase**

- Die Schüler der Klasse überprüfen ihre Materialien alleine.
- Sie machen nur Stichproben bei den „Pappenheimern“.
- Sie fragen wer eine Liste benötigt, und lassen diese von den Schülern holen.

**3. Phase**

- Sie kündigen die Kontrolle an und lassen den Schülern 5 Minuten Zeit, ihre Sachen zu überprüfen.
- Die Schüler holen sich die Listen aus der dafür vorgesehenen Ablage.
- Die Schüler tragen ein und heften ab.

**4. Phase**

- Die Schüler holen sich bei Bedarf die Liste, tragen Fehlendes ein und heften ab.

Es ist erfreulich, festzustellen, wie sich Ihre Schüler im Laufe von 1 bis 2 Schuljahren die Verantwortung für ihre eigenen Materialien aneignen. Sie haben damit einen nicht zu unterschätzenden Stressor beseitigt, der zuvor nicht nur Sie, sondern auch Ihre Schüler belastet hat.

## So schaffen Ihre Schüler Ordnung in der Schultasche

Gehen Sie wie bei der Kontrolle der Federmäppchen vor, wenn Sie Ihre Schüler dabei unterstützen möchten, für Ordnung in ihren Schultaschen zu sorgen:

- Führen Sie zunächst einmal regelmäßige Kontrollen durch, bei denen Ihre Schüler den Inhalt der Tasche auf dem Tisch ausleeren.
- Zeigen Sie Ihren Schülern, wie man eine Tasche einräumt: Bücher zu Büchern, Hefte zu Heften usw.
- Lassen Sie Ihren Schülern die nötige Zeit, alte, nicht mehr benötigte Arbeitsblätter wegzuwerfen.

- Wiederholen Sie die Kontrollen regelmäßig. Tragen Sie sich vorher ein, wann Sie diese durchführen werden.
- Besprechen Sie mit Ihren Schülern den Sinn und den Erfolg des Aufräumens:
  - „Du kannst jetzt besser arbeiten, weil du alles schnell findest.“
  - „Wir können alle schneller mit der Arbeit beginnen.“
  - „Du hast viel weniger Stress und fühlst dich wohler.“
  - „Dein Lehrer und deine Mitschüler fühlen sich auch besser, weil sie wissen, dass sie sich auf dich und deine Ordnung verlassen können.“

## So erziehen Sie zur Ordnung im Klassenraum

Fordern Sie von Anfang an die Vollständigkeit und den sorgfältigen Umgang mit den Schülermaterialien ein:

- Bücher, Hefte und Federmäppchen dürfen nicht bemalt sein: Ist dies doch der Fall, müssen diese neu beschafft werden.
- Schüler beginnen eine Arbeitsphase mit gespitzten Stiften, mit gefülltem Füller, mit funktionierenden Radiergummis, Linealen usw.

Das Gleiche gilt für Schulmaterialien:

- Schulbücher der Schule und Karteien sind sorgfältig zu behandeln.
- Karteien, die durcheinandergeraten sind, müssen von den Schülern aufgeräumt werden, nicht von den Lehrern.
- Planen Sie also Aufräumphasen immer mit ein.
- Setzen Sie ein System ein, das ermöglicht nachzuvollziehen, wer mit welchem Material gearbeitet hat.

### Praxistipp: Materialsystem

- Nummerieren Sie die Tische der Schüler.
- Ordnen Sie den nummerierten Tischen die entsprechend nummerierten Karteien, Bücher, anderweitigen Materialien zu.
- Nehmen Sie sich zu Schuljahresbeginn oder bei der Neueinführung von Arbeitsmaterialien die Zeit, mit den Schülern in den letzten 5 bis 10 Minuten der Unterrichtsstunde zu überprüfen, ob alle Materialien in der richtigen Ordnung sind.
- Führen Sie dieses System bereits im 1. Schuljahr der Grundschule ein: Die Zeit, die dies anfänglich in Anspruch nimmt, zahlt sich später mehrfach aus.
- Wiederholen Sie die Überprüfungsphase gelegentlich: immer wenn es mal wieder nötig wird. Die Notwendigkeit der Überprüfung wird mit der Zeit geringer, da die Schüler sorgfältiger werden und das Ordnungs- und Aufräumsystem verinnerlichen.

## So dienen alle Schüler dem Gemeinwohl

Stärken Sie bei Ihren Schülern nicht nur die Verantwortung für das schulische Material. Die Verantwortung für schulische Aufgaben ist genauso wichtig. Klassendienste wie die Pflicht des Tafelputzens oder die Verantwortungsübernahme für das Gießen von Blumen sind weit verbreitet. Sorgen Sie aber dafür, dass alle Schüler regelmäßig einen Dienst für die Klasse übernehmen. Die Verantwortung für Aufgaben, die jeden betreffen, stärkt das Gemeinschaftsgefühl in Ihrer Klasse.

Es lässt sich eine Vielzahl sinnvoller Dienste für eine Klasse einrichten.

### Übersicht: Beispiele für Klassendienste

- Tafeldienst: Tafel putzen
- Türdienst: beim Verlassen von Klassenräumen Türen schließen
- Milchdienst: Milchkästen beim Hausmeister holen
- Bücherdienst: Ordnung in Bücherregalen kontrollieren
- Ordnungsdienst: Sauberkeit und allgemeine Ordnung in der Klasse umsetzen
- Computerdienst: Bei Stundenbeginn Computer starten und am Ende ausschalten, bestimmte Lernprogramme hochfahren
- Lichtdienst: Verantwortung über das Ein- und Ausschalten der Beleuchtung
- Postdienst: Botengänge während des Unterrichts
- Stuhldienst: Verantwortung und Kontrolle, ob alle Stühle am Ende des Schultages hochgestellt sind.
- Projektordienst: Projektor holen, aufbauen oder wegbringen
- Datumdienst: Anschreiben des aktuellen Datums
- PapierhandtücherdDienst: Papierhandtücher beim Hausmeister holen, wenn diese zur Neige gehen
- Toilettenlistendienst: Aufschreiben der Toilettengänger mit Datum und Uhrzeit
- Lüftungsdienst: Beachtung der regelmäßigen Lüftungszeiten (Zeitwächterfunktion)

Besprechen Sie einmal pro Woche im Klassenrat, wie die Dienste ausgeführt werden. Die Beurteilung nehmen Ihre Schüler vor.

Wechseln Sie die Verantwortung für die jeweiligen Dienste regelmäßig, und führen Sie darüber Buch, denn manche Dienste sind beliebter als andere.

# Literaturhinweise

Bergler, Reinhold (2009): Psychologie der Hygiene. Steinkopff Verlag: Nürnberg/Bonn.

Bezirksregierung Köln (2012): Musterhygieneplan für Schulen, aktualisiert am 16.04.2012, verfügbar unter: http://www.bezreg-koeln.nrw.de/brk_internet/organisation/abteilung04/uebergreifend/hygieneplan.pdf.

Bundeszentrale für gesundheitliche Aufklärung (Hg.): Schutz vor Infektionskrankheiten (o.J.), verfügbar unter: http://www.infektionsschutz.de/

Dadaczinsky, Kevin (2012): Die Rolle der Schulleitung in der guten gesunden Schule. In: DAK - Gesundheit & Unfallkasse NRW (Hg.): Handbuch Lehrergesundheit - Impulse für die Entwicklung guter gesunder Schulen. Carl Link: Köln, S.197-228.

Dadczynski, Kevin / Nieskens, Bigit (2014): Kraftquelle: Kleine Erfolge. In: Grundschule, H. 2 (2014), S. 6-8.

Deci, Edward L. / Flaste, Richard (1995): Why We Do What We Do: Unterstanding Self-Motivation. Penguin Books: New York.

Deutsche gesetzliche Unfallversicherung (Hg.), GUV-SI 8065 (aktualisierte Fassung 2008): Erste Hilfe in Schulen, verfügbar unter: http://publikationen.dguv.de/dguv/pdf/10002/si-8065.pdf.

Deutsche gesetzliche Unfallversicherung (Hg.), GUV-I 511-1 (2006): Verbandbuch, verfügbar unter: http://publikationen.dguv.de/dguv/pdf/10002/i-511-1.pdf.

Dyrda, Klaus (2002): Pädagogisches Projektmanagement an Schulen. Schulentwicklung erfolgreich organisieren. Gabal Verlag: Offenbach.

Dyrda, Klaus (2002): Vom Einzelkämpfer zum Teamplayer. Teamentwicklung an Schulen. Gabal Verlag: Offenbach 2002.

Gesetzliche Unfallversicherung (Hg.), GUV-SI 8051 (2001): Sicherheit und Gesundheitsschutz. Feueralarm in der Schule - Hinweise für Alarmpläne, für den Feueralarm und für die Unterweisung der Schülerin Schulen und Kindertageseinrichtungen, verfügbar unter: http://publikationen.dguv.de/dguv/pdf/10002/si-8051.pdf.

Gesetzliche Unfallversicherung GUV-I 8760 (2001), Bundesverband der Unfallkassen (Hg.): Beurteilung von Gefährdungen und Belastungen an Lehrerarbeitsplätzen, verfügbar unter: http://www.sichere-schule-nrw.de/_docs/pdf/guv-i_8760.pdf#search=%22gefahrdungen%22

Gesetzliche Unfallversicherung GUV-SI 8064 (2003), Bundesverband der Unfallkassen (Hg.): Sicherheit in der Schule Aufgaben der Schulleiterinnen und Schulleiter, Sicherheitsbeauftragten und Lehrkräfte, verfügbar unter: http://publikationen.dguv.de/dguv/pdf/10002/si-8064.pdf.

Hattinger Büro für Personal- und Organisationsentwicklung (2003): Konfliktmanagement –Modul 4. Hattingen.

Hattinger Büro für Personal- und Organisationsentwicklung (2003): Teamentwicklung –Modul 5. Hattingen.

Klippert, Heinz (2000): Pädagogische Schulentwicklung. Planungs- und Arbeitshilfen zur Förderung einer neuen Lernkultur. Belz: Weinheim / Basel.

Krause, Andreas / Dorsemagen, Cosima / Alexander, Tatjana (2011): Belastung und Beanspruchung im Lehrerberuf – Arbeitsplatz-und bedingungsbezogene Forschung. In: Terhart, Ewald / Lennewitz, Hedda / Rothwald, Martin (Hg.): Handbuch der Forschung zum Lehrerberuf. Waxmann: Münster, S. 788-813.

Krowatschek, Dieter (2002): Still sitzen - Klappe halten? Vom Umgang mit ADS Kindern im Unterricht. In: Lernchancen 30 (2002), S. 16 - 22.

Landeszentrum Gesundheit (LZG) (2013): Musterhygieneplan für Schulen, verfügbar unter: http://www.lzg.gc.nrw.de/_media/pdf/service/Publikationen/krankenhaus hygiene/3a_hygieneplan_schulen_mai_2013.pdf.

Lehr, Dirk (2011): Belastung und Beanspruchung im Lehrerberuf in der personenbezogenen Forschung – Gesundheitliche Situation und Evidenz von Risikofaktoren. In: Terhart, Ewald / Lennewitz, Hedda / Rothwald, Martin (Hg.): Handbuch der Forschung zum Lehrerberuf. Waxmann: Münster, S.757 – 773.

Leymann, Heinz (1993): Mobbing: Psychoterror am Arbeitsplatz und wie man sich dagegen wehren kann. Rowohlt: Reinbek bei Hamburg.

Robert-Koch-Institut (Hg.) (2013): Die Gesundheit von Kindern und Jugendlichen in Deutschland, KIGGS-Studie, verfügbar unter: http://www.kiggs-studie.de/fileadmin/KiGGS-Dokumente/kiggs_tn_broschuere_web.pdf.

Robert-Koch-Institut / Bundeszentrale für gesundheitliche Aufklärung (Hg.) (2008): Erkennen-Bewerten-Handeln: Zur Gesundheit von Kindern und Jugendlichen in Deutschland.

Rogers, Everett M. (2003): Diffusion of Innovations. Free Press: New York.

Schaarschmidt, Uwe / Kieschke, Ulf (2013): Beanspruchungsmuster im Lehrerberuf – Ergebnisse und Schlussfolgerungen aus der Potsdamer Lehrerstudie In: Rothland, Martin (Hg.): Belastung und Beanspruchung im Lehrerberuf. Modelle-Befunde-Interventionen. Springer: Wiesbaden, S. 81-98.

Schick, Andreas / Cierpka, Manfred (2005): Faustlos – Förderung sozialer und emotionaler Kompetenzen in Grundschule und Kindergarten. In: Psychotherapie, Psychosomatik, Medizinische Psychologie 55 (2005), S. 462-468.

Sommer-Stumpenhorst, Norbert (2011): Lernentwicklung und Beratung. Rechtschreibwerkstatt: Beckum.

Universitätsklinikum Bonn (o. J.), Institut für Hygiene und Öffentliche Gesundheit: Hygiene-Tipps für Kids, verfügbar unter: http://www.hygiene-tipps-fuer-kids.de/

Unfallkasse Nordrhein-Westfalen (Hg.) (o. J.): Sichere Schule, verfügbar unter: http://www.sichere-schule.de

Unfallkasse Nordrhein-Westfalen (Hg.) (2012): Handbuch Lehrergesundheit, Impulse für die Entwicklung guter gesunder Schulen.

Unfallkasse Nordrhein-Westfalen (Hg.) (2014): Gelingensbedingungen für die Entwicklung guter gesunder Schulen. Ein Leitfaden mit Empfehlungen, Checklisten und Arbeitshilfen.

Unfallkasse Sachsen (Hg.) (o.J.): Notfallmanagement für berufsbedingte Krisensituationen mit psychischer Extrembelastung.

# Stichwortverzeichnis

# MÄRCHEN AUS AUSTRALIEN

## Traumzeitmythen der Aborigines

Herausgegeben von Anneliese Löffler

Redaktion: Claudia Henn-Schmölders

CIP-Kurztitelaufnahme der Deutschen Bibliothek
MÄRCHEN AUS AUSTRALIEN
Traumzeitmythen der Aborigines
hrsg. von Anneliese Löffler.
5.–6. Tsd. – München: Diederichs, 1988
(Die Märchen der Weltliteratur)
ISBN 3-424-00705-6 Hln.
NE: Löffler, Anneliese (Hrsg.)

5.–6. Tsd. 1988

Einbandentwurf: Tilman Michalski
Gesamtherstellung: Passavia Passau
ISBN 3-424-00705-6 Hln.

## *1. Wie das Land der Tiwi geschaffen wurde*

Zu Anbeginn ruhte die Erde in steter Finsternis, Kälte und Stille. Die Erde war eine weite kahle Ebene ohne Form, ohne Bewegung, ohne Laut. In ihr ruhte Mudungkala, eine alte blinde Frau mit drei Säuglingen, dem Knaben Purukupali, und den beiden Mädchen Wuriupranala und Murupiangkala. Sie ruhte lange Zeit reglos und stumm. Dann erhob sich Mudungkala und brach durch die Decke der Erde. Sie trug ihre Kinder auf ihren beiden Schultern und kroch am heutigen Südostende von Melville Island auf die finstere Ebene. Dann nahm sie ihre Kinder und hielt sie gegen ihre Brust, während sie sich auf den Knien rutschend einen Weg durch die Finsternis tastete. Derart wanderte sie zunächst nach Norden, und Wasser begann in ihrer Kriechspur aufzuwallen. Das Wasser formte die Meeresenge zwischen Melville Island und der Coburg Peninsula auf dem Festland. Dann kroch Mudungkala nach Westen und schuf die Nordufer von Melville Island. Gelegentlich machte die alte Frau dabei Abstecher ins Landesinnere und schuf dergestalt verschiedene Meeresbuchten, einen Fluß, und den Eingang der Meeresenge zwischen Melville und Bathurst Island. Alsdann kroch Mudungkala in einem weiten Bogen nach Süden und Osten und formte dabei die West- und Südküste von Bathurst-Island. Dabei kamen ihr Zweifel an der Größe des Insellandes, das sie schuf. Daher begab sie sich nach Norden zum Eingang der Meeresenge, den sie bereits gebahnt hatte, und das Wasser, das in ihrer Spur folgte, trennte von nun an Bathurst Island, die Westinsel des Tiwilandes, von der großen Insel im Osten. Daraufhin tastete Mudungkala sich durch die Meeresenge zurück und kroch dann nach Osten, um zu ihrem Ausgangsort zurückzukehren. Dabei schuf sie die weite Meeresenge, die Melville Island nach Süden hin vom Festland trennt. Nachdem Mudungkala das Inselland geschaffen hatte, setzte sie ihre Kinder auf Meville Island ab und schuf Pflanzen und Tiere für sie. Dann entschwand sie nach Süden, und niemand weiß, wohin sie sich begab.

## *2. Die ersten Bewohner der Erde*

Mudungkalas Sohn Purukupali und seine beiden Schwestern Wuriupranala und Murupiangkala wuchsen rasch heran und ließen sich in dem neuen Land nieder. Purukupali zog aus zu den Stätten der Seelenkinder Pitipitui, von wo er seinen Schwestern Seelenkinder mitbrachte, und so vermehrte sich die Bevölkerung der Insel. Purukupalis Schwester Murupiangkala hatte eine Tochter, die wiederum zwei Töchter und einen Sohn Tukumbini gebar. Tukumbini hatte eine Tochter Bima, die Purukupalis Frau wurde. Auch Purukupalis andere Schwester Wuriupranala hatte Nachkommen. Die verschiedenen Familien verteilten sich über die Insel und gründeten ihre eigenen Lagerstätten. Purukupali brachte Seelenkinder zu seiner Frau Bima, die sie an die anderen Frauen im Land verteilte. Purukupali und Bima selbst bekamen einen Sohn, der Djinini hieß.

## 3. Das erste Feuer

Die ersten Bewohner des Tiwilandes kannten weder Licht noch Wärme. Sie mußten ihre Nahrung im Dunkeln suchen und roh verzehren. Eines Tages saßen die beiden Männer Jurumu und Mudati beisammen und rieben zwei Holzstäbe gegeneinander. Plötzlich sahen sie einen Funken in einem der Stäbe glimmen, wo die Reibungshitze das pulverisierte Holz zum Glühen gebracht hatte. Jurumu, den diese unbekannte Erscheinung sehr erstaunte, legte das glühende Holz auf das Mark einer abgestorbenen Pandanuspalme und fachte es durch Blasen weiter an. Der glühende Funke wurde dabei größer und größer, und die Verwunderung der beiden Männer schlug in Furcht und Entsetzen um, als die Glut im Mark der Palme plötzlich in Flammen ausbrach. Jurumu und Mudati eilten zu Purukupali und flehten ihn an, die furchtbare Erscheinung rasch zu zerstören, bevor sie großes Unheil brachte. Doch als Purukupali sich der brennenden Flamme näherte und erkannte, daß sie Licht verbreitete und Wärme spendete, erklärte er den beiden verängstigten Männern, daß sie eine segensreiche Entdeckung gemacht hatten, die der Menschheit viel Gutes bringen konnte, da sie nicht nur Finsternis und Kälte vertreiben, sondern auch ihre rohe Nahrung in schmackhafte gegarte Speisen verwandeln würde. Daraufhin rief er seine Schwester Wuriupranala herbei, überreichte ihr einen Feuerbrand, den er an dem brennenden Baum angezündet hatte und gebot ihr, das Feuer stets zu hüten und am Leben zu erhalten. Alsdann gab er dem Mann Tjarapa einen kleineren Feuerbrand, und bald hatte jede Familie ein licht- und wärmespendendes Feuer.

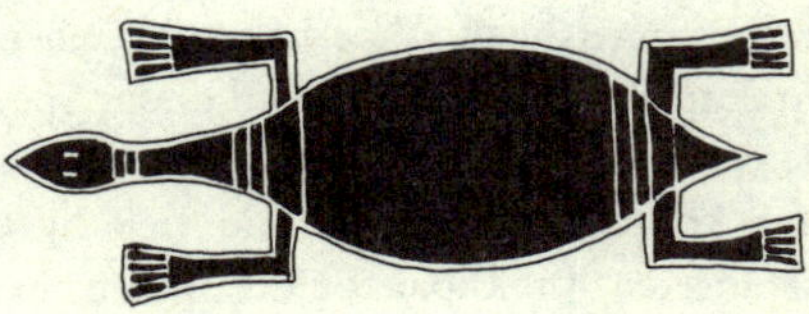

## 4. *Die Entstehung des Meeres*

Vor langer Zeit war alles Wasser auf der Erde Süßwasser. Eines Tages waren die beiden Männer Puruti und Jirakati dabei, in einem Sumpf Fische zu fangen, als sie bemerkten, daß sich die Blätter der Wasserlilien so stark bewegten, als schwämme ein großes Tier zwischen den Stielen der Lilien. Puruti ergriff seinen Speer und schleuderte ihn zwischen die Blätter, wo er das Tier vermutete. Doch war es kein Tier, das die Bewegung verursacht hatte, sondern seine eigene Mutter, die die Wurzeln der Wasserlilien sammelte. Purutis Speer durchbohrte ihren Hals, und mit einem Schmerzensschrei erhob sich die Frau aus dem Wasser und stürzte sich in das nahegelegene Meer, wobei sie aus Furcht und Schmerz eine Menge Wasser ließ. Ihr Blut und ihr Harn verunreinigten das frische Wasser des Meeres und verwandelten es in Salzwasser. Die verwundete Frau verwandelte sich in den Storch Jabiru, der nun am Rand der Süßwasserlagunen lebt. Ihr Sohn Puruti verwandelte sich in den Fischadler, und Jirakati, sein Gefährte, in den weißköpfigen Seeadler.

## 5. *Das erste Krokodil*

Jirakupai war ein ausgezeichneter Speermacher. Er verstand es nicht nur, vorzügliche männliche Speere, die Tunkaringa, herzustellen, die eine Reihe von Widerhaken an einer Seite der Speerspitze aufweisen, sondern er fertigte auch sehr gute, kleine, weibliche Speere, die Tunkaguni an, deren Speerspitzen an beiden Seiten mit langen Widerhaken versehen sind. Eines Tages, als Jirakupai gerade eine Anzahl dieser Speere vollendet hatte, wurde er von einer Bande von Unholden überfallen, die ihn aus einem Hinterhalt angriffen und viele Speere in seinen Rücken schleuderten. Jirakupai zog die Speere aus seinen Rük-

kenwunden, wobei er jedesmal laut aufheulte, und warf sie zurück auf seine Angreifer. Dann ergriff er seine eigenen Speere und stürzte sich mit gellenden Schreien in die See.
Jirakupais Frauen verwandelten sich in den Nachtreiher und den Mangrovenreiher, um der Gefangennahme und Vergewaltigung zu entgehen. In der folgenden Nacht verwandelte Jirakupai sich in das Salzwasserkrokodil. Die Speerwunden auf seinem Rücken waren verheilt, hatten aber tiefe Narben und Furchen hinterlassen, sein Mund hatte sich durch die vielen Schmerzensschreie in ein langes Maul verwandelt, und sein Bündel Speere war in einen langen Schwanz umgestaltet, an dessen Ende die Widerhaken eines männlichen Speers emporragten.

## 6. *Die erste Eifersucht*

Mudati und Jurumu, die das Feuer entdeckt hatten, waren lange Zeit Gefährten, bis sie sich eines Tages wegen einer Frau zerstritten. Die junge Frau hieß Parabruma, und beide Männer begehrten sie als Gattin. Parabruma war Mudati sehr zugetan, und Jurumus Eifersucht trieb ihn zu einem schändlichen Racheakt. Jurumu schnitzte eine Anzahl scharf zugespitzte Stäbe, die er in dem Grasnest eines Bandikuts versteckte, so daß ihre Spitzen nach oben deuteten. Er bedeckte die scharfen Stäbe sorgfältig mit Gras. Dann ging er zu Mudati und schlug ihm vor, gemeinsam mit ihm auf Bandikutjagd zu gehen. Jurumu führte Mudati zu dem Bandikutnest, in dem er die spitzen Hölzer versteckt hatte, und gab vor, von Jagdeifer gepackt zu sein. In gespielter Aufregung bedrängte er seinen Jagdgefährten, auf das Nest zu springen, bevor das Bandikut entweichen konnte. Aber Mudati wollte lieber warten, bis das Bandikut aus dem Nest lief, damit er es mit seinem Speer erlegen konnte. Jurumu mußte all seine Überredungskunst anwenden, um Mudati davon zu überzeugen, daß sein Vorschlag der erfolgversprechendere war. Schließlich sprang der ahnungslose Mudati mit voller Wucht auf das Nest, das Jurumu in eine gemeine Falle für ihn hergerichtet hatte. Laut schrie er, als die scharfen Hölzer seine Füße durchbohrten, und er fiel nieder auf die Erde. Dann verwandelte er sich in einen Häher und flog davon.

Sobald Jurumu den Häher entschwinden sah, eilte er zu Parabruma, doch diese lehnte seinen Heiratsantrag empört ab, da sie über seine Missetat an Mudati Bescheid wußte. Enttäuscht und erzürnt über die Ablehnung ergriff Jurumu sein Wurfholz und hieb Parabruma damit über beide Wangen, bis ihr die Gesichtshaut in langen Fetzen von Lippen und Wangen herabhing. Um Jurumus Zorn zu entweichen, verwandelte sie sich in den Maskenkiebitz. Noch heute trägt dieser Vogel die länglichen Hautlappen als Merkmal, und sein Ruf ist der Klageruf Parabrumas, mit dem sie sich in die Lüfte erhob.

## *7. Verbotene Liebe*

Jurumu, seine Gattin Narina und deren Bruder Kilpuruni lebten zusammen in einem Lager. Kilpuruni war unverheiratet und sehnte sich nach einer Frau. Eines Tages begann er, seine eigene Schwester zu begehren. Narina hatte sich in den Wald begeben, um Nahrung für ihren Gatten zu sammeln. Kilpuruni war ihrer Spur gefolgt, und als er sie fand, bat er sie um etwas Eßbares. Narina bot ihm Opossumfleisch an, doch er behauptete, ihm schmecke diese Sorte Fleisch nicht sehr. Da bot sie ihm Honig an, doch er lehnte auch den Honig ab. Nachdem Narina ihm noch mehrere Nahrungsmittel angeboten und er sie jedesmal abgelehnt hatte, gestand Kilpuruni, daß er keine Nahrung, sondern Narina selbst begehrte. Entsetzt wehrte Narina seine Annäherungsversuche ab und wies ihn darauf hin, daß

Geschwisterliebe unmöglich sei, doch Kilpuruni bedrängte sie so sehr mit Schmeicheleien, Worten und Gesten, daß sie seinem Verlangen schließlich doch nachgab und seinen Wunsch erfüllte. Danach hatte sie jedoch ein so schlechtes Gewissen, daß sie reumütig zu ihrem Mann ins Lager zurückkehrte und ihm von dem Vergehen berichtete. Jurumu war sehr erzürnt und bestrafte Narina auf der Stelle, doch erwähnte er seinem sündigen Schwager gegenüber nichts von dem Vorfall. Er zog es vor, einen günstigen Moment abzuwarten, um sich an Kilpuruni zu rächen. Eines Tages befanden sich beide Männer auf einem Beutezug und waren auf einen hohen Eukalyptusbaum geklettert, um nach Honig zu suchen. Da zeigte Jurumu seinem Schwager ein wildes Bienennest am Ende eines langen Astes und bat ihn, dieses Nest auszuheben. Als Kilpuruni vorsichtig auf das Nest zu kletterte, schlug Jurumu den Ast ab, und Kilpuruni fiel aus dem Baum. Der schwere Ast fiel auf Kilpuruni, ehe dieser Zeit hatte, sich zu erheben, und drückte ihn breit und platt. Kilpuruni verwandelte sich in die flache Deckenechse. Narina, seine Schwester, verwandelte sich in den schwarzen Kakadu, und der rachelustige Jurumu stieg als Adler in die Höhe, der auch heute noch Ausschau hält nach der Deckenechse, dem Verführer seiner Frau.

## *8. Der erste Tod*

Purukupali und Bima hatten einen kleinen Sohn Djinini. Bima nahm Djinini tagsüber mit auf Nahrungssuche, und wenn er müde wurde, legte sie ihn in den Schatten eines Baumes zum Schlafen. Purukupali und Bima waren glücklich miteinander, bis eines Tages ein anderer Mann namens Tjarapa Bima dazu überredete, den schlafenden Djinini eine Weile sich selbst zu überlassen, und mit ihm zu gehen. Tjarapa schmeichelte und bedrängte Bima so lange, bis sie schließlich einwilligte und ihren schlafenden Sohn verließ, um sich mit Tjarapa in den Busch zu stehlen. Es war ein sehr heißer Tag, und Bima vergaß die Zeit. Als sie endlich zu ihrem Kind zurückkehrte, war der Schatten des Baumes längst weitergewandert, und Djinini lag tot in der grellen Sonnenhitze. Als Purukupali erfuhr, wie sein Sohn umgekommen war, kannte seine Trauer und seine Empörung keine Grenzen. In blinder Wut hieb er mit seinem Wurfholz auf Bima ein, um sie für ihre Eigensucht und Pflichtvergessenheit zu bestrafen. Bima entfloh in den Wald. Tjarapa, dessen Reue über den traurigen Ausgang seiner Begehrlichkeit für Bima groß war, flehte Purukupali an, ihm den Leichnam Djininis zu überlassen, damit er ihn in drei Tagen wieder zum Leben erwecken könnte. Doch Purukupali forderte Tjarapa zum Zweikampf. Beide Männer fochten einen langen und erbitterten Kampf und fügten einander tiefe Wunden zu, bis sie schließlich völlig erschöpft und schwerverwundet zu Boden fielen. Dann erhob sich Purukupali und nahm seinen toten Sohn in die Arme. Rückwärts schreitend watete er in die See und verkündete dabei, daß von nun an allen Lebewesen auf der Erde das gleiche Schicksal wie seinem Sohn, der Tod, beschieden sei. An der Stelle, wo Purukupali mit Djinini versank, bildete sich ein gewaltiger Wasserstrudel, der auch heute noch so gefährlich ist, daß sich niemand in seine Nähe wagt. Tjarapa ergriff seinen Feuerbrand und stieg damit in den Himmel auf, wo er sich in den Mond verwandelte, der heute noch die Narben der Wunden trägt, die ihm Purukupali zugefügt hatte. Auch Tjarapa unterliegt dem Schicksal des Todes und stirbt immer wieder, doch nach drei Tagen ruft er sich jedesmal wieder ins Leben zurück und tritt seine Himmelswanderung aufs neue an. Bima, die in den Wald geflohen war, nahm die Gestalt des Brachvogels an, dessen laute Klagerufe noch heute allnächtlich das Leid verkünden, das Bima um den Tod ihres Kindes und um das Unheil empfand, das ihr Handeln der Welt bescherte.

## *9. Tukumbini, der die Gesetze schuf*

Als Purukupalis Neffe Tukumbini vom Tod seines Onkels erfuhr, rief er die Urbewohner des Tiwilandes zu einer großen Pukamunizeremonie, dem Begräbnisfest, zusammen. Nach Beendigung der Pukamunizeremonien, die auch heute noch im Tiwiland nach der Tradition der ersten Feier abgehalten werden, versammelte Tukumbini die Festteilnehmer und legte ihnen die Gebote und Gesetze dar, die von nun an den Lauf des Lebens bestimmen würden. Er erklärte ihnen ihre Verhaltensmaßregeln und erläuterte ihnen die Gesetzlichkeiten, nach welchen zukünftige Ehen geschlossen und Stammeseinteilungen und -Beziehungen geregelt seien. Dann legte Tukumbini die Einteilung der Zeit in Tag und Nacht fest und sandte sein Volk zurück zu ihren alten Lagerplätzen, wo sie ihre Totemstätten einrichten sollten. Wuriupranala, die Sonnenfrau, und Tjarapa, der Mondmann stiegen in den Himmel auf, um ihre ewigen Wanderungen anzutreten. Auch die anderen Himmelsgestirne zogen in ihr neues Land, und auf der Erde verwandelten sich die Einwohner in die verschiedenen Tier- und Pflanzentotems. Tukumbini selbst verwandelte sich in den gelben Honigfresser, dessen Gesang in der Morgendämmerung die Menschen weckt und den neuen Tag ins Leben ruft.

## *10. Die Männer der Milchstraße*

Unter den vielen Leuten, die an Purukupalis Pukamunizeremonien teilnahmen, befanden sich die Maludaianini. Obwohl die Männer der Maludaianini viele Frauen besaßen, stahlen sie sich häufig mit den Frauen anderer Männer in den Busch, was schließlich so viel Eifersucht und Ärger verursachte, daß zwischen den Maludaianinimännern und den anderen männlichen Teilnehmern der Pukamunifestlichkeiten ein erbitterter Kampf ausbrach, in welchem viele Maludaianini ihr Leben verloren. Daraufhin entflohen die übrigen Maludaianini, die noch mit ihrer zeremoniellen Körperbemalung geschmückt waren, in den Nachthimmel hinauf, wo sie die Milchstraße bildeten. Ihre Frauen wurden die zahlreichen Sterne in der Nähe der Milchstraße. Wenn sich heute nach dem Untergang der Sonnenfrau die Nacht über die Erde breitet, und die Sterne und die Lichter der Milchstraße zu leuchten beginnen, reiben die Maludaianini den getrockneten Schweiß von ihren Körpern, der dann zur Erde schwebt und in die Augenlider der Menschen rieselt. Dann werden die Lider so schwer, daß sie ständig zufallen und sich schließlich nicht mehr öffnen, bis Tukumbini am nächsten Morgen die Menschen wieder in einen neuen Tag singt.

## *11. Der Königsfisch*

Während der Vorbereitungen für Purukupalis Begräbnisfeier hatten die Fischmänner die großen Grabpfosten geschnitzt und bemalt und mit dekorierten Flechttaschen versehen, und Pipinjawari, ihr Anführer, hatte diese Arbeiten beaufsichtigt. Während die Zeremonien abgehalten wurden, riefen die Fischmänner zu einem Wettbewerb im Speerweitwurf auf. Pipinjawari war der geschickteste und erfahrenste Speerwerfer, und sein Speer flog weiter als die der anderen Wettbewerbsteilnehmer. Doch bei seinem gewaltigen Speerwurf verrenkte sich Pipinjawari sein Rückgrat so sehr, daß seine Wirbelsäule brach und durch seine Rückenhaut drang. Die Speere aber verwandelten sich in Eukalyptusbäume, und Pipinjawaris Speer ist nun der höchste Baum in diesem Wald. Als später die Beerdigungsfeierlichkeiten zu Ende gingen, erwarteten die Fischmänner von Pipinjawari eine Entlohnung für ihre Arbeit an den Grabpfosten. Doch ihr Anführer wollte dieser Verpflichtung nicht nachkommen, was die Fischmänner so erboste, daß sie ihn mit ihren Speeren bedrohten. Um seiner verdienten Strafe zu entkommen, sprang Pipinjawari in das nahe Meer und verwandelte sich in den Königsfisch mit seiner hohen Rückenflosse, der gebrochenen Wirbelsäule Pipinjawaris. Daraufhin verwandelten sich auch die anderen Fischmänner in Fische, in den Sägefisch Jidat, in den Haifisch Taduwala, in Pulajerapi, die Meeräsche. Sie haben die Verfolgung des Königsfisches bis auf den heutigen Tag nicht aufgegeben, denn häufig kann man beobachten, wie Pipinjawari durch das Wasser eilt und in hohen Sprüngen aus den Wellen seinen Verfolgern zu entkommen sucht.

## *12. Die Sonnenfrau*

Wuriupranala, eine der ersten Frauen, hatte vor langer Zeit von ihrem Bruder Purukupali einen Feuerbrand erhalten mit dem Auftrag, das Feuer stets zu hüten und am Leben zu erhalten. Nach Purukupalis Tod wurde sie die Sonnenfrau, die jeden Morgen einen hohen Berg am östlichen Horizont besteigt, um ihre Wanderung über den Himmel anzutreten. An manchen Tagen pudert sich die Sonnenfrau mit rotem Ocker, bevor sie ihren Weg beginnt, und der Ockerstaub fliegt in den Himmel und in die Wolken, so daß die Menschen auf der Erde das Morgenrot sehen. Auf ihrem Weg in den Zenith sammelt Wuriupranala ihre Nahrung, die sie am Mittag in einem heißen Feuer röstet. Dann wird es auf Erden in der grellen Sonne so unerträglich heiß, daß die Menschen sich in den Schatten zurückziehen und ruhen, bevor sie am Nachmittag ihre Arbeit wieder aufnehmen. Auf ihrer Wanderung durch den Nachmittag sammelt die Sonnenfrau wiederum Nahrung, die sie ihrem Gatten Andjalui, dem Süßwasser mitbringt. Auch abends, wenn Wuriupranala sich dem westlichen Horizont nähert, schmückt sie sich häufig mit rotem Ocker und rötet dabei den Abendhimmel vor einem leuchtenden Sonnenuntergang. Dann löscht sie den flammenden Feuerbrand bis auf einen Funken Glut, den sie bis zum folgenden Morgen am Leben hält. Wenn eine Gewitterwolke die Sonne verbirgt, dann hat Andjalui die Sonnenfrau in sein Lager geholt. Nachdem Wuriupranala ihren Feuerbrand gelöscht hat, ruht sie eine Weile auf einem Berg neben einer Lagune. Dann tritt sie ihren Rückweg nach Osten durch die Unterwelt Ilara an, wobei der glühende Funke am Ende ihres Feuerbrandes ihr den Weg weist.

## *13. Der Mondmann*

Tjarapa war nach seinem gewaltigen Zweikampf mit Purukapali als Mond in den Himmel gestiegen. Der Mondmann trägt immer noch die Narben im Gesicht, die seine schweren Verwundungen hinterließen. Zwar hatte Purukapali nach dem Kampf verfügt, daß alle Wesen der Schöpfung nach ihrem Tod nie wieder auferstehen würden, doch Tjarapa, der Mondmann entgeht diesem Vermächtnis, da sein Leben drei Tage nach seinem allmonatlichen Tod sich stets wieder erneuern wird. Wenn Tjarapa neu zum Leben erwacht, beginnt er sofort damit, Unmengen von Mangrovenkrebsen zu verschlingen, wovon er innerhalb von zwei Wochen fett und kugelrund wird. Doch seine Freßgier nimmt jedesmal ein schlimmes Ende, denn nach zwei Wochen beginnt er todkrank zu werden, bis er am Ende der beiden Wochen völlig dahinsiecht. Kurz bevor der Mondmann stirbt, sehen die Menschen nur noch sein Skelett, den schmaler und schmaler werdenden Halbmond, und seinen Geist Imunka, den Teil der Mondkugel, die mit bloßem Auge nur schwach zu erkennen ist.

## *14. Die Bringer des Regens*

Wailu, eine Lagune auf Melville Island ist die Totemstätte des Süßwassermannes Andjalui. Außer ihm wohnen an dieser Stätte der Regenbogenmann Maratji, die Froschfrau Quork Quork und deren drei Kinder, die den Regen bringen: ihr Sohn Pakadringa, der Mann der Gewitterstürme, und ihre beiden Töchter Tomituka und Bumerali. Tomituka ist die Frau der Monsunregen, und Bumerali ist die Frau der Blitzschläge. Die drei Geschwister wandern in den Wolken, die sich zu Beginn der Regenzeit sammeln, und Pakadringas dunkle rollende Donnerstimme kündet der Menschheit aus der Ferne an, daß seine Schwester Tomituka nun bald den Regen niedersenden wird. Bumerali, die stets ihren Mann und ihre vielen Kinder mit sich führt, besitzt lange Steinbeile, mit denen sie die Erde schlägt, wobei sie häufig schweren Schaden anrichtet. Wenn ihre Kinder ihr nicht gehorchen und in wildem Spiel von Wolke zu Wolke springen, herrscht sie sie wütend an, und ihre Stimme erschallt als der laute Donnerschlag, der unmittelbar auf einen Blitz folgt. Quork Quork, die Froschfrau und Mutter der drei Regenbringer beginnt vor Freude zu quaken, sobald sie die Stimme ihrer Kinder vernimmt und die ersten Regentropfen auf die Erde niederfallen. Niemand wird es wagen, einen Frosch zu töten, da sonst ihre Kinder Pakadringa und Tomituka schwere Gewitterstürme zur Erde niedersenden würden, bis jedermann ertrunken wäre.

## *15. Das Weltall*

Die Tiwi auf Bathurst- und Melville Island glauben, daß das Weltall aus vier übereinanderliegenden Welten besteht: der Unterwalt Ilara, der Erde, wo die Menschen leben, dem Himmel Juwuku und der Oberwelt Tuniruna.

In der Unterwelt Ilara ist es stets finster, und die einzigen Wesen, die sie betreten, sind die Sonnenfrau Wuriupranala und der Mondmann Tjarapa. Ilara besteht aus zwei felsigen Bergketten, zwischen denen ein tiefes Tal liegt. Eine Quelle entspringt auf einem Berg, und die Sonnenfrau und der Mondmann können sich auf ihrem unterirdischen Rückweg nach Osten an ihrem Wasser erfrischen. Ansonsten aber ist Ilara eine öde finstere Welt, in der sich weder Pflanzen noch Tiere befinden.

Die über Ilara liegende Erde ist flach und so schmal, daß jeder, der sich zu weit von den Ufern des Tiwilandes entfernt, über den Rand der Erdscheibe stürzt. Die Sonnenfrau geht am östlichen Rand der Erde auf und steigt an ihrem westlichen Rand wieder in die Unterwelt. Die Erdscheibe selbst hat eine begrenzte Tiefe, und wenn man ein tiefes Loch in sie hineingraben würde, erreichte man die Unterwelt.

Über der Erde liegt die Welt des Himmels Juwuku, in dem sich des nachts die Sternenleute aufhalten, und durch den die Sonnenfrau und der Mondmann ihre Wanderungen machen. Während der Regenzeit sind auch der Gewittermann Pakadringa und seine beiden Schwestern Tomituka, die Monsunfrau, und Bumerali, die Frau des Blitzschlags mit ihrer Familie in dieser Himmelswelt zu Hause.

Über dem Himmel erstreckt sich eine weitere Welt, die Oberwelt Tuniruna. Tuniruna ähnelt der Erde sehr, außer daß es dort kein Meer und auch sonst kein Salzwasser gibt und damit auch keine Pflanzen und Tiere, die auf der Erde in salzhaltigen Gewässern zu Hause sind. Die Bewohner von Tuniruna gehen ihren täglichen Verrichtungen nach wie die Menschen auf der Erde. Tagsüber halten sich auch die Einwohner der nächtlichen

Himmelswelt Juwuku in Tuniruna auf, und während der Trokkenzeit richten die Bringer des Regens Pakadringa, Tomituka und Bumerali mit ihren Angehörigen ihre Lagerstätten in Tuniruna ein. Wenn die Sonnenfrau über den westlichen Rand der Erde entschwindet, erleuchten die Lagerfeuer der Bewohner Tunirunas diese Oberwelt taghell, wie die Sonnenfrau die Erde erhellt. Bevor die irdische Regenzeit einsetzt, sammeln sich in Tuniruna die Lebensgeister der dortigen Pflanzen und Tiere in Wassertropfen, in denen sie zu Beginn der Regenzeit in Pakadringas Gewitterwolken und in Tomitukas Monsunregenfällen zur Erde getragen werden, um neues Leben zu spenden.

## *16. Die Seelenkinder Pitipitui*

Die Seelenkinder Pitipitui existieren schon zu Anbeginn. Ihnen wohnt die Lebenskraft inne, die sie später zu echten Menschenkindern verwandelt. Die Pitipitui wohnen in Totemplätzen, wo sie auf einen Vater warten, der sie zu ihrer zukünftigen Mutter bringen wird, in deren Leib sie dann zu einem Kind aus Fleisch und Blut heranwachsen. In der Urzeit brachte Purukupali seinen beiden Schwestern Seelenkinder, und später brachte er Seelenkinder zu seiner Gattin Bima mit dem Auftrag, sie an die anderen Frauen im Land zu verteilen. Bevor Purukupali in seinen Tod ging, verkündete er den Pitipituis, daß sie von nun an von einem Vater zu ihren Müttern getragen werden sollten. Sie erscheinen dann ihrem zukünftigen Vater in einem Traum und bitten ihn, ihnen eine Mutter zu geben, wenn er sich in der Nähe einer ihrer Totemstätten aufgehalten hat. Der Vater trägt das unsichtbare Pitipitui auf seinen Schultern zu seinem Lager, wo er seiner Frau verkündet, daß sie ein Kind gebären wird, und das Seelenkind dringt heimlich in den Leib seiner Mutter ein, wo es zu einem Menschenkind heranwächst.

## *17. Die Meteormänner*

Weit im Westen, wo der Himmel endet, wohnt ein Dämonenvolk in einer riesigen Rindenhütte. Es sind die Papinjuwaris, die Meteormänner mit ihren Familien. Die Meteormänner sind groß und stark und besitzen nur ein Auge, das so hell leuchtet wie ein funkelnder Stern. Häufig sieht man sie über den Nachthimmel eilen mit einem flammenden, funkensprühenden Feuerbrand in einer Hand und einer Kampfkeule in der anderen. Die Papinjuwaris werden sehr gefürchtet, da sie sich mit Vorliebe an dem Fleisch der Verstorbenen und dem Blut der Kranken laben. Da sie sich unsichtbar machen können, vermögen sie sich ganz nah an ihr Opfer heranzumachen, ohne entdeckt zu werden. Wenn eine Sternschnuppe niederfällt, wissen die Menschen, daß ein Meteormann nach einem Opfer sucht.

## *18. Das Volk der Kobolde*

Die Paramanua sind Kobolde, die in großen unterirdischen Höhlengängen wohnen, deren Eingänge in hohlen Bäumen und Termitenhügeln verborgen sind. Sie sind nur etwa einen Meter groß, aber sehr kräftig und flink und halten sich zwischen den Bäumen versteckt. Die Paramanua besitzen lange Fangzähne und krallenhafte Finger- und Zehennägel, aber im allgemeinen sind sie trotz ihres furchterregenden Aussehens recht harmlos und den Menschen wohlgesinnt. Allerdings werden sie sehr böse, wenn jemand von ihnen spricht oder gar von einem Erlebnis mit ihnen erzählt. Sobald sie davon erfahren, machen sie den Erzähler auf lange Zeit schwach und krank. Daher spricht man nur ganz heimlich von ihnen und im Flüsterton. Wenn sich einer der Kobolde mit einem Menschen anfreunden will, beobachtet er ihn erst eine Zeitlang, bis er ihn eines Tages allein im Busch auf Nahrungssuche sieht. Dann beginnt der Paramanua seinen Schabernack zu spielen. Erst nähert er sich dem Mann hinterrücks und wirft seinen Speer auf ihn, eilt dann aber dem Speer in Windeseile nach und greift ihn, kurz bevor er sein Ziel erreicht, denn der Kobold will den Mann nicht wirklich töten, sondern sein eigenes Geschick auf die Probe stellen und dem Mann einige Streiche spielen, bevor er sich mit ihm anfreundet. Der ahnungslose Jäger zieht weiter seines Weges, doch sobald er stehenbleibt, schleicht sich der Paramanua von hinten her ganz nah an ihn heran und kitzelt ihn in der Rippengegend. Erschreckt wendet sich der Mann, um seinen vermeintlichen Feind zu stellen, doch der flinke Kobold hat sich mit einem raschen Sprung wieder hinter seinem Rücken versteckt und kitzelt ihn aufs neue, so daß sich der verwirrte Mann wieder erschreckt dreht, aber nichts Verdächtiges entdekken kann. Dieser Ulk währt so lange, bis der Mann schließlich erschöpft und schwindelig von der häufigen Dreherei zu Boden sinkt. Mit einer heftigen Ohrfeige nimmt der Kobold dem Mann das Bewußtsein und schleppt ihn zu seiner unterirdischen Wohnstätte. Dort wird der Mann von den Paramanuas in den folgenden Wochen mit soviel Freundlichkeit, Wohlwollen und Aufmerksamkeit behandelt, daß er recht bald seine Herkunft und seine Heimat vergißt und jegliches Zeitgefühl verliert. Dann eines Tages führt der Kobold seinen menschlichen Freund zurück an die Erdoberfläche und in seine Jagdgründe in der Nähe seines Lagers. Beim Abschied bittet er den Jäger, niemand etwas über das, was er sah und über seine Erlebnisse mit den Paramanuas zu erzählen. Dafür werde er ihm stets ein treuer Freund sein, ihn in Kämpfen beschützen und auf seinen Jagdzügen das Wild in seine Schußlinie jagen. Und da er als Kobold in die Zukunft sehen könne, werde er ihn von nun an stets vor Unheil und Mißgeschick bewahren. Falls der Mann aber seine Freundschaft mit ihm und damit die Quelle seines guten Glücks je preisgeben wird, werde er diesen Treuebruch mit Unglück und Krankheit oder gar mit dem Tod bestrafen.

## *19. Die Yunggamurra Wassernixen*

Einst hatten die Mädchen ein Stammesgesetz gebrochen und waren von den Medizinmännern durch Zaubergesänge in andere Wesen verwandelt worden, die eine Hälfte in Wassernixen, die andere Hälfte in Geistermädchen, die durch die Gegend der Termitenhügel zogen. Die Wassernixen betörten die einherwandernden Männer mit wundersamen Gesängen und mit ihrer eigenen Schönheit, während die anderen Geistermädchen ihr Aussehen verwandeln konnten und die Männer damit blendeten und narrten, daß sie sich in die Gestalt der von ihnen begehrten Frauen verwandelten. Der Zauber der Wassernixen war besonders gefürchtet, da sie ihre männlichen Opfer mit ihren scharfen Klauen erfaßten und festhielten, bis sie starben.
Die Yunggamurra Wassernixen waren sieben Schwestern, die in einem großen Teich lebten. Eines Tages entdeckte ein junger Jäger namens Manbuk die sieben Wassernixen und versuchte, sich ihnen heimlich zu nähern. Manbuk hätte gerne eines der Mädchen gefangen, doch ihre Körper waren mit einem glitschigen Schleim bedeckt, so daß kein Mann sie festhalten konnte. Man mußte sich entweder die Innenseite der Hände mit den rauhen Unterseiten von Feigenblättern aufrauhen oder das lange Haar der Nixen um eine Hand wickeln.
Doch ein weißer Kakadu sandte den Schwestern einen Warnruf. Da glitten die Wassernixen geräuschlos ins Wasser und tauchten in die Tiefen des Teiches, ohne die geringste Welle zu hinterlassen. Nur eine der Yunggamurra Schwestern war zu neugierig und wollte den Mann nochmals betrachten. Sobald sie jedoch auftauchte, ergriff Manbuk ihr langes Haar und wand es um sein linkes Handgelenk, zog das Mädchen aus dem Wasser und rannte mit ihr auf und davon, um den gefährlichen Klauen ihrer aufgebrachten Schwestern zu entgehen. Die Flucht gelang ihm aber nur, weil er über einen Flecken ausgebrannten Landes lief, dessen Boden noch heiß war, so daß ihn die Wassernixen nicht betreten konnten. Die sechs Wassernixen gingen zu ihrem Teich

zurück, wo sie einen lauten Klagegesang um den Verlust ihrer Schwester anstimmten.
Auch Manbuk war nicht sonderlich zufrieden mit dem Erfolg seines Raubes, da die Wassernixe seine Sprache nicht verstand und sich furchtsam an ihn klammerte. Aber er erinnerte sich, daß ihm sein Onkel vor einiger Zeit erklärt hatte, wie man die Wassernixen aus ihrer Verwünschung erlösen konnte. Er setzte das Mädchen auf die Erde nieder und fachte ein großes Feuer an, in das er grüne Bambussprossen legte. Dann räucherte er die Wassernixe in dem dichten weißen Rauch, bis der graue Schleim sich von ihrer Haut löste. Zu seinem Entsetzen krochen aus allen Poren des Mädchens Scharen von Blutegeln, die in den Flammen des Feuers verbrannten. Schließlich verwandelte sich die Wassernixe in eine echte junge Frau, die Manbuks Sprache sprach und die Sitten und Bräuche seines Stammes verstand.
Der weiße Rauch des Reinigungsfeuers war inzwischen vom Wind zum Teich der Wassernixen getragen worden, und sobald diese erkannten, was geschehen war, stimmten sie einen Zaubergesang an, um Manbuk und seine neugefundene Frau Milajun in ihren Bannkreis zu locken. Eilig verließ das Paar die Gegend.
Milajuns Verzauberung in eine Wassernixe hatte ihr übermenschliche Gaben verliehen, die ihr trotz ihrer Rückverwandlung in eine Frau nicht verloren gegangen waren. Sie lockte die wilden Bienen aus ihren Nestern, so daß Manbuk ohne Mühe den Honig sammeln konnte. Sie ahmte die verschiedenen Vogelstimmen nach, bis die Vögel um sie kreisten und Manbuk sie mit seinem Wurfholz erlegen konnte. Und Milajuns Nähe ließ die Früchte des Waldes in ihren Hülsen erzittern, so daß das Paar nicht erst nach ihnen zu suchen brauchte. Daher führten Manbuk und seine hübsche Frau ein glückliches und zufriedenes Dasein.

## *20. Manbuk und die sieben Schwestern*

Es war zu Beginn der Regenzeit, als Manbuk sich eines Tages mit Milajun, seiner Frau, im Schatten eines riesigen Feigenbaumes ausruhte, dessen Zweige bis an den Himmel reichten. Der rollende Donner in der Ferne brachte Manbuk einen eigenartigen Traum. Er sah in diesem Traum alles deutlich und hörte jeden Laut, doch konnte er sich nicht rühren. Er sah, wie sich aus dem Blätterdach über ihm eine Liane niedersenkte und über Miljuns Kopf hin und her schwang. Eine Stimme aus dem Baum befahl ihr, nach der Ranke zu greifen. Milajun tat, wie ihr befohlen, und wurde in die Höhe gehoben. Da rief sie ihren Mann um Hilfe, und ihr Ruf löste Manbuk aus seiner Unbeweglichkeit, doch zu spät, denn so sehr er sich bemühte, Milajun zu erreichen und zu befreien, es gelang ihm nicht. Untätig mußte er zusehen, wie seine geliebte Frau höher und höher getragen wurde.

Dann hörte er den Schlag einer Axt aus der Höhe des Baumes, und Milajun fiel mit der abgehackten Liane in den Teich zurück, aus dem Manbuk sie geholt hatte. Manbuk gelobte Milajun aufs neue, sie von dem Zauber zu befreien, der sie in den Teich versenkte. Plötzlich stand ein alter Mann neben ihm. »Ich bin Nartu«, sprach der Alte, »ich wohne unter der Erde in einer Höhle und sende täglich die Sonnenfrau auf ihre Wanderung. Du bist in Not, welches Leid ist dir widerfahren?« Manbuk berichtete, was sich zugetragen hatte, und Nartu hörte ihm aufmerksam zu. Dann gebot er dem jungen Mann: »Geh fünf Tage lang nach Westen, bis du zu meiner Lagerstätte kommst. Du kannst sie nicht verfehlen, denn neben dem Eingang zu meiner Höhle befindet sich ein verbrannter Hügel. Doch tritt nicht bei Nacht in die Höhle ein, da dich die Hitze der Sonnenfrau, die nachts unter der Erde schläft, gewiß töten wird. Betritt meine Höhle erst, wenn die Sonne am Himmel steht. Dann geh zu meiner Feuerstelle. Daneben wirst du ein klaffendes Loch finden, in das du einen Feuerbrand werfen sollst. Doch flieh aus der Höhle, sobald du das getan hast.“

Nach fünftägiger Wanderung fand Manbuk die Höhle des Sonnenherrn. Furcht überkam ihn, als er in deren endlose Tiefe starrte, doch er folgte den Spuren einiger Felswallabies, die in der Höhle Zuflucht gesucht hatten, und nachdem er eine Zeitlang zwischen den schwarzen Felsbrocken und roten, mit Zeichnungen bedeckten Felswänden umhergeirrt war, stieß er auf die Feuerstelle des alten Mannes und fand das Erdloch, in das er seinen Feuerbrand warf. Sogleich ertönte aus den Tiefen der Erde ein mächtiges Rumpeln und Poltern, und ein heißer Wind wehte aus der Höhle, als Manbuk davonrannte. Auch die Sonnenfrau sandte einen heißen Wind aus der Höhle, und bald begann Manbuks Haut auszutrocknen, die Pflanzen und die Erde um ihn herum versengten, und die Flüsse und Wasserstellen begannen zu versiegen. Rasch fertigte sich Manbuk einen Wasserbehälter aus Rinde, um darin einen Notvorrat zu verwahren. Eine verheerende Dürre breitete sich über das Land. Die Bäume starben ab, und die Vögel fielen tot aus den Zweigen der Bäume. Endlich erreichte Manbuk den Teich, in dem Milajun verschwunden war. Der Teich hatte sich in einen erbärmlichen Schlammtümpel verwandelt, in dem sich sterbende Fische hin und her wälzten, und Krokodile sich träg einen Weg bahnten. Da entdeckte er einen kleinen Wassertümpel, aus dem klagende Stimmen ertönten. Dorthin hatten sich die Wassernixen mit ihrer Schwester zurückgezogen. Doch bevor Manbuk seine Frau Milajun aus dem Tümpel befreien konnte, begann ein sanfter Regen zu fallen, der den erschöpften Wasserkreaturen neuen Lebensgeist einflößte.

Die Wassernixen nahmen ihre Schwester in ihre Mitte und rannten mit ihr davon in die Richtung eines schweren Regenfalls. Manbuk verfolgte sie und sang dabei den Emugesang, um seine Beine so stark und geschwind zu machen wie die Beine des Emus. Er hatte die Wassernixen und Milajun nahezu eingeholt, als sie in dem Regenfall anlangten. Dort schwammen sie den Regen hinauf in den Himmel und damit aus Manbuks Reichweite. Mit einem Riesensatz sprang Manbuk selbst in den Himmel, doch es ist ihm bis auf den heutigen Tag nicht gelungen, die sieben Schwestern einzuholen. Die sieben Schwestern sind am Nachthimmel als das Siebengestirn zu erkennen, und Manbuk als das Sternbild des Orion.

## *21. Marlu und Yaba, die Geckobrüder*

Vor langer Zeit lebten zwei Geckobrüder in einem Land im Westen. Der ältere Bruder hieß Marlu, der jüngere Yaba. Eines Tages befand sich Yaba auf Wallabyjagd, als er die Fußspuren von zwei Frauen entdeckte. Er vermutete, daß diese Spuren von zwei jungen Schwestern Cananda und Kudjeri stammten, die dafür bekannt waren, daß sie an dieser Stelle auf Jagd gingen und damit gegen ein Stammesgesetz verstießen. Yaba hatte gehört daß Cananda, die dem Totem der Schwarzen Kakadus angehörte, sehr hübsch war, und daß alle Männer, die sie je gesehen hatten, von ihrer Schönheit so bezaubert waren, daß sie den Rest ihres Lebens damit verbrachten, einen magischen Gesang zu finden, der Cananda an ihr Lagerfeuer locken würde.

Da sah Yaba die beiden Schwestern über eine Flußebene und in die nahegelegenen Berge eilen. Geschwind wie der Wind eilte Yaba ihnen hinterher, aber sie flüchteten rechtzeitig in eine Höhle mit einem sehr engen Eingang, und Yaba konnte sie nicht erreichen. Er versuchte, sie mit schmeichelhaften Worten hervorzulocken, aber sie lachten ihn nur aus. Dann versuchte er, sie mit einem langen dünnen Stock herauszuscheuchen, aber sie spuckten auf das Ende des Stockes und lachten ihn um so mehr aus. Beschämt und erfolglos kehrte Yaba zu seinem Bruder zurück.

Marlu war gerade dabei, einen fetten saftigen Emu zu rösten. »Bruder«, sagte Yaba zu ihm, »wenn du mir ein fettes Stück Fleisch gibst, erzähle ich dir etwas Wissenswertes«. Marlu gab seinem jüngeren Bruder ein saftiges Stück Emufleisch, und dieser erzählte ihm daraufhin von dem Erlebnis mit den beiden Schwestern. Da ging auch Marlu zu der Höhle, wo sich Cananda und Kudjeri aufhielten, und auch er mußte sich Spott und Hohn gefallen lassen. Da kehrte er zu seinem Bruder zurück und behauptete, er habe nichts besonderes gesehen oder erlebt. Er warf Yaba vor, daß er ihn für ein gutes Stück Fleisch angeschwindelt hatte und befahl ihm, am folgenden Tag die beiden Schwestern zu fangen und zu beweisen, daß er die Wahrheit sprach.

Frühmorgens machte sich Marlu auf den Weg zum Höhleneingang. Die beiden Schwestern hatten ihre Höhle bereits verlassen, als Marlu eintraf. Darauf hatte Marlu auch gehofft, denn Yaba würde nun die beiden Schwestern bei der Jagd überraschen und sie in seine Richtung treiben.

Und so geschah es. Yaba fand die beiden jungen Frauen im Tal, und als sie ihren Verfolger entdeckten, flohen sie hinauf zu ihrer Höhle. Da sprang Marlu hervor und packte jede Schwester beim Handgelenk. So sehr sie sich wehrten und schrien, sie konnten sich nicht von Marlu befreien. Als Yaba ankam und sah, daß Marlu die jungen Frauen bereits gefangen hielt, forderte er die schöne Cananda als seinen Preis, da er ihre Fußspur als erster entdeckt hatte. Aber Marlu verwarf diese Forderung mit dem Hinweis, daß sein jüngerer Bruder nicht alt genug war, um sich eine Frau zu nehmen, und daß er, Marlu, beide Schwestern als seine eigenen Frauen heimführen würde.

Da entzweiten sich die Brüder, und Yaba lebte und jagte von nun an allein. Eines Tages traf er einen alten Mann. Yaba erzählte ihm, wie Marlu ihn um Cananda betrogen hatte. Der Alte sprach: »Ich bin Badju, der weise Yerindimann. Meine Yerindi-Zaubergesänge vermögen abgestorbene Bäume und Steine mit Schattenwesen zum Leben zu erwecken, und dann gehorchen sie meinem Befehl. Ich besitze den Yerindi-Zauberstein, der an meinem Haargürtel befestigt ist. Wenn ich ihn schleudere und mit meinen Zaubergesängen leite, verfolgt und tötet er als fallender Stern die jungen Mädchen, die ihren Eltern ausreißen.

Und ich habe die Zauberkraft, ein ungeborenes Kind im Leib seiner Mutter in einen Stein zu verwandeln und so Mutter und Kind zum Sterben zu bringen«. Nachdem der alte Zauberer seine Rede beendet hatte, kroch eine Giftschlange aus seinem Mund.

Yaba fürchtete sich sehr vor dem Alten, doch versuchte er, sich seine Furcht nicht anmerken zu lassen. Dann bat er den Yerindimann um Hilfe, da er sich an Marlu rächen und Cananda für sich gewinnen wollte. Badju gab dem jungen Mann einen kleinen Stein, den er mit einem seiner Gesänge verzaubert hatte. Er gab Yaba den Auftrag, diesen Stein in die Astgabel eines Casuarinabaumes zu legen, der am Fluß stand. Yaba tat wie ihm geheißen, und der Stein verwandelte sich auf der Stelle in ein Adlernest, in dem sich einige hübsche fette Adlerjunge befanden.

Yaba war begeistert über diese Entdeckung, denn nun wußte er, daß Badju ihm einen starken Zauber gegen Marlu vermacht hatte. Yaba ging zu Marlus Lager. Dort erfuhr er, daß Kudjeri seinem älteren Bruder ausgerissen war, doch Cananda lebte immer noch bei ihm.

Yaba bat Marlu wieder um ein fettes Stück Fleisch im Austausch für eine gute Nachricht. Yaba erhielt das Fleisch und führte daraufhin Marlu und Cananda zu seinem verzauberten Baum mit dem Adlernest. Er bot Marlu die Adlerjungen als Geschenk an. Marlu stieg auf den Baum und wollte das Nest ausheben, als der Baum rasch zu wachsen begann, bis seine Zweige die Wolken berührten. Marlu rief Yaba um Hilfe, doch dieser lachte nur schadenfroh und lief mit Cananda auf und davon.

Viele Tage saß Marlu auf dem Riesenbaum und hielt sich voller Furcht vor einem tiefen Fall an den Ästen der schwankenden Baumkrone fest. Er wurde schwächer und schwächer, und in seiner Not und Verzweiflung flehte er schließlich seine Totems um Hilfe an. Da kam ein gewaltiger Sturm auf, der den Baum ergriff und dessen schlanken Stamm bog, bis die Baumkrone fast die Erde berührte. Da fiel der geschwächte Marlu aus dem Baum, doch der Fall wurde durch einen dichten Busch gemildert, der wunderbarerweise aus dem Boden emporgeschossen war.

Einige Tage lang war Marlu so schwach, daß er nur umherkriechen konnte und sich von Grillen, Raupen und kleinen Eidechsen ernähren mußte. Als er zu Kräften kam, begann er größere Tiere zu jagen, bis er wieder völlig genesen war. Dann begab er sich auf die Suche nach den beiden Flüchtigen.

Er ging zu dem großen Baum zurück, um ihre Spur aufzunehmen, doch der Sturm, der ihn gerettet hatte, hatte zu seiner großen Enttäuschung auch die Spuren verweht. Da rief eine krächzende Stimme seinen Namen. Erstaunt blickte er um sich und entdeckte einen Raben auf einem abgestorbenen Baum. Der Rabe sprach zu ihm: »Das Paar, das du suchst, ging an meinem Nistplatz in den Bergen vorbei und wanderte nach Osten weiter. Ich hörte, wie dein Bruder ein Zauberlied sang. Folge den beiden nicht in die Berge, denn dort droht dir große Gefahr«.

Da begab sich Marlu in die Ebene, wo er einem Känguruh begegnete, das ihn beim Namen rief: »Fürchte dich nicht vor mir«, sprach das Känguruh, »ich bin Wolajaru. Einst war auch ich ein Mensch. Ich war es, der die Bumerangs herstellte, welche die Bäume fällten, die früher in dieser Ebene standen. Ich bin unsterblich.« Dann bückte sich das Känguruh und hob einen Bumerang aus dem Gras. Wolajaru reichte Marlu den Bumerang und sagte: »Dir ist ein Unrecht widerfahren, deshalb will ich dir helfen. Nimm diesen Bumerang und gehe in die Richtung des Sonnenaufgangs. Wirf diesen Bumerang stets vor dir her, wenn du dich durch Buschwerk und Gestrüpp schlagen mußt«.

Marlu nahm den Zauberbumerang entgegen, rieb sich rote Okkerfarbe auf die Stirn, wie ihm Wolajaru geboten hatte, und sang ein neues Lied, als er über die weite Ebene nach Osten zog. Als er am Buschland angekommen war, begann er seinen Bumerang über die Sträucher und Bäume zu werfen, die unter dessen

Flugbahn zur Erde stürzten und einen Weg für Marlu bahnten. Lauter und lauter sang Marlu, als er über die neuen Ebenen schritt, die sein Bumerang für ihn freilegte.
So gelangte Marlu in das Land der Blauzungenechse Karee. Karee beklagte sich bitter über den Lärm, den die fallenden Bäume und Büsche verursachten, und über Marlus lautes Singen. Marlu erklärte Karee, daß er seinen Bruder Yaba suche, der ihm mit seiner Frau Cananda durchgebrannt sei. Karee warnte ihn: »Yaba besitzt den Yerindi-Zauber. Er befindet sich auf dem Weg ins Regenland der Froschleute, das bedeckt ist mit dichtem Nebel und Regenwolken. Kehre um, du Narr, denn dort erwartet dich Unheil!« Marlu lachte und erwiderte: »Yaba besitzt den Yerindi-Zauber, doch ich besitze den Zauberbumerang, der Yaba finden und töten wird.« Dann ließ Marlu seinen Bumerang in einem weiten Kreis um sich herfliegen. Alle Bäume im Umkreis stürzten zur Erde, und erschreckt von dem ohrenbetäubenden Lärm flüchtete sich Karee in eine Erdspalte. Nachdem der Lärm verebbt war, kam Karee wieder zum Vorschein und rief erregt: »Dein Zauberbumerang mag zwar Leute ausfindig machen und dir Wege bereiten, aber gegen den Yerindi-Zauber wird er machtlos sein. Hier, nimm diesen Schild, er ist verzaubert und wird dich beschützen, wenn Yabas Zauber deinen Bumerang gegen dich selbst wendet«.
Marlu nahm den Zauberschild dankend entgegen und machte sich singend auf den Weg. Nun besaß er sowohl eine Angriffs- als auch eine Verteidigungswaffe. Sein Bumerang wies ihm den Weg, den Yaba und Cananda eingeschlagen hatten. Sie hatten ihre Wegrichtung häufig geändert, um Marlu zu verwirren. Schließlich führte der Weg nach Norden in das Land der Froschleute, Wahdohi, wo Yaba und Cananda Zuflucht gefunden hatten. Marlu betrat das wolkenverhangene Land, und seine Erregung wuchs mit jedem Schritt, da er spürte, daß er sich nun in den Bereich der höchsten Gefahr begeben hatte. Marlu wußte, daß er am Ende seiner Suche angelangt war. Laut sang er den Geckogesang und hämmerte dabei seinen Bumerang gegen

seinen Schild. Als Antwort tönte ihm der Gesang der Froschleute entgegen, der sich wie das Zischen und Rauschen eines Monsungewittersturmes anhörte.
Langsam hob sich der Regenschleier vor seinen Augen, und Marlu sah sich seinem Bruder Yaba gegenüber, der umgeben war von seinen Verbündeten, den Froschleuten. Yaba forderte seinen Bruder mit Hohn und Spott heraus. Da schleuderte Marlu seinen Zauberbumerang gegen Yaba. Wie ein Blitz jagte der Bumerang durch die Lüfte, er flog hinauf in die Wolkensteine der Froschleute, auf denen der Regengeist reist und Wasser auf die Erde schüttet. Der Bumerang flog hierhin und dorthin und mähte die übelgesinnten Froschleute nieder. Dann erhob sich der Zauberbumerang, und begleitet vom Laut des Donners schwirrte er auf Yaba zu und hieb ihm den Kopf ab. Daraufhin erhob sich der Bumerang zum letzten Mal und flog hinauf in die Regenwolken. Yabas Kopf verwandelte sich in einen Stein, und die erschlagenen Froschleute verwandelten sich in einen Felsenhügel.

## *22. Der hölzerne Mann Wulgaru*

In grauer Vorzeit brachen Stammesangehörige ein Tabu, und eine große Flut kam aus dem Osten und überschwemmte das Land. Da wuchs ein hoher Felsberg aus den reißenden Flutwassern empor, und alle Tiere und alle guten Menschen retteten sich auf diesen Berg. Die Missetäter aber, die das Stammesgesetz gebrochen hatten, ertranken alle miteinander. Nachdem das Hochwasser wieder gegangen war, herrschten Friede und Eintracht unter den Menschen. Doch das Glück der Menschen sollte nicht von langer Dauer sein.

Eines Tages kam ein alter Narr namens Djarapa auf den unseligen Gedanken, eine menschenähnliche Gestalt zu basteln und sie zum Leben zu erwecken. Nichts Böses ahnend machte sich Djarapa ans Werk. Erst fällte er einen jungen Baum und schnitzte aus dessen Stamm einen menschenähnlichen Kopf und Rumpf. Dann schnitzte er Ober- und Unterarme aus den Ästen, und anschließend schnitzte er die Beinteile der Figur. Für die Gelenke suchte er sich runde weiße Kieselsteine in einem Flußbett. Er verband alle Teile mit rot bemalter Haarschnur. Dann malte Djarapa Ohren, Augen, Nase und einen Mund auf den hölzernen Kopf und besang die Holzfigur mit einem machtvollen Zaubergesang, den er vor langer Zeit von einem verstorbenen Medizinmann gelernt hatte.

Den ganzen Tag und die ganze Nacht lang sang Djarapa den Zaubergesang über dem Holzmann, um ihn zum Leben zu erwecken, bis er am Ende heiser wurde und nicht mehr weitersingen konnte. Voller Enttäuschung sammelte er seine umherliegenden Jagdwaffen und verließ die leblose Holzfigur. Als er ein Stück des Wegs gegangen war, hörte er plötzlich hinter sich ein lautes Klappern und Knarren und den krachenden Fall zahlreicher Bäume. Erschrocken drehte er sich um und sah zu seinem Entsetzen sein hölzernes Geschöpf, das durch die Zaubergesänge zu riesenhafter Größe angewachsen war. Schwerfällig stampfte und stelzte der hölzerne Riese durch die Bäume, die er an Größe weit überragte, und bei jedem Schritt baumelten seine hölzernen Arme von einer Seite zur andern und schlugen dabei die Baumkronen ab. Das laute Knarren kam aus seinen Gelenken, und ab und zu öffnete er seinen großen Mund und schloß ihn mit einem lauten Knall, so daß die Kakadus, die um seinen Kopf kreisten, laut kreischend das Weite suchten.

So hatte Djarapa den Holzriesen Wulgaru geschaffen. Wulgaru folgte Djarapas Spur. Sobald Djarapa stehen blieb, blieb auch sein Verfolger stehen, sobald er rannte, rannte auch Wulgaru. Da bemerkte Djarapa, daß Wulgaru ihm nur auf Sicht folgte. Sobald er sich versteckte, stand der Holzriese unschlüssig da. Da rannte Djarapa zu einem dichten Busch und von dort aus schlug er sich einen von Büschen verdeckten Weg in die Richtung, aus der er gekommen war, bis er sich hinter seinem furchterregenden Geschöpf befand.
Wulgaru lief in die Richtung weiter, in der er Djarapa verschwinden sah. Er lief durch den Busch, in den sich Djarapa versteckt hatte, und von dort aus lief er immer geradeaus weiter. Djarapa beobachtete, wie Wulgaru an einer Lagune anlangte und ohne anzuhalten in das Wasser watete, weiter und weiter hinein, bis er völlig verschwunden war. Djarapa atmete auf, denn er hoffte, daß dies das Ende Wulgarus war. Doch dauerte es nicht lange, bis Wulgarus Kopf aus dem Wasser auftauchte. Der Riese hatte unter Wasser seinen Weg fortgesetzt und stieg nun ans andere Ufer. Dort verschwand er ratternd und knarrend im Urwald, wo er auch heute noch lebt.

## *23. Das Mädchen, das in eine Mimifrau verwandelt wurde*

Als die Welt geschaffen war und die ersten Menschen auf ihr lebten, versprach ein Vater einem älteren Mann aus seinem Stamm die Hand seiner Tochter. Das Mädchen mochte den alten Mann nicht leiden und sträubte sich mit aller Macht gegen die Ehe. Da schalt der Vater seine Tochter heftig für ihr ungesetzliches Verhalten und befahl ihr, den auserwählten Ehemann in dessen Lager aufzusuchen. So ging das Mädchen folgsam täglich zum Lagerplatz des alten Mannes und nahm auch dessen Gaben von wohlschmeckender Nahrung entgegen, doch kehrte es stets vor Sonnenuntergang in das Lager seiner Eltern zurück. Da das Mädchen auch nach längerer Zeit keinerlei Zuneigung für den alten Mann empfand und keinerlei Anstalten machte, sein Nachtlager mit ihm zu teilen, tadelte der erzürnte Vater sie nach jeder abendlichen Rückkehr um so heftiger, da er sich dem Alten gegenüber mehr und mehr verpflichtet fühlte, und um so mehr und länger weinte das Mädchen in der Nacht, da ihr der alte Ehemann von Tag zu Tag unliebenswürdiger erschien. Auch er war über den Stand der Dinge erbost, und eines Tages trieb ihn seine Verärgerung über die Verhaltensweise der jungen Frau zur Rache. Er wanderte zu einer entlegenen Felsenhöhle, wo er ein Bildnis des Mädchens auf die Felswand malte. Dann besang er das Bildnis mit einem machtvollen Zaubergesang. Das Mädchen wurde sehr krank, und seine Lebenskräfte schwanden so rasch, daß es nach wenigen Tagen starb. In seinem kurzen Siechtum hatte das Mädchen soviel Körpergewicht verloren, daß es bis auf Haut und Knochen abgemagert war. Der Lebensgeist des Mädchens verwandelte sich daraufhin in eine Mimifrau, die nun unter den anderen Mimigeistern lebt.

Die Mimis sind alle sehr groß, aber so dünn und zart, daß sie sich nur in absolut windstillem Wetter auf der Erde bewegen können. Der leichteste Windhauch würde ihre zerbrechlichen Körper knicken und ihnen das Genick brechen. Sie sind harmlose Geister und so scheu, daß bisher kein Mensch einen Mimi zu Gesicht bekam. Ihre Nahrung besteht aus denselben Dingen wie die der Menschen, doch da sie den Wind auf der Erde fürchten, leben sie in unterirdischen Wohnplätzen unter großen Felsen, die sie vor dem Eindringen des Windes schützen, und diese Wohnstätten besitzen keine Eingänge, damit auch nicht der leiseste Hauch durch sie ziehen kann. Die Mimis besitzen ein äußerst gutes Gehör und eine ausgezeichnete Sicht. Sie öffnen die Felsbedeckung ihrer unterirdischen Wohnung, indem sie auf die Gesteinsoberfläche blasen. Daraufhin öffnet sich ein schmaler Felsspalt, der sich hinter ihnen wieder schließt. Sie hören schon von weitem, ob sich ein Mensch oder der Wind nähert. Dann rennen sie flink zu ihren Felsen zurück, blasen auf ihre Oberfläche und verschwinden durch einen Spalt, der sich rasch wieder schließt, um alle Eindringlinge fern zu halten.

## *24. Der Doppelmann Barun-barun*

Die beiden Männer Barun-barun sind entlang der Wirbelsäule zusammengewachsen und müssen sich daher miteinander bewegen und alle Arbeiten miteinander erledigen. Barun-barun, der Doppelmann, lebt in einer unterirdischen Höhle. Vor langer Zeit beschäftigte er sich damit, die scharfen steinernen Speerspitzen herzustellen, die die Urbewohner Arnhemlands benutzen. Später lehrte er seine Kenntnisse den Medizinmännern, die sie dann an ihre Stammesangehörigen weitergaben. Zu jener Zeit besuchten die Medizinmänner den Barun-barun in seiner Höhle, doch heute besucht ihn niemand mehr, da er dies vor langer Zeit verbat. Daher wagt sich kein Mensch in die Nähe seiner Höhle, da Barun-barun ihn sofort mit einer seiner steinernen Speerspitzen durchbohren würde.

## *25. Das Krokodil und der Regenpfeifer*

Vor langer Zeit waren die Männer Gumangan und Birik-birik die einzigen Menschen, die ein paar Feuerhölzer besaßen. Gumangan war ein arbeitsamer Mann, der immer für genügend Nahrung und für Feuerholz sorgte, während Birik-birik faul war und untätig seinem Gefährten bei der Jagd und Arbeit zusah. Eines Tages wollte Gumangan allein auf die Jagd gehen, und um sich die tägliche Arbeitslast etwas zu erleichtern, bat er Birik-birik, Feuerholz zusammenzutragen und mit ihren beiden Feuerstöcken ein Feuer zu machen, damit er gleich nach seiner Rückkehr die Jagdbeute rösten konnte.

Anstatt sich sofort nach Gumangans Abschied an die Arbeit zu machen, legte sich Birik-birik in den Schatten, und Gumangan fand ihn bei seiner Rückkehr in tiefem Schlaf. Kein Feuer brannte. Da verlor er die Geduld und beschimpfte seinen Gefährten, der verdutzt aus seinem Schlaf hochfuhr. Gumangan ergriff die beiden Hölzer, die die beiden Männer zum Feuermachen benutzten, verkündete, daß er sie zur Strafe für Birik-biriks Faulheit für immer zerstören wollte, und rannte alsdann mit ihnen zum nahegelegenen Fluß, wo er sie ins Wasser tauchen und damit die Gabe des Feuers aus der Welt schaffen wollte.
In diesem Augenblick ließ Birik-birik seine Faulheit und Sorglosigkeit zum ersten Mal hinter sich und lief in Windeseile Gumangan hinterher, um den Menschen das Feuer zu retten. Gumangan selbst war bereits ins Wasser gewatet, und im letzten Moment entriß Birik-birik ihm die beiden Hölzer und rannte mit ihnen in die Berge, wo er sich in den Regenpfeifer verwandelte. Gumangan aber verwandelte sich in das Krokodil und lebt seither im Wasser, wo es kein Feuer gibt und wo er seine Nahrung roh verschlingt.

## *26. Die Felszeichnung, durch die Känguruh und Dingo entstanden*

Die beiden Männer Kurabara und Buruk waren tagelang gewandert, bis sie schließlich den riesigen Felsen Tor Rock erreichten. Die Umgebung des Felsens gefiel ihnen so gut, daß sie sich dazu entschlossen, sich eine Zeitlang an diesem Platz niederzulassen. Sie verbrachten einige Zeit damit, am Fuß des Felsens entlang zu wandern und entdeckten in einer Höhle zahlreiche Zeichnungen auf den Felswänden, Zeichnungen von Tieren und Menschen. Nachdem die Männer die Zeichnungen eine Weile betrachtet und bewundert hatten, schlug Kurabara vor, daß sie ihr eigenes Bildnis zeichnen sollten. Buruk war begeistert, doch da sie beide erst einmal weiterwandern wollten, geriet der Vorschlag in Vergessenheit. Am folgenden Morgen fanden sie weitere Felszeichnungen an den Felswänden eines kleinen Berges, aber wiederum verschoben sie ihr Vorhaben, sich gegenseitig zu zeichnen. Schließlich gerieten sie auf ihrer Wanderung in eine Landschaft, die ihnen so gut gefiel, daß sie dort eine bleibende Lagerstätte einrichteten. In ihrer Nähe befand sich eine Felswand, und eines Tages gingen Kurabara und Buruk dorthin und zeichneten sich gegenseitig. Kurabara zeichnete Buruk als Dingo, und Buruk zeichnete Kurabara als Känguruh. Den beiden Künstlern gefiel ihr Abbild so gut, daß sie sich in die dargestellten Tiere verwandelten, Kurabara in das Känguruh und Buruk in den Dingo. In dieser Gestalt lebten sie noch eine ganze Weile in ihrem Lager, bis sie eines Tages zu ihren Felsbildern zurückkehrten und dort in die Felszeichnungen eingingen.

## *27. Der Storch und die Krähe*

Der Storchmann Tjagana lebte an einer Lagune, und der Krähenmann lebte bei einem hohen Fels eine Wegstunde entfernt. Eines Tages fing Tjagana so viele Fische, daß er sie gar nicht alle selbst aufessen konnte, und so lud er den Krähenmann ein, die Mahlzeit mit ihm zu teilen. Auf seinem Weg zu Tjagana fand dieser ein Nest grüner Baumameisen. Er aß einige als Wegzehrung und setzte seine Wanderung zu Tjaganas Lager fort. Die Fische waren gerade gar geworden, als der Krähenmann eintraf, und sein Gastgeber bot ihm auch gleich einen davon an, doch dabei entdeckte er im Haar seines Gastes eine grüne Baumameise.

»Halt«, rief er und nahm ihm den Fisch ab, »du hast grüne Ameisen gegessen! Wenn du nun von meinen Fischen ißt, werde ich nie wieder Fische fangen können, da grüne Baumameisen stets Unglück bringen.« Der Gast wollte den Storchmann auf keinen Fall in ein solches Unglück stürzen und meinte, daß er seinen Hunger bereits mit den grünen Baumameisen gestillt habe und kehrte am nächsten Morgen in sein eigenes Lager zurück.

Der Krähenmann begab sich an diesem Tag auf die Suche nach Gänseeiern. Er hatte Glück und fand so viele Eier, daß er sie nicht allein verzehren konnte. Er legte die Eier in die heiße Asche seines Lagerfeuers und schickte eine Einladung an Tjagana, mit ihm zu Abend zu essen. Der Storchmann war hocherfreut über die Nachricht, insbesondere nach dem recht peinlichen Zwischenfall am Vorabend. Er machte sich sofort auf den Weg und fand unterwegs ein Nest wilder Bienen, das viel Honig enthielt. Er schnitt die Waben heraus, verstaute sie in seiner Vorratstasche und setzte seinen Weg zum Lager des Krähenmannes fort.

Dieser hatte bereits die Gänseeier gegart und geschält und war gerade im Begriff, seinem Gast eine Handvoll zu überreichen, als er entsetzt ausrief: »Rühre die Eier nicht an, denn in deinem Haar sitzt eine wilde Biene, und diese Tiere bringen Unglück. Wenn du jetzt von den Gänseeiern ißt, werde ich wohl nie mehr welche finden«. Tjagana holte daraufhin seine Honigwaben hervor und stillte damit seinen Hunger. Nachdem der Storchmann in sein Lager zurückgekehrt war, mieden sich die beiden Männer, und auch ihre Nachfahren, die Störche und die Krähen, haben nichts miteinander zu tun. Die Störche leben von Fischen, und die Krähen fressen mit Vorliebe Gänseeier.

## *28. Der Mann, der zwei streitsüchtige Frauen besaß*

Der Regenmacher Malamuju-jalkjalk lebte mit seinen beiden Frauen in einem Lager, das sich auf einer Anhöhe befand. Täglich zogen die beiden Frauen aus, um die Nüsse des Pandanußbaums zu sammeln, während der Mann Wild jagte und wilden Honig sammelte. Nach ihrer Rückkehr ins Lager schälten die Frauen die Nüsse und legten die Nußkerne in frisches Wasser, um ihrem Ehemann ein süßes Getränk zuzubereiten. Anschließend rösteten sie die Kerne im Lagerfeuer.

Eigentlich hätte die Familie ein glückliches und zufriedenes Dasein führen können, doch die beiden Frauen stritten sich ständig, weil sie aufeinander eifersüchtig waren und eine jede die Gunst ihres Mannes für sich allein haben wollte. Sobald der Regenmacher einer seiner Frauen eine Gefälligkeit erwies, regte sich die zweite so darüber auf, daß sie die andere Frau heftig ausschalt und mit den schlimmsten Schimpfwörtern überhäufte. Und so machten die beiden eigensüchtigen Frauen dem Mann das Leben so schwer und unangenehm, daß er eines Tages auszog, um der Streitsüchtigkeit seiner Frauen ein Ende zu setzen.

Er begab sich in den Urwald und führte eine Regenzeremonie aus, die einen schweren und langanhaltenden Gewittersturm verursachte. Das Regenwasser überflutete das Land, und die Familie mußte in einer Höhle in einer hohen Felswand Zuflucht suchen, die sie mit Hilfe eines hohen Baumstammes erkletterten. Als seine beiden Frauen fest eingeschlafen waren, sang der Regenmacher ein Zauberlied, und das Hochwasser verschwand. Dann kletterte er über den Baumstamm zurück zum Fuß des Felsens und entfernte den Stamm, so daß seine beiden streitsüchtigen Frauen ihm nicht mehr nachfolgen konnten.

## 29. *Eingana, die Urschlange*

Jene erste Zeit, die Urzeit, nennen wir Bieingana. Das Urwesen nennen wir Eingana. Wir nennen Eingana unsere Mutter. Eingana schuf alles: Wasser, Steine, Bäume, Menschen. Sie schuf alle Vögel, Fliegende Hunde, Känguruhs und Emus. Eingana war schwanger mit allem Leben in jener Urzeit.

Eingana ist die Urschlange. Sie verschlang alle Menschen. In ihrem Schoß nahm sie sie mit sich in das Wasser. Dann tauchte sie aus dem Wasser hervor und war hochschwanger mit allem Leben in ihr. Sie tauchte in Gaieingung auf, in der großen Wasserstelle bei Bamboo Creek. Eingana wälzte sich auf dem Boden. Sie stöhnte und schrie, sie schrie laut vor Schmerz in ihren Wehen, da sie all die Menschen, alle Lebewesen in sich trug. Ein alter Mann Barraiya war lange Zeit überland gewandert. All die Zeit hatte er Einganas Schreie vernommen und ihr Stöhnen, als sie sich umherwälzte. Barraiya schlich sich in ihre Nähe; er erblickte Eingana. Er sah, wie sich die Riesenschlange stöhnend und schreiend einherwälzte, Barraiya legte seinen Speer in die Speerschleuder. Er beobachtete die Riesenschlange. Er sah die Stelle, in die er seinen Speer schleudern mußte. Er schleuderte seinen Speer vor ihren After. Alles Blut floß aus der Speerwunde, und alle Menschen kamen nach dem Blut zum Vorschein.

Kandagun, der Dingo, verjagte die Menschen. Er vertrieb sie und teilte sie in verschiedene Stämme mit verschiedenen Sprachen auf. Als Kandagun die Menschen verjagte, flogen einige als Vögel davon, andere suchten als Känguruhs das Weite, wieder andere rannten als Emus auf und davon, oder sie verwandelten sich in Fliegende Hunde, Ameisenigel, Schlangen und andere Tiere – alles, um Kandagun zu entrinnen.

Zu Anbeginn jedoch, bevor Barraiya seinen Speer in Eingana schleuderte, konnte kein Lebewesen auf normalem Wege geboren werden. Eingana mußte alles aus ihrem Mund speien. Menschen mußten alles ausspeien. Kinder konnten nicht wie heute geboren werden. Deshalb mußte Barraiya Eingana durchbohren.

Der alte Mann Barraiya war von Osten nach Westen gewandert. Nachdem er Eingana durchbohrt hatte, kehrte er zu seiner Stätte Barraiyawim zurück. Dort malte er seine Gestalt auf einen Felsen. Dann verwandelte er sich in einen blaugeflügelten Königsfischer.

Eingana schuf den großen Boolmoon River, den Flying-Fox River und den Roper River. Sie schuf alle Flüsse. Nun haben wir Wasser. Deshalb sind wir am Leben. Eingana schuf Bolong, die Regenbogenschlange. Ganz am Anfang, als Eingana Menschen verschlang, spie sie sie als Vögel wieder aus, als Bonorong, den Kranich, als Janaran, den Storch, als Baruk, den Kormoran. Eingana spie Menschen aus, und sie verwandelten sich in Koopoo, das Känguruh, in Kandagun, den Dingo, in Galwan, den Waran, in Nabininbulgai, den Fliegenden Hund. All diese Vögel und Tiere, all diese Dinge nahm Eingana wieder in sich auf. Sie sprach: »Es ist mein Wille, daß ihr mir alle gehorcht und meine Weisungen einhaltet.« Eingana nahm sie alle wieder in sich auf. Eingana verschlang sie nochmals. Sie entließ sie in das Wasser als Schlangen, als Bolong, die Regenbogenschlange.

Niemand vermag Eingana zu sehen. Sie hält sich in der Wassermitte auf. Dort befindet sich ihre Höhle. In der Regenzeit, wenn das Hochwasser ansteigt, erhebt sich Eingana inmitten des Hochwassers. Eingana läßt ihren Blick über das Land streifen. Sie setzt alle Vögel, Schlangen, Tiere und unsere Kinder frei; Eingana entläßt all diese Dinge aus ihrem Leib.

Eingana läßt sich auf dem Hochwasser entlang treiben. Sie erhebt sich und blickt über das Land. Sie setzt alle Art von Leben frei, das in ihr wohnt. Wenn das Hochwasser absinkt, kehrt Eingana in ihr Lager zurück. Sie taucht nicht mehr auf. Sie kehrt nicht zurück – sei es kalt oder warm.

Erst in der kommenden Regenzeit kehrt sie wieder und setzt wiederum alle Lebewesen frei: Schlangen, Vögel, Dingos, Känguruhs, Menschen, alles.

Eingana hält das Ende einer Schnur aus einer Sehne, die Toon heißt. Das andere Ende dieser Schnur ist an der großen Sehne über der Ferse eines jeden Lebewesens befestigt. Eingana hält diese Schnur zu allen Zeiten. Weshalb wir sie unsere Mutter nennen. Erst wenn wir sterben, läßt Eingana diese Schnur fahren. Wenn ich sterbe, sterbe ich für alle Zeit. Mein Lebensgeist Malikngor folgt dem Weg Bolongs.
Malikngor kehrt in mein Stammesland zurück, dorthin, wo ich geboren wurde. Jedermanns Lebensgeist tut dies.

## *30. Die Sage vom mächtigen Medizinmann und dem Honigbaum*

Vor langer Zeit lebte Boubit-boubit, der Honigmann, mit seiner Familie auf der Erde. Die Familie aß nichts anderes als den Honig der wilden Bienen. Als Boubit-boubit sich eines Tages auf Honigsuche befand, stieß er auf einen Baum am Rand einer Wasserstelle nahe der Quelle des East Alligator River. In diesem Baum befand sich ein Wildbienennest, und Boubit-boubit machte sich sofort daran, das Nest freizulegen, indem er den hohlen Teil des Baumes mit seiner Steinaxt aufspaltete. Das Nest enthielt viel Honig und Waben und erstreckte sich offenbar bis an das untere Ende des Honigbaums. Boubit-boubit beschloß daher, das Nest auch vom Boden her freizulegen, doch da erhob sich der rechtmäßige Besitzer des Baumes, die mächtige Regenbogenschlange Ngaloit aus der Wasserstelle. Ngaloit war so aufgebracht über den Raub seines Bienennestes, daß er sich in den Himmel reckte und einen so heftigen und anhaltenden Regen verursachte, daß Boubit-boubit und alle seine Angehörigen ertranken und in seine Wasserstelle geschwemmt wurden. Seither leben die Honigleute auf dem Grund dieser Wasserstelle. Dort stehen zwei Bäume, ein alter abgestorbener Baum, in dem sich zahlreiche Bienennester befinden, und ein lebender Baum, der stets mit vielen Blüten bedeckt ist, aus denen die Bienen ihren Honig saugen. Die Honigleute sammeln den Honig aus den Nestern und heben ihn in dicht geflochtenen Taschen auf, die sie in die Äste des abgestorbenen Baumes hängen. Die Regenbogenschlange Ngaloit und zwei der Honigleute bewachen den Zugang zur Wasserstelle ständig, doch einmal im Jahr besucht der Geist des mächtigen Medizinmannes die Stätte. Der Geist verläßt den Körper des Medizinmannes in dessen Schlaf und beginnt machtvolle Zaubergesänge zu singen, sobald er die Wasserstelle erreicht hat. Weiter und weiter singt der Geist, um die Regenbogenschlange zu beschwichtigen und sich vor Angriffen der Honigleute zu schützen. Tiefer und tiefer dringt er in das Wasser ein, bis er dessen Grund erreicht hat. Dort geht er zu dem abgestorbenen Baum und hängt die Vorratstaschen der Honigleute ab. Immer weiter singend, kehrt er an die Wasseroberfläche zurück. Dann wirft er die Honigtaschen in alle Richtungen, und der Honig fällt in der Nähe der Lagerstätten nieder, um den Menschen im Verlauf des Jahres einen ausreichenden Honigvorrat zu gewährleisten. Der Geist kehrt daraufhin in den Körper des Medizinmannes zurück, um ein Jahr später den Menschen aufs neue aus Ngaloits Wasserstelle und vom Vorratsbaum der Honigleute den Honig zu bringen.

## *31. Der Mondmann und die Wasserschlange*

Vor langer Zeit kam eines Tages während der Abenddämmerung eine glühendrote Wolke vom Himmel heruntergeschwebt und ließ sich auf einem Hügel nieder. Ein großer Mann, eine Frau und zwei Mädchen stiegen aus der Wolke auf die Erde herab. Es war der Mondmann mit seiner Familie. Der Mondmann griff einen Feuerbrand aus der glühenden Wolke, welche daraufhin erlosch und wieder zum Himmel emporschwebte. Die Familie wanderte in die Ebene hinunter und suchte sich einen Lagerplatz. Der Mondmann zündete mit seinem Feuerbrand ein Feuer an, an dem sich seine Familie wärmen konnte. Daraufhin verließ der Mondmann die Lagerstätte und nahm seinen Feuerbrand mit sich.

Der Mondmann ging zu einer riesigen Wasserschlange, die in einer tiefen Lagune lebte, welche von einem grünlichen Schleim überzogen war. Auch die Urschlange war grün wie dieser Schleim. Am Ufer der Lagune hielt der Mondmann ein langes geheimes Gespräch mit der Schlange, und die Schlange bewirtete den Mondmann mit einem reichhaltigen Mahl aus Wasserlilienknollen und Muscheln. Da hörten die beiden Männer ein raschelndes Geräusch im nahen Gebüsch. »Was soll das«, rief die Schlange empört, »wer wagt es, sich meiner Stätte ohne Einladung zu nähern?« Der Mondmann ergriff einen brennenden Ast und hielt ihn hoch in die Luft, so daß die Umgebung taghell erleuchtet war. Da entdeckten die beiden Männer, wie die Töchter des Mondmannes auf die Lagune zu krochen, um das Geheimgespräch der beiden Männer zu belauschen. Mit einem Fluch auf den Lippen schleuderte der erzürnte Vater den Feuerbrand gegen die arglistigen Töchter.

Der Feuerbrand zerbarst auf der Erde, und Glut und fliegende Funken begruben die Töchter. Plötzlich lag alles in gänzlicher Finsternis und Stille. Dann begann an der Stelle, wo die Töchter begraben waren, ein langgezogenes Jammergeheul, und Lichtblitze schossen aus der Stelle zum Himmel empor. Dann wurde es wieder still und finster. Der Mondmann und die Schlange waren verschwunden. Die beiden Töchter des Mondmannes hatten sich in zwei Felsen verwandelt, die die Gestalt eines Hundes besaßen, der seinen Kopf hinauf zum Himmel richtet, als wolle er dem Mondmann den Fluch, den er verhängte, vorwerfen. Lange Zeit blieben die Wolken verdunkelt, bis eines Tages der Mond zwischen ihnen aufging. Er warf einen trauernden Lichtstrahl auf seine versteinerten Töchter. Seither kehrt er regelmäßig an den Himmel zurück, und seine reumütigen

Töchter starren zu ihm hinauf. Doch manchmal, wenn der Nachthimmel von dunklen Wolken verhangen ist, werden die steinernen Töchter böse und knurren laut vernehmlich. Dann schießen leuchtende Blitze aus ihren steinernen Augen zum Himmel empor und über die Wolken hinweg und drohen mit mächtiger Rache.

## *32. Der fliegende Geist Garkain*

Im dichten Urwald an den Ufern des Liverpool River lebt ein recht gefürchteter Geist mit dem Namen Garkain. Garkain kann sowohl gehen als auch fliegen, da er zwischen Händen und Füßen und am gesamten Körper entlang weite Flughäute trägt. Garkain ist ein Einsiedler, und da er nicht sonderlich klug ist, kennt er weder Jagdgeräte noch das Geheimnis des Feuermachens. So muß er das Jagdwild mit den Händen fangen, und er benutzt dabei seine Flughäute, um die gefangenen Tiere zu ersticken. Da ihm der Gebrauch des Feuers unbekannt ist, verzehrt er alle Nahrung roh und ungekocht. Garkain wird auch von den Menschen gefürchtet, da er jeden verfolgt, der seine Jagdgründe betritt. Dann stürzt er sich im Flug auf sein Opfer und faltet seine Flughäute so lange um seine menschliche Beute, bis diese kein Lebenszeichen mehr von sich gibt und er sie auf der Stelle verschlingen kann.

## 33. *Alinda, der Mond*

In der Traumzeit lebte der Mann Alinda mit seinen beiden Frauen an der Mündung des Liverpool River. Alinda besaß zwei Söhne, je einen Sohn von jeder Frau. Eines Tages schickte er die beiden Söhne auf Fischfang, nachdem sich die Frauen auf ihre Nahrungssuche begeben hatten. Aber die beiden Knaben hatten keinen Erfolg mit ihrer Fischerei. Allerdings gelang es ihnen, eine Wildente zu fangen, die sie heimlich selbst verspeisten, ohne ihrem Vater seinen Anteil an der Beute aufzuheben. Sorgfältig vergruben sie die Knochen und kehrten zum Lager zurück, wo sie ihrem Vater von ihrem Mißerfolg beim Fischfang berichteten, ohne ein Wort von der gefangenen Ente fallen zu lassen.

Alinda wußte sofort, daß ihm seine beiden Söhne nicht die volle Wahrheit sagten, da sie vergessen hatten, das Entenfett von ihren Fingern zu wischen. So stellte er sie zur Rede, und obzwar sie beide bestritten, etwas gegessen zu haben, tadelte er ihre Eigensüchtigkeit und Unaufrichtigkeit. Die Knaben zeigten jedoch keinerlei Schuldbewußtsein oder gar Reue, sondern legten sich zur Ruhe, da sie nach der reichhaltigen Mahlzeit schläfrig wurden.

Dieses Verhalten erzürnte Alinda um so mehr. Er wartete, bis beide Knaben in tiefem Schlaf lagen. Dann steckte er sie in seine Tragtasche, die er fest verschnürte. Da schrien und jammerten seine Söhne und versuchten verzweifelt, sich aus ihrem Gefängnis zu befreien. Schließlich gestanden sie kleinmütig ihre Missetat und beteuerten ihrem Vater, daß sie von nun an all ihre Beute zu ihm bringen würden. Aber all ihre Worte konnten den Vater nicht besänftigen. Er packte seine Tasche und lud sie in sein Kanu. Dann paddelte er weit aufs Meer hinaus und versenkte sie.

Als Alinda ins Lager zurückkehrte, waren seine beiden Frauen bereits anwesend und fragten ihn sogleich, wo ihre Söhne seien. Barsch gab er ihnen zur Antwort, daß sie auf Jagd ausgezogen seien und wohl nicht so bald wiederkämen. Und da er ihren weiteren Fragen aus dem Weg ging, schöpften die Mütter den Verdacht, daß irgendetwas nicht mit rechten Dingen zugegangen war. Nachdem Alinda sich zum Schlafen zurückgezogen hatte, folgten die beiden Frauen den Spuren ihrer Söhne und den Spuren Alindas, um herauszufinden, was tatsächlich passiert war. Sie erkannten, daß ihre Kinder miteinander zur Lagune gegangen waren, aber offenbar keine Fische gefangen hatten. Dann fanden sie die vergrabenen Knochen der Ente und bemerkten, daß die Söhne die ganze Ente selbst verzehrt hatten. Da ahnte ihnen großes Unheil, da ein solches Verhalten dem Vater gegenüber ein schlimmes Vergehen ist. Rasch eilten sie zum Lager zurück. Da fanden sie Alindas tiefe Fußspuren und erkannten, daß er eine schwere Last zum Meeresufer getragen hatte, daß er aber ohne sie zurückgekehrt war, da die Spuren von seinem Kanu zum Lager wesentlich weniger tief waren. Nun wußten die Frauen, daß Alinda ihre Söhne im Meer ertränkt hatte.

Ihre Trauer war groß, und als sie ins Lager zurückkamen, kannte ihr Haß auf Alinda keine Grenzen. Sie liefen zu der Hütte, in der er schlief, und steckten sie in Brand. Und Alinda starb eines jämmerlichen und schmerzlichen Todes.

Aber als die Flammen allmählich erloschen, verwandelte sich Alindas verbrannter Leichnam in einen dünnen silbrigen Halbmond, der zu wachsen begann, bis er sich in eine große leuchtende Kugel verwandelt hatte – Alinda war zum Mond geworden. Der Mondmann stieg auf einen hohen Baum und sprach zu den Lebewesen unter ihm auf der Erde. Er verfügte, daß sie alle von nun an eines Tages sterben und danach nie mehr auferstehen würden. Er allein besäße von dieser Stunde diese Gabe, und obwohl er jeden Monat einmal sterben müßte, werde er nach drei Tagen stets ein neues Leben beginnen. Dann stieg Alinda, der Mond, in den Nachthimmel auf. Auf seinem Gesicht sieht man heute noch die Narben der Brandwunden, die er in der Nacht seines ersten Todes erhielt.

## *34. Die Fischgrätenleiter*

Als die Welt noch jung war, lebte der Opossummann Kapali mit seinen beiden Krähenfrauen Tjakara und Wapanpri und mit deren Bruder Inua in einem Waldlager in der Nähe der Küste. Eines Tages hatte Kapali einen Streit mit seinen Frauen und verließ daraufhin den Lagerplatz. Er ging zum Meeresstrand, wo sein Kanu lag, und ruderte zu einer entlegenen Insel, wo seine Verwandten wohnten.

Die drei zurückgebliebenen Krähenleute packten ihre Besitztümer zusammen, zogen ans Meer und schlugen dort ein neues Lager auf, da die Nahrung im Wald knapp geworden war und sie sich ohnehin nach einem Wechsel gesehnt hatten. Inua baute eine steinerne Fischfalle in der Mündung eines Baches, und über Nacht sammelten sich so viele Fische in dieser Falle, daß die Krähenleute am nächsten Morgen ihre Tragkörbe mit ihnen füllen konnten. Sie rösteten die Fische in ihrem Feuer, und nachdem sie ihre Mahlzeit beendet hatten, sammelten sie die Fischgräten und warfen sie in der Nähe ihres Lagers auf den Sand. Von nun an konnten sich die Krähenleute täglich an einer üppigen Fischmahlzeit erfreuen, und seit der alte übelgelaunte Opossummann verschwunden war, führten Inua und seine beiden Schwestern ein zufriedenes und sorgloses Dasein.

Eines Tages jedoch kehrte Kapali in seinem Kanu zurück. Er war erschöpft von der langen anstrengenden Fahrt und befahl seinen Frauen, ihm eine Mahlzeit zu bereiten. Aber Tjakara und Wapanpri waren so unglücklich über die Rückkehr ihres alten mißmutigen Mannes, daß sie sich weigerten, ihm Essen zu bringen. Stattdessen schlugen sie ihm höhnisch vor, seine Mahlzeit selbst zu suchen und zu kochen. Der empörte Kapali rügte sie gewaltig für diese Unverschämtheit. Dann legte er sich neben das Feuer, um sich zu wärmen und schlief kurz darauf ein.

Seine beiden Frauen wußten, daß ihnen am folgenden Tag eine heftige Strafe drohte, und da sie ihren alten Mann ohnehin loswerden wollten und insgeheim gehofft hatten, daß er nicht

mehr heimkehren würde, beschlossen sie, ihn zu töten. Als sie sahen, daß der übermüdete Kapali in einem tiefen Schlaf lag, warfen sie das brennende Holz und die glühende Asche des Lagerfeuers auf ihn. Doch der Opossummann erwachte rechtzeitig aus seinem Schlaf, und mit letzter Kraft erhob er sich und lief vor Schmerzen brüllend in die kühlenden Wellen des Meeres.
Entsetzt suchten die beiden Krähenfrauen das Weite und versteckten sich im Wald. Ihr Bruder Inua, der sich während dieser Ereignisse bei seiner Fischfalle befand, hörte Kapalis Schmerzensschreie und eilte herbei. Er erkannte sofort, was geschehen war, und da er sich aus dem Zank heraushalten wollte, sammelte er in großer Eile die vielen umherliegenden Fischgräten, setzte sie eine über die andere und kletterte auf ihnen in die Höhe, bis er schließlich den Himmel erreichte. Doch damit ihm niemand folgen konnte, zog er die Fischgrätenleiter in den Himmel.
Inzwischen hatte sich Kapali einigermaßen von seinen Schmerzen erholt und machte sich auf den Weg zu seinen Verwandten, den Fischleuten. Nachdem er ihnen berichtet hatte, was ihm geschehen war, begaben sie sich mit dem alten Opossummann sofort auf die Suche nach den beiden Krähenfrauen, um das Leid und Unrecht, das Kapali widerfahren war, zu vergelten. Bald fanden sie die Spuren der beiden Frauen, schlichen sich an ihr Versteck heran und umzingelten sie. Dann schleuderten sie ihre Speere auf Tjakara und Wapanpri, bis diese kein Lebenszeichen mehr von sich gaben.
Nun geschah es, daß tags darauf die Verwandten der Krähenleute dem Lager Inuas und seiner Schwestern einen Besuch abstatteten. Bald erkannten sie, was sich zugetragen hatte. Sie berichteten Inua von den Morden an seinen beiden Schwestern, und Inua ließ seine Fischgrätenleiter nochmals zur Erde herab, erweckte seine Schwestern wieder zum Leben und trug sie in den Himmel, wo er sie in zwei funkelnde Sterne verwandelte. Im Himmel sind die Krähenleute seither sicher vor der Rache des alten Opossummannes Kapali, der nicht höher klettern kann als in die Wipfel der höchsten Bäume.

## 35. *Baracumas Fischnetz*

Sehr weit zurück in der Traumzeit war der Beutelmardermann Baracuma der einzige Mensch der Welt, der ein Fischnetz besaß. Es war ein wunderbares Netz, in dem sich unzählige Fische verfingen, sobald Baracuma es ins Wasser warf. Eines Tages, als der Beutelmardermann nach einem erfolgreichen Fischfang die Fische auf breiten Blättern zum Trocknen ausgebreitet hatte und gerade dabei war, ein Kochfeuer zu entfachen, besuchte ihn sein Freund Wabula, der Habichtmann.

Wabula wunderte sich sehr, wie es Baracuma wohl gelungen war, so viele Fische zu fangen und bat ihn, ihm das Geheimnis seines Jagdgeschicks mitzuteilen. Sein Freund tat dies auch bereitwillig und zeigte ihm das prächtige Netz. Da bat ihn der Habichtmann, ihm das Netz für einen Fischfang auszuleihen, doch Baracuma lehnte diese Bitte mit der Begründung ab, daß sein Leben an diesem Netz hänge, und er selbst sterben müßte, sobald das Netz längere Zeit aus seiner Reichweite entfernt sei. Aber Wabula ließ nicht locker und beteuerte dem Beutelmardermann wiederholt, daß er ihm das Netz innerhalb kurzer Zeit zurückliefern würde, selbst wenn es ihm nicht gelänge, damit Fische zu fangen. Schließlich gab Baracuma dem ständigen Flehen seines Freundes nach und erlaubte dem Habichtmann, das Netz zu benutzen.

Auch Wabula gelang es, mit dem Netz unzählige Fische zu fangen. Seine Eigensucht und sein Stolz auf diesen Erfolg steigerten sich mit jedem neuen Fang, wobei er völlig vergaß, daß sein Freund Baracuma ihn um die baldige Rückgabe des Netzes gebeten hatte. Baracuma erkannte, daß der Habichtmann sein Wort brechen und ihn damit in große Not stürzen würde und rief Wabula viele Male, bis er am Ende das Bewußtsein verlor. Als der pflichtvergessene Habichtmann endlich zurückkam, lag Baracuma leblos auf der Erde. Entsetzt ließ Wabula das Fischnetz auf den Beutelmarder fallen, und die Berührung mit dem wunderbaren Netz rief Baracuma ins Leben zurück.

Daraufhin wollte Baracuma sein Netz nicht mehr verleihen, selbst wenn Wabula ihm hoch und heilig versicherte, es innerhalb kurzer Zeit wieder abzuliefern. Viele Tage vergingen, und Wabula begann großen Hunger zu leiden. Schließlich empfand der Beutelmardermann eines Tages doch Mitleid mit ihm und lieh ihm das Netz. Und Wabula hielt dieses Mal sein Versprechen und kehrte bald wieder mit Baracumas Netz zurück. Daraufhin ließ dieser ihn öfter das Netz benutzen, und gewissenhaft kam der Habichtmann jedesmal zeitig damit zurück. Da faßte Baracuma wieder Vertrauen in seinen Freund und vergaß allmählich seine Furcht vor einer verspäteten Rückgabe.
Eines Tages aber hatte Wabula mit dem Fischfang kein Glück und entdeckte nur einen riesigen Fisch im Wasser, der ihm jedoch jedesmal entkam, wenn er Baracumas Netz über ihn auswarf. Er war sich dabei der Gefahr bewußt, der er seinen Freund aussetzte, denn die Verfolgungsjagd zog sich mehr und mehr in die Länge. Schließlich gelang es ihm doch noch, den großen Fisch zu fangen, und er kehrte triumphierend mit der ansehnlichen Beute in Baracumas Lager zurück. Doch sein Freund, der Beutelmardermann war längst tot, und es half diesmal auch nicht, ihn mit dem Fischnetz zu bedecken, Baracuma erwachte nicht wieder zum Leben.
Ein Känguruhmann, der ein mächtiger Zauberer war und die Ereignisse beobachtet hatte, verwandelte Baracuma in einen Beutelmarder und Wabula in einen Habicht. Und seither haben die beiden nichts mehr miteinander gemein, da ihre Freundschaft vor langer Zeit an Wabulas Gewissenlosigkeit zerbrach.

## *36. Das Wallaby, die Kakerlake und das Meer*

Zur Zeit der Weltschöpfung war alles Wasser im Meer Süßwasser. Damals lebte der Mann Moutia mit seiner Frau Borok im Urwald nahe der Melville Bay. Täglich wanderten die beiden ans Meer, um sich in Rindenbehältern ihren täglichen Wasservorrat zu holen, den sie im Schatten der Urwaldbäume kühl hielten.

Eines Tages, als sie von einer solchen Wanderung in ihr Lager zurückgekehrt waren und ihre Wasserbehälter sorgfältig verwahrt hatten, bat Moutia seine Frau, ihm sein Haar zu lausen. Borok machte sich auch gleich bereitwillig an diese Arbeit und vertilgte alle Läuse, die Moutia geplagt hatten. Dann bat sie ihren Mann, ihr denselben Gefallen zu tun, doch dieser weigerte sich und behauptete, er sei dazu viel zu müde. Dann legte er sich aufs Ohr und schlief fest ein.

Verärgert rannte Borok zum Meer zurück, watete in die Wellen und ließ ihren Urin in das Süßwasser laufen, um es in Salzwasser zu verwandeln und ihren Mann damit für seine Unhöflichkeit und Eigensucht zu bestrafen. Damit Borok selbst nicht dürstete, verwandelte sie sich in eine Kakerlake, die unter den Blättern und Rinden des Urwaldes stets genug Feuchtigkeit findet, um ihren Durst zu stillen.

Moutia, der nach seinem Erwachen entdeckte, welches Unheil sein schroffes Verhalten der Welt beschert hatte, verwandelte sich in ein Wallaby und hüpfte über das Meer auf eine Insel in der Melville Bay.

Wenn Boroks Plan, die Süßwasserquellen der Erde zu verseuchen, tatsächlich verwirklicht worden wäre, hätte die ganze Schöpfung darunter gelitten. Doch Borok hatte in ihrem Zornesausbruch die Wasserbehälter vergessen, die wohlverwahrt im Wald standen. Das Wasser in ihnen verwandelte sich in große Sümpfe, aus denen viele Flüsse und Bäche fließen, so daß alle Lebewesen genügend Süßwasser finden, um ihren Durst zu löschen.

## *37. Der Habicht und der Schmetterling*

Wabula, der Habichtmann, hatte keine Frau. Eines Tages, als er sich ganz besonders einsam fühlte und ziellos im Wald umherirrte, stieß er auf ein Lager der Schmetterlingsleute. Am Rand des Lagers entdeckte er eine etwas abseits stehende Hütte, in der sich eine hübsche junge Schmetterlingsfrau namens Bunba ausruhte. Wabula verliebte sich Hals über Kopf in sie und begehrte sie als Frau.

Um Bunbas Gunst zu gewinnen, begab er sich zum nächsten Strand und fing einige Langusten, die er an einem Feuer kochte und in dünne Baumrinde einwickelte. Daraufhin kehrte er zum Lager der Schmetterlingsleute zurück und bot der jungen Frau die gekochten Langusten als Geschenk an. Sie ging erfreut auf ihn zu, um die unerwartete Gabe in Empfang zu nehmen. Doch Wabulas Verlangen nach ihr war so groß geworden, daß er sie beim Handgelenk packte, sobald sie ihm ihre Hand entgegenhielt. Geschwind trug er sie durch den Wald zu seiner Rindenhütte und versiegelte alle Ritzen und Öffnungen, damit sie ihm nicht mehr entkommen konnte. Bunba fürchtete sich sehr vor dem Habichtmann und rief in ihrer Not laut um die Hilfe ihres Vaters. Bunbas Vater war der mächtige Zauberer Jumundik, der seine Zauberspeerschleuder besaß, mit der er viele Wunder vollbringen konnte. Als Jumundik die Rufe der Tochter vernahm, rieb er seine Speerschleuder und sandte damit einen wilden Wind zu Wabulas Rindenhütte, der sie so stark schüttelte und rüttelte, bis sich überall Ritzen und Spalten öffneten. Dann rieb Jumundik seine Speerschleuder ein zweites Mal und sandte damit einen Zauber in Wabulas Hütte, der Bunba in einen prächtigen Schmetterling verwandelte. Nun war Bunba klein und schmal genug, um durch eine der Ritzen in Wabulas Rindenhütte zu entfliehen. Daraufhin verwandelte sich Wabula in einen Habicht, um von nun an im selben Element zu leben wie die geliebte Frau, deren Gunst er sich verscherzt hatte.

## *38. Tjambuwal, der Donnermann*

Ein Riese namens Tjambuwal lebte auf der Insel Waranaka. Eines Tages sah er in der Ferne eine malaiische Prau segeln. Es erzürnte ihn, das fremde Schiff in seinen Gewässern zu sehen, und so watete er ins Meer hinaus, ergriff den Rand der Prau und begann, sie zu seiner Insel zu ziehen.

Da griffen die Malaien den Riesen mit einem großen Messer an und schlugen ihm beide Hände ab. Dann drehten sie ihre Prau und wollten Reißaus nehmen. Doch wunderbarerweise wuchsen Tjambuwals Hände wieder an seinen Armen fest, er ergriff die Prau von neuem und zog sie auf das Ufer der Insel. Da griffen ihn die Malaien erneut an und hieben ihm die Vorderarme ab. Auch diese wuchsen ihm wieder auf wunderbare Weise an, doch Tjambuwal war durch die vielfachen Wunden so geschwächt, daß er, ohne sich weiter um das Schiff und seine Besatzung zu kümmern, in sein Lager zurückkehrte, um sich auszuruhen und zu erholen.

In der Nacht, als die Flut hereinkam, segelten die Malaeien ihre Prau davon und waren bereits in Sichtweite ihrer Heimatinsel, als der Riese erwachte. Dieser war wieder völlig gesund, und als er entdeckte, daß sich seine Feinde nahezu in Sicherheit gebracht hatten, rannte er ins Meer und verfolgte sie mit so kraftvollen Riesenschritten, daß sich das Wasser vor ihm in einer hohen Welle erhob, die die Prau überspülte und fast versenkte. Mit voller Kraft zog Tjambuwal das Schiff zurück auf seine Insel, denn die Besatzung hatte den Anker ausgeworfen und ruderte verzweifelt in die entgegengesetzte Richtung, um sein Vorhaben zu vereiteln. Alsdann griffen die Maleien den Riesen zum dritten Mal an, und diesmal schlugen sie ihm mit ihren großen Messern die Arme an den Schultern ab. Zwar wuchsen ihm auch dann die Arme wieder an den Schultern fest, doch war er von dieser schweren Verwundung zu geschwächt, um sich zu erheben, und bald darauf lag er im Sterben.

Doch mit letzter Kraft erhob er seine gewaltige Stimme und

verkündete den Malaien, daß er in den Himmel aufsteigen werde, und daß sie seine Stimme von nun an in jedem Gewittersturm hören sollten.
Seither lebt der Riese Tjambuwal in den Regenwolken, und seine gewaltige Stimme ist der Donner, mit dem er sein Kommen verkündet. Zu Beginn der Regenzeit schleudert er seine große Keule gegen ein Felsenkliff, das in zahlreiche Stücke zersplittert, die in den Boden eindringen und sich dort in Yams verwandeln. Dann hebt er eine Anzahl weißer Steine auf, die vor langer Zeit einmal Hagelkörner waren, und trägt sie in den Himmel. Dort wachsen die weißen Steine rasch zu großen Kumuluswolken heran, auf denen Tjambuwal über das Land reist. Dann schafft der Donnermann mit seiner Keule die schwarzen Regenwolken. In den Regentropfen befinden sich die Seelenkinder Jurtu, die sich in Menschenkinder verwandeln werden, nachdem der Regen sie auf die Erde niedergetragen hat. Andere Jurtu verwandeln sich in die Nester der wilden Bienen und in viele andere Nahrungssorten.

## *39. Mond und Dugong*

Während der Traumzeit lebte ein Mann mit seiner Schwester in der Nähe eines Trockensees, der sich während der Regenzeit mit Wasser füllte und in einen See voller Wasserlilien, Lotuspflanzen und Fische verwandelte. Daher war dieser See für Bruder und Schwester während der Zeit der Monsunregen eine hervorragende Nahrungsquelle, in der sie täglich die Wurzeln der Wasserlilien und Lotuspflanzen sammelten.
Doch die vielen Blutegel in der Umgebung machten das Leben an diesem Ort schwierig und schließlich unausstehlich, so daß die Schwester zum nahen Meer lief und sich in die Wellen stürzte, wo sie sich in den Dugong verwandelte. Ihr Bruder verwandelte sich alsdann in den Mond und stieg in den Him-

mel, doch versprach er seiner Schwester, ihr ins Meer zu folgen, falls er erkranken und sterben sollte. Er verkündete dabei, daß er wenige Tage nach seinem Tod wieder zum Leben erwachen würde.
Kurze Zeit später erkrankte der Mondmann, und sein Fleisch fiel von den Knochen, bis schließlich nur noch seine gekrümmte Wirbelsäule in der Gestalt des schmalen abnehmenden Mondes sichtbar war. Als ihn seine Lebenskraft völlig verließ, tauchte er ins Meer zu seiner Schwester Dugong, und die Überbleibsel seines Skeletts wurden kurz darauf in der Form einer leeren Nautilusschale ans Meeresufer gespült.
Aber drei Tage später erwachte der Geist des Mondmannes zu einem neuen Leben. Er stärkte sich mit Wasserlilien und Lotuswurzeln und stieg wieder in den Himmel auf.
Seither ist der Mondmann das einzige Wesen der Schöpfung, das jeden Monat einmal stirbt, aber wenige Tage darauf zu neuem Leben erwacht.

## *40. Die Wawilak-Schwestern*

### 1. Die Ankunft der Schwestern aus dem südlichen Binnenland

Es geschah in Bamun, der Traumzeit, als Wongarmenschen die Erde bewanderten und Menschen noch nicht erschienen waren. Alles war anders als heute. Die Tiere hatten damals Menschengestalt. Jene zwei Wawilak-Schwestern waren von weither gekommen. Sie waren zur Arafura-See gekommen, tief aus dem Festland. Sie waren aus dem fernen Kardao Kardao

Land gekommen. Das ist das Clanterritorium der Dua-Leute. Sie waren aus dem Land der Wawilak-Leute gekommen, denn Kardao Kardao war deren Land. Die junge Frau, die noch kein Kind geboren hatte, war schwanger. Die andere Frau hatte bereits ein Kind geboren und trug diesen Säugling unter ihrem Arm in einer Liege aus Papierbaumrinde. Es war ein männliches Kind.

Die beiden Frauen trugen Steinspeere und Habichtdaunen und Baumwolle. Auf ihrer Wanderung erlegten sie Echse, Opossum und Bandikut als Nahrung. Auch sammelten sie verschiedene Yamsknollen. Als sie die Tiere töteten, gaben sie ihnen Namen, die diese auch heute noch tragen. Ebenso benannten sie die verschiedenen Yamsarten. Sie sammelten all die Tiere und Pflanzen, die heute noch im Land der Murngin vorhanden sind. Sie sagten zu jeder Art, die sie töteten oder sammelten: »Du sollst nach und nach ein Totem werden.«

Zu Beginn ihrer Wanderung sprachen die Schwestern Djaun, später Rainbarngo und noch später Djinba, dann sprachen sie Wawilak, und schließlich Liaalaomir. Sie benannten die Gebiete, durch die sie zogen. Im Wawilak-Land schliefen sie mit den Wawilak-Wongarmännern. Diese Männer waren Dua, und sie selbst waren Dua, und dies war falsch und verstieß gegen die Gesellschaftsordnung.

Die beiden Frauen legten eine Ruhepause ein, denn die jüngere Frau spürte, wie sich das Kind in ihrem Leib regte. Sie wußte, daß die Geburt ihres Kindes bevorstand.

»Schwester, ich fühle, wie sich das Kind unter meinem Herzen wendet«, sagte sie. Die ältere Schwester antwortete: »Dann laß uns rasten.« Sie setzten sich nieder, und die ältere Schwester legte ihre Hand auf den Leib der jüngeren Schwester und spürte, wie sich das Kind in ihr bewegte. Dann massierte sie ihre Schwester, denn sie wußte, daß deren Wehen eingesetzt hatten. Das Kind wurde an diesem Ort geboren. Es war Yiritja, denn seine Mutter war Dua. Das Gebiet, in dem dies geschah, gehörte noch zum Land der Wawilak-Leute.

Nachdem das Kind geboren war, sammelte die ältere Schwester mehr Nahrung, dann setzten sie ihren Weg zum Meer fort. Sie machten an verschiedenen Orten Rast und gaben diesen Orten ihre Namen. Sie benannten alle Klanterritorien und alle Orte innerhalb ihrer Grenzen. Zuerst rasteten sie in Djirri Djirri, dem Platz der Wachteln, dann in Wakngai, dem Platz der Krähen, dann in Dung Dunga, dem Fischspeerplatz, dann in Tarbella, dem Platz weißer Austern, und in Katatanga, dem Platz der fallenden Meteore. All diese Orte waren Dua und lagen im Land der Wawilak. Obwohl die Wawilak-Schwestern fast alle Clans der Dua-Hälfte besuchten, betraten sie dabei nie die Territorien der Yiritja-Hälfte.

»Komm, Schwester«, sagte die ältere Frau, »wir wollen uns rasch auf den Weg machen.«

## 2. Die Flucht der Tiere und Pflanzen

Sie hielten nicht wieder an, bis sie sich an der großen Mirrirmina Wasserstelle im Land des Liaalaomir-Clans niederließen. Auf dem Grund dieser Quelle, in den tiefen unterirdischen Gewässern unter dem Quellwasser lebt Yurlunggur, die große Kupferschlange, das Pythontotem der Dua-Hälfte. Sie gaben dem Ort den Namen Mirrirmina.

Die ältere Schwester nahm ihren Feuerbohrer und machte ein Feuer. Sie begann, all die Yamsknollen und andere Pflanzenfrüchte, die sie gesammelt hatten, und all die Tiere, die sie auf ihrer Wanderung getötet hatten, zu rösten. »Schwester, bereite auch mein Essen zu«, sagte die jüngere Frau. »Nur Geduld«, sagte die ältere. Dann sammelte sie Papierrinde und bereitete dem Neugeborenen ihrer jüngeren Schwester ein Bettchen. Und während sie das tat, sprach sie zu ihr: »Allmählich müssen wir unsere beiden jungen Söhne beschneiden.« – »Ja, Schwester«, sprach die andere.

Sobald sie die Nahrung ins Feuer legten, sprang jedes Tier und jede Pflanzenfrucht aus dem Feuer, rannte zu der Wasserstelle und sprang hinein. Alle rannten sie in diese Djunguan- und Gunabibi-Quelle. Der Krebs rannte zuerst. Als dies geschah, sprachen die beiden Schwestern zum ersten Mal Liaalaomir. Zuvor hatten sie Wawilak gesprochen. Die anderen Tiere und die Pflanzen folgten dem Krebs. Die Yams rannten wie Menschen, ebenso die Warane, die Kragenechsen, Möwen, Seeadler, Störche und Krokodile. Jedes rannte und tauchte in die Totemquelle und verschwand.

### 3. Die Entweihung der Totemquelle

Die ältere Schwester suchte weiche Baumrinde, um dem neugeborenen Kind ihrer Schwester ein Bett zu bereiten. Sie watete dabei durch das Wasser der Mirrirmina-Wasserstelle. Ihr Menstruationsblut fiel dabei in die heilige Wasserstelle und sank hinunter, wo Yurlunggur, der Große Vater, lebt.

### 4. Yurlunggur erhebt sich und verursacht die Flut

Als das Menstruationsblut in die Wasserstelle fiel, witterte Yurlunggur den Geruch dieser Entweihung. Er lag tief unten im schwarzen Wasser unter dem Grund der Wasserstelle. Sein Haupt lag reglos auf dem Boden des Abgrundes. Er hob sein Haupt und witterte und witterte.

»Woher kommt dieses Blut?« sprach er. Er öffnete den Grund der Wasserstelle, indem er den Stein, der ihren Boden bedeckt, aus der Wasserstelle schleuderte. Der Stein landete in der Nähe des Frauenlagers. Er kroch langsam hervor, wie eine Schlange kroch er aus der Wasserstelle. Er nahm Wasser in den Mund. Er spie es in den Himmel. Bald bildete sich aus dem Nichts in der Mitte des Himmels eine Wolke von der Größe einer Männerhand. Während Yurlunggur sich langsam vom Grund der Wasserstelle erhob, erhob sich das Wasser mit ihm und überflutete die Erde. Er zog sich an dem Stein, den er aus der Wasserstelle geschleudert hatte, heraus. Er legte sein Haupt auf ihn und blickte sich um. Er sah die Frauen und ihre Säuglinge. Yurlunggur war den Frauen ein »älterer Bruder«, und sie waren seine Schwestern. Ihre Kinder waren seine Neffen, und er war ihr Onkel.

Yurlunggur fuhr fort, sie zu beobachten. Es zischte. Damit rief er den Regen herbei. Bislang war keine Regenwolke am Himmel, doch kurz darauf sahen die beiden Schwestern eine kleine, eine sehr kleine schwarze Wolke am Himmel erscheinen. Sie sahen nicht, wie die große Riesenschlange dalag und sie beobachtete.

Die Wolke wurde größer und größer, und bald strömte der Regen nieder. Rasch errichteten die Schwestern eine Hütte, um vor dem Regen geschützt zu sein. Sie gaben den gegabelten Ästen, die sie als Stützpfeiler verwendeten, einen Namen. Die Schwestern zogen in die Hütte ein. Sie wußten nicht, woher dieser Regen gekommen war, sie wußten nicht, daß das Menstruationsblut der älteren Schwester die Mirrirmina-Wasserstelle entheiligt und Yurlunggur erzürnt hatte. Die Wawilak-Schwestern legten sich schlafen, aber der Regen fiel heftiger und schwerer und weckte sie auf.

### 5. Die Schwestern singen rituelle Gesänge

Die ältere Schwester fragte: »Schwester, woher kommt dieser Regen? Keine Wolke steht im Norden oder Süden, und keine Wolke steht im Osten oder Westen, nur über uns steht diese riesige schwarze Wolke. Ich glaube, etwas ist falsch. Ich glaube, etwas Entsetzliches wird geschehen.«

Sie stand auf und ging nach draußen. Die jüngere Schwester blieb in der Hütte und begann zu singen. Die ältere Schwester schlug die Erde mit ihrem Grabstock. Sie wußte nun, daß Yurlunggur sie verschlingen würde, und sie wollte den Regen beenden. Sie sang: »Yurlunggur, komm nicht empor und verschlinge uns nicht. Wir sind gut, und wir sind rein.« Während sie so

sang, tanzte sie um die Hütte. Dann riefen die beiden Schwestern die Tabu-Namen der Mirrirmina-Wasserstelle.
Während die ältere Schwester sang und um die Hütte tanzte, um den Regen aufzuhalten und die große Wolke fortzusenden, wurde ihr Lagerplatz von allen Schlangen des Landes umringt. Die Pythons, die Todesottern, die Baumschlangen und die Schwarzen Schlangen, die Tigerschlangen, die Warane, die Blauzungenechsen, Schnecken, Raupen und alle Dua-Schlangen kamen und formten einen Kreis um sie, denn sie hatten den Ruf des Vaters Yurlunggur gehört. Es war finstere Nacht, und die beiden Frauen sahen sie nicht.
Die ältere Schwester sang zuerst alle Gesänge, die heute allgemein im Lager gesungen werden. Danach sang sie alle Gesänge, die heute im Lager während der Gunabibi-Festlichkeiten gesungen werden. Diese sind die weniger einflußreichen Gesänge. Sie sang sie zuerst, weil sie hoffte, damit den Regen zu beenden. Aber er hörte nicht auf. Sie fürchtete diesen Regen, da er aus einer Wolke fiel, die sie sich nicht erklären konnte, da diese Wolke aus dem Nichts gekommen war. Da sang sie die Tabu-Gesänge des Djungguan-Rituals.
Zuerst sangen sie die Garma-Gesänge, denn diese sind nicht einflußreich und gehören zum Lager der Frauen. Dann sangen sie die Gesänge des Marndiella-Rituals, denn dieses ist nicht besonders einflußreich, und seine Gesänge sind wenig tabu. Dann aber sangen sie Djungguan- und Ulmark-Gesänge.
Der Regen dauerte fort und fiel heftiger und schwerer. Sie entschlossen sich, wirklich einflußreiche und mächtige Gesänge zu singen, die im Bereich der zeremoniellen Lager der Männer gesungen werden und stärker tabu sind.

### 6. Yurlunggur verschlingt die Frauen, Einbruch der Flut

Sie sangen »Yurlunggur« und »Menstruationsblut«. Als Yurlunggur diese Worte vernahm, kroch er in das Lager der Frauen und der beiden Kinder. Diese waren plötzlich durch Yurlunggurs Zauber in tiefen Schlaf verfallen. Er ließ seine Zunge über die Frauen und Kinder gleiten, bevor er sie verschlang. Er biß ihre Nasen, bis das Blut aus ihnen rann. Erst verschlang er die ältere Frau, dann die jüngere und zuletzt die Säuglinge.
Er wartete auf den Tagesanbruch. Als die Morgendämmerung hereinbrach, kroch er in den Busch, da er sich zu nah am Wasser befand. Er wollte die Frauen zu einem trockenen Platz bringen.
Er erhob sich und stand kerzengerade. Er war wie der Stamm eines sehr hohen, geraden Baumes. Sein Kopf reichte so hoch hinauf wie die höchsten Wolken. Als er sich emporreckte, stiegen die Flutwasser an. Sie überfluteten und bedeckten die ganze Erde. Kein Baum oder Hügel schaute mehr aus ihnen heraus. Während er hoch oben im Himmel war und die beiden Frauen und Kinder in sich trug, sang er die geheimen Marndiella-, Djungguan-, Gunabibi- und Ulmark-Zeremonien. Als er später auf die Erde zurückfiel, verschwand das Hochwasser und die Erde war trocken.

### 7. Das Gespräch zwischen Yurlunggur und den Dua-Schlangen

Die übrigen Traumzeitschlangen reckten sich ebenfalls empor. Sie waren alle Dua, wie Yurlunggur, keine war Yiritja. Yurlunggur war größer als alle anderen. Er war der Anführer der Schlangen, da er der Mächtigste war. Yurlunggur fragte alle Dua-Schlangen nach ihren Clannamen und nach der Sprache ihres Landes. Yurlunggur sprach: »Ich sehe, daß wir alle verschiedene Sprachen sprechen. Es wäre besser, wenn wir uns alle in ein und derselben Sprache unterhalten könnten. Im Augenblick geht dies nicht. Daher werden wir nun alle unsere Zeremonien gemeinsam durchführen, denn wir besitzen dieselben Totem-Symbole.«

Da sangen sie alle gemeinsam, und ihre dröhnenden Stimmen waren der Donner, der über Land und Meer erschallte.

Noch immer standen die Schlangen hochgereckt auf ihrer Schwanzspitze. Der große Yurlunggur wandte sich an eine Daii-Dua-Schlange, er fragte:

»Was hast du gegessen?«

»Ich habe einen Süßwasserfisch gegessen!«

»Wie hat er geschmeckt?«

»Oh, sehr gut, er war zart und fett.«

»Was machst du nun, da du ihn gegessen hast?«

»Ich werde ihn hochwürgen und ihn ausspeien und betrachten. Dann werde ich ihn endgültig verschlingen.«

Er tat, was auch die heutigen Pythons noch tun: sie schlingen ihre Beute, schlucken sie, bringen sie wieder hoch, lassen ihre Zunge über sie gleiten und verschlingen sie dann endgültig.

Dann fragte Yurlunggur die Djapu-Python, was er gegessen hätte.

»Ich aß ein Wallaby. Ich werde es wieder hochbringen.«

Er erkundigt sich bei den anderen. Die Merango-Schlange hatte einen kleinen Vogel verschlungen; die Kalpu-Schlange einen Sandkrebs; die Djirin-Schlange eine grüne Seeschildkröte; die Naladaer-Schlange eine Muschel; die Wawilak-Schlange einen Vogel; die Mandelpui-Schlange hatte Honig gegessen. Alle Schlangen des Dua-Clans wurden befragt. Die Wessel-Island-Schlange war die letzte. Sie ist die zweitmächtigste Schlange und an Rang steht sie nur unter der Mirrarmina-Schlange, dem mächtigen Yurlunggur.

»Und was hast du gegessen?« fragte die Wessel-Island-Schlange den mächtigen Yurlunggur.

»Das werde ich dir nicht sagen«, gab er zur Antwort.

»Doch, erzähle. Ich vernahm Blitz und Donner und Sturm in deinem Land. Etwas ist dort geschehen.«

»Gib mir etwas, und ich werde dir etwas erzählen.«
»Komm. Du und ich wir sind ›Brüder‹. Du weißt, ich nenne dich ›Bruder‹.«
»Wenn ich dir etwas erzähle, mußt du mir etwas erzählen, denn ich nenne dich ›älterer Bruder‹ und du hast mich ›jüngerer Bruder‹ genannt. Ich erzähle dir, daß ich Papageifisch gegessen habe.«
»Welche Farbe?« – »Blau.« – »Was für Zähne?« – »Weiß.« – »Was du gegessen hast, ist nicht gut. Warum hast du nicht Iguana oder Känguruh gegessen?«
»Aber was hast du gegessen?« fragte die Wessel-Island-Schlange.
»Das werde ich dir nicht erzählen!«
»Warum nicht?«
Die Mirrirmina-Schlange Yurlunggur reckte sich höher und höher in den Himmel. Sie legte ihren Hals und Kopf auf eine Wolke. Ihre Augen schossen Blitze. Sie schämte sich.
»Komm und erzähle es mir, mein großer Bruder«, fuhr die Wessel-Island-Schlange fort, ihn zu bedrängen, und ihr Haupt kam näher und näher, während sie sich über die Wolken hinweg zu Yurlunggur wandte. Sie wurde zornig.
Da gab Yurlunggur schließlich zu: »Ich aß zwei Schwestern und ihre beiden Säuglinge.«

## 8. Der Fall Yurlunggurs

Als Yurlunggur dies sagte, begann der Südostwind vom Land her zu wehen. Da zog sich die Wessel-Island-Schlange geschwind in ihre Wasserstelle zurück. Der Wind verhinderte, daß sie sich weiter an die Mirrirmina-Schlange heranwinden konnte. Sie wollte einen Wasserlauf von Wessel-Island nach Mirrirmina schaffen. Yurlunggur brüllte und fiel dabei zur Erde.
Der Fall öffnete den Boden und schuf den kahlen Grund, auf dem heute die Zeremonientänze der Liaalaomir abgehalten wer-

den. Dort lag er auf der Erde und dachte: »Die beiden Schwestern und ihre Kinder sind nun tot in mir.«
Yurlunggur reinigte das Innere seines Mundes mit der Zunge. Er spuckte mehrmals. Er sagte: »Ich werde speien«. Er brachte die beiden Frauen und die Kinder hoch. Sie fielen in einen Ameisenhaufen.
Die Wessel-Island-Schlange war empört, als sie hörte, was Yurlunggur getan hatte. »Du hast deine eigenen Schwestern und Neffen verschlungen!« Das war entsetzlich.

### 9. Yurlunggurs Rückkehr nach Mirrirmina und das Auftauchen der Dröhnenpfeife

Yurlunggur kroch langsam zu seiner Wasserstelle zurück. Er tauchte hinein, doch hielt er seinen Kopf über Wasser, um zu beobachten, was vor sich ging. In diesem Moment kam die Yurlunggur-Dröhnpfeife aus der Quelle und legte sich neben ihn. Niemand brachte sie heraus und blies in sie hinein, sie dröhnte von selbst.
Die Yurlunggur-Dröhnpfeife blies über den beiden Frauen und ihren Söhnen. Einige grüne Ameisen kamen hervor und bissen die Frauen und ihre Kinder, die sich plötzlich aufrichteten.
Die Dröhnpfeife wanderte weiterhin umher, und die Riesenschlange schaute zu. Die Frauen und Kinder waren am Leben, und er hatte sie tot geglaubt. Er hob zwei Singstöcke auf und kroch aus der Quelle. Er rief alle seine Söhne, die sich in der Quelle aufhielten, und legte sich diese Schlangen, Echsen und Schnecken auf seinen Kopf und Hals.
Er schlug die Mütter und Kinder mit den Singstöcken auf den Kopf und verschlang sie erneut. Er wollte sie diesmal unten halten.
Aber ihm wurde erneut übel, denn wieder hatte er Dua-Leute verschluckt. Er entschloß sich, kerzengerade aufzustehen. Als er sich hochreckte, fragte ihn die Mandelpui-Schlange: »Was hast du gegessen?« – »Bandikut«, log er. »Du sprichst nicht die

Wahrheit!« – »Zwei Dua-Frauen und zwei Yiritja-Knaben.« – Bei diesen Worten fiel er wieder nieder. Diesmal schuf sein Fall die Tanzplätze der Gunabibi- und Ulmark-Rituale. Danach kroch er in die Liaalaomir-Wasserstellen und verschwand in den unterirdischen Gewässern. Er verschloß seinen Eingang mit einem Stein, und die Wasserflut, die daraus hervorgeflossen war, kam zum Stillstand. In den unterirdischen Wasserläufen schwamm er zum Land der Wawilak, denn er wollte die Mütter und Kinder zurückbringen. Dort angekommen, spie er sie zum letzten Mal aus. Er ließ sie dort und kehrte in sein eigenes Land zurück. Die beiden Frauen verwandelten sich in Stein, und diese Felsen stehen heute noch im Land der Wawilak. Yurlunggur behielt die beiden Knaben in seinem Leib, denn sie waren Yiritja, und er selbst Dua. Die beiden Frauen waren nicht dazu gekommen, ihre Söhne zu beschneiden, aber wegen ihres Vorhabens und ihrer Gebote beschneiden die Menschen heutzutage ihre Söhne.

### 10. Wie die Menschen die geheimen Rituale der Wawilak-Schwestern erfuhren

Während der dramatischen Geschehnisse im Land der Liaalaomir hörten zwei Wawilak-Wongar-Männer die donnernde Stimme Yurlunggurs und sahen die Blitze über den Himmel zucken und den Regen aus den Wolken strömen. Sie folgten den Spuren der beiden Frauen. Sie folgten ihnen viele Tage lang, bis sie schließlich auf die Spur der Riesenschlange stießen. Sie fürchteten, daß ein Krokodil oder eine Schlange die beiden Schwestern verschlungen hatte. Sie erreichten Mirrirmina. Sie sahen allenthalben die Ameisen umhereilen, als hätten sie einen toten Körper gewittert, den sie vertilgen wollten. Da fanden sie die Spuren der übrigen Schlangen. Sie sahen einen Regenbogen im Wasser der Quelle und wußten, daß diese von einer Schlange bewohnt war.

Als sie sorgfältig den Verschlußstein absuchten, den Yurlunggur aus der Quelle geschleudert hatte, fanden sie auf ihm das

Nasenblut der beiden Frauen und das ihrer Söhne. »Was sollen wir tun?« – »Geh, suche Papierrinde und fertige einen Korb«, sagte der ältere Wawilak-Mann. Sie sammelten das Blut in den beiden Körben und trugen es zu den Tanzplätzen. Sie bauten eine Hütte an der Stelle, wo der Schwanz der Schlange gelegen hatte.

»Nimm du alle Habichtdaunen, die Baumwolle und dieses Blut. Ich dagegen werde einen von Termiten ausgehöhlten Ast suchen, um eine Yurlunggur-Dröhnpfeife herzustellen.« Er holte sich den ausgehöhlten Querbalken aus der Hütte der Wawilak-Schwestern, um das Yurlunggur-Totemsinnbild daraus zu fertigen. Die Sonne ging unter. Sie ließen das Blut bis zum nächsten Morgen stehen.

Sie schliefen, und in ihrem tiefen Schlaf erlebten sie, was die beiden Frauen gesungen und getanzt hatten, um Yurlunggur davon abzuhalten, daß er sie verschlang. Die Wawilak-Frauen waren als Traumgeister zurückgekommen, um den beiden Männern die Djungguan-Gesänge und -Tänze zu lehren. Es waren sowohl »äußere« Gesänge für alle Lagerbewohner, als auch »innere« Gesänge für das Lager der Männer. Sie lehrten die Männer die Ausführung der Marndiella-, Gunabibi- und Ulmarkzeremonien. Sie sangen die geheimen Gesänge »Yurlunggur« und »Muit«, das Menstruationsblut. Die Männer schliefen weiter und träumten, wie Yurlunggur alle Warane aus der Mirrirmina-Quelle mitbrachte.

Die beiden Schwestern sprachen zu den Männern: »Dies ist alles. Wir geben euch diesen Traum, damit ihr die bedeutsamen Dinge in eurer Erinnerung behaltet. Ihr dürft nie vergessen, was wir euch heute Nacht beigebracht haben. Jedes Jahr müßt ihr euch dieser Gesänge und Tänze erinnern. Ihr müßt mit Blut und Daunen die Körperdekoration anlegen für Marndiella, Gunabibi und Djungguan. Ihr müßt in euren Tänzen all die Dinge zum Ausdruck bringen, die wir auf unserer Wanderung sahen und denen wir Namen gaben, all die Dinge, die in die heilige Quelle tauchten.«

Danach tanzten die Männer diese Tänze und führten die Zeremonien aus.
Und wir tanzen diese Tänze heute, weil unsere Wongar-Vorfahren sie von den Wawilak-Schwestern gelernt haben.

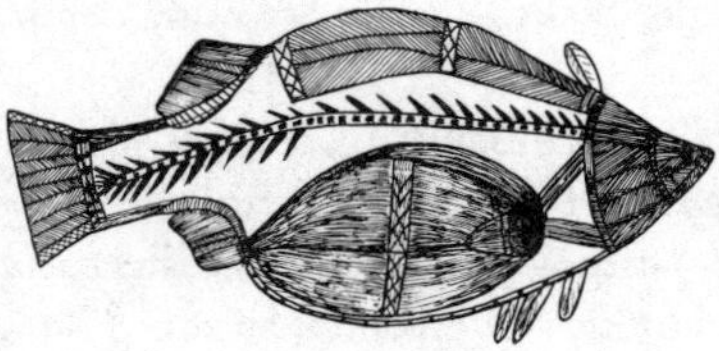

## *41. Dugong und Ameisenigel*

Der Ameisenigel lebte einst im Meer, während der Dugong auf dem trockenen Land lebte. Eines Tages dachte Dugong: »Es ist nicht recht, daß der Ameisenigel, der so klein ist, im Meer lebt und sich durch all das große Seegras einen Weg bahnen muß, um seine Nahrung zu finden. Am besten wäre es wohl, ich würde mit ihm tauschen, denn ich bin so groß, daß ich zu viel Platz brauche und eine tiefe Spur in der Erde hinterlasse.« Dugong hatte tatsächlich tiefe Furchen gegraben und viel Sand verschoben. Dugong und Ameisenigel unterhielten sich über den Wechsel des Wohnorts, und der Ameisenigel stimmte zu. Ameisenigel kroch an Land und lebte am Ufer der Aderrangmanja-Bucht. Und Dugong bahnte sich einen Weg ins Meer, in den das Wasser floß und einen kleinen Fluß bildete. Zuvor hatte Dugong alle seine Stacheln an den Ameisenigel gesteckt und für sich selbst nur einige seiner harten Haare behalten.
Dugong begann Seegras zu fressen und war sehr zufrieden mit der neuen Umgebung. Auch das Schwimmen im Wasser war viel einfacher als das mühsame Vorwärtsrobben an Land.
Und Ameisenigel freute sich ebenfalls über die neue Gegend. »Genau recht für mich«, dachte er, »hier werde ich immer wohnen bleiben.«

## *42. Möwe, der Windmacher und Fasan, der Regenmacher*

Möwe und Fasan hatten einen Wettstreit. Möwe rief vom Meer aus, und Fasan rief vom Land her. Möwe rief: »Komm ja nicht zu mir herüber!« – »O doch«, antwortete Fasan, »ich werde Regen machen und dein Lager unter Wasser setzen!« – »Macht nichts, ich kann mich hoch in die Lüfte schwingen«, war Möwes Antwort, »ich habe viele Höhlen hier in den Felsen.« Der Fasan rief: »Ich bleibe hier, weil der Regen mir nichts anhaben wird, während er dein Lager wohl überflutet. Und ich mache mir viele Inseln, denn ich kenne viele Zaubersprüche. Du aber hast nur wenige Inseln.« – »Ich kenne auch viele Zaubersprüche«, rief die Möwe, »und von mir aus mag es regnen soviel es will. Dann liegen deine Inseln alle unter Wasser, aber ich kann mich in meine Felshöhlen retten.«

Der Wortstreit schien kein Ende nehmen zu wollen. Da rief der Fasan: »Also, dann laß uns kämpfen!« – »Gut«, rief Möwe, »kämpfen wir miteinander!« Sie liefen aufeinander zu, und Fasan versetzte Möwe einen heftigen Hieb auf den Kopf. Möwe drohte: »Nun werde ich dich auf den Kopf hauen.« – »Nein«, rief Fasan, »nicht auf den Kopf, sondern auf den Rücken!« Da versetzte Möwe ihm einen heftigen Hieb auf den Rücken.

Möwe lief zum Meer, um sich das Blut vom Kopf zu waschen. »Von nun an werde ich immer im Meer baden, und ich werde immer im Meer auf den Inseln leben. Ich werde den Wind machen und zu dir senden. Ich werde Mamariga, den Ostwind machen. Er wird immer aus dem Osten zu dir kommen.«

»Gut«, sagte der Fasan, »dann machst du den Ostwind Mamariga für mich. Aber ich werde für dich den Regen machen. Ich werde die Wolken machen, und das Land wird überschwemmt werden. Aber ich werde auf dem trockenen Land wohnen und viele Hütten bauen. Nun müssen wir uns trennen, da wir miteinander gekämpft haben.« Möwe begab sich aufs Meer. Und Fasan wanderte ins Binnenland.

## *43. Der Gecko Ipilja und die Regenzeit*

Im Sumpf Numarika an der Mündung des Angoroko-Flusses auf Groote Eylandt lebt der Gecko Ipilja. Ipiljas Wasserstelle ist tabu für jedermann, denn wenn ein Mensch aus ihr trinken würde, müßte er sterben. Ipilja selbst ist riesig und trägt die Farben des Regenbogens. Auf seinem Kopf trägt er Haare wie ein Mensch, und auf seiner Oberlippe wachsen ihm Barthaare.
Ipilja wohnt im Wasser von Numarika. Er macht die Gewitterstürme und den Monsunregen.
Vor Beginn der Regenzeit frißt Ipilja riesige Mengen Gras, das am Rand seines Sumpfes wächst, und trinkt dabei Unmengen Wasser. Dann sprüht er die Mischung aus Gras und Wasser hoch in den Himmel hinauf, wo sich das Wasser rasch in große Regenwolken verwandelt, die durch das Gras zusammengehalten werden. Kurz darauf bilden sich die dunklen Gewitterwolken, und Ipiljas gewaltige Stimme rollt donnernd über den Himmel, wenn der Regen zur Erde niederfällt, und verkündet, daß der Bringer des Regens mit seinem Werk zufrieden ist.

## *44. Bara, der Nordwestwind*

Bara ist der Wind der Regenzeit, der von November bis März aus dem Nordwesten weht. In der Trockenzeit hält sich Bara in einem großen hohlen Baum auf, der auf dem Festland an der Stätte namens Maitjunga steht. Bara ist der Wind der Oranikaparaleute.

Vor dem Eintritt der Regenzeit versammeln sich die Männer um den Windbaum und schlagen mit ihren Äxten tiefe Kerben in die Rinde des Baumes, um Bara, den Wind der Regenzeit, zu befreien. Dabei singen sie einen alten Gesang, der den Wind in den Himmel schickt, wo er die Regenwolken bilden soll. Am folgenden Morgen kommt Bara aus dem Windbaum und setzt die Regenwolken in den Himmel.

Bara bringt die Seelenkinder zu den Oranikaparaleuten. Er setzt sie im Gras ab, wo sie sich versteckt halten, bis eine Oranikaparafrau sich nähert, in deren Leib sie zu einem Menschenkind heranwachsen.

Bara bringt die Jahreszeit der Entbehrung und Nahrungsknappheit. Heftige Regenfälle überfluten das Land, und Ausflüge in die Umgebung werden schwierig oder gar unmöglich. Kaum eine Pflanze trägt zu dieser Zeit Früchte, und die Wasservögel und Fische verteilen sich weit und breit über die angeschwollenen Sümpfe; selbst der Fischfang auf dem Meer ist stark eingeschränkt durch die häufigen Gewitterstürme und den dann stets hohen Seegang.

## *45. Mamariga, der Südostwind*

Mamariga ist der Wind der Trockenzeit, der von April bis September aus dem Osten oder Südosten weht. Die Totemstätte des Mamarigawindes befindet sich in Aitja-wala-madja im Südosten von Groote Eylandt. Dort ragen hohe Felsspitzen aus dem Boden, in denen sich Mamariga während der Regenzeit aufhält. Mamariga ist der Wind der Wirinikaparaleute.

Gegen Ende der Regenzeit begeben sich die Wirinikaparamänner nach Aitja-wala-madja und schlagen gegen die Felsspitzen, um Mamariga aus seiner steinernen Behausung zu entlassen. Das Hochwasser der Regenzeit geht zurück, und die Nahrungssuche in Teichen und Wasserstellen wird einfacher. Auf Büschen und Bäumen reifen die Früchte heran, und das hohe trockene Gras auf den offenen Flächen wird niedergebrannt, um frisches Gras wachsen zu lassen und damit das weidende Wild ins Freie zu locken, wo es in wohlorganisierten Treibjagden erlegt werden kann. Es gibt allmählich immer mehr Nahrung, und so wird es möglich, daß größere Menschengruppen sich zusammenfinden und längere Zeit an einem Platz aufhalten können. Daher werden gegen Ende der Mamarigazeit die großen jährlichen Zeremonien abgehalten.

Mamariga bringt die Seelenkinder der Wirinikapara, die in den Felsen seiner Totemstätte wohnen, zu ihren zukünftigen Müttern. Der Wind setzt sie in der Nähe ihrer Lager im Gras ab, und ihre Väter erfahren von ihrer Anwesenheit durch einen Traum.

## *46. Warum die Fliegenden Hunde in den Bäumen hängen*

Die Streifenschwanzechse lebte mit dem Fliegenden Hund in einer Hütte. Eines Tages ging der Echsenmann aus, um sich mit einer Menschenhorde anzufreunden. Aber auf seiner Wanderung fand er keinen einzigen Menschen. Da er nicht zum Gespött des Fliegenden Hundes werden wollte, rief er bei seiner Rückkehr ins Lager schon von weitem: »Nun habe ich viele Speere«, so, als habe er tatsächlich viele freundliche Leute getroffen, die ihn damit beschenkt hatten. Der Fliegende Hund glaubte der Echse, aber gleichzeitig kamen ihm Bedenken, daß so viele gefährliche Waffen ihm vielleicht doch Schaden zufügen könnten. Daher ließ er den Echsenmann gar nicht erst in die Hütte ein. Er mußte die Nacht draußen im Regen verbringen, und der Fliegende Hund lachte ihn aus, da ihm die vielen Speere nun gar nichts nützten. Am nächsten Morgen gaben sie jedoch beide vor, wieder gute Freunde zu sein, und gingen ihres Weges. Am Abend brachte die Echse ein stattliches Känguruh als Jagdbeute nach Hause. Doch der Fliegende Hund war auf seinem Streifzug leer ausgegangen. Daher bat er seinen vermeintlichen Freund um einen Anteil am Abendessen, aber der Echsenmann log ihn an und behauptete, er habe nichts zu essen. Außerdem wollte er sich noch dafür rächen, daß der Fliegende Hund ihn in der Nacht zuvor ausgelacht hatte. Er sammelte Raupennester und verstreute diese auf dem Boden, wo sich die Familie des Fliegenden Hundes normalerweise niederließ. Dann verschwand er und aß sein Känguruh ganz allein auf. Es dauerte nicht lange, bis die Rache der Echse im Lager der Fliegenden Hunde Erfolg hatte: erst begann das Kind zu weinen und zu jammern, da es sich auf die stacheligen Raupennester gesetzt hatte. Bald hatten auch die erwachsenen Fliegenden Hunde wunde Sitzflächen, da sie die Raupennester nicht bemerkt hatten. Schließlich verlegten sie ihre Lagerstelle, aber auch das half nichts, denn ihre Haut hörte nicht auf zu jucken, da sich die vielen Stacheln der Raupennester in ihr festgesetzt hatten. Sie konnten sich nie mehr hinsetzen, und so kam es, daß sie in die Bäume zogen, wo sie nun von den Ästen herabhängen.

## *47. Der gute und der schlechte Sohn*

Zu Anbeginn zeugte der Donner alle Männer und Frauen. Diese heirateten einander und zeugten eigene Kinder. Eines dieser Paare hatte zwei Söhne. Der ältere Bruder war ein guter Mensch, der jüngere dagegen war ein schlechter Mensch. Eines Tages zogen die beiden Brüder gemeinsam auf Jagd und erlegten ein großes Känguruh. Sie schnitten das Fell des Tieres mit einer Muschelschale auf. Als sie dann das Tier zum Kochen in Portionen aufteilten, fanden sie in ihm die Gebeine eines Menschen. Doch als sie sie entfernten, beschädigten und zerstörten sie die Knochen. Der Donner befahl ihnen, ihre Hände davon zu lassen und sich zu entfernen, da ihn die Zerstörung der Gebeine sehr erzürnt hatte. Der jüngere Bruder weigerte sich, dem Gebot Folge zu leisten, da er sich an dem Känguruhfleisch sattessen wollte. Der ältere Bruder dagegen versuchte sein Bestes, das Gebot einzuhalten, doch irrte er in seiner Furcht und Verwirrung ständig im Kreis umher, anstatt eine gerade Wegrichtung einzuhalten. Dabei traf er immer wieder auf seinen Bruder, den er jedesmal dazu überreden wollte, mit ihm zu kommen. Doch dieser weigerte sich immer wieder, seine Mahlzeit aufzugeben. Da wurde er mehrmals vom Blitz getroffen, den der Donner zur Strafe gegen den bösen Bruder abgesandt hatte. Jeder Blitzschlag hieb ihn tiefer und tiefer in den Erdboden, bis er schließlich völlig in der Erde verschwunden war. An die Stelle, wo er versank, floß daraufhin Salzwasser und überschwemmte das umliegende Land. So entstand das Meer. Der gute Bruder aber fand schließlich doch noch den rechten Weg und kehrte zu seinen Eltern zurück. Allerdings verheimlichte er seiner Mutter, welches Schicksal seinen bösen Bruder getroffen hatte. Er behauptete, sein Bruder folge ihm dicht auf den Fersen. Doch als dieser nach längerem Warten nicht eingetroffen war, machte sich seine Mutter auf die Suche nach ihm. Aber als sie auf das neuentstandene Meer traf, gab sie die Suche auf und fand sich damit ab, daß ihr jüngerer Sohn für immer verschollen blieb.

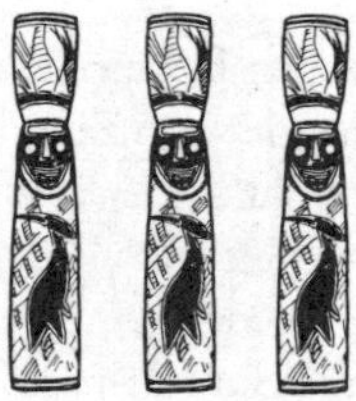

## 48. *Warum der Mond nur sein Gesicht zeigt*

Vor langer Zeit wollte sich der Mond einige Muscheln in einem Erdofen garen, doch fand er keine geeignete Rinde, mit der er den Ofen abdecken konnte. Daher zog er sich seine eigene Haut ab und benutzte sie anstatt der Rinde. Doch sobald er sich enthäutet hatte, erlosch sein Licht, und seine Kinder, die Fledermäuse, konnten nichts sehen. Darüber waren sie so erzürnt, daß sie ihren Vater packten und jämmerlich verdroschen. Alsdann warfen sie ihn ins Meer. Seither steigt der Mond jeden Monat aus dem Meer in den Himmel auf, doch zuvor bedeckt er seinen ganzen Körper außer seinem Gesicht mit Ruß, um ihn unsichtbar zu machen, damit ihn seine rachelustigen Söhne nicht mit ihren Speeren erlegen können. Sein Gesicht bemalt er mit weißer Kalkfarbe und daher sieht man nur das Gesicht des Mondes am Nachthimmel. Die beiden Sterne, die ganz in der Nähe des Mondes leuchten, sind seine zwei Frauen.

## 49. *Wie sich Pelikan und Emu entzweiten*

Pelikan und Emu lebten vor langer Zeit beisammen. Doch Pelikan war nicht besonders glücklich über seinen ständigen Begleiter, denn Emu war arbeitsscheu und lebte sorglos in den Tag hinein. Pelikan dagegen war stets fleißig auf Jagd und sorgte täglich für Feuerholz, um die Jagdbeute zu rösten. Emu war zu faul zum Holzlesen, und so borgte er sich jedesmal sein Feuerholz von dem Stapel, den Pelikan zusammengetragen hatte. Pelikan konnte sich nicht wehren, da der Emu der stärkere von beiden war. Er mußte sich also auf eine List besinnen. Eines Abends, als Emu sich wieder einmal Holz borgen wollte, sagte ihm Pelikan, er solle doch seine großen Flügel in das Feuer legen, sie würden gewiß viel besser brennen als Holz. Der Emu war sehr einfältig und befolgte den Rat. Erst als seine Flügelfedern alle verbrannt waren und seine verkohlten Flügelstummeln zu schmerzen begannen, bemerkte er den gemeinen Streich, den ihm sein Begleiter gespielt hatte. Seine Flügel waren nutzlos geworden, doch seine starken Beine waren unversehrt, und so versetzte er dem Pelikan einen gewaltigen Tritt, daß dieser weit durch die Luft wirbelte und schließlich im Wasser landete. Und so kam es, daß der Emu an Land lebt und Beeren und Nüsse sammelt, während der Pelikan auf dem Wasser zu Hause ist und Fische fängt. Und seither haben Pelikan und Emu nichts mehr gemein, vor allem kein gemeinsames Feuerholz.

## *50. Der alte Jäger und das Krokodil*

Vor vielen Jahren lebte hoch oben in den Bergen ein alter Mann, dem es von Tag zu Tag schwerer fiel, auf die Jagd zu gehen. Schließlich gelang es ihm nicht einmal mehr, genug Wild für seinen eigenen Nahrungsbedarf zu erlegen. Da fing er sich eine Echse, die er mit Bienenwachs bedeckte. Er klebte ihr große Wachsklumpen an beide Seiten, so daß sie fett aussah. Dann steckte er ihr noch ein großes Stück Bienenwachs auf den Kopf, damit sie größer aussah. Und schließlich steckte er ihr noch ein lang ausgerolltes Stück Wachs an den Schwanz, damit sie länger aussah. So hatte der alte Mann das erste Krokodil geschaffen. Er band ihm einen Strick an ein Bein und lehrte es, Schildkröten, Seekühe und Menschen zu fangen, die er verspeiste. Eines Tages jedoch riß sich das Krokodil von seinem Strick los und es hat seither nie aufgehört, Tiere und Menschen zu fangen, die es nun selbst frißt.

## *51. Warum Echsen immer umhereilen*

Einst spielte ein Echsenjunge mit seinen Brüdern auf einem Tanzplatz. Die Echsen veranstalteten einen Wettbewerb im Ringkampf, und der Echsenjunge wurde häufig auf den Rücken geworfen. Darüber ärgerte er sich schließlich so sehr, daß er auf den nächsten Baum kletterte, wo er ein Spinnennest fand. Er schüttete das Nest über seine Spielkameraden aus, deren Rükken dadurch von zahlreichen winzigen Kugeln aus Spinnendung übersät waren. Das wollten sich die übrigen Echsen nicht so ohne weiteres gefallen lassen, und so begann eine große Treibjagd. Der Echsenjunge auf dem Baum war jedoch sehr flink und geschickt, und keiner wußte so recht, wo er hingelaufen war, um der Verfolgerschar zu entkommen. Und so laufen die Echsen heute noch kreuz und quer und eilig in alle Richtungen, da sie ihn noch immer nicht gefunden haben.

## *52. Taipan, die Regenbogenschlange*

Einst war Taipan ein Mensch. Er war ein sehr guter Medizinmann. Er heilte Leute, die krank geworden waren, weil sie die Knochen der Warane oder Bandikuts verschluckt hatten. Er knetete und massierte ihren Bauch, dann saugte er den Knochen mit seinem Mund heraus und spie ihn aus, und der Kranke war genesen. Manchmal aber, wenn ein Mann zu krank war, sagte er ihm, daß seine Heilkraft ihm nicht helfen konnte, und daß er langsam sterben würde.

Taipan besaß einen Zauberknochen, den er auf seine Feinde deutete, die dann bald darauf starben. Er war sehr klug und weise. Er machte Blitz und Donner. Wenn Unfriede unter seinen Stammesangehörigen herrschte, weil eine junge Frau nicht zu ihrem Ehemann gehen wollte oder weil eine zukünftige Schwiegermutter ihre Tochter nicht hergeben wollte, dann

machte Taipan Blitze und Donner, um sie alle einzuschüchtern und den Stammesfrieden herzustellen.
Taipan sprach: »Gebt mir meine versprochene Braut!« Er besaß ein scharfes, blutrotes Flintmesser, das an einer langen, starken Schnur befestigt war. Er schärfte die Spitze seines Messers, dann warf er es aus der Ferne auf einen Baum in der Nähe der Leute. Das Messer traf den Baum mit einem lauten Donnerschlag. Dann zog Taipan das Messer mit der langen Schnur zurück, was den Laut des rollenden Donners verursachte. Das Flintmesser war heiß, nachdem es den Baum getroffen hatte, aber es kühlte bald danach wieder ab.
Taipan verlangte eine Braut. Tuktaiyan, die Sumpfschlange, war die Mutter zweier Töchter. Sie nahm ihre Tochter Uka, die weiße Sandschlange, beim Arm und führte sie zu Taipan. »Ich gebe sie dir zur Frau«, sagte sie. Dann gab sie ihm auch ihre zweite Tochter Mantya, die Todesotter, zur Frau. Sie dachte bei sich: »Ich gebe sie ihm beide, sonst ertränkt er uns alle, wenn er den Regen macht und wenn das Hochwasser kommt.«
Nun hatte Taipan zwei Frauen, Uka und Mantya. Er nahm sie. Er behielt sie. Dann warf Taipan erneut sein Messer, um den Leuten Furcht einzujagen, denn er wollte eine dritte Frau haben. Da ließen sie Tuknämpa, die Wasserschlange zu ihm gehen, und er empfing sie als seine Frau.
Taipan hatte nur ein Kind, einen Sohn. Taipan, der Sohn, jagte flußabwärts. Er sah Tintauwa, die schwarze Wasserschlange. Tintauwa war die Frau der Blauzungenechse Wala. Tintauwa lag im Schatten und gab vor, Kopfschmerzen zu haben. Sie hatte ihren Kopf fest mit einer langen Schnur umwickelt. Als sie Taipan, den Sohn, sah, dachte sie: »Oh, da kommt ein feiner Mann. Er soll mein Liebhaber sein, ich werde mit ihm ausreißen.« Sie sprang auf und sah Taipan an. Sie sah ihn an und an. Dann machte sie ihm ein Handzeichen, das »weg vom Lager« bedeutete. Taipan antwortete ihr mit einem Handzeichen, daß er einverstanden war.
Tintauwa entfernte sich rasch. Taipan folgte ihrem Weg nach

Westen und flußaufwärts. Dann trafen sie sich. »Nun laß uns davonrennen!« Sie rannten davon. Taipan, der Sohn, stahl die Frau des Walu und trug sie davon.
Nun versteckten sie sich in den Sträuchern. Sie fürchteten sich. Sie gehen auf Nahrungssuche, und Taipan erlegt ein Wallaby. Sie brechen einen alten Termitenhügel auf und heizen die Bruchstücke im Feuer in einem Erdloch, dann legen sie das Fleisch auf die heißen Stücke, garen es und essen es. Sie sitzen eine Weile beieinander. Dann legen sie sich schlafen. Der Abend kommt. Die Sonne geht unter. Sie sammeln Feuerholz, machen ein Feuer und legen sich wieder schlafen.
Am folgenden Morgen stehen sie auf. Er hebt seinen Speer auf, und sie zieht ihren Grabstock aus der Erde. »Gehen wir!«
Sie gehen zu einem neuen Lager. Taipan erlegt einen Emu. Sie brechen einen Termitenhügel auf, graben ein Loch in die Erde, zünden darin ein Feuer an, blasen in die Glut, bis das Holz lichterloh brennt und legen die Stücke des Termitenhügels hinein, um sie zu erhitzen. Die Frau rupft den Emu. Der Mann geht und holt Rindenstücke. Er weidet den Emu aus und entfernt die Leber. Dann legen sie den Vogel in den Erdofen und decken ihn mit Rindenstücken ab. Sie lassen ihn eine Zeitlang garen, »holen wir ihn heraus«. Sie entfernen die Rindenstücke, heben den Emu aus dem Erdofen, schneiden ihn längs und quer auseinander und essen ihn. Taipan sagt: »Das Bein ist für dich, die Brust ist für mich.«
Sie fürchten sich und halten sich im Gebüsch versteckt. Dort machen sie ein Lager und essen ihre Mahlzeit. Dann ziehen sie weiter. Sie erlegen ein Wallaby und garen es in einem Erdofen. Sie verspeisen es und sitzen eine Weile beisammen. Dann legen sie sich schlafen. Der Abend kommt. Die Sonne geht unter. Sie sammeln Holz, machen ein Feuer und legen sich schlafen. Am folgenden Tag erheben sie sich. Er hebt seine Speere auf, sie zieht ihren Grabstock aus der Erde und sammelt ihre Flechttaschen. »Gehen wir!« Sie machen sich auf den Weg. Sie erreichen einen weiteren Lagerplatz. In der Nähe entdecken sie einen Emu.

»Du bleibst hier! Bewege dich nicht! Ich erlege den Emu!« Taipan bricht einen Ast ab und hält ihn zur Tarnung vor seinen Körper. Er pirscht sich an den Emu heran, näher und näher pirscht er sich heran. Er schleudert den Speer, er verfolgt den verwundeten Emu, versetzt ihm den Todeshieb mit seiner Speerschleuder.

Taipan hebt den Emu auf seine Schulter, läßt dessen Beine nach vorn und seinen langen Hals nach hinten herabhängen. »Hier ist eine Wasserstelle, wir werden ihn hier kochen! Du gehst Feuerholz suchen, und ich werde ein Erdloch graben.« Sie läuft und sammelt Rindenstücke, und er rupft den Emu. Er öffnet den Balg, nimmt die großen und kleinen Gedärme heraus, schneidet die Leber heraus und legt sie auf ein Stück Rinde, um sie später im Feuer zu braten.

In der Zwischenzeit hat die Frau Feuerholz gesammelt, um die Wandstücke eines Termitenbaus in dem Erdloch aufzuheizen. Dann machen sie darin eine Vertiefung für den Emu, legen ihn mit dem Kopf nach unten hinein und decken ihn mit den Rindenstücken ab. Nun liegt der Emu mitten in den heißen Wandstücken und kocht.

Sie holen ihn aus dem Erdofen und legen ihn auf Baumrinde. Mit einem Steinmesser zerlegen sie ihn gemeinsam. Sie lösen das Fett ab und legen es auf ein Stück Rinde. Sie lösen das Fleisch von einem Bein und legen es auf ein Rindenstück, dann das Fleisch vom anderen Bein. Sie legen das Fleisch vom Hals auf ein Stück Rinde, dann das Brustfleisch. Dann wickeln sie alles in dünne Baumrinde ein, binden das Ganze in Bündel, und legen sie auf ihren Kopf und tragen sie. Sie gehen weiter, machen ein Lager. Sie sammeln Feuerholz, der Mann macht ein Nachtfeuer, die Frau macht ein Nachtfeuer. Dann schlafen sie.

Am folgenden Morgen essen sie ihr Fleisch, ziehen weiter und nehmen den Rest des gekochten Emus mit. Einige Fleischstücke müssen sie wegwerfen. Dann setzen sie sich an einen schattigen Platz und essen das Fleisch, viel Fleisch. Am Nachmittag machen sie sich wieder auf den Weg. Sie richten sich ein Lager ein.

Sie bleiben jeweils eine Nacht an jeder Lagerstätte, dann ziehen sie weiter. Sie fürchten sich.
Am nächsten Morgen stehen sie auf. Taipan repariert seinen Speerwerfer, dessen Spitze abgebrochen war, als er dem Emu den Todeshieb versetzte.
Wala, der Mann der Frau, war ihnen die ganze Zeit über gefolgt. Er war hinter seiner Frau her. Er war ihrer Spur gefolgt. Er erreicht eine Feuerstelle. Er ißt von dem zurückgebliebenen Fleisch und von den Wurzeln, die die beiden gekocht haben. Er trinkt Wasser, dann verfolgt er ihre Spuren weiter und weiter. Er erreicht den schattigen Platz, an dem sie sich ausgeruht haben. »Hier saßen sie vor kurzem.« Er folgt ihrer Spur. Er sieht den Rauch ihres Feuers. »Dort sind sie, die beiden!« Dort sitzen sie im Gebüsch. Er schleicht sich an sie heran. Er sieht Taipans Kopf. Er hakt seinen Speer in die Speerschleuder und trägt ihn wurfbereit. Er pirscht sich heran, hinter einen Baum in ihrer Nähe. »Ich muß den Speer aus nächster Nähe werfen!«
Er schleudert seinen Speer. Es ist ein Speer aus Milchholz und Hibiskusholz – ein schlechter Speer. Er bricht auf halbem Weg entzwei.
Das Paar springt auf! »Er ist gekommen!« Tintauwa, die Frau, klammert sich an Taipan. Taipan fährt sie an: »Laß los!« Er läßt sie stehen und flieht.
Wala ergreift den Arm seiner Frau. »Lauf nicht weg wie ein Feigling! Wir beide werden die Sache hier an Ort und Stelle regeln. Wir werden sie besprechen, wir werden nicht gegeneinander kämpfen.«
Taipan hat sich herangeschlichen und verwundet Wala mit einem Speer. Der Speer zerbricht. Taipan versetzt Wala mit dem abgebrochenen Speerstück einen Hieb auf die Stirn. Seither trägt die Blauzungenechse eine Beule auf der Stirn. Die Echse zieht den Speer aus seiner Stirnwunde. Er stürzt sich auf Taipan und schlägt ihn mit seiner Speerschleuder. Sie kämpfen.
Wala rannte nach Westen, und Taipan verfolgte und überholte ihn. Er stellte ihn zum Zweikampf. Aus dem Osten sprach

Wala: »Nun wirst du mich in den Hals beißen. Dann werde ich dir dasselbe antun!« Wala, die Echse, lag auf dem Rücken, Gesicht nach oben. Taipan stürzte sich auf ihn und biß ihn, versenkte seine Zähne und zog an der zähen Haut der Echse.
»Nun bist du an der Reihe. Leg dich auf deinen Rücken und kehre dein Gesicht nach oben! Leg dich richtig hin und bewege dich nicht!« sprach Wala.
Taipan liegt mit dem Gesicht nach oben. Wala stürzt sich auf ihn und öffnet ihm die Kehle mit seinen Zähnen. Taipan liegt schwer verwundet, und sein Kopf schwimmt. Halbtot wälzt er sich umher. Nun liegt er reglos! Er ist tot! Die Echse reißt seine Brust auf, beißt die Innereien heraus und entfernt das Herz.
Zu Taipan, dem Vater, trägt Wala das Herz des Sohnes. Nach Westen flußabwärts ging Wala. Am Lagerplatz Taipans, des Vaters, langte er an.
»Hier ist Wala. Was trägt er bei sich?«
Vor dem Vater angelangt, wirft Wala es auf ein Pandanusblatt. »Ich habe deinen Sohn getötet! Hier sind sein Blut und sein Herz!« Da ließ er das Blut und das Herz auf dem Pandanusblatt zurück und flüchtete sich voller Furcht mit seiner Speerschleuder. Taipan sprang auf, um Walas Lagerstätte zu verwüsten. Taipan suchte weit und breit nach dieser Stätte, doch fand er keine Spur von ihr. Taipan kehrte zu seiner eigenen Lagerstätte zurück. »Hier kann ich nicht länger bleiben. Mein Sohn ist tot und für immer von uns gegangen!« Er versammelte all seine Nachkommen: Wuka, den Fliegenden Hund und Wutyinang, Kikala, Wutya und Welaiya, die Sumpffische. Auch rief er seine beiden Schwestern. Taipan bemalte alle mit dem Blut seines Sohnes. Das Herz behielt er selbst. Dann sandte er seine Nachkommen zu ihren Totemstätten.
»Ich, euer Vater, und die Schwestern eures Vaters werden uns trennen und in unsere eigenen Totemstätten eingehen.«
Zu seinen beiden Schwestern sprach er: »Etwas von diesem Blut werde ich euch lassen, meine Schwestern! Den Rest behalte ich. Ihr beide werdet euer Blut in den Himmel tragen. Das Rot im

Regenbogen, euer Menstruationsblut. Ich werde meins hier behalten!«
Taipan tränkte die Erde mit Regen. Dann warf er sein Steinmesser, Blitze zerschnitten die Luft, und Donner rollte allenthalben. Begleitet von Blitz und Donner sank Taipan in die Erde.
Taipans Schwestern sanken in die Erde. Doch dann erhoben sie sich aus der Erde und stiegen als Regenbogen in den Himmel.
In der Trockenzeit halten sie sich in ihrer Totemstätte in der Erde auf, sie bleiben unter Wasser, die zwei Schwestern. Zu Beginn der Regenzeit verlassen sie ihre Stätte, sie steigen als Regenbogen zurück in den Himmel. Sie steigen hinauf, die beiden Taipanfrauen und ihr älterer Bruder. Taipans Schwestern sind das Rot im Regenbogen, Taipan selbst ist das Blau.
Wenn die Menschen einen Regenbogen sehen, sagen sie: »Taipans Inneres ist wund, Taipan menstruiert.«
Die Frauen aus der Gegend der Totemstätten Taipans heißen Tipmeninga oder Ngointyameninga, das heißt »wundes Inneres« als Andenken an ihre Totemahnen, die Taipanschwestern.
Wenn heute eine Mutter ihre als Braut versprochene Tochter nicht dem betreffenden Mann geben will und deshalb Streit unter den Stammesangehörigen ausbricht, dann wirft Taipan sein Messer, Blitze zucken und Donner erschallt, und die Männer fürchten sich und brechen den Streit ab.
Taipans Totemstätte ist bei Waiyang. Dort steht ein Milchholzbaum. Niemand wagt es, diesem Baum etwas anzutun, da sonst unzählige Schlangen aus der Erde hervorkämen und verheerende Regenstürme über das Land hereinbrächen.
Das Blut des Sohnes Taipan haftet auf Taipans Nachkommen: Wuka, der Fliegende Hund, hat ein rotes Fell, und Taipan, die Giftschlange, trägt rote Flecken auf ihrer Unterseite.

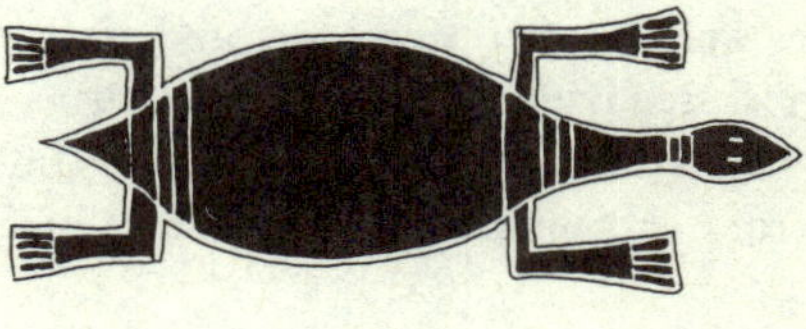

## *53. Wie der Mond in den Himmel gesetzt wurde*

Zwei Sperberbrüder zogen einst aus, um Honig zu suchen. Sie fanden einen hohlen Baum, der so aussah, als könnte er ein Bienennest enthalten. Mit der Axt schlugen sie ein schmales Loch in den Baumstamm, und einer der Brüder zwängte seinen Arm hindurch, um nach dem vermeintlichen Bienennest zu tasten. Doch zu seinem Schrecken stellte er fest, daß sein Arm in dem Loch steckenblieb, und so sehr er sich auch bemühte, ihn mit Hilfe seines Bruders durch heftiges Ziehen und Reißen zu befreien, er schaffte es nicht. Schließlich ging der Bruder zur nächsten Lagerstelle, um Hilfe zu holen. Doch alle seine Angehörigen und Freunde hatten eine Ausrede, und er wollte ihnen gerade als ein Zeichen seiner Verachtung sein Hinterteil zukehren, als er den Mond, den Bruder seiner Mutter, in einiger Entfernung vom Lager sitzen sah. Zu jener Zeit lebte der Mond nämlich auf der Erde wie alle anderen Menschen. Nachdem der Sperber den Mond über die schwierige Lage seines Bruders aufgeklärt hatte, erhob sich der Mond sofort und begleitete seinen Neffen zu dem hohlen Baum, in dem sein anderer Neffe feststeckte. Der Mond kletterte auf den Baum, steckte seinen Kopf tief in die Öffnung der Baumhöhle und nieste so heftig in das Loch hinein, daß der plötzliche Luftdruck den Arm des Sperbers aus dem Baum preßte. Der Sperber war allerdings über die Gleichgültigkeit der anderen Leute, die ihm beinahe das Leben gekostet hatte, so erzürnt, daß er sich an ihnen rächen wollte. Damit sein Retter, der Mond, jedoch durch seinen Rachezug nicht zu Schaden kam, grub er ihn in die Erde ein. Dann setzte er ringsumher das Gras in Brand, um das Lager seiner Angehörigen niederzubrennen. Aber einige Lagerbewohner entkamen dem Brand und brachten sich in Sicherheit. Daraufhin grub der Sperber den Mond aus und setzte ihn auf den Wipfel des höchsten Baumes. Dann legte er ein neues Feuer, das die Büsche und kleineren Bäume im weiten Umkreis ergriff. Doch wiederum entkamen einige Leute und brachten sich in

Sicherheit. Der Sperber gab sich noch nicht zufrieden, denn er wollte sie alle für ihre Gleichgültigkeit bestrafen. Deshalb hob er den Mond aus dem höchsten Baum und setzte ihn in den Himmel. Dann steckte er das ganze Land in Brand, und alle Einwohner kamen in dem Feuer um. Und seither begibt sich der Mond regelmäßig in den Himmel, wo er vor der Gefahr der Waldbrände sicher ist.

## *54. Wie der Storch tanzen lernte*

Brolga, der Storch, fand eines Tages eine Pfefferschote im Boden. Da er nicht wußte, daß die Schote äußerst scharf und auch leicht giftig war, verschluckte er sie. Als die Schote kurz darauf ihre Wirkung zeitigte, liefen Schnabel und Hals des Storches purpurrot an, und seine Sinne begannen sich zu trüben. In diesem Zustand begann der Storch einen äußerst seltsamen Tanz, den er nie wieder verlernte. Und sein Kopf und Hals sind immer noch rot.

## *55. Die Strafe der Schildkröte*

In alten Zeiten lebte die schwarze Schildkröte an Land. Sie war ein reichlich hintertriebener Mann, der den anderen Menschen das Wasser zu stehlen pflegte. Er verbarg es in seinen Achselhöhlen, wo er es als Wasserreserve für die Trockenzeit verwahrt hielt. Schließlich ließ sich der eigensüchtige Schildkrötenmann sogar am Rand der Wasserstelle nieder und vertrieb jeden, der seinen Durst löschen wollte.

Da beschlossen die anderen Menschen – Känguruh, Opossum, Truthahn, Habicht, Emu und Schlange –, ein prächtiges Tanzfest abzuhalten, das den Schildkrötenmann von der Wasserstelle fortlocken sollte. Der Plan hatte Erfolg, denn sobald er den Gesang und das dumpfe Dröhnen der Tanzschritte vernahm, machte er sich auf den Weg, um dem Fest beizuwohnen. Er ließ sich am Rand des Tanzplatzes nieder und bemerkte nicht, wie der Emu ihm mit jedem Tanzschritt näher und näher rückte. Schließlich war der Emu der Schildkröte so nahe auf den Leib gerückt, daß er ihr mit seinen kräftigen Beinen heftige Tritte in beide Seiten und Arme versetzen konnte. Da floß alles Wasser, das die Schildkröte verwahrt hielt, in Strömen über die Erde, und endlich konnte jeder seinen unerträglichen Durst löschen. Die schwarze Schildkröte wurde daraufhin vom Land verbannt und fristet seither ihr Dasein in den salzigen Wassern der Meere.

## *56. Die pflichtvergessene Mutter*

Die Ameisenigelfrau pflegte jede Nacht das Lager zu verlassen. Es kümmerte sie wenig, daß sich die übrigen Lagerinsassen über das anhaltende nächtliche Weinen ihrer Kinder beklagten, und andere Vorwürfe, die sie über die recht zweifelhafte Natur ihrer nächtlichen Ausflüge über sich ergehen lassen mußte, wies sie mit der Behauptung zurück, sie habe rote Ameisen gejagt. Jedenfalls kam sie nie vor Morgengrauen zurück, und ihre Kinder litten sehr. Da taten sich die Brüder der Ameisenigelfrau zusammen, folgten ihr eines nachts und schleuderten ihre Speere auf sie. Sie entfloh ihren Verfolgern und verkroch sich in ein Erdloch. Seither leben alle Ameisenigel in einem Erdbau, und wie ihre Vorfahren begeben sie sich nachts auf Ausflüge. Und sie tragen alle das Zeichen der Strafe, die über die Ameisenigelfrau verhängt wurde, auf ihrem Rükken: die langen scharfen Speere der Brüder, die das Los der vernachlässigten Kinder rächten.

## *57. Das Opossum und der Beutelmarder*

Opossum und Beutelmarder machten sich in entgegengesetzter Richtung auf Nahrungssuche. Das Opossum erkletterte einen Eukalyptusbaum und sammelte Samenkerne aus den Samenkapseln des Baumes. Zu Hause angelangt, machte es sich gleich an die Arbeit, die Kerne zu mahlen, als der Beutelmarder mit leeren Händen zurückkehrte. Er bewunderte die Ausbeute des Opossums und fragte, wo die Samen für all das Mehl zu finden seien. Doch das Opossum wollte den Ort seiner reichhaltigen Nahrungsquelle nicht so ohne weiteres verraten und behauptete, es habe die Zweige der Büsche am Wegrand zum Mahlen verwendet. Der Beutelmarder zog gleich los und brach eine Menge Zweige ab, die er auf flachen Steinen ausschlug, doch natürlich fiel kein Samen heraus. So mußte sich der Beutelmarder hungrig schlafen legen, da das Opossum sein Brot nicht mit ihm teilen wollte. Am nächsten Tag geschah genau dasselbe. Opossum kehrte mit einer reichen Samenausbeute zurück, während der hungrige Beutelmarder wieder leer ausging. Am folgenden Morgen gingen sie wieder auf Samensuche, aber diesmal machte sich der Beutelmarder nur zum Schein auf den Weg. Dann wartete er, bis das Opossum außer Sicht war und stahl die Samen, die Opossum sich in einer Holzschale als Vorrat gesammelt hatte, und da er schrecklich hungrig war, aß er sie alle auf. Als das Opossum zurückkehrte, entdeckte es gleich, daß seine Holzschale leer war. »Du hast meine Samen gestohlen!« sagte es vorwurfsvoll. »Nein!« behauptete der Beutelmarder, »alle Samen hier in der Umgebung gehören mir.« Das Opossum lehnte diesen Gebietsanspruch ab, und die beiden begannen eine heftige Schlägerei. Das Opossum ging daraus als Verlierer hervor, es hatte Sehnenrisse in beiden Knien, und seither haben alle Opossums dicke Knie. Auch der Beutelmarder kam nicht ungestraft davon: er fiel auf die Samen, die das Opossum herbeigetragen hatte. Der Saft der zerdrückten Samen befleckte sein Fell. Noch heute tragen alle Beutelmarder diese Zeichnung.

## *58. Der Regenbogen und die Brotfruchtblüte*

Vor langer Zeit lebten auf Peel Island drei Brüder namens Walara, Nabijura und Kurramon. Walara und Nabijura waren starke, wohlgebaute Männer. Kurramon aber war dünn und schwächlich. Alle drei liebten ein und dasselbe Mädchen und begehrten es zur Frau, aber das Mädchen, das Lamari hieß, sagte nicht, welchem von ihnen sie den Vorzug gab. Lamari lebte allein. Walara und Nabijura beschlossen, sie mit Nahrung zu versorgen, um ihr zu beweisen, daß sie wohlgesonnen waren und gute Ehemänner sein würden. Sie dachten sich, daß Lamari sich für einen von ihnen entscheiden würde, nachdem sie ihr die Nahrung gebracht hatten, und sie kamen überein, daß derjenige, den sie dann wählte, sich nicht den Zorn der anderen Brüder zuziehen würde. Erst brachte Walara ihr Fische aus dem Meer, aber sie wollte nicht seine Frau werden. Dann brachte Nabijura ihr Wildbeute vom Land, doch seine Frau wollte sie auch nicht werden.

Da sagte Kurramon, der dünne und schwächliche Bruder, daß auch er versuchen wollte, Lamari für sich zu gewinnen, aber die gutaussehenden Brüder lachten ihn aus und verspotteten ihn. »Sie wird niemals deine Frau werden wollen«, sagten sie, und lachend kehrten sie sich um und ließen ihn stehen.

Kurramon ging in den Busch und sammelte Früchte, so daß auch er Lamari Nahrung bringen konnte. Er fing Fische und erlegte ein Känguruh, so daß er mehr Nahrung gesammelt hatte als seine Brüder zusammen.

Bevor er seine Gaben zu Lamari trug, ging er zum Grab seiner Mutter, die einen halben Monat zuvor gestorben war. Er legte seine Hände auf die Erde, die sie bedeckte, und die Kraft seiner Mutter strömte in ihn, und er wurde so groß und stark wie seine Brüder. Dann ging er zu Lamari mit seinen Gaben und bat sie, seine Frau zu werden. Sie erhob sich und ging mit ihm, denn sie liebte ihn.

Er brachte sie zu einem Geheimplatz im Busch, so daß seine

Brüder nicht erfuhren, daß sie seine Frau war. Als er seine Brüder besuchte, sprach er nicht von ihr, und er nahm sie auch nicht mit sich, wenn er zu ihnen ging. Doch die Brüder schöpften Verdacht, und als sie sahen, daß er Nahrung mit in den Busch nahm, folgten sie ihm. Sie hielten sich hinter einem Baum versteckt und beobachteten, wie er seiner Frau das Essen gab, und an ihren Blicken erkannten sie, daß sie ihn liebte. Da haßten sie ihn und ersannen einen Weg, ihn umzubringen.
Als sie mit ihm auf Jagd gingen, richteten sie es so ein, daß Kurramon sich zwischen ihnen und dem Jagdwild befand, das sie erlegen wollten. Und so zielten sie ihre Speere auf ihn, anstatt auf das Tier. Aber Kurramon wich ihren Speeren geschickt aus, und keiner traf ihn. Nie ließ er seine Brüder aus den Augen, und sie wußten es. Sie hofften darauf, daß er wieder Vertrauen zu ihnen fassen würde, und um dies zu erreichen, boten sie sich an, ihm eine Laubhütte zu errichten, die ihn gegen heftige Regenfälle schützen und ihm Schatten spenden würde, wenn die Sonne zu heiß brannte. Kurramon half ihnen bei der Arbeit, und sie errichteten eine Laubhütte. Als diese fertig war, luden Walara und Nabijura ihn ein, mit ihnen im Riff fischen zu gehen. Er nahm die Einladung an, obwohl er wußte, daß die beiden versuchen würden, ihn im Meer zu töten.
Bevor er mit seinen Brüdern in das Riff ging, besuchte er Lamari und teilte ihr seine Befürchtung mit. Dann sagte er: »Wenn meine Brüder mich töten, wird ein kleiner Vogel mit einem Blutstropfen auf dem Schnabel zu dir geflogen kommen, und wenn du ihn siehst, weißt du, daß ich tot bin.« Als Lamari dies vernahm, verließen sie ihre Kräfte und sie konnte nicht sprechen. Dann ging Kurramon fort von ihr und schloß sich seinen Brüdern an. Die Brüder lenkten ihr Kanu zu einer Stelle im Riff, wo sich eine riesige Mördermuschel befand. Dann sagten sie zu Kurramon: »Tauch du hinunter mit deinem Speer und bring die Fische herauf, wir werden inzwischen das Kanu in den Wind halten.« Und so tauchte Kurramon in das Wasser und schwamm hinunter, wo die Fische sich aufhielten. Aber die Mördermuschel

schloß sich über seinen Händen, und das Wasser drang in ihn ein und er ertrank. Seine Brüder blickten hinunter und als sie sahen, daß er tot war, kehrten sie in ihrem Kanu zurück.
»Nun soll Lamari zwischen uns beiden wählen«, sagte Nabijura, »ich werde zuerst zu ihr gehen, denn ich bin der ältere. Und wenn sie nicht meine Frau werden will, dann kannst du zu ihr gehen und sie fragen.« Als sie das Kanu an den Strand gezogen hatten, ging Nabijura durch den Busch zu Lamaris Lager. Doch der kleine Vogel war bereits vor ihm bei ihr eingetroffen, und sie lag tot auf der Erde mit dem Speer in ihrer Seite, mit dem sie sich selbst durchbohrt hatte.
Als Nabijura dies sah, fürchtete er sich. Er rannte zurück zu Walara und berichtete ihm, was er gesehen hatte. »Laß uns zum Riff zurückkehren«, sagte er. »Wir werden hinabtauchen und Kurramons Hände befreien und ihn dann wieder lebendig machen, um ihn zu seiner Frau zurückzubringen. Wenn er ihr dann den Speer aus der Seite zieht, wird sie wieder leben und uns nicht verloren sein.«
Dann kehrten Nabijura und Walara in ihrem Kanu zu der Stelle im Riff zurück, wo Kurramon gestorben war. Sie sahen hinunter und sahen, wie sich sein Körper mit den Wogen des Meeres hin und her bewegte. Dann war er verschwunden, und Fische in allen Farben schwammen aus den Öffnungen des Riffs, durchbrachen die Wasseroberfläche, und mit der Geschwindigkeit eines Speeres hoben sie sich in einem weiten Bogen über dem Himmel. Ihr Pfad hinterließ dort einen wunderschönen Regenbogen.
Dann gingen Nabijura und Walara zurück zum Strand, und der Regenbogen folgte ihnen, bewegte sich weiter über den Busch, bis er die Laubhütte berührte, in der Lamari lag. Und als die Farben des Regenbogens auf ihr ruhten, verwandelte sie sich in eine Brotfruchtblüte.
Und wenn sich nun der Regen und die Sonne über der Erde begegnen, dann öffnet sich die Blüte des Brotfruchtbaums, und ein Regenbogen steht über ihr. Und so wird es immer sein.

## *59. Der Baum, der eine Frau zurücktrug*

Der Ameisenigel war ein unverheirateter Mann, der auf dem Gipfel eines Berges wohnte. Auf einem seiner Streifzüge fand er ein Tragnetz, das in einem Baum hing. In dem Netz befand sich ein Säugling, ein kleines Mädchen, dessen Mutter das schlafende Kind in den Baum gehängt hatte, während sie selbst auf Nahrungssuche gegangen war. Der Ameisenigel stahl das Tragnetz und nahm das Kind mit auf den Gipfel seines Berges. Dort sprach er Zaubersprüche und sang Zaubergesänge, und das kleine Mädchen verwandelte sich in eine junge Frau, die sich der Ameisenigel zur Gattin nahm. Aber die junge Frau war unglücklich und sehnte sich nach dem Lager ihrer Angehörigen. Eines Tages schickte der Ameisenigel seine Frau auf eine Kiefer, um eine Python zu fangen. Da er selbst sehr müde war, schlief er unter dem Baum ein. Da sprach die Frau mit dem Baum und bat ihn, höher zu wachsen. Die Kiefer wurde höher und höher. Als sie so hoch gewachsen war, daß die Frau das Lager ihrer Angehörigen sehen konnte, bat sie die Kiefer sich dorthinzubeugen. Die Kiefer tat ihr auch diesen Gefallen, und die Frau stieg aus ihren Zweigen und kehrte in ihr Lager zurück. Als der Ameisenigel aufwachte, rief er nach seiner Frau, erhielt aber keine Antwort. Da eilte er zu seinem Lager, um seine Speere und Bumerangs zu holen und das Lager der Leute zu überfallen, von denen er seine Frau gestohlen hatte. Er lief die ganze Nacht hindurch, bis er im Morgengrauen das Lager der Frau erreichte. Er schleuderte einen Speer gegen sie, der ihren Arm durchbohrte. Dann versteckte er sich in einer flachen Höhle. Aber die Männer des Lagers verfolgten ihn. Sie schleuderten ihre Speere in die Höhle, aber durch einen Zauberspruch verwandelte der Ameisenigel den Flug der Speere, so daß er nur von deren stumpfen Enden getroffen und nicht getötet wurde. Da sprachen die Männer: »Werde ein Ameisenigel!«, und er verwandelte sich in das Tier. Er trägt auch heute noch die Speere der Männer auf seinem Rücken, mit den spitzen Enden nach außen.

## *60. Die Borah des Byamee*

Von Stamm zu Stamm wurde die Nachricht weitergeleitet, daß nun, da die Jahreszeit günstig war, eine große Versammlung abgehalten werden sollte. Und der Platz, der für die Versammlung ausgewählt worden war, hieß Goorgoorewon. Die alten Männer flüsterten einander zu, daß bei dieser Gelegenheit ein Zeremonienfest stattfinden sollte, doch die Frauen durften davon nichts erfahren. Der alte Byamee, der ein mächtiger Zauberer war, gab seine Absicht bekannt, seine beiden Söhne Ghindahindahmoee und Boomahoomahnowee zur Versammlung der Stämme zu bringen, denn es war an der Zeit, daß sie zu Männern gemacht wurden, damit sie sich Frauen suchen, Emufleisch essen und das Kriegshandwerk erlernen könnten. Ein Stamm nach dem anderen traf in Goorgoorewon ein, und jeder Stamm besetzte einen Lagerplatz auf den Anhöhen, welche die kahle offene Fläche umgaben, auf der die Tanzfeste stattfinden sollten. Wahn, die Raben, besaßen ihren Lagerplatz, Dummerh, die Tauben, besaßen einen anderen, Mathi, die Hunde, besaßen wiederum einen anderen und so fort. Byamee und sein Stamm Byahmul, die schwarzen Schwäne, sowie Oobon, die Blauzungenechse, und viele andere Anführer und deren Stämme hatten alle ihre eigenen, von den anderen getrennten Lagerplätze. Als alle eingetroffen waren, hatten sich Hunderte und Aberhunderte von Teilnehmern versammelt, und die allnächtlichen Tanzveranstaltungen boten zahlreiche und abwechslungsreiche Tänze. Jeder Stamm versuchte die anderen Stämme zu übertreffen in der Pracht der Tanzbemalung und im Erfindungsreichtum seiner neuesten Tänze und Gesänge. Tagsüber wurde viel gejagt und gespeist, und nachts wurde viel getanzt und gesungen. Freundschaften wurden geschlossen oder erneuert, und Tauschobjekte wechselten ihre Besitzer: eine Flechttasche für einen Bumerang und so weiter. Junge Töchter wurden alten Männern zur Ehe versprochen, und alte Frauen wurden an junge Männer verehelicht. Ungeborene Mädchen wurden alten Männern, und neugeborene Mädchen wurden erwachsenen Männern als Ehepartner versprochen; zahlreich und vielfältig waren die Verträge, die ausgehandelt und geschlossen wurden, und stets wurden die Zauberdoktoren der Stämme dabei zu Rat gezogen.

Nach einigen Tagen verkündeten die Zauberer den Männern ihrer Stämme, daß sie eine Borah abhalten würden. Aber unter keinen Umständen durften die Frauen darüber Bescheid wissen. Tagein, tagaus sollten die Männer ihre Lager verlassen, als ob sie auf Jagd gingen, doch sollten sie dann den geheimen Borahgrund für die Zeremonie vorbereiten. Täglich zogen die Männer aus. Sie legten im Wald eine große kreisförmige Lichtung frei, um die sie einen Erdwall errichteten. Sie schlugen einen Pfad durch das Dickicht und warfen zu beiden Seiten des Pfades einen Erdwall auf.

Nachdem all diese Vorbereitungen beendigt waren, veranstalteten sie wie gewöhnlich ihr nächtliches Tanzfest. Als das Fest bereits eine Weile im Gang war, verließ plötzlich einer der Stammesältesten scheinbar verärgert die Menge und begab sich zu seinem Lager. Ein anderer alter Mann folgte ihm, und die beiden Alten gerieten in einen heftigen Streit. Sobald die Aufmerksamkeit der Festteilnehmer von diesem Streit gefesselt war, ertönte plötzlich ein seltsamer schwirrender Brummton im umliegenden Buschwerk. Die Frauen und Kinder schraken zusammen, denn das jähe unheimliche Geräusch jagte ihnen große Furcht ein. Und sie glaubten, es seien die Geister, die gekommen waren, um bei der Initiationsfeier der Knaben behilflich zu sein. Einem Menschen, dem nicht der Schrecken vor Geistern in die Glieder gefahren war, mochte der Schwirrlaut so vorkommen, als wirble jemand ein längliches, abgeflachtes Stück Holz an einer langen Schnur durch die Luft.

Als das Geräusch weiterging, sagten die Frauen mit bebender Stimme »Gurraymy, der Borahteufel!« Und sie drückten ihre Kinder fester an sich. Und die Knaben sagten »Gayandy!« und ihre Augen waren vor Furcht geweitet. »Gayandy« hieß ebenfalls »Borahteufel«, aber die Frauen durften nicht einmal dasselbe Wort benutzen wie die Männer und Knaben, um den Borahteufel zu nennen, da alles, was mit den Mysterien der Borahzeremonie zusammenhängt, vor den Ohren, Augen und Zungen der Frauen geheimgehalten wird.

Am folgenden Tag wurden die Lager in den großen Kreis verlegt, den die Männer hergerichtet hatten. Dieser Umzug wurde recht feierlich ausgeführt. Am Nachmittag, bevor der große Auszug stattfand, verließen die Männer das alte Lager und begaben sich in das Dickicht. Als dann die Sonne unterging, konnte man sie alle im Gänsemarsch aus dem Dickicht treten sehen. Sie gingen den Pfad entlang, den sie mit Erdwällen eingesäumt hatten. Jeder Mann trug in der einen Hand einen Feuerbrand und in der anderen eine grüne Gerte. Sobald die Männer die Mitte des großen Kreises erreicht hatten, war es Zeit für die jungen Leute und Frauen in den alten Lagern, in den Borahring umzuziehen. Innerhalb dieses Ringes schlugen sie ihre Lager auf, aßen ihre Mahlzeiten und tanzten wie an den vorangegangenen Abenden, bis eine gewisse Reihe in den Tanzveranstaltungen erreicht war. Doch bevor es soweit kam, hatte Byamee, der der mächtigste unter den anwesenden Zauberdoktoren war, eine Gelegenheit, seine außergewöhnlichen Fähigkeiten unter Beweis zu stellen. Seit Tagen hatten Mahthi, die Hunde, den Stammesältesten äußerst wenig Achtung entgegengebracht. Statt die Aussagen und Handlungen der Stammesältesten mit der stummen Ehrfurcht zu würdigen, die diese von ihnen erwartet hatten, schwatzten und lachten sie ununterbrochen, und sie scherzten und riefen einander zu und kümmerten sich überhaupt nicht darum, daß sich die Stämme auf die Feierlichkeiten ihrer heiligsten Rituale vorbereiteten. Häufig baten sich die Zauberdoktoren mit Nachdruck Ruhe aus. Aber die Ermahnungen waren nutzlos, denn die Mahthi schwatzten und lachten lustig weiter. Schließlich erhob sich Byamee, der mächtigste und berühmteste unter allen, schritt zum Lager der Mahthi und fuhr sie wütend an: »Ich, Byamee, dem alle Stämme Ehre erweisen, bat euch dreimal, euer Geschwätz und Gelächter einzustellen. Aber ihr habt nicht auf mich gehört. Meiner Stimme fügten sich die Stimmen der Zauberer anderer Stämme hinzu. Aber ihr habt nicht auf sie gehört. Glaubt ihr etwa, daß die Zauberer die Knaben aus euren Reihen in junge Männer wandeln werden, solange ihr nicht ihren Worten folgt? Nein, sage ich euch! Von diesem Tag an soll kein Mahthi mehr wie ein Mensch sprechen. Ihr wollt Lärm machen, ihr wollt ein lauter Stamm sein und die Männer stören, ein Stamm, der sich nicht ruhig verhalten kann, wenn sich Fremde im Lager aufhalten, ein Stamm, der die heiligen Angelegenheiten nicht versteht. So soll es sein! Von nun an mögt ihr mit euren Nachkommen für alle Zeiten Lärm schlagen, aber es wird nicht der Laut der Rede sein, oder der Laut des Lachens. Es soll der Laut des Bellens und der Laut des Heulens sein. Und wehe dem, der von heute an je wieder einen Hund sprechen hört, denn sobald er dessen Worte vernimmt, wird er sich in Stein verwandeln!«

Und als die Mahthi den Mund öffneten, um ihn auszulachen und höhnische Worte hervorzubringen, merkten sie, daß Byamees Verwünschung wirkte. Sie konnten nur noch bellen und heulen, denn sie hatten die Gabe der Sprache und des Lachens verloren. Und als ihnen dieser Verlust zum Bewußtsein kam, trat in ihre Augen der Blick des Verlangens und des stummen Flehens, den man stets an ihren Nachfahren beobachten kann. Ein Gefühl des Wunders und der Ehrfurcht überkam die Bewohner der verschiedenen Lager, als sie Byamee zu seinen eigenen Stammesangehörigen zurückkehren sahen.

Nachdem Byamee sich schließlich in seinem Lager niedergelassen hatte, fragte er die Frauen, warum sie denn keine Grassamen mahlten.

Und die Frauen antworteten ihm: »Unsere Reibsteine sind verschwunden, und wir wissen nicht wohin!« – »Ihr lügt!« sagte Byamee. »Ihr habt sie Dummerh, den Tauben, geliehen, die so oft kamen, um sich etwas zu borgen, obwohl ich euch bat, nichts auszuleihen!« – »Nein, Byamee, wir haben sie nicht ausgeliehen!« – »Geht zum Lager der Dummerh und fordert eure Reibsteine zurück!«

Da die Frauen, falls sie nicht gehorchten, ein ähnliches Schicksal befürchteten, wie es den Mahthi widerfahren war, gingen sie, obwohl sie genau wußten, daß sie die Reibsteine nicht verliehen hatten. Auf ihrem Weg fragten sie bei jedem Stamm an, ob man ihnen einen Reibstein leihen konnte, aber sie erhielten überall die gleiche Antwort: die Reibsteine waren verschwunden, und niemand wußte wohin. Als die Frauen weitergingen, hörten sie mit einem Mal seltsame Laute, die sich anhörten wie Geisterrufe. Ein gedämpftes »um, um, um, um.« Der Ruf erklang hoch in der Luft durch die Baumwipfel hindurch, dann wieder tief unten am Boden durch die Gräser, bis es schien, als seien die Geister überall. Die Frauen hielten ihre Feuerbrände fester und sagten: »Laßt uns umkehren. Wondah, die Geister, sind unterwegs!« Und rasch eilten sie zu ihrem Lager zurück und hörten dabei ständig das »um, um, um, um« der Geister in der Luft.

Sie erzählten Byamee, daß alle Stämme ihre Reibsteine verloren hatten, und daß die Geister umgingen, und als sie ihm dies mitteilten, vernahmen sie den Laut des »um, um, um, um« hinter ihrem Lager.

Die Frauen kauerten eng beisammen, doch Byamee hob einen Feuerbrand in die Richtung, aus der die Laute kamen. Zwar sah er dort niemand, aber dafür sah er etwas viel Sonderbareres: Er sah zwei Reibsteine vorüberschweben, doch niemand war zu sehen, der sie fortbewegte. Als die Reibsteine rasch entschwanden, ertönten die »um, um, um, um«-Rufe lauter und lauter, bis es schien, als seien die Lüfte angefüllt mit unsichtbaren Geistern. Da wußte Byamee, daß die Wondah tatsächlich umgingen, und auch er faßte seinen Feuerbrand fester und kehrte in sein Lager zurück.

Am folgenden Morgen waren nicht nur die Reibsteine verschwunden, sondern auch das Lager der Dummerh war leer, auch sie waren verschwunden. Als niemand den Dummerh Reibsteine borgen wollte, sagten sie: »Dann können wir keine

Grassamen mahlen, es sei denn, die Wondah bringen uns Steine!« Und kaum waren diese Worte gesprochen, als sie einen Reibstein auf sich zukommen sahen. Zunächst dachten sie, ihre eigene Wunschkraft habe dies bewerkstelligt. Als aber ein Reibstein nach dem anderen in ihr Lager geschwebt kam, durch das Lager zog und dann weiterschwebte und dabei allenthalben das »um, um, um, um« ertönte, da wußten sie, daß Wondah am Werk war. Und da hatten sie die Eingebung, daß sie den Reibsteinen folgen mußten, wohin auch immer diese sie leiteten, um nicht den Zorn der Geister auf sich zu laden, welche die Reibsteine gesandt hatten.

Sie hoben ihre Geräte auf und folgten dem Weg, den die Reibsteine von Goorgoorewon nach Girraween gebahnt hatten und an dem heutzutage bei Hochwasser ein Wasserlauf entlangführt. Von Girraween aus zogen die Reibsteine nach Dirangibirrah, und die Dummerh folgten ihnen. Dirangibirrah liegt zwischen Brewarrina und Widdah Murtee, und an dieser Stelle türmten sich die Reibsteine zu einem hohen Berg auf, und dorthin mußten die Leute in Zukunft gehen, wenn sie gute Reibsteine haben wollten. Und die Dummerh wurden in Tauben verwandelt, deren Ruf dem Ruf der Geister gleicht: »um, um, um, um«.

Eine weitere merkwürdige Begebenheit trug sich während der großen Borah zu. Ooboon, der Stamm der Blauzungenechsen, hatte sein Lager in einiger Entfernung zu den übrigen Stämmen aufgeschlagen. Sobald ein Fremdling zu diesem Lager ging, kam der Anführer der Ooboon heraus und sandte ihm einen Lichtstrahl entgegen, der ihn auf der Stelle tötete. Keiner wußte, was dies für ein Licht war, das den Tod in seinem Strahl trug. Schließlich sagte der Rabe Wahn: »Ich werde meinen größten Schild mitnehmen und herausfinden, welche Bewandtnis es mit dem Lichtstrahl auf sich hat. Folgt mir aber nicht zu nah auf den Fersen. Zwar habe ich vorbedacht, wie ich selbst dem tödlichen Lichtstrahl unversehrt entkommen kann, doch mag es mir nicht gelingen, auch euch davor zu bewahren.«

Wahn ging in das Lager der Ooboon, und als ihr Anführer sich umwandte, um den Strahl gegen ihn zu schleudern, stellte Wahn seinen Schild vor sich, beschirmte damit seinen ganzen Körper und rief laut in seiner tiefen Stimme: »wah, wah, wah, wah!«, was den Anführer der Ooboon so überraschte, daß er vor Schreck sein Licht fallen ließ. »Was ist los? Du hast mich erschreckt! Ich wußte nicht, wer du bist, ich hätte dir ein Leid zufügen können, auch wenn ich das gar nicht im Sinn hatte, denn die Wahn sind meine Freunde!«

»Ich kann mich hier nicht lange aufhalten«, sagte Wahn, »ich muß zurück zu meinem Lager, denn ich vergaß dort etwas, das ich dir zeigen wollte. Ich werde gleich wieder hier sein.« Und mit diesen Worten rannte Wahn so geschwind zurück, um seine Keule zu holen, daß Ooboon kaum merkte, daß er überhaupt fort gewesen war. Im Handumdrehen war Wahn zurück, schlich sich von hinten an Ooboon heran und versetzte ihm einen so tödlichen Keulenhieb, daß er damit für all die Opfer des Lichtstrahls Rache nahm. Der Leichnam Ooboons lag ausgestreckt zu seinen Füßen und »wah, wah, wah, wah«, rief Wahn mit triumphierender Stimme. Wahn ging zu seinem Lager zurück und berichtete von seiner Tat.

An diesem Abend begann der Borahtanz. Die weiblichen Verwandten der Initianten tanzten die ganze Nacht hindurch. Kurz vor Morgengrauen mußten sich alle jungen Frauen in Laubhütten begeben, die zuvor am Außenrand des Erdwalls errichtet waren, der den Borahgrund umgab. Die älteren Frauen durften jedoch innerhalb des Ringes bleiben.

Die Männer, denen die Obhut eines Initianten anvertraut war, mußten nun ihren Schützling ergreifen und ihn den eingesäumten Pfad entlang ins Dickicht tragen. Sobald diese Männer die Knaben über ihre Schulter gelegt hatten, begannen sie auf ein Zeichen der Zauberer, im Kreis um den Innenrand des Borahringes zu tanzen. Dann wurden die älteren Frauen angewiesen, sich von den Knaben zu verabschieden, worauf sie sich zu den jungen Frauen in den Laubhütten gesellen mußten. Fünf Män-

ner geleiteten sie zu den Hütten. Sie bogen die hochstehenden Zweige über die Eingänge herunter und schlossen sie so in die Hütten ein, damit sie nichts weiter sehen konnten.
Nachdem dergestalt sämtliche Frauen sicher in den Laubhütten eingesperrt waren, verschwanden die Männer mit den Knaben geschwind den Borahpfad entlang im Gebüsch. Als sie alle außer Sicht waren, öffneten die fünf Männer die Laubhütten der Frauen und setzten sie frei, damit sie zu ihren Lagern zurückkehren konnten. Aber die Frauen wußten, daß sie durch keinerlei Fragen auch nur den geringsten Hinweis über die Natur der Zeremonien, in denen die Knaben in den Stand der Mannbarkeit übergeführt wurden, in Erfahrung bringen konnten.
Einige Monate später würden die Knaben als junge Männer zurückkehren. Dann fehlte ihnen einer ihrer Vorderzähne, und sie trugen Verstümmelungs- und Ziernarben auf ihren Körpern. Auch wußten die Frauen, daß die jungen Männer während der Zeit ihrer Abwesenheit keine Frau zu Gesicht bekommen hatten. Doch darüber hinaus wurden sie nie über die Vorgänge ihrer Verwandlung in Männer aufgeklärt.
Am folgenden Tag bereiteten sich die Stämme auf ihre Übersiedlung zu einem kleineren Borahgrund vor, der einen Tagesmarsch entfernt lag. Das dortige Tanzfest sollte wenige Tage darauf stattfinden. Der kleine Borahring wird mit einem Wall aus Gras anstelle eines Erdwalles eingesäumt. Die jungen Frauen werden früh schlafen geschickt, und nur die älteren Frauen dürfen bis etwa zu der Nachtzeit aufbleiben, zu der sich die Knaben im großen Borahring von ihnen verabschieden. Auch hier werden die Knaben wieder zu ihnen gebracht, um sich ein letztes Mal von ihnen zu verabschieden. Dann werden die Knaben von den Männern, die nun ihre Vormundschaft besitzen, fortgeführt. Eine kurze Zeit lang bleiben die Männer und Knaben noch beisammen, dann trennen sie sich, und jeder Vormund zieht mit dem Knaben seiner Obhut allein weiter. Ein halbes Jahr lang steht der Knabe unter strenger Aufsicht und erlernt die Regeln der Mannbarkeit, das Jagd- und das Kriegs-

handwerk. In dieser Zeit darf er kein weibliches Gesicht, nicht einmal die eigene Mutter sehen. Nach Ablauf dieser Zeit kehrt er wieder zu seinem Stamm zurück. Infolge seines abgeschiedenen Lebens ist er dabei so erregt und furchtsam, daß ihm kein Wort über die Lippen kommt, wenn er seine Mutter wiedersieht, im Gegenteil, er läuft ihr davon, falls sie sich ihm nähert. Erst allmählich fällt diese Fremdheit wieder von ihm ab.

Doch auf der Borah des Byamee sollten die Stämme ihre Knaben nicht während der kleinen Borah wiedersehen. Denn als die Festteilnehmer gerade dabei waren, ihre Habseligkeiten in dem großen Borahring aufzulesen, kam die Witwe Millindooloonubbah ins Lager gewankt und jammerte: »Ihr habt mich, eine arme Witwe mit vielen Kindern, allein den weiten Weg hierher zurücklegen lassen. Wie konnten die kleinen Füße meiner Kinder mit euch Schritt halten? Kann mein armer Rücken mehr als einen Wasserbehälter tragen? Ich habe nur zwei Arme und einen Rücken! Wie kann ich da rasch vorwärtskommen mit so vielen Kindern? Doch keiner von euch blieb zurück, um mir zu helfen! Und an jeder Wasserstelle habt ihr das Wasser ausgetrunken! Und wenn ich dann erschöpft und durstig an den Wasserstellen anlangte und meine Kinder jammernd nach einem kühlen Trunk verlangten, was fand ich da, um unseren Durst zu löschen? Schlamm, nichts als Schlamm! Da blieben wir durstig und matt, meine Kinder jammerten, und ihre Mutter war zu hilflos, um sie trösten zu können. Zur nächsten Wasserstelle kamen wir. Und was sahen wir, als wir unsere müden Augen angestrengt nach Wasser Ausschau halten ließen? Schlamm, nichts als Schlamm! So erreichten wir Wasserstelle um Wasserstelle, und eines meiner Kinder nach dem anderen sank nieder und starb. Starb, weil es kein Wasser bekam, weil es ihm Millindooloonubbah, seine Mutter, nicht geben konnte!«

Als sie dies sprach, kam eine Frau rasch mit einer Schale Wasser zu ihr. »Zu spät, zu spät«, sagte sie. »Warum soll eine Mutter leben, wenn alle ihre Kinder tot sind?« Und stöhnend brach sie zusammen. Als sie aber spürte, wie das kühle Wasser ihre aufgesprungenen Lippen und ihre geschwollene Zunge kühlte, raffte sie ihre letzten Kräfte zusammen, stand auf, bezeichnete ringsumher die Lager der Stämme mit schwingender Handbewegung und verkündete: »Ihr wart alle in einer so großen Eile, hierher zu kommen. Nun sollt ihr für immer hier bleiben! Googoolguyyah, Googoolguyyah! Werdet Bäume! Werdet Bäume!« Dann fiel sie tot nieder. Und als sie niederfiel, verwandelten sich die Stämme am Rand des Borahringes, die sie mit ihren Handbewegungen bezeichnet hatte, in Bäume. Dort stehen sie nun für immer. Und die übrigen Stämme verwandelten sich in die Tiere des Totems, dessen Namen sie trugen. Die bellenden Mahthi verwandelten sich in Hunde. Die Byahmul in schwarze Schwäne. Die Wahn in Raben, und so fort. Und dort an der großen Borahstätte stehen die Bäume, groß und finster, und in ihren düsteren Farben sieht es aus, als trauerten sie. Mit einem jammernden Ächzen beugen sie ihre Äste zu dem See hin, der heute den Borahgrund bedeckt. Und er trägt den Namen »Googoorewon«, der »Platz der Bäume«, und rund um den See liegen die Überreste des Erdwalles, der den einstigen Borahgrund umringte. Dieser Platz ist bekannt als der Versammlungsort aller Vögel, die die Namen ehemaliger Stämme tragen. Die schwarzen Schwäne schwimmen stolz einher, und die Pelikane, die ihnen an Größe und Schönheit nicht nachstehen, und die Enten, und viele viele andere Wasservögel. Die Blauzungenechsen gleiten durch das Gras, und ab und zu kann man den »um, um, um, um«-Ruf der Tauben vernehmen, oder den »Googoolguyyah«-Ruf des Vogels Millindooloonubbah. Und als Antwort erklingt das Ächzen der düsteren Balahbäume und das Rauschen der Blätter des Bibbilbaumes, bis schließlich jeder Baum um den Rand des Sees die traurigen Echos der Vergangenheit widergibt. Doch die Männer und Knaben, die sich in dem kleinen Borahgrund aufgehalten hatten, entkamen der Verwandlung. Sie warteten dort lange Zeit auf die Ankunft der Stämme, die aber nie eintrafen. Schließlich sprach Byamee: »Mächtige Feinde haben unsere Freunde wohl erschlagen, und keiner entkam, um uns von deren Schicksal zu berichten. Selbst in diesem Augenblick mögen diese Feinde uns auf der Spur sein. Laßt uns in ein fernes Land ziehen!«

Und in großer Eile wanderten sie nach Noondoo. In ihrer Begleitung befand sich eine Hündin, die Byamee gehörte. Sie hätte sich lieber am Wegrand niedergelassen, als so rasch voranzueilen, doch Byamee wollte sie nicht zurücklassen und trieb sie zur Eile an. Als sie die Quellen von Noondoo erreichten, schlich sich die Hündin ins Dickicht, wo sie ihre Jungen warf. Doch solche Hunde hatte kein Mensch je gesehen. Sie besaßen Hundekörper, Wildschweinköpfe und die Stärke von Dämonen. Und das Leben eines Mannes ist verwirkt, wenn er im Dickicht von Noondoo einem der Earmoonän begegnet, denn mit seinen scharfen Zähnen wird dieser ihn in Stücke reißen. Selbst Byamee wagte es nie, sich der Brut seiner alten Hündin zu nähern. Und Byamee, der mächtige Zauberdoktor, lebt immerdar. Doch kein Sterblicher darf sein Gesicht sehen, da er sonst sterben müßte. Allein im Dickicht auf einer Anhöhe von Noondoo lebt Byamee, der mächtigste von allen Zauberern.

## *61. Bohrah, das Känguruh, und Dinewan, der Emu*

Der Känguruhmann Bohrah lebte mit seiner Emufrau Dinewan in einer Grashütte. Er war ein großer Zauberer. Eines Abends, als sich Bohrah zum Schlafen niedergelegt hatte, bohrte Dinewan Löcher in das Grasdach ihrer Hütte.

»Wozu tust du das?« fragte Bohrah.

»Für gar nichts«, sagte Dinewan.

»Dann geh und hol Gras und flick es wieder.«

»Hier gibt es kein Gras.«

»Dann werden wir eben gehen, bis wir Gras finden, denn du wirst mich ja doch nicht schlafen lassen!«

Sie gingen los. Es wurde dunkler und dunkler. Dinewan sah nicht, wo sie hintrat. Sie trat auf stacheliges Igelgras, das in ihren Füßen steckenblieb und schmerzte.
Sie humpelte weiter, und ihre Füße taten ihr immer mehr weh. Sie sagte: »Wenn du so ein großer Zauberer bist, wie du behauptest, dann kannst du doch gewiß die Dunkelheit fortrollen! Verjage sie in ein anderes Land. Laß mich sehen, wohin ich gehe. Meine Füße schmerzen. Wenn du die Dunkelheit verscheuchen könntest, wärst du ein wahrhaft großer Zauberer! Oh, meine armen wehen Füße!« Jammernd rieb sie sie gegeneinander, was nur zur Folge hatte, daß sich die Stacheln weiter eingruben und daß sich auf ihren Füßen rauhe Schwielen bildeten. Und seither tragen alle ihre Artgenossen diese Schwielen an ihren Füßen, und ihre Beine sind bis zu ihren Knien hinauf bloß und harthäutig.
Nun aber war Bohrah tatsächlich ein mächtiger Zauberer.
Während es um sie her immer noch stockfinster war, sagte er: »Wir werden hier schlafen, und ich werde die Finsternis vertreiben, während wir ruhen.«
Sie legten sich nieder.
Sobald Bohrah eingeschlafen war, sandte er seinen Traumgeist aus seinem Körper und ließ ihn die Dunkelheit nach Westen fortrollen. Nach vollbrachter Tat kehrte der Traumgeist in Bohrahs Körper zurück, und dieser erwachte und sah, was sein Geist bewirkt hatte. Er wandte sich an Dinewan und entdeckte, daß diese mit einem offenen Auge und einem offenen Ohr geschlafen hatte, um zu erleben, was sich zutrug. Da sagte er zu ihr: »Mein Traumgeist hat die Finsternis von uns entfernt, die Dunkelheit ist verschwunden. Sie ist auf alle Zeit von mir genommen. Und meine Artgenossen werden von nun an in der Nacht sehen, einherwandern und weiden können als sei es helllichter Tag. Für uns gibt es keine Finsternis mehr. Du aber mußt am Tag Nahrung suchen, während ich in der Nacht tun und lassen kann, was ich will. Du hieltest ein Auge und ein Ohr offen, deshalb sollst du nun immer auf diese Weise schlafen.

Erst soll eine Hälfte deines Kopfes einschlafen, dann die andere, aber nie mehr beide zur selben Zeit.« Und von nun an blieb es so, wie es Bohrah, der Känguruhzaubermann vorhergesagt hatte.

## *62. Weedah, der Täuscher*

Weedah hatte sich eine stattliche Anzahl Grashütten gebaut. Vor jeder Hütte hatte er Feuerholz zurechtgelegt, um den Anschein zu erwecken, als seien die Hütten bewohnt. Weedah war ein Meister in der Nachahmung von Stimmen. Er ging in die erste Hütte und weinte wie ein Säugling. Er ging in die zweite Hütte und lachte wie ein Kind. Er ging nacheinander in alle Hütten und ahmte alle möglichen Stimmen nach: er sang ein Lied mit einer Mädchenstimme, er sang ein Tanzlied mit der Stimme eines Mannes, er rief mit der zitternden Stimme eines alten Mannes oder mit der schrillen Stimme einer alten Frau. So ahmte er alle Stimmen nach, die er je vernommen hatte, und er tat dies in einer so raschen Aufeinanderfolge, daß jeder, der in die Nähe seines Scheinlagers kam, den Eindruck gewinnen mußte, daß sich dort ein Lager mit vielen Lagerbewohnern befand.

Es war seine Absicht, nacheinander möglichst viele Fremdlinge in sein Lager zu locken. Sie sollten allein erscheinen, was ihm recht häufig gelang, und dann führte er durch seine Scheinkünste ihren Tod herbei. Dies geschah folgendermaßen: ein Mann, der sich vielleicht im Eifer und Tumult einer Treibjagd von seinen Jagdgefährten entfernt hatte, befand sich auf dem Heimweg in sein eigenes Lager. Da führte ihn sein Weg in Hörweite an Weedahs Lager vorbei, und er wunderte sich, warum sich eine so große Menschengruppe an dieser Stelle aufhielt. Seine Neugierde führte zu Weedahs Lager, wo er nur Weedah selbst sah. Er näherte sich ihm, und Weedah stand in der Nähe eines großen glühenden Feuers, wo er wartete, bis der Fremdling ganz nahe gekommen war. Dann fragte er ihn nach seinem Begehr. Der Mann antwortete ihm, er habe viele viele Stimmen gehört und sei gekommen, um zu erfahren, um welchen Stamm es sich handelte. Dann sagte Weedah: »Ich allein bin hier. Wie kam es, daß du so viele Stimmen vernahmst? Schau dich um – ich bin ganz allein hier!« Verwundert blickte der Fremde um sich und sagte fassungslos: »Wo sind nur alle hinverschwunden? Als ich mich näherte, hörte ich Säuglinge weinen, Männer rufen und Frauen lachen. Viele Stimmen hörte ich, und jetzt kann ich nur dich sehen!« – »Und nur ich bin hier. Der Wind hat wohl die Zweige der Bäume bewegt, und du hieltest ihr Ächzen für das Weinen eines kleinen Kindes. Und du hieltest den Ruf des Kukaburras für das Gelächter der Frauen, und meine Stimme war wohl die Stimme deiner vermeintlichen Männer. Wenn sich die Nachtschatten ausbreiten, haben Menschen sonderliche Sinnestäuschungen. Doch wo sind nun deine Einbildungen im Schein dieses großen Feuers? Keine Frauen lachen mehr, keine Kinder weinen mehr, nur ich, Weedah, bin es, der redet.«

Während Weedah so sprach, rückte er den Fremdling näher und näher an das große Feuer. Als sie sich dem Feuer so weit wie möglich genähert hatten, drehte er sich geschwind um, packte den Mann und warf ihn in die auflodernde Glut.

Auf diese Art beseitigte Weedah so viele Männer, daß sich die Reihen der umliegenden Bewohner stark lichteten. Da bisher niemand einen Hinweis gefunden hatte, warum und wie seine Gefährten verschwanden, beschloß Mullyan, der Adler, dem Rätsel auf den Grund zu gehen. Als Mullyans Vetter Beeargah, der Falke, eines Tages nicht zurückkehrte, folgte der Adler seiner Spur und deckte so das Geheimnis auf. Mullyan fand heraus, daß Beeargah ein Känguruh gejagt und getötet hatte. Dann folgte Mullyan den Spuren seines Heimwegs. Er folgte ihnen über felsigen Grund, über Sandböden, über kahle Ebenen und durch dichtes Gestrüpp. Da hörte er plötzlich im Gebüsch den Laut vieler Stimmen, Kinderweinen, Frauengelächter, Männerunterhaltung. Er kam zu Weedahs Grashütten. »Was sind die wohl?« dachte er. Beeargahs Spur führte ihn mitten in das Lager, wo Weedah allein anwesend war. Mullyan ging zu ihm und erkundigte sich, wo all die Leute geblieben waren, die er zuvor gehört hatte.

Weedah gab zurück: »Woher soll ich das wissen? Ich kenne niemand. Ich lebe allein.«

»Aber«, antwortete Mullyan, der Adler, »ich hörte kleine Kinder weinen, Frauen lachen und Männer miteinander reden, viele Leute hörte ich.«

»Und nur ich befinde mich hier. Frage deine Ohren, welchen Streich sie dir gespielt haben. Oder vielleicht versagen dir deine Augen. Kannst du außer mir noch jemanden sehen? Sieh doch selbst!«

»Und falls du tatsächlich, wie mir scheint, der einzige hier bist, was hast du dann mit meinem Vetter Beeargah getan, und wo sind alle meine Gefährten? Alle ihre Spuren führen in dieses Lager, aber keine einzige führt heraus. Und da du allein hier lebst, bist du der einzige, der mir Auskunft geben kann!«

»Was weiß ich denn von deinen Freunden? Nichts! Frag die Winde, die hier wehen. Frag Bahloo, den Mond, der nachts auf die Erde herabschaut, frag Yih, die Sonne, die am Tag herabblickt. Aber frag nicht Weedah, der allein lebt und der nichts von deinen Freunden weiß!« Doch während Weedah sprach, rückte er Mullyan näher und näher an das Feuer heran.

Mullyan, der Adler, war ebenfalls schlau und listig, und es war nicht einfach, ihn in eine Falle zu locken. Er sah das gewaltige Feuer vor sich, er sah die Spuren seiner Freunde, die auf das Feuer zuliefen, und er merkte, daß Weedah ihn heimlich zu dem

Feuer drängte. Da wußte Mullyan, daß das Feuer selbst die Wahrheit enthielt. Er gab vor, die Falle und damit die Lösung des Rätsels nicht erkannt zu haben. Doch als sie beide das Feuer erreichten, packte der Adler Weedah, bevor dieser sein Vorhaben verwirklichen konnte, und warf ihn mitten in das lodernde Feuer. Dann eilte er zu seinem Lager, um seinen Angehörigen vom Schicksal ihrer Gefährten zu berichten, das so lange ein Geheimnis gewesen war. Als er sich von Weedahs Lager entfernte, hörte er einen lauten Knall. Es war kein Donnerschlag, sondern Weedahs Hinterkopf war geborsten, und aus der Öffnung erhob sich ein kleiner Vogel. Es war Weedah, der Laubenvogel, der bis auf den heutigen Tag eine Vertiefung in seinem Hinterkopf trägt, an der Stelle, wo dem Kopf seines Urahnen der erste Laubenvogel entsprang.

Und bis auf den heutigen Tag baut Weedah Graslauben und legt davor seine prächtig ausgestatteten Balzplätze an, auf denen er sein Spiel der Täuschung weiterführt und in rascher Aufeinanderfolge all die Stimmen nachahmt, die er je gehört hat: das Weinen von Kindern, das Lachen von Erwachsenen oder das Bellen eines Hundes.

## *63. Das Nest der Menschenfresser*

Vor langer Zeit lebte Mullion, der Adler, mit seiner Familie in einem Nest im Wipfel eines riesigen Baumes, der am Ufer des Barwon River stand. Der Adler fing Menschen, die er als Beute zu seinem Nest trug, wo sich die Adlerjungen und seine Frau an ihnen weideten. So ging es lange Zeit, da die Menschen sich nicht gegen die Adlerfamilie wehren konnten, denn der Baum, in dem sie wohnte, hatte nicht nur einen riesigen Umfang, sondern reichte auch nahezu bis an den Himmel. Er bestand aus fünf verschiedenen Baumarten. Diese fünf Bäume wuchsen übereinander, und jeder einzelne Baum hatte einen riesenhaften Wuchs. In der Krone des höchsten befand

sich das Adlernest. Die Knochen der Menschen, die die Adler gefressen hatten, waren über den Rand des Nestes geworfen worden und lagen in einem breiten Wall um den Baumriesen.
Eines Tages beschlossen Murriwunda und Koomba, zwei weise Männer, die sich auch auf die Zauberei verstanden, dem bösen Treiben des Adlers ein Ende zu setzen. Sie nahmen sich vor, den Baumriesen zu erklimmen und dabei einen Feuerbrand mit sich zu tragen, mit dem sie das Adlernest in Brand stecken wollten. Koomba machte den ersten Versuch. Er kletterte weit hinauf, doch verließen ihn seine Kräfte, und er mußte unverrichteter Dinge auf den Erdboden zurückkehren, wo er vor Erschöpfung besinnungslos liegenblieb. Als er wieder zum Bewußtsein kam, sagte er zu Murriwunda: »Ich legte eine weite Strecke zurück, doch konnte ich nicht einmal das Ende des Baumes sehen, als ich anhielt. Du bist leichter als ich, vielleicht gelingt es dir, das Nest zu erreichen.« Daraufhin ergriff Murriwunda den Feuerbrand, befestigte ihn an seinem Stirnband und begann den Baum zu erklimmen, wobei er nicht gerade nach oben kletterte, sondern spiralförmig um den Baum herum. So erkletterte er erst den ersten, dann den zweiten, dritten und vierten Baum, bis er schließlich am fünften Baum angelangt war. Das Klettern dauerte den ganzen Nachmittag lang, und wenn Murriwunda einen der Bäume erklettert hatte, ließ er kleine Rindenstücke herabfallen, so daß Koomba über seine Fortschritte Bescheid wußte. Er erkannte, daß sein Freund das Nest erreichen würde.
Als Murriwunda die höchsten Äste des fünften Baumes erreicht hatte, nahm er den Feuerbrand und legte ihn an die Unterseite des riesigen Adlernestes. Er beschwor das Feuer, erst dann loszubrennen, wenn er wieder den Erdboden erreicht hatte.
Der Abstieg war zwar sehr ermüdend, doch ging er sehr viel schneller als der Aufstieg. Als Murriwunda unten ankam, war er so erschöpft, daß er sich erst einmal ausruhen mußte. Doch bald hatte er sich wieder erholt und konnte sich mit seinem Freund auf den Heimweg begeben. Er hatte ihm allerdings noch nicht über den Erfolg seines Kletterns berichtet.

Als die beiden Männer ein Stück Wegs gegangen waren, fingen sie eine Echse, die sie neben einer Wasserstelle garten und verzehrten. Nach der Mahlzeit ruhten sie sich ein wenig aus, und Murriwunda begann zu berichten. »Ich konnte Mullions Nest gar nicht erreichen und weiß nun keinen Rat, wie wir sein Unwesen abstellen können«, meinte er mit einem schelmischen Lachen. Aber dann fügte er schnell hinzu: »Schau hinauf zum Himmel in die Richtung des Adlerbaums.« Koomba blickte in diese Richtung, und da die Abenddämmerung gerade hereinbrach, konnte er in der Ferne einen hellen Schein erkennen, der zunächst aussah wie ein heller Stern, dann aber sehr rasch größer und größer wurde. Da war die Freude der beiden Männer groß, und sie begannen ein Lied zu singen, und mit ihren Bumerangs den Takt dazu zu schlagen.
Murriwunda hatte dem Feuer befohlen, nicht zu brennen, bevor er selbst außer Gefahr war. So wartete das Feuer eine geraume Weile, bevor es anfing zu glühen und sich auszubreiten. Die Adlerjungen, die unter dem Körper ihrer Mutter hockten, verspürten bald die aufsteigende Hitze, die sich unter ihnen ausbreitete, und fingen an, unter den Flügeln ihrer Mutter unruhig zu werden. Sie jammerten und wollten am Nestrand spielen, wo es kühler war. Sobald sie sich im Freien befanden, fingen sie an zu spielen, und stießen dabei an den Speer ihres Vaters, den dieser in die Seite des Nestes gesteckt hatte. Der Adler saß auf einem nahen Ast und wurde wütend, als er sah, daß sein Speer verbogen war. Er ergriff ihn und rief: »Ich werde diesen Speer so fest in dieses Nest stecken, daß niemand ihn mehr bewegen kann«, und damit stieß er den Speer mit aller Kraft mitten in das Nest hinein. In diesem Moment brach das Feuer mit aller Gewalt durch die neue Öffnung, breitete sich mit Windeseile über das Nest aus und verzehrte die ganze Adlerfamilie. Dann brannte das Feuer den Baum hinab und verzehrte nacheinander alle Bäume, aus denen der Riesenbaum bestanden hatte. Schließlich fraß es sich sogar durch die enormen Wurzeln des Baumes, die in alle Richtungen liefen. Da fiel die Erde, die auf

den Wurzeln gelegen hatte, in die Höhlungen und hinterließ tiefe breite Gräben, die weit über Land ziehen. Diese Gräben sind heute noch vorhanden, und wenn es längere Zeit geregnet hat, füllen sie sich mit Wasser, das in einer tiefen Senke zusammenfließt. Dies ist die Stelle, an welcher der Riesenbaum der Adler einmal gestanden hatte.

## *64. Die Augen im Kreuz des Südens*

Nachdem Byamee, der All-Vater Geist, den ersten Menschen geschaffen hatte, setzte er später noch einen zweiten Mann und eine Frau auf die Erde. Er lehrte sie, welche Pflanzen sie essen sollten, um ihr Leben zu erhalten.

Viele Jahre lang ging alles gut, doch dann verbreitete sich eine Dürre im Land, und die Pflanzen verdorrten und wurden selten. Daher tötete einer der beiden Männer eine Beutelratte, und er aß mit der Frau einen Teil von ihrem Fleisch. Sie luden den anderen Mann ein, die Mahlzeit mit ihnen zu teilen, aber er lehnte ab und behauptete, daß Byamee die Tiere nicht dafür vorgesehen hätte, ihnen als Nahrung zu dienen. Immer und immer wieder ermunterten die beiden ihn, von dem Fleisch zu essen, aber obwohl er schon fast verhungert war, lehnte er es jedesmal ab.

Schließlich erhob er sich und ging fort. Er wanderte nach Westen, dem Land des Sonnenuntergangs zu. Die beiden anderen aßen weiter. Nachdem sie fertig waren, suchten sie ihn. Sie fanden seine Spur und folgten ihr. Über die Sandhügel und über die Felsrücken wanderten sie, und manchmal verloren sie ihn dabei völlig aus den Augen. Sie erreichten den Rand der Ebenen und sahen ihren Gefährten auf der anderen Seite des Flusses. Sie riefen nach ihm, aber er schenkte ihnen kein Gehör. Er ging noch ein Stück Wegs, dann legte er sich unter Yeran, einen riesigen weißen Eukalyptusbaum, und es schien, als schliefe er.

Seine Gefährten sahen ihn da liegen. Sie sahen, wie eine schwarze Gestalt den Baum herabglitt und ihn aufhob und in die hohle Mitte des Baumes setzte. Die Gestalt hatte zwei große Augen, die wie Feuer leuchteten.

Sie wunderten sich, was all dies zu bedeuten hatte. Da hörten sie einen Donnerschlag, der die Erde unter ihren Füßen erbeben ließ und sie zu Boden schleuderte. Sie erhoben sich und stürzten vorwärts, doch da hob sich der Baum aus der Erde und schwebte langsam zum Himmel hinauf. Plötzlich zerschnitt ein schriller Schrei die Stille, und sie sahen, wie zwei weiße Kakadus dem Baum folgten, der ihr Nest enthielt.

Der Baum schwebte höher und höher, gefolgt von den beiden schreienden Kakadus. Schließlich kam er in der Nähe der Milchstraße zum Stillstand. Die Gestalt des Baumes schwand allmählich, und an ihrer Stelle stand das Kreuz des Südens mit seinen vier leuchtenden Sternen am Himmel. Sie waren die Augenpaare des Todesgeistes Yowee und des ersten Menschen, den der Geist geholt hatte. Auch die beiden Kakadus sind am Himmel zu sehen, sie sind die beiden hellen Sterne über dem Kreuz des Südens.

## *65. Warum Fische im Wasser leben*

In frühen Zeiten hatten manche Menschen die Gestalt von verschiedenen Arten von Fischen, die sich wie Leute benahmen und an Land wohnten. Die Fischleute versammelten sich am Barwon River und schlugen ihr Lager unter einem großen Schattenbaum auf, der über einem Steilufer wuchs, und unter dem sich eine tiefe Wasserstelle befand. Plötzlich brach ein heftiges Gewitter los, das ihr Lagerfeuer zu löschen drohte. Als das Gewitter abgezogen war, begann ein starker eisiger Wind zu blasen, so daß alle vor Kälte zitterten. Thuggai, der Fisch mit dem gelben Bauch, bat seine Kinder, das Feuer anzufachen. Aber es gelang ihnen beim besten Willen nicht, und so bat er Biernuga, den Knochenfisch, sein Glück zu versuchen. Dann fragte er Kumbal, den Brassen und andere Fische, doch keinem gelang es, da das Feuerholz zu naß geworden war. Unter den Fischleuten befand sich aber ein sehr kleiner Fisch Ngulamanbu, der nur so lang war wie eine Männerhand, und er riet Thuggai, dem Fisch mit dem gelben Bauch: »Bitte meinen Vater Guddhu, den Wels, das Feuer anzufachen. Er ist ein kluger Zauberer, und ich bin überzeugt daß er Erfolg haben wird.« Da bat Thuggai den Wels, und dieser legte einige trockene Rindenstücke auf die nahezu erloschene Feuersglut und begann, heftig in die Glut zu blasen, bis das Feuer wieder einige Lebenszeichen von sich gab.

Als dies geschah, kamen die Fischleute gleich von überallher und reihten sich nahe um Guddhu auf der windwärtigen Seite des Feuers. So wandten sie die Rückseite ihres Körpers dem kalten Wind zu und hielten ihre Gesichter dem Feuer entgegen, um sich daran zu wärmen. Doch Guddhu bat sie, zurückzuweichen, da er mehr Platz brauchte. Da begaben sich die Fische auf die andere Seite des Feuers, und so konnte der Wind unbehindert in die flackernde Glut fahren. Guddhu peilte eine Menge Holz auf die Feuerstelle, damit sich ein jeder daran erwärmen konnte.

Die Fische standen nun zwischen dem Feuer und dem Steilabfall zum Fluß, und da dieser Raum sehr schmal war, mußten sie alle dicht aufeinanderrücken. Doch plötzlich und ohne Warnung kam ein heftiger Windstoß, der das Feuer in helle Flammen emporlodern ließ. Die Hitze war so unerträglich, daß alle Fische zurücktraten und dabei den Steilhang hinunter in den Fluß stürzten. Auch das Feuer selbst wurde den Hang hinuntergetrieben und fiel ins Wasser, und es brannte eine Weile unter Wasser, und die Fische versammelten sich um die wärmespendende Feuerstelle, bis sie sich alle wieder wohlfühlten. Sie beschlossen, von nun an unter Wasser zu leben, und dort sind sie auch noch heute. Und wenn man an einem kalten windigen Tag baden geht, dann spürt man auch noch heute die Wärme des Wassers, die das damalige Feuer verbreitete.

## *66. Wie der Rabe den Westwind fing*

Der Nachtreiher Durroon lebte bei einem Fluß, in dem ein riesiger hohler Baumstamm lag. Diesen benutzte er sowohl als Fischfalle, als auch als Menschenfalle. Durroon war ein Kannibale. Der Riesenstamm war ausgehöhlt und lag unter Wasser. In seine Mitte hatte Durroon eine Öffnung geschlagen. Wenn ein Besucher in Durroons Lager kam, bat ihn der Reiher, mit ihm auf Fischfang zu gehen, da er einen Gefährten brauchte. Er erklärte, daß er einen Helfer brauchte, der sich am einen Ende des Stammes aufstellte, um die Fische zum anderen Ende zu jagen, wo Durroon sie fangen konnte. Dies leuchtete den Besuchern ein, und sie begleiteten Durroon, der sich mit seinem Speer bewaffnete, um damit die Fische zu erlegen, wie er sagte. Doch sobald er seinen Begleiter zum Ende des Baumstammes geschickt hatte, lief er selbst zu der Öffnung in der Mitte des Stammes.

Der nichtsahnende Besucher kroch durch den hohlen Stamm und trieb die Fische vor sich her. Doch sobald er sich unter der Öffnung befand, durchbohrte ihn Durroon rasch mit seinem Speer und tötete ihn auf der Stelle. Dann zog er sein Opfer aus dem Stamm, zerlegte es und kochte die Stücke.

Auf diese Art und Weise waren viele Männer insgeheim vom Erdboden verschwunden, bis sich endlich ein kluger Rabe, der sich auf die Zauberkunst verstand, dazu entschloß, dieses Geheimnis zu lösen.

Wahn, der Rabe, begab sich zu Durroons Lager. Durroon bat ihn, mit ihm fischen zu gehen, aber zunächst einmal bot er ihm ein gutes fettes Stück Barsch an, das bereits gegart war. Wahn nahm die Einladung zum Fischfang an, und als sie ihre Mahlzeit beendet hatten, schlug Durroon vor, daß sie sich auf den Weg machten. Aber Wahn sagte: »Ich habe zuviel Barsch gegessen. Er war sehr fett. Ich habe eine Menge gegessen und muß mich erst einmal ausschlafen, bevor wir beginnen.«

»Ja, gut. Wir haben Zeit genug«, sagte Durroon in der Gewißheit, am Abend Menschenfleisch essen zu können.

Doch Wahn legte sich schlafen. Er wollte seinen Traumgeist aussenden, damit dieser für ihn die Falle auskundschaften konnte, die Durroon im Fluß hatte. Der Traumgeist entdeckte die Öffnung in der Stammesmitte und kam daraufhin zu Wahn zurück. Nachdem Wahn die Nachricht erfahren hatte, wachte er auf und sagte, er sei nun soweit, und die beiden zogen los. Durroon zeigte Wahn, wo er am gegenüberliegenden Ende in den Stamm dringen sollte.

Aber Wahn war ein mächtiger Zauberer, den Durroon nicht verletzen konnte. So tauchte er furchtlos in den Stamm. Durroon wartete ab, bis er unter ihm in der Öffnung erschien, dann sauste sein Speer hinunter und Wahn schrie »Wah! Wah! Wah!« Trotzdem setzte er seinen Weg fort und tauchte am anderen Ende mit dem Speer auf.

»Warum hast du das getan?« fragte er und zog sich den Speer aus dem Körper.

»Ich hatte nicht vor, dich zu verletzen«, sagte Durroon. »Ich dachte, es sei ein großer Barsch.«

»Nun denn, ich habe genug vom Fischen«, sagte Wahn. »Vielleicht machst du denselben Fehler nochmal!«

Da dachte Durroon, daß Wahn das Erlebnis für einen Unfall hielt, aber kaum hatte er sich wieder zu ihm gesellt, als Wahn ihn mit einem Speer durchbohrte und ihn dabei tödlich verletzte.

Um diese Zeit hatte Gheeger Gheeger, der kalte Westwind, so wilde Stürme über das Land geblasen, daß die Bäume und Wahns Hütten in alle Himmelsrichtungen zerstreut wurden. Wahn dachte sich: »Nun werde ich Gheeger Gheeger fangen und in diesen riesigen Baumstamm einsperren, doch zuvor muß ich ihn trocken legen.« Dies tat er denn auch, und eines Tages, bald darauf, als der Westwind zahllose Bäume umgeblasen und die Menschen mit ihren eisigen Windstößen bekämpft hatte, schlich sich Wahn an Gheeger Gheeger heran und jagte sie in den Baumstamm, dessen Öffnungen er geschwind verstopfte.

Gheeger Gheeger brauste und heulte vor Zorn, aber es half ihr nichts.

»Zerstörung ist dein einziges Tun und Streben, du wirst hier bleiben!« sagte Wahn.

Gheeger Gheeger versprach, in Zukunft gemäßigter zu sein, wenn er sie ab und zu heraus ließe. Doch lang schenkte Wahn ihr kein Vertrauen und hielt sie eingesperrt. Dann ließ er sie gelegentlich heraus, nachdem sie ihm versprochen hatte, keine Stürme mehr zu blasen. Manchmal aber bricht sie doch ihr Wort und bläst wie früher, doch dann fängt Wahn sie rasch wieder ein und steckt sie zurück in ihr Gefängnis.

In dem hohlen Baumstamm gibt es aber Löcher, und wenn Wahn nicht bald ein neues Gefängnis für Gheeger Gheeger findet, wird sie ausbrechen, und dann werden solche Stürme über den Ebenen hausen, wie man sie noch nie erlebt hat. Dann wird Gheeger Gheeger mit ihrem Atem alles niedermachen, was ihr im Weg steht.

## 67. *Die Künder der Flut*

Nachdem Byamee seine Erdwanderungen beendet hatte, kehrte er auf demselben Weg, auf dem er gekommen war, in sein Himmelsland Bullimah zurück. Er erstieg die Steinstufenleiter, die rund um den Oobi Oobi Berg zu dessen Gipfel führte. Von da an durften nur noch die Medizinmänner mit ihm in Verbindung stehen, und dies nur durch den Boten Wallahgooroonbooan. Denn Byamee war nun, wie auch seine Frau Birrahgnooloo, in den Kristallfels gewachsen, auf dem er saß. Ihre Oberkörper waren unverändert geblieben, doch ihre Beine und ihr Unterleib waren fest mit dem Kristallfels verwachsen.

Nur die Boten Wallahgooroonbooan, Baillahburrah, und Byamees zweite Frau Cunnumbeillee durften sich ihnen näheren, und sie überbrachten ihre Gebote. Birrahgnooloo war die Schöpferin der Fluten. Wenn die Wasserläufe austrockneten und die Medizinmänner eine Flut herbeiwünschten, erstiegen sie die Stufen zum Gipfel des Oobi Oobi und erwarteten dort in einem der steinernen Ringe die Ankunft des Boten Wallahgooroonbooan. Dieser hörte sich ihr Anliegen an und trug es an Byamee weiter.

Byamee brachte das Anliegen Birrahgnooloo vor, und falls diese die Bitte erhörte, sandte sie Byamees zweite Frau Cunnumbeillee zu den Medizinmännern zurück mit der Botschaft: »Eilt euch und gebt dem Bungun Bungun Stamm Bescheid, daß sich die Männer bereit halten sollen. Der Blutball wird bald ins Rollen kommen!«

Sobald die Medizinmänner die Botschaft vernommen hatten, eilten sie den Berg hinab und über die Ebene, die sich vor ihnen ausbreitete, bis sie die Bungun Bungun erreichten. Diese waren ein mächtiger Stamm, dessen Angehörige kräftige Arme und unverwüstliche Stimmen besaßen.

Auf die Bitte der Medizinmänner stellten sich die Bungun Bungun an einem jeden Flußlauf entlang auf. Sie zündeten große Feuer an, in die sie große Steine zum Erhitzen legten. Sobald

diese Steine heiß waren, legten die Bungun Bungun eine Anzahl der Steine vor jeden Mann auf ein Stück Rinde. Dann warteten sie. Sie warteten, bis der angekündigte Blutball sie erreichte.
Sobald sie diesen riesigen, blutroten Ball in das obere Ende des Flusses rollen sahen, bückten sie sich alle und hoben einen heißen Stein auf. Dann riefen sie aus vollem Halse, während sie die Steine mit aller Kraft gegen den roten Ball schleuderten. Ihre Wurfkraft war so gewaltig, daß sie den Blutball mit ihren Steinen zum Bersten brachten. In einem großen Erguß floß das Blut rasch flußabwärts. Lauter und lauter riefen die Bungun Bungun, hoben die übrigen heißen Steine auf und folgten dem fließenden Blut am Flußufer entlang in gewaltigen Sprüngen und Sätzen. Sie warfen die heißen Steine in das Blut und riefen dabei ununterbrochen, während die heißen Steine allmählich den Blutfluß reinigten und in klares fließendes Wasser verwandelten. Lauter und lauter erschallten die Rufe der Bungun Bungun, und sie warnten die Stämme, die an den Flüssen lagerten, ihre Lager zu verlegen. Sobald das Flutwasser strömte, riefen die Bungun Bungun ihre Warnung.
Auch heute noch erschallen ihre Rufe, wenn sich eine Flut nähert. Dann sagen die Menschen: »Die Bungun Bungun Frösche rufen. Da kommt gewiß das Wasser.« – »Die Bungun Bungun rufen laut, die Flut ist hier!«
Und wenn sich die Flutwasser angefüllt mit rötlichem Schlamm durch die Flußbetten wälzen, heißt es: »Die Bungun Bungun haben es vorbeiziehen lassen, ohne es zu reinigen!«

## *68. Die Entstehung der Schnabeltiere*

Eine junge Ente schwamm häufig allein im Fluß. Zwar hatten ihre Angehörigen sie davor gewarnt, daß Mulloka, der Wasserteufel, sie vielleicht eines Tages holen würde, falls sie weiter so abenteuerlustig sei, aber sie beachtete die Warnung nicht. Eines Tages hatte sie sich weit entfernt und landete an einem Ufer, das mit jungem grünen Gras bestanden war. Sie begann das Gras zu essen, als plötzlich Biggooon, eine riesige Wasserratte, aus einem Versteck hervorsprang und sie packte. Sie versuchte verzweifelt, sich zu befreien. Doch es war vergebens.

»Ich lebe allein«, sagte Biggooon, »ich brauche eine Frau.« – »Laß mich los«, forderte die Ente, »du kannst mich nicht haben. Ich bin schon mit einem Mann aus meinem Stamm verlobt!« – »Bleib du nur ruhig bei mir, und ich werde dir nichts zuleide tun. Ich fühle mich hier einsam. Falls du dich aber weiterhin wehrst oder gar zu entkommen suchst, werde ich dir einen Hieb auf den Kopf versetzen oder dich mit diesem kleinen Speer, den ich stets bei mir trage, durchbohren!« – »Aber meine Leute werden kommen, und mit dir kämpfen, womöglich töten sie dich dann!« – »Wohl kaum. Sie werden denken, daß Mulloka dich gefangenhält. Und selbst wenn sie kommen, macht mir das nichts. Ich bin bereit!«

Und wieder zeigte er ihr seinen Speer.

Die Ente blieb bei ihm. Sie fürchtete sich, auszureißen, solange die Wasserratte sie beobachtete. So gab sie vor, mit ihrem neuen Leben zufrieden zu sein und für immer bei ihm bleiben zu wollen. Dabei überlegte sie sich beständig, wie sie wohl entfliehen konnte. Sie wußte, daß ihre Leute nach ihr suchten, denn sie konnte ihre Stimmen hören. Aber Biggooon hielt sie tagsüber in seinem Erdbau im Bachufer versteckt und ließ sie nur nachts ins Freie, da er wußte, daß ihre Angehörigen sich in der Dunkelheit zu sehr vor Mulloka fürchteten.

Der Ente gelang es, ihre wahren Gefühle so lange zu verbergen, bis Biggooon schließlich überzeugt davon war, daß sie sich bei ihm wohlfühlte. Allmählich hörte er damit auf, sie auf Schritt und Tritt zu beobachten, und er begann auch wieder seinen Tagesschlaf zu halten, wie er es von früher her gewohnt war. Da wußte die Ente, daß die Gelegenheit für eine Flucht naherückte.

Eines Tages, als Biggooon fest eingeschlafen war, glitt sie aus seinem Erdbau in den Fluß und schwamm so schnell sie konnte flußaufwärts zu ihrem Lagerplatz. Plötzlich vernahm sie hinter sich ein Geräusch. Sie wurde steif vor Schreck und dachte, es sei Biggooon oder gar der gefürchtete Mulloka. Dann erhob sie sich auf ihren steifen Flügeln und flog den Rest des Weges, bis sie erschöpft im Lager ihrer Angehörigen landete.

Diese versammelten sich um sie und sprachen alle durcheinander, so daß sie kaum Zeit hatte, ihre vielen Fragen zu beantworten. Als sie hörten, welches Schicksal ihr widerfahren war, warnten alle Mütter ihre Kinder, von nun an nur noch flußaufwärts zu schwimmen, da Biggooon gewiß Rache gegen sie alle geschworen hatte. Wie die junge Ente sich freute, wieder zuhause zu sein und ihre neugewonnene Freiheit zu genießen! Die Legezeit der Enten rückte nahe, und sie suchten sich ihre Nistplätze in hohlen Bäumen oder in Büschen. Als die Nester alle mit sanften Daunen ausgepolstert waren, legten sie ihre Eier. Dann brüteten sie geduldig, bis das letzte Küken ausgeschlüpft war. Dann nahmen die Enten, die in den Bäumen genistet hatten, die Küken auf ihren Rücken oder in ihren Schnabel und flogen mit ihnen hinunter zum Fluß. Und die Enten, die in den Büschen genistet hatten, gingen zu Fuß zum Wasser und führten ihre Küken hinter sich her.

Zur rechten Zeit brütete auch die junge Ente, die von Biggooon, der Wasserratte, gefangen gewesen war, ihre Eier aus. Ihre Familie scharte sich um den Busch, in dem sie nistete, und bat sie: »Komm mit uns und bring deine Küken. Lehre sie, das Wasser zu lieben, so wie wir es tun.« Sie kam aus ihrem Busch hervor, und sie führte nur zwei Junge mit sich. Aber was waren das für Junge? Ein großer Tumult entstand und alle riefen, »was sind die denn?« – »Es sind meine Kinder«, sprach die junge Ente voller Stolz. Und sie verheimlichte dabei, daß sie selbst vor einem Rätsel stand, da ihre Kinder sich im Aussehen so sehr von den übrigen Entenkindern unterschieden. Anstatt der Daunenfedern besaßen sie ein zartes Fell. Statt zwei Füßen besaßen sie vier. Ihre Schnäbel sahen zwar wie Entenschnäbel aus, und ihre Füße hatten Schwimmhäute, doch an den Hinterfüßen wuchs ihnen ein Sporn, der wie die Speerspitze an Biggooons Speer aussah. »Nimm sie fort!« schrieen die Enten und schwangen ihre Flügel, daß das Wasser spritzte. »Nimm sie fort! Sie sehen eher wie Biggooon aus als wie wir! Schau dir ihre Hinterfüße an! Seine Speerspitze schaut schon daraus hervor! Nimm sie fort, sonst töten wir sie, bevor sie groß werden und uns selbst töten! Nimm sie fort! Sie haben kein Recht, hier zu sein!«

Die Erregung war so groß, daß die Ente davonzog mit ihren beiden verachteten Kindern, auf die sie selbst trotz ihres eigenartigen Aussehens sehr stolz war. Sie wußte nicht, wohin sie sich begeben sollte. Flußabwärts wohnte Biggooon, der sie wieder fangen und in seinem Bau gefangen setzen würde. Vielleicht würde er auch ihre Kinder töten, weil sie Schwimmhäute und einen Entenschnabel besaßen und aus Eiern geboren waren. Er würde behaupten, daß sie nicht zu seinem Stamm gehörten. Niemand würde sie als seine Angehörigen anerkennen. Und niemand außer ihr würde sich je um sie kümmern und sie versorgen. Je eher und je weiter sie mit ihnen fortzog, um so besser.

In diese Gedanken vertieft, schwamm sie mit ihren Jungen flußaufwärts, bis sie schließlich die Berge erreichte. Dort konnte sie sich vor allen Bekannten versteckt halten und ihre Kinder großziehen. Weiter flußaufwärts zog sie, bis sich der Fluß zu einem Bach verengte, dessen Ufer von dichtem Buschwerk bestanden waren. Wie anders sah es hier aus als in den weiten Ebenen mit den breiten Wasserläufen, aus denen sie gekommen war!

Hier lebte sie eine Zeitlang, bis ihre Kinder erwachsen waren. Als diese erkannten, wie sehr sie sich von ihrer Mutter unterschieden, zogen sie fort und lebten in ihrem eigenen Lager. Da starb die Ente vor Kummer in den Bergen, weit entfernt von den Jagdgründen ihrer Vorfahren. Ihre Kinder aber gediehen prächtig. Sie legten ihre eigenen Eier, brüteten sie aus und zogen ihre Kinder groß, die aussahen wie sie selbst. Schließlich vermehrten sich auch die Nachkommen so sehr, daß alle Berggewässer von ihnen bewohnt waren. Und dort leben sie immer noch als Gayardaree, der Stamm der Schnabeltiere.

## *69. Das Sprachgewirr*

Vor langer langer Zeit sprachen alle Tiere dieselbe Sprache. Känguruh und Echse konnten sich miteinander unterhalten und Ideen austauschen, und Adler, Schnabeltier, Wombat und Libelle konnten mühelos miteinander reden. Jeder versuchte, mit jedem anderen in Eintracht zu leben, ihn in seinen Kenntnissen zu unterweisen und ihn mit Gefälligkeiten zu erfreuen.
Einmal im Jahr versammelten sich die Tiere zu großen Festessen und Tanzfesten, auf denen auch häufig Ehen geschlossen wurden. Doch eines Tages kam ein Vorschlag auf, der alles ändern sollte, nämlich, daß die Tiere nicht nur Angehörige ihrer eigenen Art, sondern auch Tiere einer anderen Art als Ehepartner aussuchen sollten. So sollte Känguruh und Emu heiraten, Dingo und Waran, Koala und Leierschwanzvogel. Viele Tiere waren für die Annahme des Vorschlags, andere waren sehr dagegen. Känguruh, Emu, Dingo, Waran, Python, Koala, Pelikan, Kakadu und Leierschwanzvogel befürworteten ihn. Schildkröte, Frosch und Rabe lehnten ihn aber ab.
Die alte Eintracht der Tiere war zerstört, und eine schwere Fehde entstand zwischen den drei Gegnern des Vorschlags und dem Rest. Zwar waren die drei zahlenmäßig stark in der Minderheit, doch die Schläue des Raben war allenthalben bekannt, und seine Gegner fürchteten sich sehr vor dem Plan, den er mit seinen zwei Verbündeten aushecken würde. Daher schickte man den Dingo zur Schildkröte, um etwas darüber in Erfahrung zu bringen, aber die Schildkröte gab keine Einzelheiten des Plans preis. Auch der Frosch gab keinerlei Auskunft.
Da legten die Tiere ihre Bumerangs, Keulen und Speere zurecht.

Der Rabe, die Schildkröte und der Frosch besaßen keine solchen Waffen und benutzten daher ihre Schläue, um sich auf den Kampf vorzubereiten. Sie trafen sich auf einem Berg, oder auf einer weiten baumlosen Ebene, um ihren Plan auszuarbeiten. Sie kamen überein, daß ihre Feinde bald alle dummen Ideen aufgeben würden, falls man sie aushungern und damit großen Unfrieden unter ihnen stiften könnte.

Rabe und Frosch waren unter allen anderen Tieren berühmt dafür, daß sie hervorragende Fähigkeiten besaßen: Rabe war ein prächtiger Liedermacher, Tänzer und Nachahmer anderer Tiere. Frosch war der beste Tänzer unter allen Tieren, darin übertraf er sogar den Raben. Außerdem entwarf er bei der Körperbemalung für die Tanzfeste die schönsten Muster und Farbzusammenstellungen. Er hatte eine der besten und lautesten Gesangsstimmen, und als Bauchredner war er unübertroffen. Schildkröte, der dritte im Bunde, hatte keinerlei hervorragende Fähigkeiten, und diese Tatsache wurde vom schlauen Raben sehr geschickt in seinem Plan verwendet. Als der Plan ausgeheckt war, luden die drei Partner die anderen Tiere zu einer großen Darbietung ein, in der sie Schildkröte als Hauptdarsteller präsentieren wollten. Jedermann war neugierig und folgte der Einladung. Die Zuschauer wurden gebeten, sich in einem Halbkreis niederzulassen und diesen nicht zu verlassen, da Rabe die übrige Hälfte des Kreises für die Vorstellung beanspruchte.

Als erster Akt wurde der Känguruhtanz angekündigt mit Schildkröte als Tänzer, was große Verwunderung auslöste. Frosch und Schildkröte zogen sich in den Hintergrund zurück, und Rabe stimmte den Känguruhgesang an. Als Schildkröte langsam vor den Halbkreis der Zuschauer kroch, um den Tanz zu beginnen, ertönten laute Rufe des Beifalls, und auf ein Zeichen des Raben erhob sich das träge Tier und hüpfte und sprang hierhin und dorthin und bewegte sich mit soviel Anmut und Mühelosigkeit, als sei es das Känguruh selbst. Die Zuschauer waren überwältigt und gaben ihrer Begeisterung Ausdruck in einem lang anhaltenden Applaus. Allerdings hatten sie keine

Ahnung, daß sie einem Trick zum Opfer gefallen waren: der Tänzer war gar nicht Schildkröte, sondern Frosch, der sich einen Coolamon auf den Rücken und ein Holzschild auf die Vorderseite seines Körpers gebunden hatte und damit aussah wie Schildkröte.

Als zweite Darbietung wurde der Schwanentanz angekündigt, und Schildkröte sollte den Schwanengesang singen. Wiederum waren die anderen Tiere verblüfft, denn Schildkröte fehlte bekanntermaßen die Gabe einer guten Stimme. Schildkröte stellte sich vor die Zuschauer, öffnete seinen Mund, und das Lied der Schwäne erklang in einer wundervollen Stimme. Das Publikum war völlig hingerissen von Schildkrötes Gesang, als Rabe den Schwanentanz begann. Aber in Wirklichkeit war es Frosch, der sang und dabei seine Gabe als Bauchredner ausnützte, um die Zuschauer zu täuschen. Die Begeisterung der Zuschauer kannte keine Grenzen, als der Schwanentanz beendet war, da niemand der Schildkröte die Beweglichkeit oder die gute Stimme zugetraut hatte, deren sie nun alle Zeugen waren.

Drei Tage und drei Nächte dauerten die Darbietungen von Rabe, Frosch und Schildkröte. Am vierten Tag war jedermann sehr hungrig geworden, und Känguruh rief Pelikan zu, er solle sein Netz holen und fischen gehen. Pelikan fing einige Fische, und Rabe wurde dazu auserwählt, die Fische an die Anwesenden zu verteilen. Rabe führte die Tiere zu einer anderen Stelle, da es verboten war, die Fische am selben Ort zu kochen, wo sie gefangen worden waren. Aber er hatte zu wenige Fische, um jedem einen Bissen zu geben. Daher wurde Pelikan nochmals auf den Fischfang ausgeschickt.

Als er mit mehr Fischen zurückkehrte, behauptete Rabe erneut, daß diese Fische woanders gekocht werden müßten, da es nicht recht sei, am jetzigen Aufenthaltsort ein Feuer zu entfachen.

Da hatte die Geduld der hungrigen und erschöpften Tiere ein jähes Ende. Sie begannen den Raben zu beschimpfen und ihm heftige Vorwürfe zu machen. Der trickreiche Frosch hatte sich unter die Menge gemischt und wirkte unerkannt als Bauchredner. Es schien als habe sich Känguruh zum Verbündeten des Raben gemacht, da seine Stimme den Emu mit Vorwürfen überhäufte; dann hörte es sich so an, als beleidigte Goanna seinen Freund Kookaburra, und Wombat seinen Freund Dingo. Und schließlich beschimpften sie sich alle gegenseitig und warfen sich die gröbsten Beleidigungen an den Kopf. Nur Leierschwanz versuchte, seine Genossen zu beschwichtigen, aber niemand schenkte ihm Gehör.

Als Frosch sah, daß die Tiere in ihrer gegenseitigen Empörung zu den Waffen griffen, rief er mit seiner lauten Stimme zum Kampf auf. Bumerangs und Speere flogen durch die Luft, Kampfrufe vermischten sich mit Schimpfwörtern und Herausforderungen, und schließlich herrschte ein ohrenbetäubender Lärm. Jeder kämpfte gegen jeden, bis sie alle zu erschöpft waren und voneinander abließen. Seither spricht jedes Tier seine eigene Sprache, und die vormalige Eintracht ist für immer verloren gegangen. Nur Leierschwanz, der kein anderes Tier beleidigt und versucht hatte, den Frieden zu retten, kann heute in den Sprachen aller Tiere reden.

## *70. Das Ungeheuer und der Fischersmann*

Das Ungeheuer Gurangatch war halb Fisch und halb Reptil und lebte auf dem Grund eines tiefen Teiches. Gurangatch hatte glänzende Schuppen aus leuchtendem Grün, Purpur und Gold, und seine Augen strahlten wie Sterne in dem klaren grünen Wasser seiner Wohnstätte. Am Mittag, wenn die Sonne hoch am Himmel stand, sonnte er sich im flachen Wasser am Teichrand, und des nachts zog er sich in die Tiefen des Teiches zurück.

Mirragan, die Beutelkatze, war ein famoser Fischersmann. Er hatte keinerlei Mühe, Fische in Fischfallen zu locken und mit seinem Speer zu erlegen, doch war es sein höchster Ehrgeiz, den größten und gefährlichsten aller Fische zu überwältigen. Eines Tages entdeckte er Gurangatch in seinem grünen Teich, und im Handumdrehen warf Mirragan einen Speer nach ihm. Doch das Ungeheuer zog sich in die Tiefe zurück, und die Beutelkatze mußte einen Plan ersinnen, mit dem er den mächtigen Gurangatch zur Strecke bringen konnte. Er ging und schnitt große Rindenstücke von giftigen Büschen und Bäumen und warf sie in das Wasser des Teichs. Nach einer Weile begann Gurangatch sich unwohl zu fühlen, doch die Rinde enthielt nicht genug Gift, um das Wasser so zu verseuchen, daß Gurangatch an die Oberfläche stoßen mußte, um sich zu retten. Mirragan war zunächst sehr enttäuscht und machte sich auf, um mehr giftige Rinde herbeizutragen.

Als Gurangatch seinen Widersacher abwandern sah, schöpfte er Verdacht, daß dieser nichts Gutes im Sinn hatte. Um ihm zu entkommen, riß er den Boden auf und bahnte sich einen langen Graben, in den das Wasser des Teiches floß. So entstand der Wollondilly Fluß. Alsdann bahnte er sich einen unterirdischen Weg und stieß an der Talseite unter einem Felsrücken wieder an die Oberfläche und formte dabei Rocky Waterhole. Er hob sein Haupt, und seine Zunge flammte über den Himmel wie die Blitze eines trockenen Sommergewitters. Gurangatch erkannte, daß Mirragan ihn verfolgte und ihm bereits hart auf den Fersen war. So setzte er seinen Fluchtweg überirdisch und unterirdisch fort und formte dabei weitere Wasserläufe, bis er schließlich in den Höhlenwindungen der Wombeyan-Höhlen anlangte. Mirragan scheute sich, dem Ungeheuer in dieses dunkle Versteck zu folgen. Stattdessen grub er von der Oberfläche aus einen Schacht in die Höhle und versuchte, Gurangatch mit einem langen Pfahl aus seinem Zufluchtsort zu jagen. Doch ohne Erfolg. Und so grub er noch zahlreiche Schächte, die noch heute als tiefe Löcher im Kalkstein des Höhlendachs zu sehen sind. Doch in der Morgendämmerung entkam das Ungeheuer, und die erbarmungslose Verfolgungsjagd begann aufs neue. In ihrem Verlauf entstanden neue Wasserläufe in den Spuren, die Gurangatch sich bahnte. Eines Tages gelang es Mirragan, den Flüchtenden zu überholen, und es kam zu einem gewaltigen Zweikampf, in dessen Verlauf Mirragan dem Riesenfisch mächtige Keulenhiebe versetzte, während dieser sich mit kraftvollen Schwanzhieben verteidigte. Der Kampf währte so lange und wurde so unerbittlich geführt, daß sich der Kampfplatz selbst in eine völlig geglättete Felsplatte verwandelte. Schließlich waren beide Widersacher so erschöpft, daß sie voneinander abließen. Als sie sich einigermaßen erholt hatten, setzten sie die Flucht und Verfolgung fort. Von nun an gelang es Mirragan noch öfter, Gurangatch zu überholen, und jedesmal gab es einen kurzen Zweikampf, in dem Keulenhiebe und Schwanzhiebe ausgeteilt wurden, bis es Gurangatch endlich gelang, sich in die Höhlen der Jenolan Caves zu flüchten, wo viele seiner Angehörigen wohnten. Er war so erschöpft und verwundet, daß er sie bat, ihn in die Tiefen einer dunklen Wasserstelle jenseits der Berge zu geleiten. Und so trugen sie ihn von den Höhlen über die Berge zu einem tiefen Teich. Auch Mirragan brauchte eine längere Erholungspause. Doch als er wieder zu Kräften gekommen war, verfolgte er die Spur, die das Wasserungeheuer zurückgelassen hatte. Aber auch er wollte sein Werk nun nicht mehr allein vollenden, da er die Stärke seines Feindes voll erkannt hatte. So wanderte er lange Zeit nach Westen, bis er an der Lagerstätte seiner Freunde, der Tauchervögel, angelangt war. Er bat sie, ihm beim Fang des Riesenfisches Hilfe zu leisten, und so beschlossen die Vögel nach langem Hin und Her, Billagoola, den Kormoran, Goolawangwan, den Taucher, Gundhareen, die schwarze Ente, und Goonarring, die Bergente als Wegbegleiter und Helfer zu entsenden.

Mirragan langte mit seinen Gefährten an dem Teich an, in welchem Gurangatch seine letzte Zuflucht gesucht hatte. Zunächst versuchte die schwarze Ente ihr Glück und tauchte in den Teich. Doch rasch tauchte sie wieder auf mit der Botschaft, daß der Teich eine bodenlose Wasserstelle sei, worauf die anderen ihn auslachten. Alsdann erbot sich der Taucher, den Teich auszukundschaften, doch er kehrte nur mit einem winzigen Fisch zurück. Daraufhin tauchte der Kormoran tief hinunter in den Teich. Plötzlich entdeckte er einen großen Schwarm kleiner Fische, die eifrig dabei waren, ihren riesigen Artgenossen mit Schlamm zu bedecken, um ihn so vor den Augen der Verfolger zu verbergen. Der Kormoran machte einen verzweifelten Versuch, den Riesenfisch zu packen und emporzuheben, doch dieser saß fest in einer tiefen Felsspalte, aus der er nicht zu lösen war. Der Kormoran kehrte zur Wasseroberfläche zurück und unternahm dann einen zweiten Versuch. Da Gurangatch auch mit größter Kraft nicht zu heben war, riß der Kormoran ihm ein großes Stück Fleisch aus und trug es mit sich. Als Mirragan das Stück mit den prächtigen, glänzenden Schuppen erblickte, gab er sich damit zufrieden. Das Fleisch wurde gegart, und Mirragan teilte die Mahlzeit mit seinen Begleitern. Daraufhin kehrten sie alle in ihre Heimat jenseits der Berge zurück.

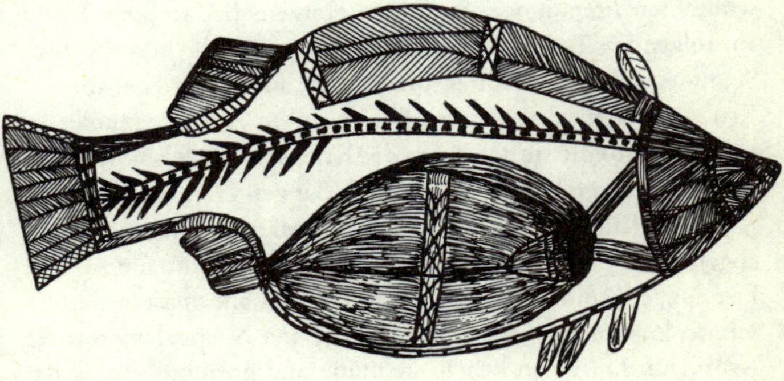

## *71. Die Blume der Sehnsucht*

Vor langer Zeit lebte ein hübsches Mädchen, das Krubi hieß. Sie hatte sich einen Fellumhang aus dem roten Pelz des Felswallabys genäht und ihn mit den roten Kronenfedern des Gang-Gang Kakadus bestickt. Es war ein wunderschöner Umhang, und jedermann bewunderte Krubi in ihrem leuchtenden Gewand.

Krubi hatte ihr Herz an einen jungen Mann verloren, der täglich mit den anderen Männern auf Jagd auszog. Auch der junge Mann war Krubi sehr zugetan, doch konnte er ihre Liebe nur aus der Ferne erwidern, da er noch nicht die letzte Männerweihe empfangen hatte. Erst nach dieser Zeremonie war es ihm erlaubt, sich Krubi zur Frau zu nehmen, doch vorläufig war es ihm untersagt, sich in ihrer Nähe aufzuhalten.

Jeden Abend begab sich Krubi auf eine Anhöhe, von wo aus sie die Rückkehr der Männer beobachten konnte. Dort stand sie in der Spalte zwischen zwei großen Sandsteinfelsenblöcken, und der junge Jäger sah sie schon von weitem in ihrem leuchtend roten Mantel auf seine Rückkehr warten.

Doch eines Abends breitete sich Unruhe und Sorge im Lager aus. Krubis Angehörige hatten Eindringlinge von einem anderen Stamm in ihren Jagdgründen entdeckt, und die Männer sprachen von einem kriegerischen Strafzug gegen die unerwünschten Fremdlinge. Schweren Herzens beobachtete Krubi am folgenden Tag von ihrer Anhöhe aus, wie die Männer ihres Stammes sich auf den Kriegspfad anstatt auf die Jagd begaben.

Krubi verharrte den ganzen Tag an ihrem Aussichtspunkt. In der Ferne konnte sie den Lärm des Kriegsgetümmels hören. Am Nachmittag verebbte er allmählich. Bangen Herzens erwartete Krubi die Rückkehr der Kämpfer. Die Männer kehrten zurück, abgekämpft und erschöpft. Doch sie kehrten nicht alle zurück. Der junge Mann, dessen Rückkehr Krubi am meisten herbeisehnte, kam nicht wieder. Sieben Tage und Nächte lang wartete Krubi auf ihn. Dann kehrte sie müde und hoffnungslos zu der

Lagerstelle ihrer Angehörigen zurück. Doch dort waren die Feuerstellen längst erloschen. Sieben Tage zuvor waren ihre Angehörigen weitergezogen. Krubi kehrte zu ihrer Felsspalte zwischen den beiden Sandsteinblöcken zurück. Sie wollte nicht mehr leben. In ihren roten Fellumhang gehüllt sank sie langsam zwischen den Felsen zur Erde. Kurz darauf entsprang an dieser Stelle ein prächtiger Busch mit großen vielblättrigen Blütenköpfen. Sie waren leuchtend rot wie Krubis Fellumhang. Die Blüte ist die Waratah, die größte und prächtigste Blüte im ganzen Land. Sie ist die Blüte der Sehnsucht und der Liebe, die Krubi über alle Ferne hinweg und über den Tod hinaus mit einem jungen Mann verband, dem sie sich zu Lebzeiten nie nähern durfte.

## *72. Die Ankunft der ersten Menschen*

In grauer Vorzeit besaßen alle Tiere menschliche Gestalt. Sie lebten in einem Land weit jenseits der Meere, und eines Tages versammelten sie sich und beschlossen, in einem großen Kanu auszufahren, um erfolgreichere Jagdgründe auf der anderen Seite des Meeres zu finden. Der Wal, der sehr viel größer war als seine Stammesbrüder, besaß ein Rindenkanu von riesenhaften Ausmaßen, doch wollte er es mit niemand teilen. Da die kleinen Rindenkanus der anderen Tiere für eine größere Seefahrt untauglich waren, hielten sie täglich Wache in der Hoffnung, daß sie sich das große Kanu in einem unbeobachteten Augenblick aneignen und damit in See stechen konnten. Doch der Wal war auf der Hut und ließ sie keinen Moment aus den Augen.
Der Seestern, der recht gut mit dem Wal befreundet war, heckte aber mit den anderen einen Plan aus, der den Wal ablenken sollte. Eines Tages sprach der Seestern zum Wal: »Dein Haar ist verlaust, und die Läuse plagen dich, laß mich sie fangen und vertilgen.« Der Wal, den die Läuse sehr plagten, nahm das freundliche Angebot sofort an, band sein Kanu an einem Felsen

fest, und setzte sich zum Entlausen nieder. Im selben Moment gab der Seestern das abgesprochene Signal, und seine Genossen versammelten sich am Strand, um sich im geeigneten Augenblick in dem großen Kanu des Wals zu verstecken, sobald er zur Genüge abgelenkt war.

Der Seestern legte den Kopf des Wals in seinen Schoß und begann die Läuse zu fangen. Der Wal genoß die Prozedur so sehr, daß er gar nicht bemerkte, wie die anderen Tiere rasch und geräuschlos in sein Kanu stiegen und es vom Strand abstießen. Ab und zu fragte er den Seestern: »Ist alles in Ordnung mit meinem Kanu?« Daraufhin klopfte der Seestern gegen ein hartes Rindenstück neben seinem Bein und beruhigte ihn. »Ja, ja, hörst du, wie ich dagegen klopfe?« und er fuhr heftig mit den Fingern durch die Haare hinter den Ohren des Wals, so daß dieser das Eintauchen der Ruder nicht hören konnte. Dies ging eine Weile gut, bis das Kanu schon nahezu außer Sichtweite gefahren war. Plötzlich jedoch wurde der Wal unruhig und sprang auf. Als er sah, daß sein Kanu am Horizont verschwunden war, war seine Wut über den Betrug des Seesterns grenzenlos, und er schlug gnadenlos auf den untreuen Freund ein. Dann sprang er ins Wasser und schwamm seinem Kanu hinterher, während der zerschlagene und zerfetzte Seestern von dem Fels, auf dem sie beide gesessen hatten, herunterglitt und bewegungslos auf dem Meeresgrund liegenblieb. Seit der haßerfüllten Attacke des Wals besitzen alle Seesterne ein zerzaustes und zerfetztes Aussehen.

Zornerfüllt verfolgte der Wal sein Kanu und sprühte dabei ständig Wasser aus seiner tiefen Wunde im Kopf, die ihm der Seestern in ihrem Zweikampf versetzt hatte. Bis auf den heutigen Tag haben alle Wale diese Eigenart beibehalten. Obwohl der Wal ein schneller, kräftiger Schwimmer war, gelang es ihm nicht, sein Kanu einzuholen, da der Koala mit seinen kräftigen Armen das Kanu viele Tage und Nächte lang unermüdlich vorwärts ruderte, bis seine Gefährten endlich Land sichteten und das Kanu wohlbehalten an den Strand zogen. Der Ibis jedoch

konnte vor Freude und Aufregung nicht stillstehen und stieß mit seinen Sprüngen zwei klaffende Löcher in den Boden des Kanus. Da es damit unbrauchbar geworden war, stieß er es vom Strand ab, und es sank halbwegs ins Wasser und bildete die Insel Gau-man-gar vor der Mündung des Illawarra Sees.
Der Wal jedoch, erschöpft vom langen anstrengenden Schwimmen, drehte vor der Küste, wo er bis auf den heutigen Tag auf und ab schwimmt und immer wieder wutentbrannt durch die Öffnung in seinem Kopf Wasser ausstößt.

## *73. Warum die Eule große Augen hat*

Weemullee, die Eule, und Willanjee, der Sturm, waren zwei junge Männer, die eng miteinander befreundet waren. Sie jagten und aßen miteinander und teilten stets denselben Lagerplatz. Sie sprachen häufig miteinander, doch konnte Weemullee seinen Freund Willanjee nie sehen, da dieser unsichtbar war. Weemulleee blickte ständig angestrengt in die Richtung seines Freundes in der Hoffnung, ihn eines Tages vielleicht doch einmal zu Gesicht zu bekommen. Davon aber wurden seine Augen mit der Zeit immer größer und runder. Besonders seltsam fand Weemullee die gemeinsamen Jagdzüge, wenn er beobachtete, wie Willanjees Jagdspeer von einer unsichtbaren Hand in die Speerschleuder eingelegt und plötzlich losgeschleudert wurde, oder wenn Willanjees Keule sich jäh hob und auf ein nichtsahnendes Tier niederschlug. Weemullee fand das äußerst verwirrend und gab sich umso mehr Mühe, seinen Begleiter zu erblicken.
Eines Tages, als die beiden Freunde wieder einmal auf Jagd waren und bereits einige Echsen und Enten erlegt hatten, kletterte Weemullee auf einen Baum und fing ein wohlgenährtes junges Opossum in einem hohlen Astloch. Willanjee rief ihm zu: »Wirf es zu mir herab, und dann gehen wir zurück zum

Lagerplatz und kochen unsere Abendmahlzeit.« Der unsichtbare Willanjee trug das Opossum und garte die erlegten Tiere in einem Erdofen. Alsdann genossen die beiden Jäger ein üppiges Mahl, und als sie es beendet hatten, rollte sich Willanjee in seinen Fellumhang und schlief kurz darauf ein. Da konnte Weemullee seine Neugier nicht länger beherrschen, denn er war fest davon überzeugt, daß er nun seinen schlafenden Freund nach einer so reichlichen Mahlzeit gewiß endlich einmal sehen konnte. Er wartete noch eine Weile, riß seine Augen auf soweit er konnte, entfaltete das Fußende von Willanjees Decke und hob vorsichtig einen Zipfel hoch, um unter die Decke zu blikken. Doch der Erfolg war furchterregend: sobald die Decke angehoben war, brauste ein heftiger Sturm hervor, der alles in der Umgebung ergriff und in alle Himmelsrichtungen davontrug. Der Sturm ergriff Weemullee und zwängte ihn in die Öffnung eines hohlen Baumes, preßte ihn im Innern des Baums in die Höhe und schleuderte ihn aus der oberen Öffnung ins Freie, wo er weit über die Ebene gewirbelt wurde. Doch so sehr sich Weemullee während dieses unfreiwilligen Fluges anstrengte, seinen seltsamen Begleiter, der ihn davonwirbelte, zu erblicken, bekam er ihn nicht zu Gesicht. Schließlich gelang es ihm, sich in seiner Not an einer starken Akazie festzuhalten, bis Willanjee, der Sturm, vorbeigebraust war. Seit dem schrecklichen Erlebnis jener Nacht sind die Augen der Eule Weemulee groß und rund geblieben.

## *74. Die Raupen und die Schmetterlinge*

Eines Tages, während der großen jährlichen Stammesversammlung, saß ein junger Kakadu auf einem hohen Baum. Da verlor er seinen Halt, stürzte zu Boden und brach sich das Genick. Alle Versammlungsteilnehmer eilten herbei und versuchten ihn aufzuwecken, aber es gelang ihnen nicht. Dann stachen sie ihn mit einem Speer, doch er fühlte es nicht. Schließlich rief man die weisen Medizinmänner herbei, damit sie versuchten, seine Augen zu öffnen, doch auch sie hatten keinen Erfolg.

Da hielten die Anführer der Stämme eine Versammlung, um die Angelegenheit des toten Vogels zu beraten. Sie fragten den Anführer der Eulen, die als sonderlich klug bekannt waren, ob er etwas dazu zu sagen hätte. Doch er blieb stumm. Nach einer Weile erhob sich der Häuptling der Adler, ergriff einen kleinen Kieselstein und warf ihn in den Fluß. Der Stein traf das Wasser und verschwand. Da wandte sich der Adler an die Versammlung und sprach: »Das Rätsel ist gelöst. So wie dieser Stein eine andere Welt betrat, so betrat der Kakadu eine andere Welt.«

Doch die Erklärung des Adlers befriedigte nicht alle Versammlungsteilnehmer, und so fragten sie den Raben nach seiner Meinung. Der Rabe erhob sich, nahm eine Gerte und warf sie in den Fluß. Sie sank ins Wasser und tauchte gleich darauf wieder an die Oberfläche. »Das«, sagte der Rabe, »ist meine Antwort. Wir alle erleben eine außergewöhnliche Welt und dann kehren wir zurück.«

Diese Antwort beeindruckte zwar die Anwesenden, doch gaben sie sich damit immer noch nicht zufrieden. Da fragte der Adler, ob sich jemand dazu bereit erklären wollte, dieses außergewöhnliche Erlebnis zu erfahren, und herauszufinden, ob man tatsächlich davon zurückkehrte. Einige Angehörige des Insektenstammes, nämlich die Raupen, erklärten sich bereit.

»Gut denn«, sagte der Adler. »Wir nehmen euer Angebot an. Ihr müßt diese Erfahrung machen, ohne sehen, schmecken, rie-

chen, fühlen oder hören zu können, und dann sollt ihr in einer anderen Gestalt wiederkehren.«
Als sich die Zeit des Winters näherte, verschwanden alle Insekten und die Tiere, die sich in Erdlöchern und hohlen Baumstämmen verkriechen, wie die Eidechsen, die Schlangen und so weiter. Sobald sich aber der Frühling nahte, trafen sich die Vögel und die Tiere wieder, um die Rückkehr all der Winterschläfer zu erwarten und zu sehen, ob sie des Rätsels Lösung gefunden hatten. Die Schlange, der Wombat und die Echse kehrten zurück und sahen halbverhungert aus, doch ansonsten waren sie dieselben geblieben. Nur die Schlange hatte sich mittlerweile gehäutet, aber auch sie war noch ganz dieselbe.
Sie warteten alle miteinander, bis der Insektenstamm zurückkehrte. Denn die Raupen hatten behauptet, daß sie gewiß das Rätsel lösen könnten. Da kamen die Libellen und verkündeten, daß sich bald etwas Wundersames ereignen würde, denn am folgenden Tag kämen die Raupen in einer verwandelten Form zurück. Dies rief eine freudige Erregung unter den anderen anwesenden Stämmen hervor.
Am nächsten Morgen hatten sich alle Vögel und Tiere bereits bei Sonnenaufgang an dem verabredeten Platz eingefunden. Die Libellen zogen los, um die verwandelten Raupen zurückzuführen. Diese erschienen nun in der Gestalt wunderschöner farbiger Schmetterlinge. Sie marschierten je nach ihren Farben geordnet auf: zuerst kamen die gelben, gefolgt von den roten, dann kamen die blauen und die grünen und so fort, bis alle Schmetterlingsfamilien angelangt waren.
Die Tiere waren begeistert. So war der All-Vater Geist. Die Vögel begannen, ihre Lieder zu singen, während sich die Schmetterlinge auf den Bäumen niederließen und damit die Welt verschönten. Da fragte der Anführer der Schmetterlinge die versammelten Stämme: »Haben wir das Rätsel des Todes gelöst? Sind wir in anderer Gestalt wiedererschienen?« Und alle antworteten: »Ja, ihr habt das Rätsel gelöst.« Der All-Vater Geist war so angetan von diesem wundersamen Erscheinen der

Raupen in der Gestalt von prächtigen Schmetterlingen, daß er verkündete, es solle von jetzt an in jedem Frühling so sein. Und so ist es bis auf den heutigen Tag geblieben.

## *75. Der Adler und die Eule*

Vor langer Zeit ließ der Adler einmal seinen Sohn in der Obhut der Eule zurück, da er sich mit seinen Frauen auf Känguruhjagd begab. Die Eule wollte sich die Obhut erleichtern. Sie nähte den jungen Adler in einen Fellsack und überließ ihn seinem Schicksal. Den Adlervater befiel während der Jagd aber eine große Unruhe, und er sorgte sich um seinen Sohn. Schließlich kehrte er kurzentschlossen zurück, um nach dem Rechten zu sehen. Als er erkannte, was geschehen war, wurde er äußerst wütend. Sofort begab er sich auf die Suche nach der Eule, und nach einigem Mühsal fand er sie in einem Baum. Doch er tat seinem Feind gegenüber, als sei nichts geschehen. Er sprach mit freundlicher Stimme, während er sich innerlich dazu entschloß, die Eule mit List und Tücke umzubringen. Hinterlistig bat er die Eule, in einer Höhlung im Baum nach einem Opossum zu suchen. Die Eule gehorchte, doch sie kehrte alsbald ohne Fang zurück. Sie wurde nochmals gebeten, die Höhlung nach einem Opossum zu durchsuchen, und wieder tat sie wie verlangt. Doch sobald sie ganz in das Loch gestiegen war, schloß der Adler dessen Öffnung und machte die Eule zu seiner Gefangenen. Die Eule jammerte laut, als sie sich so eingesperrt fand: »Wie kann ich mir einen Ausgang bahnen?« Sie versuchte alles mögliche, doch alles schlug fehl. Schließlich brach sie sich in ihrer Not ein eigenes Bein, nahm einen Knochen heraus und grub sich damit eine kleine Öffnung frei, durch die sie sich in großer Qual und Pein ins Freie zwängte. Nachdem sie so ihre Missetat abgegolten hatte, traf sie den Adler wieder. Der Adler und die Eule sprachen miteinander und kamen zu folgender

Übereinkunft: von nun an war es das Vorrecht des Adlers, im höchsten Geäst der Bäume zu wohnen, von wo aus er den besten Überblick über das Land und die weidenden Känguruhs hatte, während der Eule das Recht eingeräumt wurde, sich in den ausgehöhlten Stellen der Bäume niederzulassen. Und damit endete der Streit zwischen Adler und Eule.

## *76. Die mutwillige Bullum-Boukan*

Die Boukan waren zwei boshafte Geisterfrauen, die den Leuten gern einen Streich spielten. Sie waren unzertrennlich, taten alles gemeinsam und traten immer in einer Gestalt auf, obwohl sie zu zweit waren – daher ihr Name Bullum-Boukan, zwei Boukan. Die Boukan hatten einen gemeinsamen Sohn, Bullum-tut, der fast immer bei ihnen weilte.

Einst lagerten die Kurnai im Wulrunjeri zwischen Lake Victoria und Lake Wellington. Tagsüber waren sie auf Nahrungssuche und Fischfang und am späten Nachmittag kehrten sie in ihr Lager zurück, um die Abendmahlzeit zu kochen. Eines Tages, als die Frauen gerade kochten, kamen die Bullum-Boukan, die sich in Lagernähe umhergetrieben hatten, herbei und baten die Frauen, ihnen etwas von ihrem Fisch zu geben. Aber die Frauen wußten, zu welch üblen Streichen die Geistergestalt fähig war, und jagten sie mit ihren Grabstöcken davon. Die Bullum-Boukan schworen Rache. Nachdem die Leute am folgenden Tag ihr Lager verlassen hatten, schlichen sich die Boukan heran, stocherten die Lagerfeuer auf und rissen sie auseinander, holten sich glühende Holzkohlen heraus und übergossen den Rest mit Wasser. Als die Leute bei Sonnenuntergang zurückkehrten, stellten sie erschrocken fest, daß ihre Feuer verwüstet und erloschen waren. Ngarugal, die Krähe, versuchte, sie wieder anzufachen, doch vergeblich. Da flog Ngarugal zu Ngarang, dem Sumpfhabicht, und bat ihn um Hilfe.

Ngarang schwang sich in die Lüfte und kreiste in der Höhe. Da sah er die Bullum-Boukan und deren Sohn Bullum-tut auf einem Berg auf der Halbinsel Wilson's Promontory. Im Sturzflug erreichte er das Feuer der Boukan und warf die Holzkohle auseinander. Das steckte das lange Gras in Brand, und während die Boukanschwestern versuchten, es auszutreten, warf ihr Sohn Bullum-tut eine Emusehne in den Himmel hinauf, wo ihr eines Ende hängen blieb. Er zog daran, aber die Sehne zerriß. Dann warf er eine Känguruhsehne hinauf, aber auch sie zerriß. Dann warf er die Sehne eines roten Wallabys hinauf, und diese zerriß nicht. Mittlerweile hatten die Bullum-Boukan ihre glühenden Holzkohlen wieder eingesammelt. Bullum-tut rief seinen Müttern zu: »Leg deine Arme um meinen Hals und trag die Kohlen«, und er kletterte mit ihnen an der Sehne empor.
Ngarang, der Sumpfhabicht griff sie wieder im Sturzflug an und schlug ihnen die Holzkohle aus der Hand. Bullum-tut aber kletterte weiter mit Bullum-Boukan in den Himmel hinauf. Seither sind sie nie mehr zurückgekehrt.
Tutbring, das Rotkehlchen, fing die fallenden Kohlen auf und trug sie zu den Leuten zurück. Da er sie dabei fest an seine Brust drückte, ist die Brust des Rotkehlchens auch heute noch rot von der Glut, die die Holzkohlen auf ihn übertrugen. Die Leute aber bereiteten mit dem neugewonnenen Feuer ein großes Festmahl und feierten.

## *77. Wie Koala das Wasser stahl*

Koob-boor, der Koala, war ein Waisenkind. Seine Eltern waren gestorben, als er ein kleiner Junge war, und niemand hatte sich seiner Obhut angenommen. Als eine längere Dürre herrschte und das Trinkwasser knapp wurde, mußte Koobboor dürsten, da ihm niemand von seinem kostbaren Wasser etwas abgeben wollte. Eines Tages waren alle Lagerbewohner auf Jagd ausgezogen, und man hatte Koob-boor dabei völlig vergessen. So war er der einzige, der zurückblieb. Die Leute hatten vergessen, ihre Wasserbehälter in die Bäume zu hängen, und endlich hatte Koob-boor mehr als genug Wasser, um seinen Durst zu löschen. Alsdann sammelte Koob-boor die vollen Behälter und hing sie in einen niederen Baum. In die übrigen Wasserbehälter füllte er das Wasser, das sich noch im nahen Bach befand, und als er es alles aufgesammelt hatte, hing er auch diese Behälter in den Baum. Schließlich stieg er selbst hinauf, und da fing der kleine Baum an, in die Höhe zu schießen, und er wurde so groß wie viele Bäume übereinander. Koob-boor saß bis zum Abend in dem Baum, bis die anderen Bewohner des Lagerplatzes nach und nach zurückkehrten.

Der erste Mann, der heimgekehrt war, rief entsetzt: »Mein Wasserbehälter ist verschwunden!« Und so stellte ein Heimkehrer nach dem anderen fest, daß sein Wasserbehälter verschwunden war. Die Bestürzung war groß. Sie begannen zu suchen. Einige gingen zum Bach hinunter und kamen mit der Schreckensnachricht zurück, daß auch das Wasser aus dem Bach verschwunden war – das war noch wesentlich schlimmer als der Verlust der Behälter. Plötzlich erblickte einer der Männer Koob-boors Riesenbaum. »Schaut – was ist das?« rief er aus, und ein jeder sah hin, und dann sahen sie, daß ihre Wasserbehälter hoch oben in dem Baum hingen, und sie entdeckten Koob-boor mitten dazwischen. »Hallo«, rief jemand, »bist du das da oben? Hast du Wasser da oben?« – »Ja«, rief Koob-boor zurück, »ich bin es, und ich habe eine Menge Wasser, aber ich werde euch keinen Tropfen davon abgeben, da ihr mir auch kein Wasser gabt, als ich vor Durst beinah tot umfiel.«

Da entschlossen sich einige Männer, den riesigen Baum zu erklettern, doch hatten sie große Angst vor einem Versuch, da der Baum so hoch war. Jedermann war inzwischen sehr durstig geworden, und etwas mußte geschehen. Zwei mutige Männer begannen, den Baum zu erklimmen. Aber Koob-boor lachte sie aus und ließ etwas Wasser auf sie herabrieseln, so daß sie ihren

Halt verloren und tödlich zur Erde stürzten. Zwei andere Männer versuchten, Koob-boor zu erreichen, doch auch sie berieselte Koob-boor mit Wasser, bis sie abrutschten und ebenfalls tödlich verunglückten. Und so ging es weiter, bis nahezu alle Männer umgekommen waren.
Schließlich holte man Männer aus benachbarten Gegenden um Hilfe, aber auch sie fielen nach und nach Koob-boors bösem Spiel zum Opfer. Schließlich kamen Ta-jerr und Tarrn-nin, die Söhne des mächtigen Pun-jel, den Erdenbewohnern zu Hilfe. Auch sie erklommen den Baum, doch nicht in einer geraden Linie wie ihre Vorgänger, sondern in spiralförmigen Windungen, wie eine Kletterpflanze. Koob-boor mußte über diese Neuheit herzlich lachen, wobei es den beiden geschickten Kletterern gelang, auf eine gewaltige Höhe vorzustoßen.
Da fing Koob-boor an, Wasser auf sie zu schütten, doch Ta-jerr und Tarrn-nin konnten mit ihren Kletterkünsten dem fallenden Wasser immer wieder ausweichen. Schließlich erreichten sie dabei die höchsten Äste, und Koob-boor begann zu jammern und zu weinen. Doch umsonst. Er wurde gepackt und schrecklich geschlagen. Dann wurde er aus dem Baum auf die Erde geschleudert, wo ihn seine Angehörigen nochmals durchprügelten, wobei Koob-boor schließlich die Gestalt annahm, die er noch heute besitzt. Als man endlich von ihm abließ, flüchtete er sich auf einen anderen Baum.
Ta-jerr und Tarrn-nin fällten den Riesenbaum. Da fielen alle Wasserbehälter zur Erde, und das Wasser floß zurück in den Bach. Seither hat es nie wieder an Wasser gemangelt.

## *78. Känguruh und Wombat*

Mirram, das Känguruh, und Warreen, der Wombat, waren einst Männer. Sie lebten am selben Ort, doch Warreen hatte sich eine gute Rindenhütte gebaut, während Mirram kein Dach über dem Kopf besaß. Mirram lebte tags wie nachts unter freiem Himmel, was sehr gut war, solange das Wetter schön blieb. Auch Warreen schlief bei gutem Wetter oft draußen, und die beiden waren enge Freunde. Schließlich aber fiel ein großer Regen. Warreen begab sich in seine Hütte, machte ein Feuer und legte sich behaglich davor. Der Regen war so heftig, daß er Mirrams Feuer löschte, und Mirram wurde naß und kalt. So saß er lange Zeit im Regen in der Hoffnung, daß Warreen ihn in seine Hütte bitten würde, doch Warreen tat ihm diesen Gefallen nicht. Schließlich war Mirram so durchnäßt und durchgefroren, daß er es kaum noch ertragen konnte. So ging er zu der Rindenhütte und bat Warreen um Einlaß, damit er sich in eine leere Ecke setzen könnte. Warreen behauptete aber: »Ich will meinen Kopf in diese Ecke legen«, und damit drehte er sich um und legte seinen Kopf in diese Ecke. »Macht nichts, diese Stelle genügt mir«, sagte Mirram und deutete auf einen anderen leeren Fleck. Warren jedoch drehte sich in diese Richtung und legte seine Füße dorthin mit den Worten: »Diesen Fleck brauche ich für meine Füße.« Mirram sagte nochmals: »Diese Stelle genügt mir« und zeigte dabei auf den Platz, wo Warreens Füße zuvor gelegen hatten. »Diesen Platz kann ich dir auch nicht geben, ich will mich in diese Richtung ausstrecken«, gab Warreen zur Antwort, und damit erhob er sich und streckte sich vor dem Feuer aus. Mirram wurde sehr böse. Diese schmachvolle Behandlung konnte er sich nicht länger bieten lassen, und er ging hinaus, um einen Stein zu holen, schlich sich geräuschlos wieder zurück und schmetterte den Stein gegen Warreens Stirn, die unter dem heftigen Hieb ganz flach wurde. Daraufhin sprach Mirram: »Von nun an wirst du immer eine flache Stirn haben und in einem dunklen Bau wohnen.« Und seither muß der Wombat in einem finsteren Erdbau wohnen, und bis auf den heutigen Tag ist seine Stirn abgeflacht durch den heftigen Hieb, den ihm Mirram mit dem Stein versetzte.

Nach einer Weile war Warreen allerdings in der Lage, an Mirram Vergeltung zu üben. Eines Tages nämlich schleuderte er seinen Speer gegen Mirram. Der Speer traf sein Ziel und grub sich tief in das untere Ende der Wirbelsäule. »Und nun«, sprach Warreen, »wird er dort für immer stecken bleiben als dein Schwanz, und du wirst ihn jedesmal gebrauchen müssen, wenn du läufst. Und du wirst niemals eine eigene Hütte besitzen.« Und so geschah es, daß das Känguruh seinen langen Schwanz bekam, den es bei jedem Sprung und Lauf verwenden muß, und daß es seither unter freiem Himmel übernachten muß.

## *79. Warum die Menschen sterben*

Vor langer Zeit herrschten Unordnung und Chaos in der Welt. Alles war verkehrt: Sonne und Mond standen gleichzeitig am Himmel oder sie gingen auf und unter, gerade wie es ihnen in den Sinn kam. Auch die Menschen und Tiere hatten kein geordnetes Leben, und keiner wußte recht, was er tun und wie er sich benehmen sollte.

Schließlich entschloß sich Nouralie, der Urvater, die Welt in Ordnung zu bringen und allem seinen rechten Platz und seine rechten Aufgaben zuzuweisen. Dazu nahm er sich einen Helfer, Bonelya, die Fledermaus. Zunächst befahl Nouralie der Sonne, ihr Holz zu verbrennen und hinter dem westlichen Horizont herabzusteigen. Sie sollte in den Tiefen der Erde neues Holz sammeln und am folgenden Tag am östlichen Horizont wieder aufsteigen, und er gebot ihr, von da an regelmäßig die tägliche Wanderung über den Himmel von Osten nach Westen auszuführen. Die Sonne tat, was Nouralie ihr befahl. Dann sprach Nouralie zum Mond und befahl ihm, zu sterben und seine weißen Knochen zu Pulver werden zu lassen. Daraufhin solle er wieder auferstehen, aber nach einer festgelegten Zeit solle er immer wieder sterben und wieder auferstehen. Auch der Mond gehorchte Nouralie. Und damit war die Zeit in Tag und Nacht und in die Lebensläufe des Mondes eingeteilt.

Bonelya, die Fledermaus, half Nouralie, den übrigen Lebewesen ihre Ordnung zu geben und ihre Aufgaben zuzuweisen, bis die Natur zu dem wurde, was sie auch heute noch ist, außer, daß die Lebewesen damals noch nicht starben.

Nachdem das Werk vollbracht war, zog sich die Fledermaus erschöpft in einen hohlen Baum zurück, um sich auszuruhen. Nouralie befahl, daß sie unter keinen Umständen in ihrem Schlaf gestört werden sollte.

Eine Frau aber, die ein Bündel Holz schleppte, ging an dem Baum der Fledermaus vorbei. Die Hölzer waren sehr lang, und die Frau schätzte ihre Entfernung zu dem Baum nicht richtig ein. Da schlugen die am weitesten herausragenden Hölzer gegen den hohlen Baum, und der Schlag schreckte die Fledermaus aus dem tiefsten Schlaf. Hals über Kopf flatterte sie auf und davon. Nouralie war so erzürnt über diesen Vorfall, daß er allen Lebewesen den Tod zuwies. So kam der Tod in die Welt als Strafe dafür, daß man Nouralies Gebot nicht eingehalten hatte.

## *80. Die Rache des Adlers*

Vor langer Zeit, als die Tiere noch in Menschengestalt auf der Erde umherwanderten, ging der Rabe eines Tages mit dem Adler auf die Jagd. Aber der Rabe war eifersüchtig auf den Adler, da dieser größer und stärker war als er selbst. So beschloß er, seinem Jagdgefährten einen bösen Streich zu spielen. Er nahm ein Stück Känguruhknochen, spitzte dessen eines Ende zu, steckte den Knochen mit der Spitze nach oben in das Nest einer Beutelratte und befahl der Ratte so zu tun, als ob sich viele andere Rattenleute in ihrem Nest befänden. Der Rabe führte den Adler in die Nähe des Nestes und machte ihn darauf aufmerksam, daß sich die Zweige und Äste des Nestes stark bewegten, so als sei es von vielen Ratten bewohnt. »Zerdrücke das Nest mit deinen kräftigen Füßen!« forderte er den Adler auf. Der Adler sprang auf, das Nest um die Ratten auszutreiben, und stach sich dabei durch den Fuß. Mit Mühe und unter großen Schmerzen gelang es ihm, zu seinem Lager zurückzukehren, wo er die schwere Wunde in seinem Fuß verarztete und ausheilen ließ. Dann zog er aus, um sich an dem Raben für die heimtückische Schandtat zu rächen.

Der Rabe hatte sich mit seiner Familie in eine Höhle zurückgezogen, als es zu regnen begann. Der Adler folgte seinen Spuren und peilte eine Menge Igelgras in die Höhlenöffnung. Er bedeckte das Gras mit einer Lage frisch geschlagener Äste. Dann zündete er den Haufen an, und die grünen Äste verbreiteten einen dichten erstickenden Rauch, der bald die Höhle erfüllte, so daß die Rabenfamilie hustete und würgte. Der Adler verließ den Ort, da er davon überzeugt war, daß es für die Rabenfamilie kein Entrinnen gab. Doch die Hitze, die das lichterloh brennende Gras ausstrahlte, wurde den Raben so unerträglich, daß sie sich in Todesverachtung durch die Flammen hindurch ins Freie retteten.

Seit jenen lang zurückliegenden Ereignissen sind die Raben schwarz vom Rauch und Ruß des Feuers, das Adler gelegt hatte, und wenn sich ein Adler auf dem Erdboden befindet, erscheinen seine Bewegungen so ungeschickt und schwerfällig, als sei eine seiner Klauen gelähmt.

## *81. Der Emu und der Rabe*

Einmal begab sich der Rabe auf die Suche nach Emueiern, nach denen ihn sehr gelüstete. Nach längerem Suchen fand er endlich ein Emunest und begann sofort, die Eier auszuheben und zu verspeisen. Mitten in dieser Mahlzeit wurde er durch die Rückkehr der Emuhenne unterbrochen. Da befahl der Rabe ihr, sie solle das Nest verlassen, was sie jedoch ablehnte. Das erboste den Raben so, daß er sie mit seinem Speer tötete. Dann trug er die restlichen Eier fort. Die Freunde des Raben nahmen den toten Emu mit sich und richteten ihn zum Kochen her. Die besten Happen hoben sie für den Raben auf, doch dieser wollte nur den Kopf haben, mit dem er alsdann in den Wipfel eines Baumes kletterte. Dort redete er ernsthaft auf den Emukopf ein. Er erklärte dem Kopf, wie sich ein Emu zu verhalten habe, wenn er sich in Gefahr befand, besonders durch den Menschen. Und er erklärte ihm, daß ein Emu seine Eier nicht retten könne, wenn jemand sie aus dem Nest nehmen wolle. Und der Emukopf hörte alles, was der Rabe ihn lehrte, und seither macht kein Emu mehr Anstalten, sein Nest zu verteidigen.

## *82. Das Feuer, das der Rabe stahl*

Zuerst besaßen nur die fünf Schwestern Karatgurk das Feuer, und sie trugen es in der Spitze ihrer Grabstöcke. Sie wollten mit niemand das Feuer teilen. Eines Tages beschloß der Rabe Waang, sich das Feuer zu beschaffen, denn er hatte eine gekochte Yamsknolle, die die Karatgurkschwestern verloren hatten, versucht, und sie schmeckte ihm viel besser als die rohen Yamsknollen, die er essen mußte. Er ging zu den Schwestern und bat sie, ihm eine brennende Holzkohle aus ihrem Feuer zu geben, aber sie kamen seiner Bitte nicht nach.

Da beschloß der schlaue Waang, ihnen das Feuer durch einen Trick abzunehmen. Er sammelte Schlangen, die er in einem Ameisenbau versteckte. Dann zeigte er ihnen den Ameisenbau und erklärte ihnen, daß Ameisen besser seien als Yamsknollen. »Kommt und grabt sie aus«, sagte er hinterhältig. Sofort machten sich die Schwestern an die Arbeit und begannen, den Ameisenbau mit ihren wertvollen Stöcken aufzugraben. Da glitten die Schlangen zischend aus dem Bau und verfolgten die fliehenden Schwestern. Diese drehten sich um und fingen an, mit ihren Grabstöcken auf die Schlangen einzuschlagen, wobei einige der glühenden Holzkohlen aus den Enden der Grabstöcke fielen.
Darauf hatte Waang gewartet, und geschwind eilte er herbei, las die Holzkohle auf und steckte sie in seinen Känguruhfellsack. Vergeblich versuchten die Karatgurk, sie ihm wieder abzunehmen, denn Waang flog aus ihrer Reichweite in einen hohen Baum.
Bunjil, der Adler, hatte beobachtet, was sich zugetragen hatte. Er rief Waang zu: »Gib mir etwas von deinem Feuer ab! Ich will mir ein Opossum rösten«. – »Nein«, rief Waang zurück, »gib mir dein Opossum, ich will es dir selber rösten.« Da warf der Adler sein Opossum zum Raben hinauf, dieser röstete es und warf es dann wieder herab zu dem Adler. Als Bunjil sah, daß das Opossum noch rauchte, versuchte er durch heftiges Blasen ein Feuer zu entfachen, doch dies gelang ihm nicht.
Mittlerweile hatten sich eine Menge Leute um Waangs Baum versammelt, und sie begannen, den Raben zu beschimpfen und ihm Schreckliches zu drohen, falls er das Feuer nicht mit ihnen teilen würde. Schließlich jagten sie ihm soviel Angst ein, daß er seinen Fellsack mit den glühenden Kohlen mitten unter sie schleuderte. Kurokgoru, der Feuerschwanzfink, raffte einige Kohlen auf und versteckte sie hinter seinem Rücken. Daher haben diese Finken bis auf den heutigen Tag rote Schwanzfedern.
Bunjils Helfer Djurt-djurt, der Falke, und Thara, der Habicht, sammelten den Rest der glühenden Kohlen auf und warfen vor

Wut einige auf Waang und versengten ihn. Seither sind alle Raben schwarz.
Sie steckten auch Waangs Land in Brand, aber das Feuer griff so rasch um sich, daß Bunjil alle Leute zusammenrufen mußte, um es zu löschen. Er legte große Felsen an die Quelle des Yarra, um das Feuer aufzuhalten. Die Felsen liegen heute noch dort. Djurt-djurt und Thara verbrannten und verwandelten sich in zwei Felsen am Fuß der Dandenong Berge. Die Schwestern Karatgurk wurden in den Himmel getragen, wo sie heute als die Pleiaden zu sehen sind mit dem Feuer in ihren Grabstöcken. Auch Waang verwandelte sich in einen Felsen in den Dandenong Bergen.

## *83. Die Schaffung der ersten Männer*

Vor langer Zeit war Pund-jel der große Schöpfergeist. Er schuf alle Dinge auf Erden und alle Lebewesen, außer den Frauen. Er trug stets ein großes Steinmesser mit sich, und als er die Erde schuf, zerschnitt er sie vielerorts, so daß sich Berge, Täler und Wasserläufe bildeten. Dann schnitt er mit seinem Messer drei größere Rindenstücke. Auf das erste legte er feuchten Ton, den er solange bearbeitete, bis er glatt und formbar wurde. Dann schnitt er den Ton in zwei gleichgroße Stücke und trug die eine Hälfte zu dem zweiten Rindenstück, auf dem er die Tonmasse zu kneten und in die Form eines Mannes zu verwandeln begann. Erst formte er Füße, dann Beine, Rumpf, Arme, und schließlich den Kopf. Daraufhin schuf er den Körper eines zweiten Mannes auf dem dritten Rindenstück. Als er seine Arbeit beendet hatte, betrachtete er sich die beiden Männer lange Zeit und war schließlich so zufrieden mit seinem Werk, daß er im Kreis um sie herumtanzte. Als nächstes zog er faserige Rinde von einem Eukalyptusbaum ab und legte jedem Mann einen Haarschopf auf den Kopf – dem einen Mann gab er glattes und dem anderen gelocktes Haar. Wiederum war er mit seinen Geschöpfen so zufrieden, daß er zu tanzen anfing. Dem Mann mit glattem Haar gab er den Namen Ber-rook-boorn, den gelockten Mann nannte er Koo-kin Ber-rok. Nachdem er die Körper der beiden Gestalten nochmals von Kopf bis Fuß geglättet hatte, legte er sich auf den Körper eines jeden Mannes und flößte ihnen seinen Atem ein durch Mund, Nase und Nabel. Die beiden Männer begannen zu atmen und sich zu regen. Pund-jel tanzte ein drittes Mal um sie herum. Dann schenkte er ihnen die Gabe der Sprache und befahl ihnen aufzustehen. Und so standen sie auf als erwachsene Männer.

### *84. Die Schaffung der ersten Frauen*

Pund-jel hatte eine Frau, Boi-boi, deren Gesicht er nie gesehen hatte, und einen Sohn Bin-beal. Pund-jel besaß auch einen Bruder Pal-ly-yan. Pal-ly-yan besitzt absolute Macht über alle Gewässer. Er ist Herr über Flüsse, Bäche und Seen, und auch das Meer ist ihm untertan. Er beherrscht alle Lebewesen des Wassers, und am liebsten vertreibt er sich die Zeit mit schwimmen und tauchen.

Eines Tages vergnügte sich Pal-ly-yan auf diese Weise in einer sehr tiefen Wasserstelle. Er schlug übermütig mit flachen Händen auf die Wasseroberfläche, bis sich das Wasser zu trüben begann. Er wirbelte dabei so viel Schlamm auf, bis das Wasser undurchsichtig wurde und sich die Wasserstelle schließlich in ein Schlammloch verwandelte. Zwar konnte Pal-ly-yan nicht mehr erkennen, was sich unter der Oberfläche des Schlamms befand, und dennoch vermeinte er, darin etwas erkannt zu haben. Als er vorsichtig mit einem Zweig den Schlamm teilte, erkannte er ein Paar Hände, wie sie Pund-jel seinen Männern geformt hatte. Daraufhin holte sich Pal-ly-yan einen starken gekrümmten Ast, mit dem er den Schlamm tiefer teilte, woraufhin zwei Köpfe auftauchten, die den Köpfen von Pund-jels Männern ähnelten. Mit dem gekrümmten Ast fischte Pal-ly-yan die beiden Gestalten aus dem Schlamm und sah, daß es zwei junge Frauen waren, denen er die Namen Ko-ner-warra und Ku-ur-rook gab. Er brachte sie zu Pund-jel, der sie Ber-rook-boorn und Koo-kin-Ber-rok, den beiden von ihm geschaffenen Männern zur Frau gab. Dann gab er jedem Mann einen Speer, und Pal-ly-yan gab jeder Frau einen Grabstock. Er gebot, daß sie in Frieden miteinander leben sollten, Er befahl den Männern, ihre Speere in der Jagd auf Känguruhs und Emus zu verwenden, und den Frauen sagte er, daß sie mit ihren Stöcken nach Nahrung graben sollten. Drei Tage lang blieben Pund-jel und Pal-ly-yan bei den beiden Paaren und unterwiesen die Männer in der Jagd und zeigten den Frauen, wo sie nach Wurzeln graben sollten. Am dritten Tag, als sie sich alle niedergesetzt hatten, kam ein großer Sturm auf, und Pund-jel und Pal-ly-yan entschwanden in einem großen Wirbelsturm.

## *85. Wie die Menschen über die Erde verteilt wurden*

Es gab einmal eine Zeit, als sich die Nachkommen der ersten Menschen an manchen Stellen so vermehrt hatten, daß sich Bosheit und Unfriede unter ihnen verbreitete und sie ihre Speere und Grabstöcke nicht mehr nur zur Nahrungssuche, sondern auch im gegenseitigen Zweikampf verwendeten. Als Pund-jel dies sah, wurde er wütend, und als Warnung schickte er in seinem Zorn den Menschen gewaltige Gewitter und verheerende Stürme. Im Flachland erhoben sich plötzlich Wirbelstürme, und im Bergland bogen sich die hohen Bäume unter der Gewalt der Stürme. Und Pund-jel selbst betrat die Erde, um die Männer und Frauen zu sehen und sprach dabei kein Wort. Er trug ein großes Messer bei sich, und wanderte in die Lager der Menschen. Mit seinem Riesenmesser schnitt er in alle Richtungen und er schnitt dabei alle Männer, Frauen und Kinder in kleine Stücke. Dabei jedoch tötete er die Männer, Frauen und

Kinder nicht, sondern ließ die Teile ihrer zerstückelten Körper weiterleben, und sie bewegten sich wie Würmer auf der Erde. Dann hoben mächtige Wirbelstürme die lebenden Menschenteile wie Schneeflocken auf und trugen sie in die Wolken. Die Wolken trugen sie weiter, hierhin und dorthin, und Pund-jel wies die Wolken an, wo sie sie zur Erde zurücksetzen sollten. Dort verwandelten sie sich wieder in Menschen, die nun über die ganze Erde verteilt waren. Diejenigen Menschen aber, die vor seinem Zornausbruch ein rechtschaffenes Leben geführt hatten, verwandelte er in Sterne, die er über den Himmel verteilte.

## *86. Die Bram-bram-bult Brüder und die Rache der Eule*

Vor langer Zeit gelangten zwei Brüder auf ihrer Wanderung in ein Land, wo eine große Dürre herrschte und alle Leute Durst leiden mußten außer Gertuk, der Eule, denn Gertuk hatte einen geheimen Wasservorrat und teilte das Wasser nur mit seinem Hund. Die zwei Brüder Bram-bram-bult beschlossen, den Wasservorrat ausfindig zu machen, und folgten Gertuk heimlich auf Schritt und Tritt, bis dieser zu einem hohlen Baum ging, in welchem sich das Wasser befand. Als sie ihn gierig davon trinken sahen, beschlossen sie, ihn für seine Eigensucht zu bestrafen.

Nachdem Gertuk verschwunden war, entfachten sie unter dem Wasserbaum ein Zauberfeuer und beschworen die Astgabel des Baums, Gertuk einzuschließen. Als Gertuk wieder mit seinem Hund zu dem Baum ging, schloß sich die Astgabel hinter ihm, und er und sein Hund waren in dem Baum eingesperrt.

Kurz darauf kam Binbin, der Baumläufer, mit zwei Freunden, und sie hörten eine undeutliche Stimme rufen: »Hier bin ich, eingesperrt in diesem Baum!« Binbin fand den Baum und begann ihn abzuklopfen, um die beste Stelle für eine Öffnung zu finden und den Eingesperrten zu befreien. Aber Gertuk rief dauernd: »Nicht hier! Sonst tust du meinem Kopf weh! Nein nicht dort, das sind meine Füße!« Das viele Hin und Her machte Binbin schließlich so verärgert, daß er aufs Geradewohl darauflos hieb und ein Loch in den Baum schlug. Dabei verwundete er Gertuks Brust, und beinahe verblutete dieser. Seither haben die Eulen einen dunklen Fleck auf der Brust, und der Federwisch auf ihrem Kopf stammt von all den Blättern und Rindenstücken, die Gertuk auf den Kopf fielen, als Binbin den Baum abklopfte.

Nachdem Gertuk sich von seiner Verletzung erholt hatte, schwor er Rache gegen die Bram-bram-bult Brüder. Er sammelte alle Wirbelwinde im Land und steckte sie in seinen Känguruhfellsack. Dann öffnete er die Tasche ein wenig, und der entweichende Windstoß war so gewaltig, daß er einen Baum entwurzelte.

Gertuk machte sich auf die Suche nach den Brüdern. Er fand ihr Lager bei Mukbilly und ließ die Wirbelwinde aus dem Sack. Ein verheerender Sturm brach los, der fast alle Bäume im weiten Umkreis entwurzelte und fortblies. Daher steht auch heute noch kaum ein Baum in dieser Gegend. Während der wilde Sturm raste, hielt sich der ältere Bram-bram-bult Bruder an einem tiefverwurzelten Baum fest, der den Sturm überstand. Der Baum, an dem sich der jüngere Bruder festzuhalten suchte, hatte jedoch nur flache Wurzeln, und so trug der Sturm den Mann mitsamt dem Baum davon. Nachdem er über eine große Strecke gewirbelt worden war, landete der jüngere Bram-brambult schwerverletzt an einem Platz namens Galk, der von großen Sümpfen umgeben war. Er hatte keine Ahnung, wo er war. Am Abend schleppte er sich zu einem der Sümpfe, um Wasser zu trinken, aber die dumpf dröhnende Stimme der Rohrdommel Gau-urn schallte aus dem Schilfrohr und erschreckte ihn so, daß er es vorzog, dem Wimmera River flußabwärts zu folgen.

Unterdessen hatte sich der ältere Bruder zu seiner Mutter begeben, nachdem er den jüngeren Bruder nirgendwo finden konnte. Sie war Dok, der Frosch, und sie machte sich sofort auf die Suche. Dabei preßte sie ihre Brust, bis daraus Milch hervorschoß und in der Form eines Regenbogens in die Richtung wies, in der sich der jüngere Bram-bram bult befand. Jeden Tag tat sie das, und sie kamen ihm näher und näher, bis der Sohn zu ihr sagte: »Ich glaube, ich kann ihn nun selbst ohne Mühe finden, geh du nur wieder zurück.«

Er fand seinen Bruder, aber dieser erkannte ihn nicht mehr, da er schon fast verhungert und verblutet war. Eine giftige Schlange biß ihn, und sein älterer Bruder konnte ihn nicht mehr retten.

Lange trauerte dieser am Ufer des Flusses um seinen toten Bruder. Und als er seine Einsamkeit schließlich nicht mehr ertragen konnte, nahm er sein Steinbeil, fällte einen Baum und schnitzte aus dem Stamm die Figur eines Mannes. Dann zündete er ein Zauberfeuer an und beschwor den Holzmann mit einem Gesang: »Steh auf, werde mein Bruder.« Er besang die Figur so lange, bis sie sich erhob und ihn »mein älterer Bruder« nannte. Weiter sang der ältere Bram-bram-bult seine Zaubergesänge, bis sich die Holzfigur in einen Mann aus Fleisch und Blut verwandelte, der genau so aussah wie sein jüngerer Bruder.

## *87. Der Riesenbarsch und der Bunyip*

Totyerguil war ein mächtiger Jäger. Eines Tages verließ er das Malleedickicht und machte ein Lager in der Nähe der heutigen Siedlung Swan Hill. Seine beiden Frauen Gunewarra, die schwarzen Schwäne, bereiteten ihm eine Mahlzeit, und während er aß, gingen seine beiden Söhne aus, um das Harz der Akazienbäume zu sammeln, das sie als Leckerbissen aßen. Sie gelangten zu einem großen Teich und sahen einen riesigen Fisch, der sich nahe der Wasseroberfläche in der Sonne badete. Die Knaben rannten zu ihrem Vater zurück, um ihm von dem Fisch zu berichten.

In großer Eile fertigte Totyerguil ein Rindenkanu, und als er sich damit an den schlafenden Fisch herangemacht hatte, warf er seinen Speer mit aller Kraft dem Fisch zwischen die Schulterblätter. Dort blieb der Speer stecken. Otchout, der Barsch, fuhr erschrocken hoch und stürzte auf das Ufer zu. In seiner Eile riß er dabei das Ufer auf und zog einen tiefen Graben, in den das Wasser des Teiches floß, und so konnte Otchout seinem Feind entkommen. Dies geschah alles so schnell, daß Totyerguil nicht mithalten konnte und ihn bald aus den Augen verlor. In der Abenddämmerung grub sich Otchout einen weiten Flußarm, in dem er übernachtete. Totyerguil folgte dem neuentstandenen Flußbett und traf im Morgengrauen auf den schlafenden Barsch. Er warf einen zweiten Speer, der hinter dem ersten Speer stekken blieb.

Wieder floh Otchout, und Totyerguil verlor ihn aus den Augen, und wieder übernachtete der Barsch in einem Billabong. Sein Verfolger fand ihn am nächsten Morgen und schleuderte seinen dritten Speer in ihn. So ging dies mehrere Tage lang, und Otchout grub einen langen breiten Wasserlauf, der heute der Murray River, der größte Fluß Australiens ist. In der Nähe der heutigen Ortschaft Murray Bridge grub Otchout ein tiefes Wasserloch, in dem er sich versteckte.

Inzwischen aber hatte Totyerguil seine Speere verschleudert, die alle in einer Reihe hintereinander in Otchouts Rücken stekken geblieben waren. Als Otchout in seinem tiefen Wasserloch die Gestalt eines Fisches annahm, verwandelten sich Totyerguils Speere in seine hohe Rückenflosse.

Nachdem Totyerguil den großen Fisch nicht mehr auftreiben konnte, steckte er sein Kanu und seine Stakstange in das Flußufer, so daß sie senkrecht standen, und machte sich auf den langen Heimweg. Das Kanu verwandelte sich in einen großen Eukalyptusbaum, und die Stakstange verwandelte sich in eine Kiefer. Seither werden alle Rindenkanus aus der Rinde des Eukalyptusbaums und alle Stakstangen aus Kiefernholz hergestellt.

Totyerguil erspähte seine Familie auf dem Gipfel eines hohen Berges, dessen Hänge so steil waren, daß er ihn nicht erklimmen konnte. Auch seine Familie konnte nicht zu ihm herabklettern. Er rief ihnen zu, ihm in seine Arme zu springen, und so fing er erst seine beiden Frauen und dann seine beiden Söhne auf. Als aber Totyerguils Schwiegermutter Yerrerdet-kurrk zum Sprung ansetzte, fiel ihm das Stammesgebot der Schwiegermuttermeidung ein, und er wandte Gesicht und Körper von ihr ab. Yerrerdet-kurrk fiel heftig zu Boden und verletzte sich schwer. Aber sie erholte sich von ihrem Sturz und sann auf Rache. Eines Tages entdeckte sie einen ungeheuren Bunyip, der in einer tiefen Wasserstelle Beute auflauferte. Sie bedeckte die Wasserstelle mit faulen Ästen und legte Gras darüber, so daß alles wie ein Bandikutnest aussah. Dann rief sie die Knaben, zeigte ihnen das vorgetäuschte Nest und schickte sie, ihren Vater zu holen.

Totyerguil kam auch gleich herbeigeeilt, da er den Sturz seiner Schwiegermutter wiedergutmachen wollte, und sie bat ihn, das Bandikut nicht zu speeren, sondern auf das Nest zu springen und es zu ersticken, damit sein Fleisch nicht durch eine häßliche Speerwunde zerfetzt wurde. Totyerguil sprang auf die Falle der Schwiegermutter und stürzte in das Wasserloch, wo er den Bunyip sah. Er schleuderte seinen Bumerang Wom auf das Ungeheuer, aber der Wurf verfehlte sein Ziel, und der Bunyip zog Totyerguil unter Wasser und ertränkte ihn. Der Bumerang Wom flog in den Himmel und wurde die Corona Borealis.

Aber Collenbitchik, die Ameise, kam und sprang hinterher, um seinen Neffen Totyerguil aus den Klauen des Bunyips zu befreien. Das Wasser war so schlammig, daß er beinahe selbst ertrunken wäre, hätte er sich nicht mit seinen Fingern einen Weg getastet. Von da an hatten alle Ameisen Fühler. Totyerguil ist nun der Stern Altair, und die beiden Sterne zu seiner Seite sind seine beiden Frauen. Yerrerdet-kurrk ist der Stern Rigel, und Collenbitchiks Fühler ist der Doppelstern am Kopfende von Capricornus.

## *88. Der Adler und der Rabe*

Der Rabe kam eines Tages zum Adler, um ihn um eine Frau zu bitten, da er selbst ihm die Hand seiner Schwester gegeben hatte. Doch der Adler sagte dem Raben, er habe leider keine Schwester, die er ihm zur Frau geben könne, und er hoffte, den Raben damit loszuwerden. Doch war ihm die Obhut zweier junger Frauen angetragen worden, die der Rabe nun zu stehlen drohte. Der Adler rügte den Raben für diese Bemerkung. Da machte sich der Rabe davon. Als der Rabe den Adler wieder traf, drohte er ihm, einen verwünschten Knochen auf ihn zu deuten, falls der Adler ihm keine Frau besorgte. Doch der Adler beteuerte, daß es ihm unmöglich sei, dem Raben eine Frau zu besorgen. Aber er versprach, auf jeden Fall, seine Augen und Ohren offen zu halten, vielleicht ergäbe sich zufällig eine Gelegenheit, eine passende Frau zu finden. Da ging der Rabe seines Weges.

Es dauerte jedoch nicht lange, bis dem Raben das Warten zu lange wurde und er merkte, daß der Adler ihn nur hinhielt. Da beschloß er, sich zu rächen. Er nahm sich vor, den Sohn des Adlers zu töten. So ging er zum Lager der Adlerfamilie und gab vor, vom vielen Laufen einen lahmen Fuß zu haben. Er versprach, sich in der Nähe des Lagers aufzuhalten und auf des Adlers Sohn aufzupassen, als der Adler sich auf die Jagd begab. Er versprach auch, das Känguruh, das neben der Feuerstelle lag, zu garen und dem Adler seinen Anteil dieser Mahlzeit warmzuhalten.

Als der Adler losgezogen war, zwang der Rabe den Adlerjungen, sich zu überessen. Dann schickte er ihn zum Fluß, wo er seinen Durst stillen sollte. Als der junge Adler sich zum Wasser hinunterbeugte, tötete ihn der Rabe. Daraufhin trat er viele Spuren in den Boden, als seien eine Menge Leute dagewesen. Der Adler unterbrach seine Jagd, da er spürte, daß etwas nicht in Ordnung war, und kehrte so schnell er konnte zu seinem Lager zurück. Der scheinheilige Rabe behauptete, er sei von vielen Leuten angegriffen worden, und er hätte das Leben des jungen Adlers in diesem heftigen Kampf nicht retten können. Doch der Rabe konnte den Adler nicht über die Wahrheit hinwegtäuschen, denn dessen scharfe Augen hatten erkannt, daß alle die vielen Spuren von dem Raben selbst angelegt waren. Aber vorläufig hielt der Adler seine Empörung noch zurück und bat den Raben mit ruhiger Stimme, ein tiefes Grab für seinen Sohn auszuheben. Der Rabe tat dies. Dann sagte der Adler zu ihm: »Nun lege dich selbst in das Loch, so wie der Sohn deiner Schwester hineingelegt werden wird.« Der Rabe tat dies auch, doch sobald er flachgestreckt in dem Grab lag, bedeckte ihn der Adler mit der ausgehobenen Erde. Nach einer Weile und mit allerletzter Kraft gelang es dem Raben, sich einen Weg aus dem zugeschütteten Erdloch zu graben, doch war die Anstrengung so groß, daß er sich dabei in einen Vogel verwandelte. Auch der Adler verwandelte sich in einen Vogel, als er kurz darauf von einem Blitzschlag getroffen wurde.

## *89. Der Kampf der Männer, die sich in Berge verwandelten*

Berg Elephant und Berg Buninyong waren einst Männer. Elephant besaß ein sehr gutes Steinbeil, und Buninyong wollte es gegen einige Goldklumpen eintauschen. Sie trafen sich an einem Ort, der später die Goldgräberstätte Pitfield Diggings wurde, und tauschten das Steinbeil gegen das Gold aus.

Einige Zeit darauf bereute Buninyong jedoch den Tausch und wollte sein Gold wiederhaben. Aber Elephant weigerte sich, es gegen sein altes Steinbeil zurückzutauschen. Da schickte ihm Buninyong eine Kampfansage, und Elephant nahm diese an. In dem Kampf brachten sie sich gegenseitig tödliche Wunden bei, und ihre Leichen verwandelten sich in zwei benachbarte Berge: Mount Elephant trägt heute noch die tiefe Kerbe, die ihm

Buninyong mit dem Steinbeil in den Kopf schlug, und Mount Buninyong trägt heute noch ein tiefes Loch in der Seite, wo Elephant ihn mit seinem Speer durchbohrte.

## *90. Die Zwillingssterne – Bringer des Feuers*

Mein Vater, mein Großvater, alle meine Ahnen lebten vor langer Zeit allenthalben in diesem Land. Sie besaßen kein Feuer. Da kamen zwei Männer. Sie schliefen am Fuß eines Berges, eines Berges, der sich in meinem Stammesland befindet. Meine Väter, meine Stammesangehörigen sahen sie auf einem Berggipfel. Auf einem Berggipfel standen sie da, so sah man sie. Sie warfen Feuer wie ein fallender Stern, es fiel unter die Menschen, meine Vorfahren. Sie fürchteten sich sehr. Sie rannten alle auf und davon. Nach einer Weile kehrten sie zögernd zurück. Sie beeilten sich und machten ein Feuer, ein Holzfeuer machten sie. Das Feuer ging in meinem Land nie mehr verloren. Die beiden Männer sind nun in den Wolken. An wolkenlosen Nächten kann man sie sehen. Es sind die beiden helleuchtenden Sterne (Castor und Pollux). Sie sind es, die meinen Vorvätern das Feuer brachten.

## *91. Der Rochen und die zwei Frauen*

Die beiden Männer, die das Feuer brachten, verweilten einige Zeit im Land meiner Ahnen. Eines Tages badeten zwei Frauen in der Nähe eines Felsufers, wo es viele Muscheln gab. Die beiden Frauen waren traurig gestimmt, sie hatten Kummer. Ihre Ehemänner waren untreu, sie hatten sich mit zwei jungen Mädchen davongemacht. Die beiden Frauen waren einsam. Sie schwammen im Wasser und tauchten nach Krebsen.

Ein Rochen lag versteckt in einer Felsenhöhle, ein riesiger Rochen. Der Rochen war groß, er hatte einen langen Speer. Aus seiner Felsenhöhle heraus beobachtete er die beiden Frauen. Er sah, wie sie tauchten. Da durchbohrte er sie mit seinem Speer, er tötete sie. Er trug sie davon. Eine Zeitlang waren sie außer Sicht. Da kehrte der Rochen zurück, er tauchte nahe am Ufer auf, er lag dort im stillen Gewässer, nahe beim Sandstrand. Er hatte die Frauen bei sich, sie hingen an seinem Speer, sie waren tot!
Da kämpften die beiden Männer mit dem Rochen. Sie durchbohrten ihn mit ihren Speeren, sie töteten ihn. Aber auch die Frauen waren tot. Die beiden Männer machten ein Feuer, ein Holzfeuer machten sie. Sie legten die beiden Frauen neben das Feuer, das Feuer war zwischen den Frauen. Die Frauen blieben tot!
Die Männer sammelten einige Ameisen, einige große bläuliche Ameisen. Sie setzten sie auf die Brüste der beiden Frauen. Diese wurden heftig und schmerzhaft gebissen. Da kehrten die beiden Frauen ins Leben zurück, sie lebten wieder!
Bald darauf kam ein dichter Nebel, ein Nebel so schwarz wie die Nacht. Die beiden Männer und die beiden Frauen verschwanden darin. Sie entschwanden durch den dichten schwarzen Nebel. Sie befinden sich in den Wolken.
Zwei Sterne (Castor und Pollux) kann man an kalten, klaren Nächten sehen. Dort sind die beiden Männer. Die beiden Frauen sind bei ihnen. Sie sind die Sterne über ihnen.

## *92. Die Erdöfen des Craitbul*

Craitbul war ein Riese, der so groß war, daß er sich bücken mußte, um unter den Zweigen der höchsten Bäume zu gehen. Craitbul fürchtete sich sehr vor einem bösen Geist namens Woor. Um diesem Woor aus dem Weg zu gehen und ein friedsames Leben führen zu können, wanderte Craitbul mit seiner Familie auf den Gipfel des Mount Muirhead, wo er eine Hütte aus Zweigen errichtete. Daneben baute er einen Erdofen. Er hob ein Loch aus und legte es mit Zweigen und Blättern aus. Dahinein wurde die rohe Nahrung gelegt, mit Zweigen und Blättern bedeckt und mit geheizten Steinen beschwert. Darüber leerte Craitbul die Glut aus seiner Feuerstelle und wartete, bis das Essen gegart war und an die Familienmitglieder ausgeteilt werden konnte.

Lange Zeit erfreute sich Craitbuls Familie auf Mount Muirhead eines zufriedenen Daseins, bis eines Nachts ein Nachtvogel sie mit seinen geisterhaften Rufen aus dem Schlaf schreckte. Craitbul vermutete, daß Woor ihr Heim entdeckt hatte, und daß es die Stimme des bösen Geistes war, die sie geweckt hatte. Am folgenden Morgen verließ Craitbul mit seinen Angehörigen den Berg, um sich eine neue Bleibe zu suchen, wo sie vor Woor sicher waren. Sie kamen zu Mount Schank und richteten sich dort ein neues Lager ein. Doch wieder ertönte die Stimme des Vogels in der Nacht. Craitbul war überzeugt, daß Woor seiner Familie gefolgt war, und so verließ er mit seinen Angehörigen auch diesen unheimlichen Ort. Sie zogen nach Norden weiter und erreichten Mount Gambier. Aus Angst vor Woor konnte Craitbul mehrere Nächte lang nicht schlafen, aber diesmal war der Nachtvogel nicht gefolgt, und allmählich faßte Craitbul Zuversicht, daß Woor ihre Spur verloren hatte und seine Verfolgung aufgeben würde. Craitbul richtete eine Lagerstätte mit einem neuen Erdofen ein.

Doch eines Tages, als die Nahrung in dem Ofen garte und sich die Familienmitglieder um ihn geschart hatten, vernahmen sie plötzlich ein lautes Zischen im Ofen, und der Rauch erstarb. Da sahen sie, daß Wasser in dem Erdofen aufgestiegen war und ihre Mahlzeit verdorben hatte. Craitbul hob einen neuen Erdofen aus, aber als die Nahrung darin kochte, füllte sich auch dieser Ofen mit Wasser. Da grub Craitbul einen dritten Ofen aus, aber auch der wurde durch das aufsteigende Wasser unbrauchbar.

Nochmals legte Craitbul einen Erdofen an, aber auch mit diesem hatte er das gleiche Mißgeschick.
Da zog sich Craitbul mit seiner Familie in eine Höhle auf dem höchsten Gipfel des Berges zurück. Sie lag so hoch, daß das Wasser nicht zu ihr aufsteigen konnte, und Craitbuls Herdfeuer wurde nicht mehr gelöscht.
Noch heute sind Craitbuls Erdöfen, in die das Wasser aufstieg, zu sehen: es sind die vier Kraterseen des Mount Gambier in Süd-Australien.

## *93. Die ersten Känguruhs*

Craitbuls Söhne vertrieben sich die Zeit damit, eine sonderbare Figur aus Baumrinde herzustellen. Sie gaben der Figur große Ohren, kurze Arme, sehr große Beine und einen starken langen Schwanz. Als Craitbul die Rindenfigur sah, fand er so viel Gefallen an ihr, daß er in sie hinein atmete und ihr damit Leben verlieh. Da war das erste Känguruh geschaffen. Es war ein männliches Känguruh.
Craitbuls Söhne fertigten eine zweite Tierfigur aus Baumrinde, und Craitbul hauchte auch ihr Leben ein. Sie war das erste weibliche Känguruh. Die beiden Känguruhahnen vermehrten sich rasch, und die Känguruhs waren zahm und wohlgenährt. Craitbul und seine Söhne konnten sie mit den Händen fangen, und ihre Familie hatte stets ausreichend und gut zu essen.
Eines Tages aber verstieß einer von Craitbuls Söhnen gegen das Gebot, daß alle Nahrung mit jedermann geteilt werden sollte. Er hatte ein Känguruhbein gestohlen und es in einem Baum versteckt, um es später allein zu verspeisen. Von dieser Tat war Craitbul so entsetzt, daß er einen gewaltigen Sturm heraufbeschwor, der den Känguruhs einen solchen Schreck einjagte, daß sie sich über das ganze Land flüchteten und bis auf den heutigen Tag ihre Furcht und Scheu nicht verloren haben.

Craitbuls Söhne verfolgten die Känguruhs bis zum Glenelg River. Dort ließen sie sich nieder und wuchsen zu Männern heran. Da wünschten sie sich jeder eine Frau. Sie fingen einen Papageienmann, aus dessen Ohren sie die Gestalt zweier Frauen formten. Sie nahmen sie mit zu ihrem Lagerplatz und lebten mit ihnen als Mann und Frau.
Gegen Ende der Traumzeit versammelte sich Craitbuls Familie, um die Erde zu verlassen. Sie setzten sich auf Craitbuls Speer – Craitbuls Frau nahe der Speerspitze, Craitbuls Söhne in der Mitte und Craitbul selbst an das Ende. Dann flogen sie auf dem Speer hinauf in den Himmel und verwandelten sich in leuchtende Sterne.

## *94. Ngurunderis Erdenwanderung*

Der mächtige Ngurunderi lenkte sein Rindenkanu den kleinen Bach entlang, der zum Murray River wurde. Er war vom Darling River gekommen und verfolgte einen riesigen Barsch. Während dieser Fisch schwamm, schleuderte er mit seinem mächtigen Schwanz das Wasser zur Seite und erweiterte so das Flußbett auf seine heutige Größe. Als Ngurunderi anhielt, um sich auszuruhen, schwamm der Barsch in einen See, und er gab alle Hoffnung auf, ihn je zu fangen. Dann aber fiel ihm Nepelle ein, der Bruder seiner Frau. Rasch erhob er sich und ruderte sein Kanu nach Bumondung und rief seinen Schwager

Nepelle um Hilfe, der auf dem roten Felsenkliff Rawugung (Point McLeay) saß. Nepelle stieß sein Kanu ab und lenkte es zu einer Sandbank, wo er mit bereitgehaltenem Speer wartete. Der Barsch schwamm auf Nepelle zu, der ihn mit seinem Speer tötete und auf der Sandbank niederlegte. Als Ngurunderi eintraf, schnitten sie den Riesenfisch in kleine Stücke und warfen die Stücke eins nach dem anderen ins Wasser, wobei sie jedesmal den Namen der Fischart ausriefen, in die sich das Stück verwandeln sollte. Schließlich warfen sie das letzte Stück ins Wasser und sagten: »Du sollst weiterhin ein Barsch sein.«

Ngurunderi setzte seine Reise fort und gelangte nach Bamundang. Dort zog er sein Kanu an Land, und seine Fußspuren sind immer noch dort. Er trug sein Kanu nach Larlangangel, wo er zwei große Abfallhalden von Muschelschalen der Süßwassermuscheln zurückließ. Als er sich eines Tages auf dem Rückweg von Granagung befand, sah er einige Leute an einer Stätte namens Ngirlungmunang. Sie fürchteten sich vor ihm und versteckten sich im Schilf. Doch Ngurunderi konnte sie flüstern hören, und da verwandelte er sie in kleine blaue Vögel.

Ngurunderis Frauen befanden sich in Gurelbang. Sie kochten einen Silberbrassen, der für Frauen tabu war. Der Wind trug den Geruch des kochenden Fisches zu Ngurunderi. Da dieser nun für sein Kanu keine weitere Verwendung mehr hatte, hob er es in den Himmel hinauf, wo es sich in die Milchstraße verwandelte. Dann begab er sich über Land nach Gurelbang. Mittlerweile aber befürchteten die beiden Frauen, daß Ngurunderi den Fisch riechen würde, und so flohen sie auf einem Schilffloß über den Lake Albert nach Thralrum an dessen Westufer. Sie ließen ihr Floß zurück, das sich in das dortige Schilfrohr verwandelte, und wanderten weiter in den Coorong.

Als Ngurunderi Gurelbang erreichte und entdeckte, daß seine Frauen geflohen waren, fertigte auch er sich ein Floß und verfolgte sie in den Coorong. Dort traf er auf den bösen Geist Barambari. Ngurunderi erkundigte sich, ob er seine beiden Frauen gesehen habe, aber Barambari begann einen Streit mit

ihm und jagte ihm seinen Speer durch den Schenkel. Ngurunderi lachte, zog den Speer heraus und warf ihn fort. Dann schleuderte er seine Wurfkeule und sie schlug Barambari bewußtlos. Ngurunderi dachte, er sei tot und kehrte sich ab, um davonzugehen. Doch Barambari erlangte sein Bewußtsein wieder und verhinderte mit seiner Zauberspeerschleuder, daß Ngurunderi vom Fleck kam. Da tötete Ngurunderi ihn mit einem Keulenhieb. Er entwurzelte einige Eukalypten und andere Bäume, legte sie übereinander und zündete sie an. Dann hob er Barambaris Leiche auf und warf sie in das Feuer, damit sie völlig verbrannte. Wieder drehte er sich um, um davonzugehen, und wiederum kam er nicht vom Fleck. Da sammelte er schließlich auch alle umherliegenden Blutklumpen auf und warf sie in das Feuer. Daraufhin gelang es ihm erst, vom Fleck zu kommen. In Winjurem grub er ein Loch in den Sand, damit sich darin Süßwasser sammelte. Er kniete nieder und preßte sein Gesicht in den Sand, um zu trinken, und der Sand, der seine Abdrücke enthielt, verwandelte sich in Stein.
Schließlich kam er nach Ngurunduwurngil (»Ngurunderis Heim«), wo er sich einige Zeit aufhielt und alle Hoffnung aufgab, seine Frauen je wiederzusehen. Später setzte er seine Wanderung entlang der Encounter Bay fort. Dann, als er sich anschickte, zur Känguruhinsel hinüberzuwandern, die damals noch auf dem Landweg erreicht werden konnte, sah er seine beiden Frauen, die sich ebenfalls dorthin begeben wollten. Als die Frauen halbwegs hinübergewandert waren, rief er mit donnernder Stimme: »Fall auf sie, Wasser!« Und sofort erhob sich das Meer, überspülte sie und ertränkte sie. Da verwandelten sie sich in Meralang, die Felsen der zwei Schwestern, die auch heute noch nordöstlich von Cape Willoughby aus dem Meer emporragen und nun »The Pages« genannt werden. Ngurunderi begab sich zur Känguruhinsel und schuf dort einen riesigen Casuarinabaum, in dessen Schatten er sich ausruhte. Dann wanderte er auf die Westseite der Insel, wo er seine Speere ins Meer warf, die sich daraufhin in spitze Felsen verwandelten. Schließ-

lich tauchte er ins Meer, um sich zu reinigen, und ging dann hinauf in den Himmel nach Waieruwar, ins Land der Seelengeister. Zuvor aber verkündete er, daß die Seelen aller Toten dem Weg folgen würden, den er genommen hatte, um sich in Waieruwar zu ihm zu gesellen, und seither hieß die Insel, von der aus er die Welt verließ Ngurungani, »auf Ngurunderis Spur«.

## *95. Der rote Mann und sein Bruder*

Waiungare entstand ohne einen Vater: er entstand aus dem Exkrement seiner Mutter, das menschliche Form und Leben annahm. Seine Mutter zog ihn im Busch auf, und Waiungare war narumbe, ein roter Mann. Er hatte einen Bruder, Nepelle, der durch eine natürliche Geburt entstanden war.

Nepelle hatte zwei Frauen. Eines Tages sahen sie Nepelles Bruder Waiungare, den roten Mann, an einem See. Sie begehrten ihn und folgten ihm unerkannt zu seiner Hütte in Pulluwewal. Waiungare schlief. Die Frauen ahmten die Geräusche rennender Emus nach und weckten Waiungare damit auf. Als er aus seiner Hütte kam, fielen sie ihm beide um den Hals, betörten ihn und bestanden darauf, seine Frauen zu werden. Waiungare nahm sie in seine Hütte, und sie wurden seine Frauen.

Seine Mutter war über das Betragen der Frauen so empört, daß sie zu Nepelle lief und ihm davon berichtete. Wütend lief Nepelle zur Hütte seines Bruders, doch Waiungare war mit den beiden Frauen auf Nahrungssuche und Wildbeute. Nepelle legte ein Feuer auf die Hütte, beschwor es zu warten, bis die anderen zurückkehrten, und sobald sie schliefen, in Flammen auszubrechen und sie zu verbrennen.

Das Feuer gehorchte und brannte erst, als Waiungare und die beiden Frauen schliefen. Es fiel auf die Felldecken, mit denen sie sich zugedeckt hatten. Die Schlafenden erwachten und sahen das rächende Feuer. Sie flohen zum Seeufer, um den Flammen

zu entkommen, aber das Feuer folgte ihnen. Sie sprangen in das Wasser und wateten in den See.
Waiungare warf einen Speer in den Himmel, an den er eine Schnur befestigt hatte. Aber der Speer hielt nicht fest. Dann warf er eine Harpune in den Himmel, die steckenblieb. Er zog sich an der Schnur in den Himmel hinauf, und dort angelangt, zog er die beiden Frauen mit der Schnur in den Himmel. Später stieg auch Nepelle auf diesselbe Art in den Himmel auf, als eine große Flut ihn zu ertränken drohte, nachdem er sich auf den Gipfel eines hohen Berges gerettet hatte.
Nach ihrem Aufstieg in den Himmel schufen die beiden Brüder die Känguruhs und Fische auf der Erde. Waiungare fing ein riesiges Känguruh, schnitt es in kleine Stücke und warf sie auf die Erde, wo sie sich alle in lebendige Känguruhs verwandelten. Nepelle fing einen riesigen Fisch, schnitt ihn in kleine Stücke und warf diese ins Meer, wo sie sich in viele Fische verwandelten.

## *96. Kondole, der Wal*

Die Vorfahren der Encounter Bay-Leute hatten sich vor langer langer Zeit in Mootabaringar zu einer Festveranstaltung versammelt. Aber da sie zu jener Zeit noch kein Feuer besaßen, mußten sie ihre Tänze im Tageslicht abhalten. Der Wal Kondole war zu jener Zeit der einzige Mann, der Feuer besaß. Er lebte im Osten. Da sandte die Festversammlung die beiden Fischmänner Kuratje und Kanmari als Boten aus, um Kondole zum Festschmaus einzuladen.
Kondole war ein sehr großer und sehr starker Man. Er nahm die Einladung an und ging nach Mootabaringar. Doch sein Feuer, weswegen er die Einladung überhaupt erst erhalten hatte, hielt er versteckt. Und damit verärgerte er die anderen Festteilnehmer so sehr, daß sie sich gegen ihn verschworen und Pläne

ausheckten, um das Feuer mit Gewalt zu erobern. Doch kein Mann besaß Mut genug, sich dem mächtigen Wal zum Zweikampf zu stellen. Schließlich erklärte sich der Mann Rilballe bereit, den Wal meuchlings mit seinem Speer anzugreifen und ihm dabei das Feuer zu entreißen.
Rilballe warf seinen Speer und traf Kondole am Hinterkopf, was helle Begeisterung unter den Anwesenden auslöste. Kondole sprang auf und rannte ins Meer, wo er sich in den Wal verwandelte. Seither hat er nie aufgehört, Wasser aus seiner Speerwunde am Hinterkopf zu blasen. Kuratje und Kanmari verwandelten sich in kleine Fische. Kanmari, der einen guten warmen Fellumhang getragen hatte, wurde ein saftiger Fisch, der viel gutes Öl unter seiner Haut trägt, während Kuratje, der nur einen dünnen Umhang aus geflochtenem Seegras getragen hatte, sich in einen trockenen Fisch ohne Öl verwandelte.
Auch viele der anderen Festteilnehmer verwandelten sich in Tiere. Die jungen Männer zum Beispiel, die sich ihr Haar mit Federwischen verziert hatten, verwandelten sich in Kakadus. Andere verwandelten sich in Opossums und kletterten auf Bäume.
Rilballe nahm Kondoles Feuer und setzte es in einen Grasbaum. Dort befindet es sich auch heute noch. Man braucht nur ein trockenes Stück des Baumstammes auf die Erde zu legen und mit einem Feuerbohrer zu bearbeiten, und Kondoles Feuer brennt.

## *97. Die Fischer auf den Seen*

Vor langer Zeit, als alle Vögel noch Menschen waren, hatten die Möwen, Kormorane, Taucherenten, Pelikane und andere Vögel so lange an den Ufern einer Nehrung gewohnt, bis sie alle Fische gefangen und gegessen hatten. Da sandten sie zwei Brüder, die Austernfischer aus, um neue Fischgründe aus-

zukundschaften. Zunächst wanderten die Austernfischer nach Westen, dem Wind entgegen, bis sie an einen schmalen Meeresarm gelangten. Obwohl es dort viele Fische gab, war das Wasser salzig, und das Wetter war ungünstig, und sie zogen daher nach Norden weiter. Sie gelangten an einen wunderschönen Süßwassersee, dessen Wasser spiegelglatt lag, und in dem sich viele Fische tummelten. Sie fingen einen großen Barsch, garten ihn an einem Feuer und brachten ihn zu ihren Gefährten am alten Lager. Diese waren begeistert von der guten Nachricht und machten sich gleich auf den Weg zu den neuen Fischgründen.
Sobald die Männer den See erreichten, sammelten sie Schilfrohr, spalteten es und flochten ein großes Fischnetz. Die Wasservögel teilten sich in verschiedene Arbeitsgruppen: die Pelikane hatten die Obhut des Fischnetzes, die Taucherenten machten unter Wasser die Fische ausfindig und verhinderten, daß sie ins tiefe Gewässer entkamen, die Silbermöwen trieben die Fische vor sich her aufs Seeufer zu, wo die Pelikane mit dem Netz bereit standen, und das Moorhuhn trieb die Fische in das Netz. Den Elstern, die wasserscheu waren, oblag die Aufgabe, die Feuerbrände in Gang zu halten und sie nicht erlöschen zu lassen.
Sobald das Fischnetz voll war, leerten die Pelikane es am Ufer aus und zogen die Fische auf Schnüre auf, die die Kormorane dann zur Feuerstelle trugen. Die Fischbeute bestand aus Äschen, Barschen und sehr grätenreichen Brassen.
Am Vormittag rief der Pelikan den Elstern zu: »Macht ein schönes Feuer! Unsere Hände und Körper sind klamm vor Kälte, und außerdem haben wir bereits genug Fische für eine reichliche Mahlzeit!«
Aber die Elstern waren faul, und da sie nicht im Wasser arbeiten mußten, spürten sie auch die Kälte nicht. Sie riefen zurück: »Macht noch eine Weile weiter! Wir haben noch nicht genug Feuerholz für ein gutes Feuer gesammelt!« Am späten Vormittag forderten die Pelikane die Elstern nochmals auf, ein Feuer in Gang zu setzen, und wieder entschuldigten die Elstern sich damit, daß nicht genug Feuerholz gesammelt sei, und überrede-

ten die Fischer erneut, mit dem Fischfang fortzufahren. Die Szene wiederholte sich noch mehrmals am Mittag und am Nachmittag, bis die Pelikane genug davon hatten und den Rest der Fischer ans Ufer riefen.

Sie verteilten die Fische an die verschiedenen Gruppen, damit sich jeder seine eigene Mahlzeit kochen konnte. Den Kormoranen und den Taucherenten gaben sie die Äschen, den andereren Fischerleuten und den Moorhühnern die Barsche.

Die grätenreichen Brassen, die als Nahrung nicht besonders beliebt waren, gaben sie den faulen Elstern. »Dieser nutzlose Fisch ist gut genug für euch unnütze Leute«, höhnten die arbeitsamen Fischer. Der Hohn erboste die Elstern sehr, und sie warfen den Pelikanen vor, die Fische ungerecht verteilt zu haben. Da wurden sie umsomehr verspottet und ausgelacht. Dies war zuviel für die Elstern. Sie griffen nach den Brassen, die ihnen zu Füßen lagen, und fingen an, wild damit um sich zu schlagen. Sie hieben auf die verdutzten Fischersleute ein, bis die Schuppen von den Brassen flogen. Diese blieben an den Fischern haften, und die zuvor kohlschwarzen Pelikane und Kormorane waren bald schwarz-weiß gezeichnet.

In dem ganzen Tumult verwandelten sich alle Beteiligten in Vögel. Der Pelikan sprang mit dem Fischnetz in seinem Mund ins Wasser, und aus diesem Netz wurde der enorme Hautsack unter dem Schnabel des heutigen Pelikans. Die Kormorane und Taucherenten verschwanden unter Wasser, um sich der gewaltigen Schlägerei zu entziehen, und die Bläßhühner und Moorhühner versteckten sich im Schilfrohrdickicht. Die Elstern selbst, die vormals kohlschwarz waren wie die Pelikane und Kormorane, waren nun ebenfalls mit den festhaftenden Schuppen übersät und verwandelten sich in schwarz-weiß gezeichnete Vögel, die hoch hinauf in die Klippen des Felsufers flogen. Seither halten sich die Elstern stets in respektvoller Entfernung zu den Wasservögeln, mit denen sie sich einst zerstritten.

## *98. Der gestohlene Reibstein*

Kilpari sah äußerst seltsam aus: er hatte krumme Beine und einen langen, dünnen Hals. Außerdem hatte er einen äußerst langsamen und schwerfälligen Gang, und daher machte sich jedermann über ihn lustig. Kilpari mußte viel Spott und Hohn über sich ergehen lassen, und nur seine Frau Baliki war gut und freundlich zu ihm und schalt jeden, der Kilpari auslachte. Kilpari schätzte seine Frau sehr hoch für ihre Treue und Liebenswürdigkeit und machte ihr häufig Geschenke: edle Fellumhänge, hübsche Holzschalen aus dem leichten Holz des Bohnenbaums und vorzügliche Grabstöcke aus dem härtesten Holz, das er finden konnte. Gern hätte er Baliki auch einen auserlesenen Reibstein geschenkt, doch so sehr er danach suchte, er konnte keinen geeigneten Stein finden, auf dem sie ihren Grassamen zu feinem Mehl mahlen konnte.

Um diesen Stein aufzutreiben, begab sich Kilpari auf eine längere Wanderschaft. Da traf er eines Tages auf eine Gruppe von Känguruhrattenfrauen, die damit beschäftigt waren, einen großen Haufen Grassamen zu wannen, um die Spreu von den Samenkörnern zu trennen. Als sie Kilpari kommen sahen, scharten sie sich um ihn und belachten sein sonderliches Aussehen. Aber die Frauen waren freundlich und zuvorkommend, und als Kilpari sie um etwas zu essen bat, geleiteten sie ihn zu einer Lagerstätte auf einem Hügel, wo andere Frauen damit beschäftigt waren, den bereits ausgelesenen Samen zu mahlen, und am Geräusch des Mahlens erkannte er, daß diese Frauen einen erstklassigen Reibstein verwendeten. Nach alter Sitte wartete Kilpari der Fremdling außerhalb des Lagers, bis die Känguruhrattenmänner ihn ins Lager baten. Als sie erfuhren, daß er hungrig war, brachten sie ihm auf der Stelle geröstetes Känguruhfleisch und Brot, das aus dem feinsten Mehl hergestellt war.

Kilpari bedankte sich für die Mahlzeit, lobte die Güte des Mehls und erkundigte sich danach, wo man die feinen Steine finden konnte, aus denen ihr Reibstein hergestellt war. »Wir wissen nicht, wo er herkam«, antworteten seine Gastgeber. »Unser Reibstein befindet sich schon so lange in unserem Stamm, daß sich selbst unsere Stammesältesten seiner Herkunft nicht erinnern können!« Kilpari war maßlos enttäuscht. Einerseits liebte er seine Frau Baliki so sehr, daß er ihr unbedingt diesen Reibstein als Gabe mitbringen wollte. Andererseits waren seine Gastgeber sich über den Wert ihres Steins im klaren und wollten ihn auf keinen Fall hergeben. Sie weigerten sich, mehr über den Reibstein zu sagen und lenkten das Gespräch ab. Da wußte Kilpari, daß er den Reibstein stehlen mußte, und dies konnte ihm nur dann gelingen, wenn er sich das Vertrauen der Känguruhrattenleute erwarb.

Täglich ging er nun mit den Männern auf Jagd, und allabendlich saß er an ihren Feuern, und sie tauschten Nachrichten aus über Erlebnisse oder Festlichkeiten. Er nahm an ihren Zeremonien teil. Es dauerte eine Weile, bis er den kostbaren Reibstein der Känguruhratten zum ersten Mal zu Gesicht bekam. Eines Tages sah er ihn in der Ferne. Es war ein länglicher glatter Sandstein, in den der anhaltende Gebrauch eine flache Vertiefung eingeschliffen hatte. Von einem Versteck aus beobachtete Kilpari, daß der Stein am Ende eines jeden Tages im Schlamm eines nahegelegenen Sumpfes vergraben wurde. Einige Tage darauf zeigte ein Känguruhrattenmann Kilpari den wertvollen Stein, und Kilpari beschloß, ihn bei der erstbesten Gelegenheit zu stehlen.

In der Nacht schnitt er sich eine harmlose blutende Wunde in den Fuß. Als ihn die Männer am folgenden Morgen zur Jagd abholen wollten, entschuldigte er sich, daß er sich mit seiner Fußverletzung nicht weit vom Lager entfernen konnte. Da brachten ihm die Männer, die nichts Böses ahnten, etwas zu essen und bedauerten ihn. Dann verließen sie das Lager. Kurz darauf begaben sich auch die Frauen auf Nahrungssuche, und Kilpari blieb allein im Lager zurück.

»Jetzt oder nie«, dachte Kilpari, rannte zum Sumpf, zog den Reibstein aus dem Schlamm und reinigte ihn. Dann beschwor

Kilpari mit einem Quartzkristall einen heftigen Regen herauf, um seine Spuren zu entfernen. Er legte sich den Reibstein auf den Kopf und lief viele Meilen, bevor der Regen aufhörte. Dann lief Kilpari nur auf Steinen und auf verhärteter Erde, um keine Fußabdrücke zu hinterlassen. Doch bei einem Tritt war er nicht vorsichtig genug und prägte auf einen feuchten Sandfleck einen Fußabdruck, der seine Wegrichtung wies.

Viele Tage lang suchten die Känguruhratten vergeblich nach dem Flüchtigen, der ihren wertvollen Reibstein entwendet hatte. Eines Tages aber fanden die Männer Kilparis Fußabdruck. Sie entsandten die Hälfte der Männer, um Kilpari zu töten und den Stein zurückzubringen. Die Männer stellten den Dieb auf einem niedrigen Hügel und schleuderten ihre Bumerangs auf ihn. Kilpari aber benutzte den Reibstein als Schild und überlebte den Angriff unversehrt. Dann sammelte er die Bumerangs auf, griff damit die nun wehrlosen Känguruhratten an und tötete sie alle.

Die übrigen Känguruhrattenmänner griffen Kilpari mit Speeren an. Diesmal verbarg sich Kilpari unter dem Reibstein, bis der Angriff beendet war. Dann hob er die verschossenen Speere auf und tötete alle seine Angreifer.

Kilpari wiegte sich in Sicherheit und machte sich auf den langen Heimweg. Zuerst trug er den großen schweren Reibstein auf seinem Kopf, aber davon ermüdete er bald. Deshalb knüpfte er sich ein Netz, legte den Reibstein hinein und trug ihn auf seinem Rücken.

Inzwischen hatten die Frauen der Känguruhratten sich auf den Weg gemacht, da ihre Männer zu lange ausgeblieben waren. Sie fanden die gefallenen Männer und schworen Rache. Nur mit ihren Grabstöcken bewaffnet folgten sie Kilparis Spuren, der diese nun nicht mehr zu verbergen suchte. Sie fanden Kilpari am Rand eines Sumpfes. Er hatte sich zum Trinken auf den Bauch gelegt und der Reibstein lag im Netz auf seinem Rücken. Die Frauen stürmten auf ihn ein und droschen ihn erbarmungslos mit ihren harten Stöcken. Sie schlugen so heftig zu, daß sein

Körper im Schlamm versank, bis nur noch der Reibstein zu sehen war. Dieser hatte Kilpari vor einem sicheren Tod bewahrt. Als Kilpari im Schlamm versank, beschloß er, von nun an am Rand des Sumpfes zu bleiben. Er verwandelte sich in eine Schildkröte. Die Schildkröte besitzt auch heute noch Kilparis krumme Beine, seinen langen dünnen Hals und seinen schwerfälligen Gang. Und ihr Rückenschild ist der Reibstein der Känguruhratten, in den sich der Abdruck von Kilparis Netz prägte, als die Frauen auf ihn einschlugen.

## *99. Die Sonnenfrau und die Echsenmänner*

Vor sehr langer Zeit breitete sich nachts keine Finsternis über die Erde, da die Sonnenfrau Bila ihr großes Feuer in ihrem Lager im Himmel nie ausgehen ließ. An diesem Feuer röstete Bila ihre Nahrung, die aus Menschenfleisch bestand. Sie fing die Männer, Frauen und Kinder, die ihr Himmelsland bevölkerten, um sie zu verspeisen.

Im Lauf der Zeit hatte Bila jedoch so viele Himmelsbewohner verzehrt, daß sie bald nicht mehr genug Nahrung fand, um ihren großen Hunger zu stillen. Daher begab sie sich auf die Erde mit einer Meute riesiger, wilder Hunde, um die Erdenbewohner zu jagen. Wenn diese von den Hunden gestellt waren,

nahmen sie sie hinauf zu Bilas Lagerfeuer im Himmel, wo sie gegart und verzehrt wurden.
Während dies vor sich ging, begaben sich der Eidechsenmann Kudnu und der Geckomann Muda auf eine Wanderung zu den Euroleuten. Doch als die beiden Echsenmänner deren Lager erreichten, entdeckten sie zu ihrem Entsetzen, daß die Hundemeute der Sonnenfrau sie alle miteinander getötet und ihre Beute zu ihrer Herrin geschleppt hatten.
Kudnu und Muda waren äußerst erzürnt über den Mord an ihren harmlosen und liebenswerten Freunden, und sie folgten den Spuren der Sonnenfrau und ihrer Hunde. Sie hofften, den Tod der Euroleute bei der ersten Gelegenheit zu rächen.
Und während sie derart weiterzogen, trafen sie auf zahlreiche Plätze, wo Bilas Hundemeute ganze Menschenlager verwüstet und entvölkert hatte.
Der Zorn der beiden Männer wuchs noch mehr, während sie die Spuren verfolgten, bis sie die Kannibalen schließlich in der Ferne erblickten. Bila war von ihren acht wilden Hunden umgeben. Und während die beiden Echsenmänner sie beobachteten, wurde ihnen klar, daß die Erde recht bald entvölkert war, falls diese Frau und ihre Hunde nicht zerstört wurden. Da setzten sich Kudnu und Muda nieder und berieten die Lage. Nach langem Hin und Her hatten sie einen Plan ausgearbeitet, um die Hundebrut zu vernichten.
Kudnu der Echsenmann sollte einen sehr hohen Baum weit entfernt von Bilas Lager besteigen. Sobald er hoch genug und außerhalb der Reichweite dieser Riesenhunde geklettert war, sollte er so laut rufen, daß Bila ihn hören konnte. Muda der Geckomann wollte sich indessen mit einem großen Stoß Bumerangs hinter dem Baum versteckt halten.
Wie geplant bestieg Kudnu den Baum, doch als er in dessen Wipfel kletterte und Bila und ihre mächtigen wilden Hunde erspähte, verschlug ihm dies vor Furcht die Stimme, und er brachte keinen Laut heraus. Muda, sein Gefährte, war zwar der geschickteste Bumerangwerfer weit und breit, doch dies half

dem entsetzten Kudnu zunächst nicht über seine Verzagtheit hinweg. Aber Muda machte seinem Begleiter Mut und forderte ihn mit inständigen Gesten auf, Bilas Aufmerksamkeit auf den Baum zu lenken, und so faßte Kudnu sich endlich ein Herz und ließ einen lauten Ruf erschallen.

Bila hörte ihn, aber anstatt selbst zu kommen, schickte sie ihren ältesten Hund Vidi, um auszukundschaften, wer gerufen hatte. Sobald der Hund den Echsenmann auf dem Baum erspähte, nahm er einen langen Anlauf und sprang hoch in die Luft, um sein Opfer von seinem Baum herabzureißen. Aber der Geckomann wartete nur, bis der Hund die Mitte seiner Sprunghöhe erreicht hatte, dann warf er seinen Bumerang mit soviel Kraft und Zielsicherheit, daß er den Hund in zwei Hälften spaltete.

Als der erste Hund nicht zurückkehrte, sandte die Sonnenfrau ihren zweitältesten Hund Waria, aber auch ihm widerfuhr dasselbe Schicksal. Dann sandte Bila den dritten Hund Wanana; dann den vierten Mulini; dann den fünften Moonana; den sechsten Yaria; den siebten Wongina; und den achten Nongata. Sobald ein Hund an dem Baum hochsprang, um Kudnu zu packen und auf die Erde zu ziehen, spaltete ihn Muda mit einem Bumerangwurf entzwei.

Die Unruhe der Sonnenfrau stieg mit der ausbleibenden Rückkehr eines jeden ihrer Hunde, und so verließ sie selbst ihr Lager, um zu sehen, was aus ihrer Hundemeute geworden war. Ihre Wut kannte keine Grenzen, als sie die toten, entzweigeteilten Körper ihrer Hunde unter dem Baum liegen sah. Muda stand in der Nähe. Mit Zorngebrüll stürzte sich die Sonnenfrau auf Muda und zog dabei ihren Bumerang aus ihrem Gürtel. Doch bevor sie ihn schleudern konnte, war sie selbst von Mudas Bumerang getroffen und so schwer verletzt worden, daß sie rasch die Flucht ergriff und eilends in ihr Lager im Himmel zurückkehrte.

Dann geschah etwas Entsetzliches: die Gestalt der Sonnenfrau verwandelte sich in eine glühende Kugel, die zuvor ihr Feuer war, und verschwand hinter dem Horizont. Dies stürzte die

Erde in eine totale Finsternis. Die beiden Echsenmänner waren bestürzt und zitterten vor Furcht über das Ausmaß des Unheils, das sie der Welt beschert hatten. Muda, der noch vier seiner Bumerangs übrig hatte, entschloß sich zu dem Versuch, den feurigen Ball zurückzuholen.

In der Finsternis tastete sich Muda seinen Weg auf die Spitze eines hohen Felsens. Dann warf er den ersten Bumerang nach Norden, aber nichts geschah. Dann warf er den zweiten Bumerang nach Süden, doch nichts änderte sich. Dann warf er den dritten Bumerang nach Westen, und es tat sich nichts. Dann warf er den vierten und letzten Bumerang mit großer Sorgfalt und mit aller Macht nach Osten. In freudiger Erregung beobachteten die zwei Echsenmänner, wie sich der Horizont erhellte und der Feuerball sich langsam im Osten erhob und über den Himmel wanderte, bis er den westlichen Horizont erreichte und langsam außer Sicht sank.

Und so geschah es, daß zuerst nur Licht, und dann nur Finsternis über die Welt herrschten, und daß Mudas Bumerangs den Tag und die Nacht schufen, denn seither erleuchtet die Sonne den Tag, und die Finsternis erfüllt die Nacht. Und niemand fügt der Eidechse und dem Gecko ein Leid zu, weil ihre Urahnen in grauer Vorzeit die Menschheit vor der Vernichtung bewahrt hatten.

## *100. Murdu – die Einteilung der Stämme*

Nachdem die Schöpfung der Welt vollendet war, heirateten Brüder und Schwestern und andere nahe Verwandte wahllos untereinander, bis die schlimmen Folgen einer solchen Willkür deutlich zutage traten. Da wurde eine große Versammlung zusammengerufen, doch niemand wußte den rechten Rat. Nach langem Hin und Her wurde schließlich beschlossen, den guten Schöpfergeist Muramura um Rat zu bitten. Dieser gebot nach kurzer Überlegung, daß der Stamm in verschiedene Zweige aufgeteilt werden sollte. Jeder Zweig sollte einen Namen von einer anderen Naturerscheinung ableiten, wie Hund, Känguruh, Emu, Regen, Wind, und so weiter. Und daß die Angehörigen eines solchen Zweiges zwar mit seiner Erlaubnis miteinander verkehren, aber nicht untereinander heiraten können. Und daß deswegen dem Sohn eines Hundes die Heirat mit einer Tochter eines Hundes untersagt sei, aber daß er durchaus der Mann einer Beutelratte oder eines Emus sein könnte. Und so war von nun an die erste Frage an einen neuankommenden Fremdling stets: »Welcher Familie gehörst du an?« – »Was ist dein Murdu?«

## *101. Mutter Sonne erweckt die Welt zum Leben*

Einst lagen Finsternis und Stille über der Erde, und nichts regte sich auf ihrer öden Oberfläche. In einer tiefen Höhle unter der Nullarbor Ebene schlief eine wunderschöne Frau, die Sonne. Der mächtige All-Vater weckte sie sanft und gebot ihr, aus ihrer Höhle zu steigen und die Welt zum Leben zu erwekken. Mutter Sonne schlug ihre Augen auf und die Finsternis verschwand, als ihr strahlender Blick über die Erde glitt. Sie holte tief Atem, und die Luft veränderte sich und erzitterte, und ein milder Wind wehte über das Land.

Mutter Sonne begab sich auf eine lange Wanderung von Ost nach West, und von Nord nach Süd. Sie wanderte über das öde Land und überall, wo ihre sanften Strahlen die Erde berührten, kamen Gräser, Büsche und Bäume zum Vorschein, bis das nackte Land mit einem Pflanzenkleid bedeckt war. In den dunklen Erdlöchern und Erdhöhlen fand Mutter Sonne Lebewesen, die wie sie selbst dort seit undenklicher Zeit in tiefem Schlummer gelegen hatten. Sie rüttelte die Insekten aus ihrem Schlaf und sandte sie in die Gräser und in die Bäume und Büsche. Dann erweckte sie die Schlangen und Eidechsen und all die anderen Reptilien, und sie krochen aus ihren Erdlöchern und belebten die Erde. In der Spur der Schlangen bildeten sich Wasserläufe, in deren Wasser sich die Fische und die anderen Wasserlebewesen verbreiteten. Dann rief die Sonne die übrigen Tiere ins Leben, und sie verteilten sich über die Erde und bevölkerten sie. Dann sprach Mutter Sonne zu ihnen und erklärte, daß sich die Zeiten des Jahres von kalt in heiß, und von feucht in trocken verändern würden und schuf so die Jahreszeiten. Dann wanderte sie den Himmel entlang weit hinüber in den Westen, der Himmel färbte sich rot, und die Sonne verschwand aus der Sicht der Tiere. Als sich die Finsternis wieder über die Erde legte, verbreiteten sich Furcht und Schrecken unter allen Lebewesen, und sie versammelten sich und kauerten eng aneinander in ihrer großen Angst. Doch dann färbte sich der Himmel wieder rot, und die Sonne stieg im Osten wieder in den Himmel empor. Und von nun an schenkte die Sonne täglich den Lebewesen auf der Erde eine Zeit des Lichtes, in der sie ihren Angelegenheiten nachgehen konnten, und eine Zeit der Dunkelheit, in der sie sich von den Anstrengungen des hellen Tages erholen und ruhen konnten.

## *102. Warum der Mensch geschaffen wurde*

Einige Zeit, nachdem die Sonne die Tiere geschaffen hatte, begannen diese, über die Formen und Eigenarten anderer zu spotten, was große Ärgernis, heftige Streitereien und erbitterte Kämpfe zur Folge hatte. Schließlich begannen die einzelnen Tierfamilien einander zu töten. Voll Kummer und Gram blickte die Sonnenmutter auf die Erde hinab und sah, wie die Geschöpfe, die das Licht und die Wärme ihrer Strahlen ins Leben gerufen hatte, sich gegenseitig vernichten wollten.

Sie rief den weisen Rat des großen All-Vaters zu Hilfe. »Ich glaubte, einen Plan ins Werk gesetzt zu haben, der alles Leben auf Erden ordnet und regelt. Doch unter den Pelztieren, den

Vögeln, den Echsen und den Fischen fehlt diese ordnende Vernunft. Wir müssen ein Wesen erfinden, das sie alle zu der ursprünglichen Ordnung zurückführt.« Dann beschlossen Sonnenmutter und All-Vater, den Menschen als Wächter dieser Ordnung einzusetzen.

Daraufhin kehrte die Sonne ein letztes Mal auf die Erde zurück und befahl den Winden, in alle Richtungen zu wehen und den Lebewesen die Kunde von ihrer Ankunft zu übertragen. Die Winde gehorchten ihr und wirbelten und fegten in alle Himmelsrichtungen davon. Sie tobten über das Meer und warfen gewaltige Wogen auf. Sie stürmten über die Berge und schleuderten Steine und Felsbrocken umher. Furcht und Schrecken verbreiteten sie unter den Tieren, die zusammenliefen, um sich eine Zufluchtsstätte zu suchen. Sie versammelten sich in einer großen Höhle, wo sie vor den tobenden Stürmen sicher waren. Die Sonne ging unter, und die Stürme verebbten. Zitternd vor Angst kauerten die Tiere in der Höhle.

Als die Sonne am folgenden Morgen ihr Licht über die Erde gleiten ließ, war kein Laut zu vernehmen. Die Tiere verharrten in der Höhle, stumm und reglos vor Furcht. Da näherte sich der Höhle ein äußerst heller Lichtschein. Ein alter Waran begab sich zum Höhleneingang und schaute vorsichtig nach draußen. »Was siehst du?« fragten die anderen Tiere. »Ich sehe etwas Wundersames, ein leuchtendes Ungeheuer mit einem riesigen Auge. Es ist so groß wie der Mond.« Dann sagte der Waran zum Adler: »Schau du es dir an und sag uns, was du siehst«. Der Adler blickte hinaus und erklärte: »Ich sehe eine Gestalt, die etwas größer ist als ein Känguruh. Ihre Augen sind kleiner als die des Warans, aber sie leuchten, sie leuchten hell, so hell, daß ich unter ihrem Blick erzittere!« Nun bat der Adler den Raben hinauszublicken, doch der Rabe fürchtete sich zu sehr vor dem Ungeheuer und erfand eine Ausrede. Da verspottete ihn der Königsfischer und lachte ihn aus.

Jedermann wußte, daß der Rabe einer der besten Krieger war, und so verwunderte es alle sehr, daß er nicht den Mut aufbrachte, hinauszuschauen. Um so verwunderlicher war es, daß er den Königsfischer nicht angriff, der ihn der Feigheit bezichtigt hatte. Nach und nach jedoch warfen alle Tiere einen scheuen Blick auf das fremdartige und ehrfurchtgebietende Wesen, das vor ihrer Höhle den blendenden Lichtglanz ausströmte. Niemand konnte es deuten. Drei Tage lang blieben die Tiere im Höhleninneren. Drei Tage lang wuchsen in ihnen Hunger und Durst. Dann fielen die Starken über die Schwachen her und aßen ihr Fleisch und tranken ihr Blut.

Da trat das Lichtwesen in den Eingang der Höhle und rief die Bachstelzen zu sich. »Geht in die Höhle und verkündet allen Lebewesen, daß sie sich zu jenem Berg begeben sollen, um zu erfahren, wer ich bin!«

Die Tiere folgten dem Gebot, traten aus der Höhle, sammelten Nahrung und begaben sich zu dem Berg. Da sahen sie, daß sich im Westen, Osten, Norden und Süden vier Säulen erhoben, die wie hohe Rauchfahnen aussahen. Dann begannen die Säulen sich zu drehen und im Kreis über die Ebene auf sie zuzuwirbeln. Näher und näher kamen sie an den Berg heran. Neue Furcht und neuer Schrecken verbreiteten sich unter den Tieren, aber die Bachstelze beruhigte sie: »Fürchtet euch nicht. Es ist der Urvater der Menschen, der sich nähert.«

Die vier umherwirbelnden Säulen näherten sich einander und vereinigten sich schließlich zu einer mächtigen Säule, die eine Zeitlang stillstand. Sie sah nun wie eine Wassersäule aus, die langsam niedriger und niedriger wurde. Dann näherte sie sich dem Berggipfel. Auf dem Gipfel angelangt, nahm sie die Form eines riesigen Pilzes an. Ein Blitzschlag spaltete diese Form und offenbarte den Tieren die Gestalt des ersten Menschen, die der All-Vater mit seinen eigenen Gaben der Einsicht, des Verstandes, der Vernunft und der Weisheit ausgestattet hatte. So betrat der erste Mensch die Erde. Er stieg den Berg hinab und begab sich unter die Tiere, um mit ihnen zu reden. Als die Sonnenmutter sah, daß ihr Werk vollbracht war, stieg sie zurück in den Himmel. Danach kehrte sie nie wieder zur Erde zurück.

## *103. Die Speere von Willilambi*

In Dhoogoor, der Traumzeit, verbreitete der Adlermann Walja Furcht und Schrecken unter den Willilambileuten. Walja lebte mit seiner Frau und ihren beiden Söhnen im Norden, und häufig näherte er sich dem Lager der Willilambi, um einen lauten Ruf erschallen zu lassen, woraufhin jedesmal ein Knabe der Willilambi starb. Und jedesmal, wenn Walja einen Zweig von ihrem großen Wardabaum brach, starb ebenfalls einer ihrer Knaben.

Die Männer erkannten, daß ihr Stamm bald aussterben würde, da kaum noch Knaben am Leben waren, die durch die Riten der Initiation geführt werden konnten. Sie wußten auch, daß sie den mächtigen Feind Walja nicht töten konnten, da ihre Speere zu weich und zerbrechlich waren, um die harte Haut des großen Adlermannes zu durchbohren. Am meisten fürchteten sie sich davor, daß Walja eines Tages ihren riesigen Wardabaum, der den Himmel abstützte, fällen würde, denn dann würde der Himmel über ihnen einstürzen und alle Menschen und Tiere erschlagen und ewige Finsternis verbreiten.

Da kamen eines Tages zwei mächtige Brüder von riesigem Wuchs in das Lager der Willilambileute: Badhu-Wudha, der Rechtshänder, und Kurulba, der Linkshänder. Als sie von dem Kummer und der Not der Willilambi erfuhren, versprachen sie, ihnen zu helfen. Die beiden Brüder besaßen starke, glatte Speere aus Hartholz mit scharfen, scharfen Speerspitzen. Sie versprachen, die üble Adlerfamilie mit diesen Waffen zu töten und dann die Willilambimänner in der Herstellung dieser vorzüglichen Speere zu unterrichten.

Badhu-Wudha und Kurulba beschworen einen heftigen Sturm aus dem Norden herauf, und als sich der Sturm über die Ebene näherte, fachten sie unter dem riesigen Wardabaum ein großes Feuer an. Sie bewegten sich dabei sehr behutsam und vorsichtig, da sie so groß waren, daß ihre normalen Schritte die Erde erzittern ließen, und daß dadurch der Wardabaum hätte niederfallen

und den Himmel mit sich reißen können. Dann versteckten sie sich hinter den anderen Bäumen.
Der mächtige Nordwind verdunkelte die Erde und trug Walja und seine Familie unter den Wardabaum. Die Adler falteten ihre Flügel eng an ihre Körper, um nicht weiter fortgetragen zu werden. Walja verkündete seiner Familie, daß dies ihr neuer Wohnort werden sollte, und als seine Frau und seine Söhne Nahrung fanden, garten sie diese in dem großen Feuer unter dem Wardabaum.
Mittlerweile hatten die Brüder Badhu-Wudha und Kurulba die Adlerfamilie genau beobachtet. Nach ihrer Mahlzeit hatten die Adler sich schlafen gelegt. Die Brüder hakten ihre Speere in ihre Speerschleudern ein. Dann schleuderte Badhu-Wudha, der Rechtshänder, seinen Speer auf Walja, den Adlermann, und Kurulba, der Linkshänder, schleuderte seinen Speer auf Yaggula Walja, die Adlerfrau. Die Adler schrieen und flogen mit den Speeren im Körper davon. Da fürchteten die Adlerjungen sich und versteckten sich hinter den Bäumen, aber Badhu-Wudha verfolgte sie und tötete sie. Als die Adlereltern kurz darauf zurückkehrten, um nach ihren Kindern zu suchen, tötete Badhu-Wudha auch sie.
Alsdann wirkten die beiden Brüder einen neuen Zauber, und viele Hartholzbäume schossen um das Lager der Willilambi aus dem Erdboden hervor. Daraufhin zeigten sie den Männern, aus welchem Holz sie gute, starke Speere und Speerschleudern herstellen konnten. Und nie mehr brauchten sich die Willilambi vor den Adlern zu fürchten, denn von nun an hatten sie immer gute Speere, mit denen sie sich verteidigen konnten.
Nachdem Badhu-Wudha und Kurulba sie von der Schreckensherrschaft der Adler befreit hatten, stiegen sie in den Himmel auf. Und wenn ein alter Willilambimann stirbt, streckt Badhu-Wudha seine rechte Hand aus und holt ihn hinauf in den Himmel. Und wenn eine alte Willilambifrau stirbt, streckt Kurulba seine linke Hand zur Erde und holt sie in den Himmel.

## *104. Das einsame Echo*

Vor langer Zeit lebte ein großer mächtiger Stamm am Fuß der Stirling Ranges. Es war ein sehr kluger Stamm. Sein Medizinmann war ein weiser alter Mann, und mehrere alte Frauen des Stammes besaßen wertvolle Steine, mit denen sie Regenzauber machten. Häufig sandten die Nachbarstämme ihre Knaben und jungen Männer zu diesem Stamm, damit sie mit der Bewandtnis seiner mächtigen Stammesgesetze vertraut wurden, und auch junge Mädchen wurden oft auf längere Besuche zu dem Stamm geschickt, um Erfahrung zu sammeln im Frauenhandwerk. Viele Männer des Stammes waren Blutsbrüder mit Männern aus Nachbarstämmen.

Die Männer des Stammes waren ausgezeichnete Jäger. Die Frauen hatten auserlesene Fellumhänge und waren stets wohlgenährt und hübsch. Sie fertigten den Männern schöne Haargürtel, Armbänder, Gehänge aus Hundeschwänzen und Stirnbänder. Die Mädchen des Stammes waren von den anderen Stämmen als Ehefrauen sehr begehrt, und die Knaben des Stammes waren allenthalben willkommen.

Eines Tages trafen zwei junge Männer ein, die sich in der Begleitung eines alten weisen Mannes auf dem Heimweg zu ihren eigenen Stämmen befanden. Die beiden jungen Männer waren Blutsbrüder geworden, bevor sie sich auf die Wanderung begeben hatten. Außerdem trugen sie beide Ziernarben des Stammes, den sie jenseits der Berge besucht hatten.

Sie waren zu dem mächtigen Stamm gekommen, um sich dort ein Jahr lang aufzuhalten und um mit zwei jungen Männern des Stammes Blutsbrüderschaft zu schließen und von da an die Ziernarben dieses Stammes zu tragen, die auf der rechten Brustseite angebracht wurden. Sie waren weit und breit bekannt als Blutsbrüderschaftszeichen dieses Stammes.

Die Mädchen dieses Stammes waren immer hübsch, und ihre Haut war immer glatt, zart und geschmeidig, und sie konnten geschwind über Stock und Stein laufen und kleine Tiere fangen. Ihre

Taschen enthielten stets einen kleinen Fellbeutel, der mit zarten Tierhaaren gefüllt war, und ihre Spindeln waren immer halbvoll gewickelt mit gesponnener Haarschnur. Sie waren also alle begehrenswerte Frauen, und das wußten sie auch. Keine wußte dies besser als Balyet, die zwar noch recht jung, aber die hübscheste von allen war. Doch sie war eigensinnig und wollte nicht heiraten. Der junge Mann, dem sie zur Frau versprochen war, starb, als sie noch ein kleines Mädchen war, und da sein nächster Verwandter, dem Balyet daraufhin als Frau zustand, bereits mit zwei Frauen verheiratet war und keine dritte Frau haben wollte, war das hübsche junge Mädchen allein. Balyet nutzte dies aus und schäkerte mit jedem jungen Mann, der den Stamm besuchte. Beim Abschied versprach sie ihm, seine Frau zu werden, – wenn er nicht mehr den Zierknochen in der Nasenscheidewand trug und damit ein vollinitiierter heiratsfähiger Mann war.
Natürlich betörte Balyet mit ihrer Anmut auch rasch die beiden neuangekommenen jungen Männer. Diese brachten ihr die feinsten Felle und die zartesten Tierhaare. Sie lächelte sie freundlich an, nahm ihre Gaben entgegen und spann und wirkte ihnen Haarschnurgürtel und Armbänder. Und so dachte jeder, daß Balyets Gunst ihm allein gehörte. Das Jahr der jungen Männer in Balyets Stamm ging rasch vorbei, und sie schlossen Blutsbrüderschaft. Balyet verabschiedete sich erst von dem einen, dann von dem anderen. Dabei versprach sie jedem die Heirat, falls er als heiratsfähiger Mann zu ihrem Stamm zurückkehrte. Keiner von beiden schöpfte den Verdacht, daß sie sich auch dem andern versprochen hatte. Daraufhin kehrten die jungen Männer zu ihren eigenen Stämmen zurück.
Einige Zeit verstrich, bis jeder die volle Mannbarkeit erreicht hatte. Als dann die Männer ihren Stämmen verkündeten, daß sie sich Balyet als Frau erwählt hatten, waren ihre Angehörigen sehr erfreut über die Wahl. Jeder Stamm beauftragte seinen Medizinmann, sich mit dem jungen Mann zu Balyets Stamm zu begeben und mit ihren Angehörigen und deren Medizinmann die Heiratsangelegenheiten zu regeln.

So trafen dann beide Männer mit ihrem Zauberdoktor im Abstand von wenigen Tagen im Lager von Balyets Stamm ein, und zunächst war die Wiedersehensfreude groß. Dann aber stellte sich der wahre Grund für die Anwesenheit beider Männer heraus, und ihre Freundschaft schlug in erbitterte Eifersucht um, die Balyet mit ihren Verführungskünsten noch weiter steigerte. Eigentlich war sie weder an dem einen noch dem anderen Mann interessiert, denn sie hatte mittlerweile ihr Herz an einen verheirateten Mann aus ihrem eigenen Stamm verloren, der allerdings nichts von ihr wissen wollte und sie schroff abwies.

Um die unangenehme und verworrene Lage zu klären, beschlossen Balyets nächste Verwandte, sie beim kommenden Vollmond mit einem Mann aus ihrem Stamm zu verheiraten, und dies teilten sie den Medizinmännern der beiden Männer mit.

Die Nachricht war für Balyet und die beiden Männer verhängnisvoll, da Balyet den für sie auserwählten Mann nicht leiden mochte, und da jeder der beiden Männer insgeheim hoffte, daß Balyet ihn selbst bevorzugte.

Am frühen Morgen des Tages, an dem die jungen Männer ihre Rückkehr zu ihren Stämmen antreten mußten, verabredete sich Balyet mit ihnen, um Abschied von ihnen zu nehmen. Den ersten bestellte sie bei Monduntergang zu einem kleinen Talschluß am Berghang, den zweiten wollte sie dort treffen, wenn die Vögel kurz vor Sonnenaufgang ihre Lieder anstimmten.

Sie wollte sich von dem einen bereits verabschiedet haben, bevor der andere zu ihr kam, aber die beiden trafen sich dennoch und merkten, daß Balyet sie getäuscht hatte. Mit einem Zornesschrei stürzten sich beide aufeinander, zogen ihre Wurfhölzer hervor und schlugen erbittert aufeinander ein.

Coobardie, die Elstern, brachen in ein schrilles Gelächter aus, aber Malak, der scharze Kakadu mit dem weißen Schwanz, und Cowra, der Papagei, schrieen vor Entsetzen, als sie sahen, daß die heiligen Narben auf den Körpern der beiden Männer die gleichen waren, und daß sie Blutsbrüder waren. Blutsbrüder stehen sich näher als Geschwister, oder Mann und Frau, oder Mutter und Kind, denn ihre Verbindung ist freiwillig und heilig. Und diese beiden Männer waren doppelt derart miteinander verbunden, denn sie trugen zwei gleiche Zeichnungen. Auch Balyet war entsetzt und versuchte, die beiden Männer zu trennen, doch ihre beschwichtigenden Worte schienen sie nur noch kampfwütiger zu stimmen.

Balyet rannte in ihr Lager, um Hilfe zu holen. Ihre Hilferufe hallten im Tal wider und fachten den Kampf noch mehr an. Als die Zauberer eintrafen, lagen die beiden Kämpfer tot auf der Erde. Die drei Zauberer deuteten auf Balyet und blickten sie stumm an. Kein Wort antworteten sie auf ihre Entschuldigungen. Als Balyet die strafende Stille nicht mehr länger ertragen konnte, floh sie in die Berge.

Niemand wollte Balyet töten. Ihr Vergehen war zu groß, und der Tod war eine zu geringe Strafe für den gegenseitigen Mord der beiden Blutsbrüder, den sie verursacht hatte. Daher beschloß man, sie in die Berge zu verbannen. Ihr Stamm zog zu einer anderen Lagerstätte, und alle Stämme im weiten Umkreis wurden von Balyets Vergehen unterrichtet. Seither lebt sie in den Tälern und Schluchten und wird nie sterben, da selbst der üble Geist Noatch ihre Seele nicht haben will.

Immer sehnt sie sich nach der Gesellschaft anderer Menschen, von der sie verbannt ist, und ruft und ruft. Wenn sich Kinder oder junge Mädchen ihrer Zuflucht nähern und rufen, ruft sie zurück und versucht, sie in ihr Tal zu locken. Man kann ihre Gestalt nur am Tag oder nachts im hellen Mondlicht als einen undeutlichen grauen Nebel erkennen. Doch in der Finsternis ist sie unsichtbar und sie wird nie mehr glücklich, denn die Kinder, die sie zu sich lockt, sterben in ihren kalten Armen, und die jungen Mädchen, die ihrer Stimme folgen, werden durch ihre Berührung krank, und wenn sie ihr entkommen, erholen sie sich nie mehr von Balyets verzweifelter Umarmung.

## *105. Tjirri-Tjirri, die Bachstelze*

Täglich zogen die Mütter und Väter aus und ließen ihre Kinder im Lager zurück. Tjirri-Tjirri, die Bachstelze, blieb zurück und hütete die Kinder. Er blieb bei ihnen, bis die Mütter mit ihren Nahrungsvorräten zurückkehrten.

Tjirri-Tjirri hätte sich sehr darüber gefreut, wenn man ihm etwas Eßbares mitgebracht hätte, doch niemand gab je auch nur den kleinsten Happen ab. Nichts bekam er dafür, daß er die Kinder hütete. So bleib er immer hungrig.

Als eines Tages die Eltern wieder wie sonst davongegangen waren, um Nahrung zu sammeln und zu jagen, grub Tjirri-Tjirri ein Loch in die hohe Uferbank. Dahinter grub er eine große Höhle. Dann führte er alle Kinder hinein. Anschließend sammelte er Igelgras, legte es vor den Höhleneingang und zündete es an. Er machte soviel Rauch, soviel Rauch machte er, daß die Kinder alle erstickten.

Dann ging er zum Lager, hob den Feuerbrand der Leute auf und lief damit zum Meer, um ihn zu löschen. Als die anderen das sahen, sandten sie den Ringsperber, um das Feuer zu retten, da es das erste und einzige Feuer war, das sie besaßen. Der Ringsperber lief geschwind zum Meeresufer, bevor Tjirri-Tjirri den Feuerbrand ins Wasser tauchte. Der Ringsperber ergriff den Feuerbrand und brachte ihn zu den Leuten zurück.

## *106. Die Rettung der Adler-Insel*

Dies alles trug sich auf Kumuru, der Adler-Insel zu. Kurrumalu, die Eule, steckte einen giftigen Rochenstachel in das Nest einer Beutelmaus, stellte es so in ein Loch, daß der Stachel aufrecht stand und deckte alles gut zu, damit der Stachel nicht entdeckt werden sollte. Kurrumalu wollte damit die Insel vergiften. Aber jemand ging an dem Loch vorbei und entdeckte den Stachel trotz der guten Tarnung. Er rief die anderen herbei, und jedermann verwunderte sich, wer es wohl gewesen war, der die Insel vergiften wollte. Sie wußten es nicht. Da schickten sie jemand zu allen anderen Inselbewohnern, um das in Erfahrung zu bringen. Aber nur Kurrumalu selbst wußte, daß er es war, der den üblen Zauber dort hingestellt hatte.

Die Leute wollten den Adler befragen, der weit fort auf dem Festland lebte, aber sie konnten ihn nicht finden und mußten umkehren. Dann schickten sie den Raben aus, aber auch der konnte ihn nicht finden und kehrte um. Dann schickten sie den Regenpfeifer aus, und der fand den Adler. Er erzählte ihm von dem verdächtigen Stachel, der die Insel vergiften sollte. Der Adler versprach, sofort zu kommen, um seinen Landsleuten zu helfen. Er ergriff einen flachen spitzen Stein, den er sich vor die Stirn band. Dann flog er nach Kumuru. Am Morgen stand er unter seinen Landsleuten, um herauszufinden, warum der Rochenstachel die Insel vergiften sollte. Aber der Stachel war frühmorgens entfernt worden. Kurrumalu hatte seinen bösen Zauber an einer anderen Stelle versteckt. Stillschweigend stand er nun unter der Menge. Der Adler aber ging und kam an den Ort, wo die Eule den Stachel versteckt hatte, und der Adler trat in den versteckten Stachel. Der Stachel stach durch seinen Fuß, und der Adler lag den ganzen Tag krank im Lager. Da versuchte Kurrumalu, die Frau des Adlers zu verführen. Am Abend fand ein Tanzfest statt. Da wurde der üble Kurrumalu getötet und in Stücke geschnitten. Der Adler aber behielt sein spitzes Steinmesser als seinen Schnabel, und den Rochenstachel als seine Sporen.

## *107. Die wilden Riesen D'anba*

Die D'anba kommen aus der Erde. Sie haben weder Vater noch Mutter, sondern kommen von sich aus. Sie waren immer erwachsen und sie können nicht sterben. Wenn sie alt werden, ziehen sie sich in große Höhlen zurück. Sie sprechen verschiedene Sprachen, aber niemand kann sie verstehen.

Sie sind groß wie die Bäume und tragen lange Kinnbärte, die sie in Kniehöhe aufrollen und binden. Sie können sich sehr schnell bewegen und hinterlassen dabei keine Fußspuren, weil ihre Fußspitzen nach oben gebogen sind.

Sie trinken nur ganz reines Wasser, das sie mit langen Röhren aus der Tiefe saugen. Damit niemand dieses Wasser findet, schließen sie das Loch, das die Röhre hinterläßt.

Sie haben keine Speere, aber einen sehr großen Kampfbumerang, einen Hakenbumerang und eine Langkeule. Die Menschen müssen den Riesen einen Teil ihrer Nahrung überlassen. Diese kommen zur Nachtzeit von weit her und befinden sich in einer wilden Stimmung.

Wenn sie von einem Menschen gerufen werden, dann werden sie böse und schlagen ihn. Sie fertigen Harthölzer, die auf beiden Seiten zugespitzt sind. Mit diesen Hölzern können sie die Männer weit fort in die Bäume schleudern. Die gelben Wolken an den späten Nachmittagen stammen von den D'anba. Es sind die hohen Staubwolken am östlichen Horizont, die der Wüstenwind nach der Regenzeit heranträgt.

## *108. Gagamaran und Gonbaren, die Bringer der Gesetze und der Beschneidung*

Vor langer Zeit lebten zwei alte weise Männer, die sehr gut waren. Die beiden Männer waren sehr groß, so groß wie ein Korkbaum, und trugen lange Bärte, die bis zu ihren Oberschenkeln herabfielen. Die beiden Alten erfanden und fertigten viele Dinge. Sie erfanden den Yona-Gesang und den Garamede-Tanz, die in den Beschneidungsfeiern verwendet werden. Sie trugen stets drei Gegenstände bei sich, die sie selbst gefertigt hatten, und die nur geweihte Männer sehen und berühren durften: das heilige Schwirrholz Galegoro, das Seelenholz Birmal und den scharfen Feldspatsplitter D'emare, der bei Beschneidungen verwendet wird. Außerdem besaßen sie den schlechten Stein Yagobanda, der schwarz ist, und den guten Stein Gande, der weiß ist und ebenfalls bei der Beschneidung benutzt wird. Gande und D'emare müssen in einer Hülle aus Papierbaumrinde verborgen gehalten werden, damit keine Uneingeweihten sie je sehen oder berühren können.

Gagamaran und Gonbaren wanderten in viele Richtungen und brachten das Gesetz, den Yona-Gesang, den Garamede-Tanz und die Sitte der Beschneidung. Überall gaben sie den Menschen die verschiedenen Sprachen.

Jetzt wohnen die beiden Alten im Himmel in den beiden Magellanschen Wolken. Manchmal kommen sie zur Erde herab und vollbringen gute Werke. Sie helfen den Menschen, über deren Gebiet sie zu Anbeginn gewandert waren. Sie bestrafen deren Feinde, um deren Gebiet sie Feuer legen. Dann trocknet alles aus: Wasserstellen, Bäume, Gras, alles, und die Feinde finden keine Nahrung mehr. Gagamaran und Gonbaren werden in Träumen gesehen. Sie geben den Träumern, die sie im Busch ergreifen, neue Gesänge und neue Tänze. Dann bringt der Mann die neuen Gesänge und Tänze heim ins Lager, wo er sie den anderen Männern lehrt.

## *109. Das Regenbogenei*

Einst fischten Leute in der Disaster Bay und fanden dabei ein sehr großes Ei. Sie wußten nicht, daß das Ei der Regenbogenschlange gehörte und vom Himmel herabgefallen war. Sie

freuten sich sehr über den unverhofften Fund, nahmen das Ei mit zu ihrem Lager, machten ein großes Feuer und legten das Ei in die Glut.
Während das Ei röstete, überzog sich der Himmel mit dunklen Wolken. Plötzlich platzte das Ei. Zuerst floß Wasser daraus hervor, dann entstieg der geplatzten Eierschale ein Regenbogen. Ein schwerer Regen kam nieder. Es regnete lange, bis die Bäume vom Wasser bedeckt waren und die Leute umherschwimmen mußten, um ihr Leben zu retten. Sie riefen ratlos: »Was haben wir nur getan, daß uns dies zugestoßen ist?«
Ihre Kraft verließ sie, und sie waren dem Ertrinken nahe. Unter ihnen befand sich aber ein Zauberer, der alle Leute in wilde Enten verwandelte und sie so vor dem sicheren Tod bewahrte.

## *110. Der Trick mit dem Säugling*

In der Traumzeit kamen zwei alte Männer aus dem Süden. Sie fanden die Spur eines jungen Mannes und folgten ihr bis zu einem schattenspendenden Laubdach. Darunter fanden sie viel Känguruhfleisch. Hinter dem Schattenbaum befand sich ein Termitenhügel. Da sagte der eine Alte zum anderen: »Ich werde dich in ein kleines Kind verwandeln, und dann halten wir den jungen Mann zum Narren.« Der andere Alte stimmte begeistert zu. Da rollte ihn sein Wegbegleiter so lange auf dem Termitenhügel hin und her, bis er kleiner und kleiner wurde, bis er schließlich so klein geworden war wie ein Säugling. Da nahm er ihn auf den Arm, um den jungen Mann zu treffen. Als der ihn mit dem Säugling sah, fragte er ihn: »Wo ist deine Frau?« Da jammerte der Alte: »Oh, ich habe meine Frau verloren. Nun muß ich selbst für das Kleine sorgen.« Da bedauerte ihn der junge Mann und fragte: »Warum hast du dir nicht eine andere Frau gesucht, die dem Kind Milch geben kann? Du kannst das Kind nicht nähren!« – »Das ist nicht meine Schuld«, gab der alte

Mann zurück. »Ich konnte unseren Medizinmann nicht finden.« Da nahm der junge Mann das Kind und beweinte es. Er klagte eine Zeitlang, dann gab er ihm von dem Fleisch zu essen. Am nächsten Tag schickte der junge Mann den Alten mit dem Kind fort. Der Säugling verwandelte sich wieder in den alten Mann. Derart narrten die beiden alten Gauner drei junge Männer. Dann aber trafen sie zwei junge Männer, die den beiden Alten nicht trauten und sie beobachteten. Daher konnte sich der eine Alte nicht mehr in einen Säugling verwandeln. So mußten die Alten ihre Gaunerei aufgeben und erhielten kein Fleisch mehr zum Geschenk.

## *111. Die Verheißung des Wassers*

Vor langer Zeit kam ein alter Mann aus dem Süden und stieß auf ein Lager mit vielen Männern, Frauen und Kindern, das sich in einer trockenen und sehr dürren Gegend befand. »Kommt mit in meine Heimat«, sprach er zu ihnen. »Dort befindet sich ein Berg mit einem kühlen See in seinem Gipfel.« Da folgten ihm die Leute. Sie waren zwei Tage und zwei Nächte unterwegs. Schließlich kamen die vom Durst geplagten Leute durch eine sehr steinige Gegend, durch die sie nur mühsam vorwärts kamen. Als sie endlich den Berg des alten Mannes erreichten, sagte dieser: »Nun habe ich ein frisches Bad nötig« und eilte den anderen voran den Berg hinauf. Als er am See angekommen war, stillte er seinen Durst und übergoß sich mit dem frischen kühlen Wasser. Die Leute, die vor Erschöpfung den Berg nicht ersteigen konnten, flehten den Mann an, doch

Erbarmen mit ihnen zu haben und ihnen Wasser zu bringen. Der Mann aber hörte nicht auf sie und fuhr nur fort, sich mit dem kühlen Naß zu begießen. Da fielen die alten Männer und Frauen vor Durst um und starben auf der Stelle. Am folgenden Morgen besuchte der Mann die Überlebenden am Fuß des Berges. Sie lagen alle im Sterben, und der schlechte Mann hatte nur Spott und Hohn für sie übrig. »Ihr seid alle einem Trugbild gefolgt, das euch in den Tod führte«, rief er ihnen zu.

Bald darauf machte sich der Alte wieder auf den Weg, um andere Leute zu seinem Berg zu locken. Nach einer Weile traf er auf ein Lager und sprach zu den dort befindlichen Leuten: »Ich komme von weit her, wo ich eine feine Wasserstelle auf dem Gipfel eines Berges besitze. Euer Platz hier hat nicht genug Wasser. Folgt mir, und ich führe euch zu meinem Berg.« – »Das hört sich gut an«, sagten die Leute, »wir kommen alle mit dir.« Am Morgen des dritten Tages erreichten sie völlig erschöpft und durstig den Fuß des Berges. Der Mann, dem der Berg gehörte, stellte sie in einer Reihe auf und forderte sie auf, ihn zu beobachten. Dann erkletterte er den Berg und übergoß sich mit dem kühlen Wasser. Aber bis auf zwei kräftige junge Männer waren alle anderen Leute bereits vor Durst und Entbehrung zusammengebrochen. Auch die beiden jungen Männer waren so erschöpft, daß sie den Berg nicht mehr ersteigen konnten, aber einer von ihnen meinte, daß das Wasser auf dem Gipfel des Berges womöglich tief in den Berg hinunterreichte, und daß sie es vielleicht am Fuß des Berges anzapfen konnten. Sie ergriffen einen scharfen zugespitzen Stock und bohrten ihn in die Seite des Berges. Da kam eine große Wolke aus dem Loch hervor, die höher und höher wuchs. Blitze und Donner kamen aus der Wolke und es begann zu regnen. Es regnete so lange, bis schließlich alle Männer, Frauen und Kinder wieder zum Leben erwachten.

Der See auf dem Gipfel des Berges aber trocknete aus, und der alte Mann starb eines jämmerlichen Todes, da er kein Wasser mehr fand.

## 112. *Die Zwillinge*

Eine Frau gebar Zwillingsknaben. Nachdem sie viele Tage gelegen hatte, stand sie auf, preßte ihre Brüste und füllte eine große Muschel mit ihrer Muttermilch. Dann verließ sie ihre beiden Söhne. Diese tranken die Milch nach und nach.

Die Mutter aber ging weit fort und fand andere Frauen, mit denen sie Nahrung sammelte. Dabei weinte sie oft, und wenn die anderen sie nach dem Grund befragten, redete sie sich damit heraus, daß ihr Sand in die Augen geflogen sei.

Die beiden Knaben aber wuchsen heran und konnten bald Eidechsen als Nahrung sammeln. Einmal stießen sie auf ein Lager. Dort fragten sie die Lagerbewohner: »Wer ist unsere Mutter? Bist du mein Freund oder bist du mein Bruder? Woher stammen wir?« Sie wurden größer und konnten Känguruhs jagen.

All diese Zeit über sammelte ihre Mutter mit den anderen Frauen Buschnahrung, weinte häufig und erklärte ihre Tränen mit dem Sand, der ihr in die Augen geflogen war.

Ihre Söhne wuchsen zu erwachsenen Männern heran, die alle Weihen empfangen hatten und sich mit rotem Ocker färben durften. Nun wollte ihre Mutter sie wiedersehen. Sie füllte eine Holzschüssel mit Früchten, und als sie sich auf den Weg machte, fragten die anderen Frauen sie nach ihrem Vorhaben. »Ich will weit fortwandern, so weit, daß ihr mich nicht begleiten könnt«, war ihre Antwort. Doch zwei junge Frauen waren so neugierig, daß sie sich heimlich unter die Tragschüssel hingen, so daß die Mutter große Mühe hatte, ihre Last zu tragen.

Da sahen die Frauen den Rauch eines Feuers in der Ferne, und die Mutter begann, sich vor lauter Freude über das bevorstehende Wiedersehen mit ihren Söhnen den Kopf wund zu schlagen. Da wußten die beiden vorwitzigen Frauen Bescheid und versteckten sich im Busch.

Da sahen die Zwillingsbrüder die weinende Frau und sagten: »Sie weint unseretwegen.« Sie gingen zu ihr und fragten: »Gehörst du zu uns? Warum hast du uns verlassen?« Die Mutter

antwortete: »Ich wußte, daß ihr ohne mich heranwachsen konntet. Ich wußte, daß ihr die Milch aus der Muschel trinken, Eidechsen fangen und Känguruhs jagen würdet.«
Die Brüder warfen ihre Bumerangs zum Zeitvertreib. Ein Bumerang flog zu den beiden neugierigen Frauen und fiel zwischen ihnen nieder. Der eine Bruder ging ihn suchen und fand dabei die beiden jungen Frauen.
Er rannte zu seiner Mutter zurück und erzählte ihr von den jungen Frauen. Die Mutter aber jammerte: »Geht nicht zu diesen Frauen, denn ihr müßt für mich sorgen!«
Aber die Zwillingsbrüder gingen zu den jungen Frauen und heirateten sie. Dann kehrten sie mit ihren Frauen zu ihrer Mutter zurück und sorgten für sie.

## *113. Die Vertreibung der Zwerge*

Vor langer Zeit lebten die kleinen Gurididleute auf der Erde. Sie waren schwarz, kräftig und von kurzem Wuchs, und sie verstanden sich darauf, vorzügliche Haargürtel und Muschelanhänger herzustellen. Die Guridid bauten lange Gemeinschaftshäuser aus Gras. Eines Tages ging ein Guridid mit seinem Hund in den Busch. Auch ein Mann ging mit seinem Hund in den Busch. Die beiden Hunde gerieten in Streit wegen einer Eidechse. Da traf der Mann den Zwerg. »He, Junge, ruf deinen Hund zurück«, sagte der Mann. »Ich bin kein Junge«, empörte sich der Zwerg, »ich bin ein Mann!« Da lachte ihn der Mann aus. »Du siehst aus wie ein kleiner Junge«, behauptete der Mann. Da zeigte ihm der Zwerg seine vollentwickelten Geschlechtsteile, und der Mann schämte sich, daß er ihn für einen Jungen gehalten hatte. Aber der Guridid-Mann forderte Genugtuung, und es kam zu einem erbitterten Kampf, in dem der große Mann getötet wurde.
Als der Hund ohne seinen Herrn in das Lager zurückkehrte,

fragten ihn die Angehörigen des Mannes, wo er denn sei. Der Hund führte sie an die Kampfstätte, wo sie den gefallenen Mann fanden. Sie legten den toten Mann auf eine Baumplattform und verfolgten dann die Spur seines Feindes, bis sie das Langhaus der Gurididleute entdeckten. Daraufhin kehrten sie in ihr eigenes Lager zurück, um alle übrigen Männer zur Verstärkung herbeizuholen. Sie wußten, daß die Guridid starke und gute Kämpfer waren, da einer aus ihren Reihen einen ihrer Angehörigen im Zweikampf getötet hatte.

Sie warteten, bis die Nacht hereingebrochen war und alle Zwerge schliefen und schnarchten. Dann überfielen sie sie und töteten viele mit ihren Speeren. Dann brannten sie die lange Grashütte nieder.

Nur wenige Guridid entkamen dem Gemetzel. Als ihr Anführer erkannte, daß sie von einer großen Übermacht umzingelt waren, stieg er mit seinen Angehörigen zum Himmel auf.

## *114. Die stummen Schwestern*

Ein Mann und eine Frau hatten einst zwei stumme Mädchen, und da sie nicht wollten, daß die anderen davon erfuhren, schickten sie die Kinder weit weg in den Busch. Sie gaben ihnen einen Hund mit, der fähig war, sich mit den Mädchen zu unterhalten und ihnen zu helfen. Der Hund ging jeden Tag mit ihnen auf Nahrungssuche und fing ihnen ein Känguruh und Eidechsen. Zuweilen besuchten die Eltern ihre Kinder. Oft auch ging der Hund mit den Mädchen zum Strand und half ihnen beim fischen.

So ging das viele Jahre gut, und die Mädchen wuchsen heran, und der Hund war ihnen sehr ergeben, während sie ihm immer gehorchten.

Aber dann wurde der Hund alt, und eines Tages sagte er den Mädchen, sie sollten ein großes Feuer machen. Sie wunderten

sich über diese Anweisung und dachten, daß der Hund sie womöglich verbrennen wollte. Aber als das große Feuer brannte, befahl der Hund den Mädchen, ihn selbst mit einem Steinbeil zu erschlagen. Erschrocken lehnten sie ab und wehrten sich, die grauenhafte Tat auszuführen, aber der Hund zwang sie dazu.
Nachdem der Hund erschlagen war, konnte er aber immer noch reden. Er befahl ihnen, seinen Körper auf das Feuer zu legen und ihn zu rösten. Sie taten, wie ihnen befohlen war, und die Stimme des Hundes sagte: »Nun dreht mich um.« Sie wendeten ihn. Als er gar war, sagte die Hundestimme: »Schneidet meine Zunge aus!« Sie taten auch das. »Nun eßt meine Zunge!« Die Mädchen weigerten sich erneut, aber die Stimme zwang sie, die Zunge zu essen. Und der Hund auf dem Feuer öffnete nochmals die Augen, um auch sicher zu gehen, daß die Mädchen seinem letzten Befehl nachkamen.
Als sie die Zunge gegessen hatten, konnten sie plötzlich sprechen und laut lachen. Die Mädchen riefen ihre Eltern herbei, und diese waren überglücklich. Der Vater war ein kluger Zauberer. Er legte die Reste der Zunge in das Maul des Hundes zurück, richtete den verbrannten Körper wieder zurecht und brachte den treuen und fürsorglichen Hund ins Leben zurück. Der Hund lebte fortan bei den glücklichen Mädchen.

## *115. Wie Galalan sein Volk bestrafte*

In der Vorzeit lebte Galalan mit seinen Angehörigen auf einer Insel. Er hatte Hunde, die fliegen konnten. Eines Tages schickte er einen seiner Hunde zum Festland aus, um die Gegend um Swan Point auf der Dampier Halbinsel zu erkunden. Der Hund kam mit der Nachricht zurück, daß das Land bei Swan Point gut sei. Da führte Galalan sein Volk dorthin.
Die Leute fanden dort viele Fische und Schildkröten in der Lagune. Aber ihrem Anführer Galalan brachten sie nur die

kleinsten und ältesten Fische, und Galalan bemerkte nichts von dieser Schändlichkeit. Eines Tages jedoch irrten sich die Leute und gaben ihm die besten Tiere statt der schlechtesten. Da durchschaute Galalan den Schwindel und war empört, daß seine Leute ihn so schlecht behandelt hatten. Er beschloß, sie alle zu bestrafen, und öffnete einen Wasserarm von der Lagune zum Meer, durch den alle Fische und Schildkröten entkamen.
Nur einmal im Jahr kehren die Schildkröten in die Lagune zurück. Galalan erkletterte einen hohen Felsen und verschwand in den Himmel. Dort lebt er in dem großen schwarzen Fleck in der Milchstraße. Nachdem Galalan verschwunden war, kam ein anderer Mann zu seinen Leuten. Er war ein schlechter alter Mann, der ihnen viele Schlechtigkeiten beibrachte und ihre Tänze verunstaltete. Da verwandelte Galalan die schlechten Leute in Känguruhs. Der böse alte Mann war darüber sehr verdrossen. Deshalb schickt er auch noch heute die Stürme.

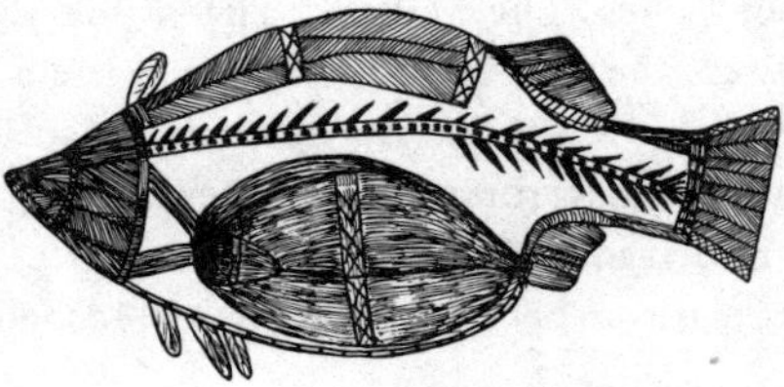

## *116. Wie das Land entstand*

Zu Anbeginn gab es nur das große Salzwasser, nirgendwo war Land. Aus den Tiefen des Salzwassers kam Ungud, die Regenbogenschlange. Steil richtete er sich empor und warf seinen Bumerang in einem weiten Umkreis über das Meer. Mehrmals berührte der Bumerang auf seinem Flug die Fläche des Salzwassers, und dort schäumte das Wasser auf, und glattes, ebenes Land kam zum Vorschein. Ungud wanderte über dieses neue, weiche Land und legte viele Eier, denen neue Urzeitwesen entschlüpften. Es waren die Wondjina, und sie wanderten in alle Richtungen.

## *117. Der Schatten des Wondjina*

Wondjina Algarra kochte sich Buschtomaten. Wondjina Ngalaudmen, die Elster, kam herbei, stahl das Essen und eilte davon. Er lief weit weg und setzte sich auf eine Kiefer. An dieser Stelle schuf er einen Felsen, umgeben von einer weiten Ebene. Seine Gefährten kamen und wollten die Mahlzeit der Buschtomaten mit ihm teilen. Aber Ngalaudmen wollte nichts davon abgeben, und so kam es zu einem Kampf zwischen ihm und seinen Gefährten. Wondjina Kalambi, der Fischvogel, warf seinen Bumerang auf ihn und fügte ihm viele Wunden zu. Er ging in die Erde und wurde Ungud, die Regenbogenschlange. Aber sein Schatten blieb in der Gestalt eines Felsenbildes auf dem Fels zurück, den er zuvor geschaffen hatte.

## *118. Die steinerne Speerspitze*

Zuerst jagten die Wondjina Känguruhs und andere Tiere ohne Speere. Sie hatten lange steinerne Hürden errichtet, über die sie die Tiere trieben. Wenn diese erschöpft waren, erschlugen sie sie mit ihren Schlagkeulen. Diese Art der Jagd war jedoch reichlich anstrengend, und so überlegte sich einer der Wondjina, wie das Wild ohne große Mühe zu erlegen war. Da kam ihm der Gedanke, aus weißem Quarzit eine steinerne Spitze zu schlagen und sie an einem Stab zu befestigen. So schlug er die erste Speerspitze zurecht und schnitt sich einen Bambusstab, den er einen Tag lang in der Sonne trocknen ließ, bevor er ihn am darauffolgenden Tag über der Hitze eines kleinen Feuers streckte und glättete. Mit dem warmen, weichen Wachs des wilden Honigs befestigte er die Speerspitze am Ende des Bambusstabs und ging in den Busch, um mit der neuerfundenen Waffe ein Känguruh zu erlegen. Aber der Speer war zu leicht, und er traf kein einziges Tier. Der Wondjina setzte sich nieder und überlegte wieder. Dann schnitzte er sich einen armlangen Stab aus Hartholz zurecht, glättete ihn und band ihn mit Sehnen aus dem Schwanz eines Känguruhs an den Bambusschaft seines Speeres. Dieses Mal war der Speer schwer genug für den gezielten Wurf und dennoch leicht zu tragen. So entstand der erste Kimberleyspeer mit der steinernen Speerspitze.

## *119. Die Strafe der Wondjina*

In Dunbei hatten zwei Knaben einen kleinen Vogel gefangen. Der Vogel jedoch gehörte Wondjina an. Die beiden Knaben spielten mit dem Vogel ein grausames Spiel und steckten ihm ein Holzstäbchen quer durch die Nase. Dann sagte der eine Knabe: »Wir wollen ihn töten und uns eine Mahlzeit bereiten.« Der andere Knabe meinte aber: »Wir werfen ihn besser weg, weit hinauf in die Wolken.« Und sie warfen den kleinen Vogel in die Wolken. Dort klagte der Vogel einem Wondjina sein Leid: »Schau mich an, diese Knaben versuchten mich zu töten. Ich habe keine Federn und keine Flügel mehr!« Der Wondjina antwortete: »Ich sehe jetzt, sie wollten dich töten.« Als die anderen Wondjina das vernahmen, machten sie sich zu einem Rachezug fertig. Die Angehörigen der Knaben hatten sich alle auf ihrem Lagerplatz eingefunden. Die Wondjina kamen dorthin und versuchten, sie alle zu speeren. Die vielen Leute in dem Lager wußten nicht, was sie tun sollten, denn von überall her kamen die Wondjina herbeigeeilt. Sie nahmen ihre Speere auf, und ein großer Kampf begann. Die Wondjina warfen ihre Speere, und ein Mann wurde getötet. Dann warfen die Männer ihre Speere auf die Wondjina, und ein Wondjina wurde verwundet. Viel Wasser floß aus seiner Wunde, immer mehr Wasser floß heraus. Ein anderer Wondjina besang die Menschen, und ein großes Wasser stieg hoch, in dem sie alle ertranken. Heute wächst sehr viel Bambus an dieser Stelle.

## *120. Der Auszug aus Winbaraku*

In Tjukula, der Traumzeit, schlummerten zahlreiche Totemahnen unter der formlosen Ebene in Winbaraku. Zuerst regten sich Jukalpi, das Wallaby, und Malatji, der Hund mit dem weißen Gesicht, und traten aus der Erde hervor.

Dann erwachte Mamu-boijunda, die Mörderspinne, und kroch aus der Erde hervor. Mamu-boijunda stand und ließ laute Rufe erschallen. Bei jedem seiner Rufe erwachte ein anderer Totemahne aus seinem tiefen Schlummer und erhob sich aus der Stätte, in der er seit undenkbaren Zeiten reglos gelegen hatte. Mamu-boijunda rief alle Urahnen von Winbaraku: Wanbanbiri, die Baumgallenleute, die Schlange Latalpa, die Todesotterfrau Wal-Wala und ihren blinden Ehemann Jarapiri-Bomba, die großen Giftschlangen Jarapiri, dessen Frau Jambali und ihre zahlreichen Söhne, Garangare, die Skorpione, Jirindja, die Tausendfüßler und die Mulugunaschlange.

Jarapiri, der große Giftschlangenmann, war der Anführer aller Schlangen und ihr Zeremonienleiter. Sie veranstalteten viele Tanzzeremonien. Doch der blinde Schlangenmann Jarapiri-Bomba, der jedesmal teilnehmen wollte, brachte alle Tänzer durcheinander und stiftete stets eine heillose Verwirrung. Schließlich störte seine Anwesenheit so sehr, daß die Schlangen Winbaraku verließen, ohne den blinden Alten mitzunehmen.

Als Tjukula zu Ende ging, erhob sich Winbaraku aus der Ebene und wurde ein Felshügel.

## *121. Die Pungalunga-Riesen*

Die zahlreichen glockenförmigen Kuppen des Mount-Olga-Massivs heißen Katatjuta,, »die vielen Köpfe«. In der Traumzeit kam eine Gruppe von Pungalungamännern aus dem Westen und lagerte an diesem Platz der vielen Köpfe, bevor sie weiterzogen. Die Pungalunga waren Riesen. Sie waren so groß, daß sie mit einem Satz von einer Kuppe zur anderen springen konnten, um den dazwischenliegenden Abgrund zu überqueren. Die Pungalungamänner waren Menschenfresser. Sie jagten die Menschen mit ihren Wurfhölzern, und wenn sie sie erlegt hatten, reihten sie sie an ihren Gürteln aus Haarschnüren auf, wie das auch heute noch die Jäger mit Eidechsen und anderen Kleintieren tun. Dann weideten sie ihre Beute aus, bevor sie sie in der Glut ihrer Feuer in einem Erdloch rösteten. Wenn das Fleisch gar geworden war, holten sie die Menschen aus dem Feuer und brachen sie in der Mitte entzwei. Mit ihrem kräftigen Gebiß zermalmten sie die einzelnen Körperteile und verschlangen sie. Wenn die Pungalunga nicht gerade sehr hungrig waren, hoben sie sich die Köpfe ihrer Opfer gewöhnlich auf, legten sie in eine Astgabel und verzehrten sie am folgenden Morgen als Frühstück.

Die Glockenkuppen an der Westseite des Olgamassivs sind versteinerte Pungalungariesen, die sich um ihr Lagerfeuer geschart haben.

## *122. Die Regenbogenschlange von Mount Olga*

Wanambi-pidi, der heutige Mount Olga, ist die höchste Erhebung im Olga-Massiv. Der Monolith ist das ständige Heim der riesigen bunten Regenbogenschlange Wanambi. Die Riesenschlange besitzt einen wallenden Bart, eine lange Mähne und scharfe Fangzähne. In der feuchten Jahreszeit lebt sie in den Wasserlöchern auf dem Gipfel der Kuppe, doch wenn diese austrocknen, zieht sie in eine Wasserstelle an der Ostseite von Wanambi-pidi. Wenn diese Stelle gegen Ende der trockenen Jahreszeit austrocknet, zieht sich die Wanambi in den Felsendom selbst zurück, bis der Regen die Wasserlöcher wieder gefüllt hat. An der Nordflanke des Mount Olga erstreckt sich die

Walpa-Schlucht. Walpa ist der Wind, der durch diese Schlucht weht. Er ist der Atem der Regenbogenschlange. Meist ist Walpa ein sanfter Wind, doch wenn jemand den Zorn der Wanambi erregt, dann steigert sich der Wind zu einem mächtigen Sturm, und die Schlange erhebt sich in der Gestalt eines Regenbogens, um den Übeltäter zu töten und seine Seele zu stehlen. Daher wagt es niemand, die Wanambi zu erzürnen, indem er zum Beispiel ein rauchendes Feuer entfacht, oder unerlaubterweise seinen Durst an ihren Wasserstellen löscht.

## *123. Mythen von Uluru (Ayers Rock)*

Der mächtige Monolith Ayers Rock war in der Vorzeit Uluru, ein flacher Sandhügel. Auf wundersame Weise erhob sich der Hügel am Ende der Traumzeit zu seiner jetzigen Höhe und verwandelte sich zu Stein. Uluru trägt noch immer die Spuren der dramatischen Vorzeitgeschehnisse. Am Fuß Ulurus verwandelten sich die Vorzeitwesen in Bäume oder Felsen, und ihre stummen Monumente zeugen noch heute von ihrem ehemaligen irdischen Dasein. Dort befinden sich die Totemstätten der Urahnen, deren menschliche Nachfahren noch immer die Vorgänge der Urzeit in ihren Zeremonien in der Höhle der Initianten nachvollziehen.

In Uluru selbst wohnt die Wanambischlange, die mächtigste Regenbogenschlange der Umgebung. Sie lebt dort seit der Vorzeit in großen Höhlen unter der harten Außenschale des Felsberges. Ihr Höhleneingang ist ein tiefes Wasserloch auf der Höhe Ulurus. Die Wanambi-Schlange ist mehrere hundert Meter lang, und wenn sie aufgebracht ist über eine Missetat, nimmt sie die Form des Regenbogens an und entfernt das Wasser aus allen umliegenden Wasserstellen und Quellen. Die Regenbogenschlange hat jedoch keine Totemstätte, da sie in der Traumzeit nicht an der Formung der Landschaft beteiligt war und zu

Ende der Traumzeit auch nicht in eine noch sichtbare und greifbare Form im Landschaftsaufbau überging, sondern bis auf den heutigen Tag in ihrer Urform der Riesenschlange fortlebt.

## 1. Der Kampf der Kunia und Liru

Vor langer Zeit, in der Traumzeit, wanderten die ungiftigen Rautenschlangen Kunia von der Paku-Paku-Wasserstelle bei Atila (Mt. Connor) in westlicher Richtung, bis sie auf einen großen Sandhügel stießen, in dessen Mitte sich eine Wasserstelle befand. Sie richteten dort ein Lager ein, da das umliegende Land ihnen reichliche und vielfältige Nahrung bot.

Täglich zogen die Kuniafrauen aus und sammelten Grassamen, den sie auf ihren steinernen Reibsteinen zu Mehl verarbeiteten. Das Mehl mischten sie mit Wasser und Muttermilch und backten daraus runde Brotkuchen unter der Glut ihrer Kochfeuer. Die Kunjamänner gingen auf Känguruh-, Emu- und Wallabyjagd und garten ihre Jagdbeute in Erdöfen, die sie mit Glut füllten.

In dieser Zeit zogen die Giftschlangenleute Liru durch das Land und stifteten Unfrieden. Sie hatten ihr Lager in Katatjuta (Olga Massiv), doch dann entschlossen sie sich, nach Uluru weiterzuziehen, wo sie gegen die dort ansässigen Kunialeute einen Krieg führen wollten.

Sie wurden von ihrem großen Anführer Kulikudjeri geleitet und erreichten an der Südseite von Uluru das Lager der Kuniafrau Pulari, die gerade ein Kind geboren hatte. In ihrer Furcht und Not hielt sie ihr Neugeborenes an sich und begann, gegen die angreifenden Liruleute Arukwita, die Essenz von Krankheit und Tod auszuspeien. Andere Kunialeute eilten ihr zu Hilfe, und ein erbitterter Kampf entbrannte, in dem viele Liruleute getötet wurden. Aber auch die Verluste auf der Seite der Kunia waren schwer, da die Liru sie immer wieder mit lautem Kampfgeschrei angriffen.

Ein junger Kuniakrieger forderte den Liruführer Kulikudjeri zu einem Zweikampf heraus und fügte ihm mit seinem Steinmesser tiefe Schnittwunden am Bein zu. Doch Kulikudjeri kämpfte verbissen weiter und brachte seinem Gegner schließlich so tiefe Wunden bei, daß der junge Kunia verblutete.

Währenddessen hatte ein erbitterter Kampf zwischen einer anderen Kriegsgruppe der Kunia und Liru neben der Wasserstelle auf der Mitte des Hügels begonnen, und ein dritter Kampf begann in dem Lager Kuniapiti an der Ostseite von Uluru.

Als Kunia Ingridi, die Mutter des gefallenen jungen Kriegers vom Tod ihres Sohnes erfuhr, kannte ihre Trauer und ihre Bitterkeit keine Grenzen. Um ihren Sohn zu rächen, durchtränkte sie ihren Grabstock mit der Todesessenz Arukwita und ging damit auf den schwerverwundeten Liru Kulikudjeri los. In ihrer rasenden Wut hieb sie blindlings auf ihn ein, bis sie ihm die Nase abgeschlagen hatte und er unter großen Qualen sein Leben aushauchte.

Dann bemalte sich Ingridi zum Zeichen der Trauer mit rotem Ocker und beweinte mit lautem Wehklagen den Tod ihres Sohnes. Als ihr Bruder von dem Tod seines Paten erfuhr, durchtränkte er zwei Kiesel mit Arukwita und nahm sie in den Mund, da er sein Leben beenden wollte. Er fiel auf der Stelle tot zur Erde.

Danach begann Ingridi, große Mengen der Todesessenz über ihre Gegner zu sprühen, und viele Liru kamen dabei um. Aber auch viele Kunia waren gefallen, und da die Liru immer noch angriffen, floh Ingridi nach Kuniapiti. Auch die wenigen überlebenden Kunia auf der Mitte des Hügels entflohen dem Angriff der Liruleute nach Kuniapiti.

Dort hatte aber nur Kunia Ungata, der Mann Ingridis, den Kampf mit den Liru überlebt. Als Kunia Ingridi sah, daß so viele ihrer Angehörigen ums Leben gekommen waren, sang sie den mächtigen Arukwitagesang und tötete damit sich selbst, Ungata und die wenigen überlebenden Kunia.

Nachdem die Liru ihr Werk der Zerstörung in Uluru vollbracht hatten, kehrten sie nach Katatjuta zurück und verbündeten sich mit den riesigen Pungalungamännern, um die harmlosen Schlangenleute von Kunduna in der Tonkinson Range zu überfallen. Diese waren jedoch so gut auf den bevorstehenden Angriff vorbereitet, daß es ihnen gelang, einen jeden ihrer ruchlosen Angreifer zu töten und damit deren Unwesen ein Ende zu setzen.

### 2. Die Wallabys Mala und Kulpunya, der Dingo

Zur gleichen Zeit, als die Kunialeute ihre Lager an dem Sandhügel Uluru einrichteten, war eine Gruppe von Wallabyleuten, die Mala, unterwegs, um ihre Knaben in die Mannbarkeit zu initiieren. Sie ließen sich an der Nordostseite des Sandhügels nieder. Die Malafrauen und Kinder richteten sich ein getrenntes Lager ein. Während die Zeremonien an der Nordostflanke des Hügels abgehalten wurden, gingen die Frauen aus, um Grassamen und Beeren zu sammeln und Kleintiere zu jagen. Die Kinder begleiteten ihre Mütter bei der Nahrungssuche. Ein alter Malamann nahm nicht an den Zeremonien teil, denn es war seine Aufgabe, die Frauen zu beobachten und zu verhindern, daß sie sich in Hörweite der Zeremonienplätze begaben. Denn die Zeremonien mußten vor ihnen geheimgehalten werden.
Zu eben dieser Zeit sandten die Mulgasamenleute Windulka von Kikingura ihren Boten, den Glockenvogel Panpanpanala nach Uluru, um die Malaleute zu einem ihrer eigenen Zeremonienfeste einzuladen, vor allem aber auch um Kudrun, das Adlerküken der Malaleute, auszuleihen, das diesen Daunen für ihre Festdekorationen lieferte. Als Panpanpanala die Einladung und die Nachricht, die Kudrun betraf, ausrichtete, wurden die Malamänner über das unverschämte Ansinnen so wütend, daß sie Panpanpanala mit einer äußerst unhöflichen Antwort an die Windulkaleute zurückschickten: anstelle der Adlerdaunen sandten sie ein Päckchen mit Asche zurück und trugen dem Boten auf, die Windulka davon zu unterrichten, daß sie nicht die geringste Absicht hätten, ihr wertvolles Adlerküken an

Leute zu verleihen, die zu faul waren, ihr eigenes Adlerküken ausfindig zu machen und zu fangen. Außerdem seien sie nicht daran interessiert, ihre eigenen Initiationsfeiern zu unterbrechen, um mit Leuten, an denen sie gar nicht interessiert seien, eine gemeinsame Zeremonie zu veranstalten.
Diese schroffe Antwort verärgerte die Windulkaleute, und sie beauftragten ihre Medizinmänner, einen Geisterdingo Kulpunya herzustellen und ihn nach Uluru zu senden, um die Malaleute mitsamt ihrem hochgeschätzten Adlerküken umzubringen.
Die Medizinmänner machten sich sofort an die Arbeit. Sie legten das Skelett des Geisterhundes auf dem Boden zurecht: Rückgrat und Knochen aus Zweigen, eine Astgabel als Ohren, die Zähne eines Beutelmaulwurfs, einen Bandikutschwanz, Frauenhaare. Sie setzten alles zusammen und sangen den gesamten Nachmittag über Zaubergesänge, um Kulpunya mit dem bösen Geist zu erfüllen. Von Sonnenuntergang bis Sonnenaufgang ließen sie ihr Geschöpf allein, denn nur in den Stunden der Finsternis kann sich eine solche Kreatur entwickeln.
Am folgenden Morgen regten sich Lebenszeichen in Kulpunya. Auf seinem Rücken begann das Haar zu wachsen, seine Zähne hatten an Größe zugenommen, und seine Pfoten begannen sich auszubilden. Erneut besangen die Medizinmänner das üble Geschöpf mit Zaubergesängen. Sie waren so erfolgreich, daß Kulpunya in der folgenden Nacht über eine kurze Strecke kroch. Am Morgen holten die Medizinmänner Kulpunya ins Lager zurück, um ihn durch ihre letzten Gesänge mit Haß und Bosheit zu erfüllen. Als Kulpunya voll ausgewachsen war, sandten ihn die Medizinmänner nach Uluru.
Die Malamänner hatten arglos und nichts Böses ahnend ihre Zeremonien fortgesetzt, und die Frauen waren mit ihren Kindern wie zuvor täglich auf Nahrungssuche ausgezogen. In den heißen Stunden des Mittags kehrten die Männer in ihr Männerlager und die Frauen und Kinder in ihr Frauenlager zurück, um zu ruhen. Beide Lager waren in die beiden Stammeshälften

Nananduraka und Tanamildjan getrennt. Die Königsfischerfrau Lunba hatte ihr Lager etwas abseits und höher auf dem Sandhügel angelegt, da sie einen Angriff der Windulka erwartete. Während der mittäglichen Ruhestunden hielt sie Wacht und suchte mit ihren Augen das umliegende Land nach Eindringlingen ab. Da erspähte sie Kulpunya in der Ferne. Er sah aus wie ein Dingo. Kulpunya näherte sich und betrachtete sich das Lager der Frauen und Kinder. Dann lief er weiter, um das Männerlager auszukundschaften. Als er sich unterhalb Lunbas Lager befand und seinen Kopf hob, erkannte der Königsfischer, daß er ein bösartiges Wesen war, denn nur auf seinem Rücken wuchsen ihm Haare, er besaß entsetzliche Fangzähne, und seine wilden Augen enthielten den bösen Blick.
Lunba schlug Alarm, um die schlafenden Malaleute vor dem gräßlichen Ungeheuer zu warnen. Doch ihr Alarm kam zu spät: mit mächtigen Sätzen sprang Kulpunya zum Lager des Adlerkükens und riß Kudrun entzwei. Dann überfiel er das Frauenlager und zerfleischte alle Frauen und Kinder. Als Lunba dies sah, rannte sie eilends zum Männerlager und schlug Alarm. Die Männer entfernten ihren heiligen Naldawatapfahl von ihrem Zeremoniengrund und übergaben ihn den Initianten, die ihn auf den Hügel zogen. Von dort aus flohen sie mit Lunba nach Osten.

### 3. Der Echsenmann Kandju

Kandju, der Echsenmann, lebte westlich von Uluru. Eines Tages, als er sich einen Bumerang geschnitzt hatte, wollte er die Waffe ausprobieren. Er schleuderte sie hoch in die Luft, und der Bumerang flog und flog und wirbelte, bis er in Uluru landete und sich dort in den weichen Sand des Hügels eingrub. Kandju eilte nach Uluru und grub mit seinen bloßen Händen so lange in dem Sandhügel nach seiner geschätzten Waffe, bis er sie wiederfand.
Kandju beschloß, eine Zeitlang in Uluru zu verweilen, und er-

richtete sein Lager an der Westseite des Sandhügels. Später wanderte Kandju auf die Ostseite Ulurus, wo er ein neues Lager einrichtete. Von da an hieß Kandju Linga.
Linga lebte ausschließlich von Honigameisen, die den Honig in ihrem dick angeschwollenen Hinterleib speichern. Sie bilden ihre Kolonien in tiefen Erdbauten, und Linga mußte bei seiner Honigsuche den Boden aufgraben. Aber die Arbeiterameisen verteidigten die Ameisenbauten erbittert und bissen Linga. Sie verfolgten ihn in sein Lager. Linga floh aus seinem ersten Lager an der Ostseite Ulurus und richtete ein neues Lager ein, doch auch hierhin verfolgten ihn die Arbeiterameisen. So richtete Linga ein Lager nach dem anderen ein, doch jedesmal verfolgten ihn die aufgebrachten Ameisen und fügten ihm schmerzhafte Bisse zu.
Gepeinigt und hungrig zog Linga schließlich an die Südseite von Uluru. Er war dem Verhungern nahe, als er eines Tages ein schlafendes Kuniamädchen entdeckte. Er brach dem Schlangenmädchen das Genick, garte es in seinem Feuer, zerlegte es und verschlang gierig diese grauenhafte Mahlzeit, bis sein unbezähmbarer Heißhunger endlich gestillt war. So gestärkt, verließ er den Ort seiner schändlichen Missetat und wanderte weit fort.

### 4. Der eigensüchtige Echsenmann Metalungana

Der Echsenmann Meta-lungana lebte allein und zurückgezogen an der Südseite von Uluru. Er jagte Emus, und wenn er einen dieser Vögel erlegt hatte, kochte er ihn sofort und verzehrte ihn auf der Stelle, oder er trug den gekochten Vogel zu seinem einsamen Lagerplatz und versteckte ihn. Niemals ließ er seine Nachbarn, die Kunialeute, an den Mahlzeiten teilnehmen und verstieß damit gegen die althergebrachte Gepflogenheit, daß man seine Nahrung mit anderen teilt.
Die Kunialeute waren schließlich so erzürnt über Meta-lunganas Eigensucht und seine ständigen Verstöße gegen Sitten und

Gebräuche, daß sie beschlossen, ihn zu töten. Sie warteten, bis er eines Nachts in seiner Laubhütte eingeschlafen war. Dann zündeten sie die Hütte an, und Meta-lungana, der Echsenmann, starb eines schändlichen und schmerzhaften Todes.

## *124. Ninja, die Eismänner*

Einst hatten die Eismänner Ninja ihr Lager an dem Sandhügel Atila, dem heutigen großen Inselberg Mount Connor in Zentralaustralien. In ihrer Erscheinung unterschieden sich die Ninja kaum von den heutigen Menschen, doch da sie selbst äußerst kalt waren, war ihr Körper stets von Rauhreif überzogen, und in ihren Bärten und Augenbrauen hingen unzählige kleine Eiszapfen. Die Ninja lebten ausschließlich vom Fleisch der Hasenwallabys, die sie mit gebogenen Wurfhölzern erlegten, denn sie kannten weder Speere noch Speerschleudern.
Die Ninja waren in zwei Gruppen unterteilt, in die Tanamildjan und die Nananduraka. Jeden Morgen, bevor sie sich auf die Wallabyjagd begaben, öffneten sie alle ihre Armvenen und ließen ihr Blut über die Wurfhölzer der anderen Gruppe tropfen, denn dieser Zauber verwandelte die Jagdwaffen in zielsichere Geschütze. Auch ließen die Eismänner ihr Blut häufig über die Köpfe ihrer Gefährten rinnen, damit deren Haar und Bart stärker wuchsen.
Während einer Jagd, die sie nach Westen führte, fand einer der Eismänner die Aneri-Quelle, aber da er eigensüchtig war, versteckte er sie unter einer Schicht Gras, so daß sein Gefährte sie nicht finden konnte. Der andere Eismann wurde so durstig, daß er sein eigenes Blut trinken mußte, um nicht zu verdursten. Doch dann verfehlte sein Wurfholz, das er auf ein flüchtendes Wallaby werfen wollte, sein Ziel und fiel mit einem Plumps in das verborgene Quellwasser. Der Eismann hörte das Geräusch, fand die Quelle und konnte endlich seinen brennenden Durst löschen.

Da kam der eigensüchtige Ninja herbeigerannt und schrie wütend: »Trink nicht von diesem Wasser! Es gehört mir!« Dann schlug er mit seinem Wurfholz auf den anderen Ninja ein, weil dieser sich nicht um seine Aufforderung geschert hatte.
Als dieser endlich seinen Durst gelöscht hatte, begann er, sich mit seinem eigenen Wurfholz zu verteidigen. Der gewaltige Kampf dauerte stundenlang und hinterließ tiefe Furchen in der Umgebung der Quelle, die auch heute noch zu sehen sind. Schließlich führte der Kampf die beiden verfeindeten Eismänner zurück zu ihrem Lager. Als sie endlich voneinander abließen, entschlossen sich die übrigen Ninjas, diesen Ort zu verlassen.
Sie zogen nach Nordosten zu den Unagaltja-Salzseen, und ihr Wanderweg verwandelte sich in einen Wasserlauf. In der Mitte des westlichen Salzsees befindet sich eine kleine Insel. Sie ist der Eingang zum heutigen Wohnort der Ninja Eismänner. Sie wohnen in riesigen unterirdischen Höhlen, deren Wände von ewigem Eis bedeckt sind und durch die ein unaufhörlicher, schneidend kalter Wind heult. Den Sommer verbringen sie in diesen Höhlen, doch im Winter verlassen sie sie, und das Eis, das dann von ihren Körpern abfällt, friert über Nacht die Wasserstellen zu und bleibt in den Gräsern hängen.
Nur die Medizinmänner können die Ninjas sehen, aber jedermann weiß, wann die Eismänner unterwegs sind, denn dann bilden sich an den kalten Morgen wunderliche Luftspiegelungen über den weiten Ebenen, und es hat den Anschein, als schwebten die Bäume umgekehrt durch die Luft. Dann versammeln sich die Menschen um ihre Lagerfeuer und singen einen mächtigen Zaubergesang, der die Ninjas in ihre Höhlen zurückschickt und die Bäume wieder an ihren rechten Ort zurücksetzt.

## *125. Der Streit der Echsen*

Vor langer Zeit beschlossen Nintaka, der Perentiemann, und Milbili, der Goannamann, sich gegenseitig für eine Zeremonie zu bemalen.

Nintaka nahm diese Arbeit sehr ernst und bemalte Milbilis Rücken und Schwanz mit wohlgezogenen weißen Linien, Kreisen und dekorativen Punkten. Dann legte sich die Goanna auf den Rücken und Nintaka bemalte ihr den Bauch mit den allerfeinsten braunen Pinselstrichen.

Dann sollte Milbili den Perentiemann bemalen. Da ihm aber sehr daran lag, rechtzeitig an der Zeremonie teilzunehmen, wollte er sich nicht allzu lang mit der Bemalung aufhalten. Statt der feinen Pinsel, die Nintaka verwendete, nahm er grobe Rindenfasern und malte in seiner Eile aufs Geradewohl los, so daß Nintakas Körper schließlich nur mit unregelmäßigen gelben Strichen und Farbtupfern bedeckt war.

»Das mag genug sein«, dachte Milbili insgeheim, »Nintaka wird sich in dem Glauben wiegen, er sähe schön aus, und darauf kommt es schließlich an.« Als der Goannamann mit seiner Arbeit fertig war, fragte Nintaka: »Nun denn, wie sehe ich aus?« – »Ausgezeichnet«, sagte Milbili. »Du könntest gar nicht besser aussehen – du siehst schöner aus als ich!«

Nintaka bedankte sich bei seinem Freund und ging seines Weges in dem Glauben, daß er famos ausschaute. Doch kurz darauf hielt er an einer Wasserstelle, um seinen Durst zu löschen, und als er sein Spiegelbild im Wasser sah, war er entsetzt. Anstatt der feinen Linien und hübschen Zeichnungen, die er auf seinen Kameraden gemalt hatte, sah er auf sich selbst nur eine kümmerliche, grob aufgetragene Musterung mit häßlichen gelben Flecken.

Nintaka, der Perentiemann, eilte zornentbrannt zurück, um sich an dem Goannamann zu rächen. Milbili hatte sich jedoch bereits in weiser Voraussicht in den Wipfel eines hohen Eukalyptusbaums gerettet und entkam so der Strafe.

Der schwerfällige Nintaka, der nicht so hoch hinaufklettern konnte, belegte die Goanna mit einem Fluch: »Von nun an wirst du nie wieder Zuflucht zwischen den Felsen finden, wenn deine Feinde dich verfolgen. Dein einziger Ausweg in Zeiten der Gefahr wird für dich die Flucht auf die Bäume sein. Ich jedoch werde mich nach wie vor in ein Versteck zwischen den Felsen retten können.«

»Das mag wohl der Fall sein«, gab Milbili zur Antwort. »Doch wenn der Winter heranrückt, werde ich mir eine Höhle unter der Erde graben, wo ich warm und vor aller Unbill sicher sein werde. Du aber wirst diese Fähigkeit nicht besitzen – du hast dir die Felsen als Wohnort ausgesucht, und dort sollst du von nun an Sommer und Winter zubringen.«

Seit jener Zeit leben die beiden Echsen, die sich derart verwünscht hatten, in ständiger Feindschaft. Die Goanna mit der prächtigen Musterung flüchtet sich, wenn Gefahr droht, in die Wipfel der Bäume und überwintert in tiefen Erdhöhlen, die unregelmäßig und grob gemusterte Perentie dagegen verbringt die Wintermonate in Felsspalten.

## *126. Der Streit der Emuhenne mit der Truthenne*

Die Emuhenne Kalaia und die wilde Truthenne Kipara waren Schwestern. Sie hatten die gleiche Anzahl Küken, doch Emu Kalaia war als jüngere Schwester der Truthenne im Rang untergeordnet. Sie war so eifersüchtig auf die Truthenne, daß sie beschloß, mit List und Tücke eine höhere Stellung zu erschwindeln. Dazu aber mußte sie mehr Kinder haben als Kalaia. Daher versteckte Kalaia eines Tages alle ihre Kinder unter einer Grasdecke bis auf zwei, mit denen sie zurück ins Lager kehrte. Als sich Kipara, die Truthenne, danach erkundigte, was denn aus den übrigen Kindern geworden war, antwortete ihr die Emuhenne, sie habe sie getötet, da sie ihr zuviel Mühe und

Umstände bereitet hatten. Und nun könne sie den beiden übriggebliebenen Kindern viel mehr Essen und Pflege zukommen lassen, und diese könnten dadurch zu großen starken Emus heranwachsen.

Kipara war zunächst entsetzt über diese Schandtat, doch leuchteten ihr die angeführten Gründe bald als durchaus annehmbar ein. Und als Kalaia sie dazu aufforderte, es ihr nachzutun, begab sie sich mit ihren Kindern ins Gebüsch und tötete alle bis auf die beiden kräftigsten, mit denen sie ins Lager zurückkehrte. Mittlerweile hatte Kalaia jedoch ihre versteckten Küken eingesammelt und in das Lager geführt. Kipara war entsetzt, als sie den schändlichen Betrug erkannte. So plante sie Vergeltung.

Wenige Tage später faltete sie ihre Flügel so eng zusammen und preßte sie so gegen ihren Körper, daß es den Anschein gab, als habe sie ihre Flügel abgeschnitten. Alsdann begann Kipara vor den Augen ihrer jüngeren Schwester auf und ab zu tanzen und erklärte ihr, sie habe sich die Flügel mit einem Steinmesser vom Körper getrennt, da sie ihr viel zu schwer waren. »Außerdem«, behauptete sie, »bin ich überzeugt, daß ich nun sehr viel schöner aussehe. Willst du nicht auch so schön aussehen wie ich?« fragte sie hinterlistig.

Die Emuhenne war nicht nur eifersüchtig, sie war auch sehr einfältig. Darüberhinaus war sie äußerst eitel und konnte der Verlockung nicht widerstehen. So schnitt sie sich die Flügel ab, um auch schöner auszusehen. Mit einem Freudenschrei erhob sich Kipara in die Lüfte und flog höher und höher. »Du dummer Vogel«, schalt sie ihre Schwester in großer Schadenfreude, »nun hast du keine Flügel wie ich! Menschen und Hunde können dich stellen und töten, während ich mich immer in die Lüfte retten kann!« Seit jener Zeit hat die wilde Truthenne immer zwei Küken, aber sie kann fliegen, während die Emuhenne mit ihren vielen Küken stets Gefahr läuft, von ihren Feinden eingeholt und getötet zu werden.

## *127. Wolba, die Winde*

In Unbalara, dem Wirbelwind, fährt eine große, böse Schlange Muruntu einher. Sie tut das mit ihrem dicken Kopf nach unten, und ihre langen Haare wirbeln den Staub auf. Ihren langen Schwanz hält sie in die Höhe, und sie beißt die Menschen mit ihren gewaltigen Fangzähnen.
In dem Heißwind Aranta fährt ein böser Geist in Gestalt einer Sonne einher. Er dringt in die Menschen ein und heizt ihren Leib so sehr von innen her auf, daß sich alle Haut schält und abfällt. Der böse Geist heißt Murulunga, der Giftige, und er verursacht den Tod.
In Tukara, dem Westwind, reisen zwei böse Wesen in der Gestalt von gefleckten Beutelmardern Ngatari. Sie beißen alle Menschen, die ihnen nahekommen.
Alintakata, der Nordwind, führt zwei riesige Emus, Altapatanmi, die Kohlenfresser, mit sich. Im Gegensatz zu den gewöhnlichen Emus können die Windemus fliegen und den Menschen tödliche Bisse zufügen.
Der Südwind heißt Ulbaïnelba. Er ist voller kleiner Steinmesser, die durch eine Hüfte der Menschen dringen, deren Eingeweide zerstückeln und dann aus der anderen Hüfte wieder zum Vorschein kommen.
Nur der Ostwind Ankurintji, der Gefahrlose, ist den Menschen ein wohlgesonnener guter Wind.

## *128. Als das Feuer ausriß*

Vor vielen Jahren kam eine Gruppe von Vorzeitwesen aus dem Himmel, die teils Mensch- teils Tiergestalt besaßen. Sie stiegen durch die Äste sehr hoher Eukalyptusbäume auf die Erde herab, um sich mit den Nachtgeistern zu treffen, welche sich tagsüber in leblosen Gegenständen aufhalten. Diese Wesen brachten ein Feuerholz mit sich, und als sie die Erde erreichten, zündeten sie damit ein Lagerfeuer an, um Larven zu rösten, die sie auf ihrem Abstieg in den Bäumen gefunden hatten. Während sie sich an ihrer Mahlzeit labten, wurden sie von den Geistern gerufen und in eine Höhle geführt. Nachdem sie fortgegangen waren, entschloß sich das unbeaufsichtigte Feuer, seiner eigenen Wege zu gehen. Es war heiterer Stimmung und hatte nichts als Unfug im Sinn, und so setzte es einen riesigen Brand in Gang, der den gesamten Wald mit all den riesigen Eukalyptusbäumen niederbrannte. Zu spät bemerkten die Vorzeitwesen den Brand, zu spät riefen sie das Feuer zurück. Die Menschen, die zuvor kein Feuer kannten, waren herbeigeeilt, um Feuerbrände aufzulesen und in ihre Lager zurückzutragen, wo sie die Feuer sorgsam mit trockenem Gras und Zweigen am Leben hielten. Die Nachtgeister und deren Besucher aber waren darüber sehr aufgebracht. Von nun an ließen sie ihre Feuerhölzer nie wieder unbeobachtet liegen, damit das Feuer nicht mehr ausreißen und weiteren Unfug anrichten konnte. Die Vorzeitwesen aber mußten lange Zeit auf der Erde zubringen, bis die Bäume wieder so hoch gewachsen waren, daß sie in den Himmel zurücksteigen konnten. Und die Menschen haben seit dem Tag des großen Brandes ihre Feuer stets gehütet und in Ehren gehalten.

## *129. Regenmann und Regenbogen*

Fern im Westen, am Ufer des Meeres, wohnt ein großer Regenhäuptling namens Ataïntjina, der dem Totem der Wasserschlange Muruntu angehört. Bei dem Regenhäuptling wohnen viele junge Regenmänner. Von Zeit zu Zeit geleitet der Regenhäuptling Ataïntjina einen jungen Regenmann, dessen Augen er mit einer Hand bedeckt hält, zum Meeresufer. Eine ungeheuere Wasserschlange lebt dort im Meer. Sie kommt mit weit aufgerissenem Maul angeschwommen, der Regenhäuptling wirft ihr den jungen Regenmann in den Rachen, und die Schlange verschlingt ihn bei lebendigem Leib. Zwei Tage lang bleibt der junge Mann im Bauch der Schlange, und während dieser Zeit dringen zahlreiche Perlmuttmuscheln, die sich im Inneren der Muruntuschlange befinden, in seinen Körper ein. Dann kehrt der Regenhäuptling zurück und befiehlt der Schlange, den jungen Mann wieder auszuspeien, damit er sie nicht von innen her aufzehrt. Die Schlange speit den Mann in die Büsche am Strand, und der Häuptling führt ihn in sein Lager zurück, wo die Frauen ein großes rauchendes Feuer vorbereiten. Dort wird der junge Mann in dem Feuerqualm geräuchert. Daraufhin sendet ihn der Häuptling auf eine große Ebene, wo der junge Mann eine der Perlmuttmuscheln aus seinem Körper zieht. Er reibt ihren Rand über einen harten Stein und hüllt sich in eine Wolke, die zum Himmel emporschwebt. Dort angekommen, dreht sich der junge Mann, so daß sein Kopf nach unten hängt. Er löst seine langen Haare, aus denen dann der Regen zur Erde fällt. Langsam zieht er so über den Himmel nach Osten. Von Zeit zu Zeit zieht er eine der Perlmuttmuscheln aus seinem Kopf und wirft sie als Blitze zur Erde. Währenddessen hat sich der Regenhäuptling Ataïntjina ans Meeresufer gelegt, und sobald er sich in einem tiefen Schlaf befindet, sendet er seinen Traumgeist in der Gestalt des Regenbogens hinter dem jungen Regenmann her. Dieser ergreift ihn, bindet sich ihn auf den Kopf und wandert dann weiter nach Osten.

Schließlich kehrt der Regenmann nach Westen zurück, wobei er wieder Perlmuttmuscheln auf die Erde herabläßt. Er steigt zu dem Regenhäuptling am Meeresufer herab. Wenn dieser ihm den Heimweg in sein Lager versperrt, entstehen im Landesinneren große Dürren. Ehe es wieder regnen kann, muß Ataïntjina einen neuen jungen Regenmann auserwählen, der dann wieder zwei Tage im Bauch der Muruntuschlange verbringen muß, bevor er den neuen Regen machen kann.

## *130. Ilia, die Emus*

Vor langer Zeit hielten sich viele Emus in Iliunba (»Emugeruch«) im fernen Osten auf. Unter der Führung eines alten männlichen Emus verließen sie diesen Lagerplatz, um in ihre Heimat im Westen zurückzukehren. Sie kamen zunächst nach Iliakamannana (»Emufutter«), wo sie Pflanzen, kleine Steine und Holzkohlen fraßen. Nachdem sie sich gesättigt hatten, wanderten sie weiter nach Ininjilultaka (»verschüttete Feinde«, die von einem fallenden Felsbrocken erschlagen worden waren). Dort überfiel sie ein Bankalanga, ein haariges Ungeheuer in Menschengestalt, und speerte und fraß einen Emu. Die übrigen Emus ergriffen die Flucht und trafen abends in Lelertja (»Steingeröll«) ein. Am folgenden Morgen erhob sich der alte Emu und weckte die anderen Emus mit trommelnden Lauten. Sie zogen nach Westen weiter, und der alte Emu bildete dabei die Nachhut. Bei Tjoritja (heutiges Alice Springs) durchschritten sie den Todd River und gelangten über Tnorunja (»Emukot«) nach Tnaburuta (»sich zum Schlaf beugen«), wo sie übernachteten. Am nächsten Morgen erhob sich der alte Emu und trommelte die anderen wieder aus dem Schlaf:

| | |
|---|---|
| Bulupungañi, | bulupungañi, |
| er trommelt, | er trommelt, |
| Jannaratjinka, | jannaratjinka! |
| Laßt uns weiterziehen, | laßt uns weiterziehen! |

Nachdem sie zwei Tage weitergewandert waren, kamen sie an einen Wasserlauf Ulkuantja (»Fressen«), wo sie Pflanzen fraßen und sich anschließend zur Ruhe legten. Am folgenden Morgen weckte sie der alte Emu durch lautes Pfeifen:

| | |
|---|---|
| Ntaveritnenkama, | ntaveritnenkama, |
| Er pfeift, | er pfeift, |
| Rauinkama, | rauinkama. |
| Er lockt, | er lockt. |

Die Emus liefen wieder in westlicher Richtung weiter, wurden dann aber bald von zwei wilden Hunden verfolgt, die ihnen am Weg aufgelauert hatten. Einer der Hunde packte einen Emu beim Schwanz und riß ihm die Schwanzfedern aus. Dieser Emu ging in die Erde ein, und die anderen liefen in großer Eile weiter, bis ihnen die Knie knackten:

| | |
|---|---|
| Erorutnalala | ilbanabanama. |
| Mit schnell arbeitenden Muskeln | laufen sie, laufen sie. |
| Irbiltiltiltilta | ilbanabanama. |
| Mit knackenden Gelenken | laufen sie, laufen sie. |

Eiligen Laufes kamen sie nach Nkitjinga (»miteinander sprechen«) wo sie miteinander redeten, liefen dann zu der Ebene Jururkna (»sumpfiger Boden«), wo sie das Regenwasser tranken, das sich dort gesammelt hatte. Dann gerieten sie auf eine große, mit Binsen und Schilf bewachsenen Fläche, wo sie mit ihren Beinen hängen blieben und stolperten:

| | |
|---|---|
| Ilarrabilarra | ntjalbiwotnama. |
| In den Binsen | stolperten sie. |
| Erorutnala | ntjalbiwotnama. |
| Mit schnell arbeitenden Muskeln | stolperten sie. |

Von hier aus wanderten sie ein Stück nach Norden und kamen nach Tnata-irkinja (»Bauchjucken«). Dort kratzten sie sich den Bauch und bemalten ihn mit Kreisen aus roter Ockerfarbe.

| | |
|---|---|
| Mbatjamba | iroaloala. |
| Auf dem Bauchfett | der Kreis. |
| Tjuntai | iroaloala. |
| Auf dem Magen | der Kreis. |

Bald erblickten sie große graue Raubvögel, vor denen sie sich fürchteten und davonliefen:

| | |
|---|---|
| Irbantara | irtjakati |
| Mit dem Kniegelenk | laufen sie fort |
| Ntaritjinbarala | tangaltjatangaltja. |
| Über felsige Berge, | über Steingeröll, Steingeröll. |

Sie liefen nun wieder nach Westen und kamen an einen Wasserlauf. Als sie in das Bett des Wasserlaufs hinabsprangen, brach sich ein alter Emu die Beine, und der Platz heißt Ultakalia:

| | |
|---|---|
| Ultakalia | wonmatare. |
| Ich habe sie | gebrochen. |
| Ndoltalia | wonmatare. |
| In der Mitte | gebrochen. |

Zwei junge Emus blieben bei dem alten Emu mit den gebrochenen Beinen und führten Zeremonien aus. Die anderen zogen weiter. Sie überschritten eine große Kiesfläche und drehten dabei ihre Hälse hierhin und dorthin, um den besten Pfad zu entdecken:

| | |
|---|---|
| Urkataburkata | lali, |
| Auf der weiten Kiesfläche | laufen sie, |
| Worralini | antjalini. |
| Sie bewegen das Genick, | sie bewegen den Hals. |

Wieder kamen sie an einen Wasserlauf und sprangen von hohen Ufern in den weichen Sand des Bettes, in den sie tief einsanken:

| | |
|---|---|
| Ulbmarala | toppatakilia. |
| Im weißen Sand | sinken sie ein. |
| Larrala | toppatakilia. |
| In das Flußbett | sinken sie ein. |

In der Nähe befand sich der hohe Berg Nunta (»Felsspitze«), wo sich zwei Emumänner namens Makakunna (»mit krummem Arm«) und Luntja (»mit langem Hals«) aufhielten. Schon von weitem hatten die beiden den Staub, den die wandernde Emugruppe aufwirbelte, herannahen sehen.

Makakunna versperrte den Emus den Weg. Er packte einen und lief mit ihm davon, woraufhin die übrigen Emus in einer großen Steinhöhle Zuflucht suchten. Da holte der üble Makakunna dürres Gras herbei und zündete es am Höhleneingang an, um die Emus zu ersticken. Aber nur einer der Emus erstickte an dem Rauch, die übrigen fanden rechtzeitig einen Ausweg und liefen unter der Erde weiter, bis sie bei Ilia-urba (»Emurücken«) wieder aus der Erde traten. Nachdem sie eine lange Strecke an der Erdoberfläche zurückgelegt hatten, verschwanden sie nochmals in der Erde und tauchten bei Pmokata (»Schlangenei«) wieder auf. Sie kamen zu dem hohen Berg Paurara (»hoher Berg«), in dessen Umgebung sich viele Emus aufhielten. Nach der üblen Erfahrung mit Makakunna gab sich die wandernde Emugruppe nicht zu erkennen, und es gelang ihr, unbemerkt an den Emus von Paurara vorbeizuziehen. Schließlich gelangten die Emus nach Ntjikantja (»Giftdrüsen der Schlange«), wo sie erneut in die Erde eingingen.

| | |
|---|---|
| Leora | tarbana, |
| Alle | gehen hinunter, |
| Manna | kurikuri. |
| Die | mit dem grünen Schwanz. |

Bei Mbatara (»Bauchfett«), wo sich viele Emus aufhielten, traten sie wieder an die Erdoberfläche. Der Anführer Ngaiameria (»der Hungrige«) der Emus von Mbatara rief sie, doch sie verschwanden erneut in der Erde und kamen erst wieder an dem Wasserloch Antala (»mit steifem Oberkörper knien«) zum Vorschein. Hier ruhten sie und fraßen. Dann zogen sie weiter über Kulbitara (»Höhlenplatz«) und Jakajaka (»lose Erde«) nach Ulturbma (»Kalkstein«). Von hier aus legten sie den Rest ihrer Wegstrecke wieder unterirdisch fort, bis sie nach langer Wanderung endlich ihr Wanderziel Tukuta (»Emuherz«) erreichten. Hier befand sich eine Steinhöhle, wo die erschöpften Emus sich am Ende ihrer langen Wanderschaft in Tjurungas verwandelten. Die Höhle heißt Kalaia-tarbana (»die Emus gehen (in die Höhle) ein«). Sie ist eine bedeutende Emutotemstätte.

## *131. Die Entstehung der ersten Lebewesen*

Ganz zu Anbeginn des Träumens war die Erde mit Salzwasser bedeckt. Die Bewohner des Nordens jedoch, die sich das Salzwasser schon immer aneignen wollten, zogen es nach und nach in ihr Land, wo es sich noch heute befindet. Zu jener Zeit bewohnten zwei mächtige Wesen, die Ungambikula, die aus dem Nichts entstanden waren, den westlichen Himmel. Von dort aus sahen sie weit drüben im Osten auf der Erde unförmige Wesen, die Inapertwas, die sich in Gruppen versammelt an den Ufern des Salzwassers aufhielten.

Sie saßen vornübergebeugt, unvollendete Gestalten – halb Tier oder Pflanze und halb Mensch – doch besaßen sie weder Gliedmaßen, noch konnten sie sehen, hören und riechen oder Nahrung zu sich nehmen. So erwarteten sie unbeweglich und stumm die Vollendung ihrer Gestalt und ihrer Sinne. Da stiegen die beiden Ungambikula mit ihren großen Steinmessern aus dem Himmel zur Erde herab und verwandelten die Inapertwas in Männer und Frauen. Zuerst lösten sie mit ihren Messern die Arme der Inapertwas aus deren Körpern, dann schnitten sie ihnen Finger aus den breiten Armenden. Alsdann holten sie auf die gleiche Weise die Beine heraus und formten die Zehen. Daraufhin konnten die Figuren aufrecht stehen, und erhielten Gesichter, eine Nase, in die die Ungambikula mit ihren Fingern Nasenlöcher bohrten. Ein Messerschnitt öffnete den Mund, der mehrmals auf und zugeklappt wurde, um ihn geschmeidig zu machen. Weitere Schnitte teilten die Augenlider und legten die bereits vorhandenen Augen frei. Und nach einigen weiteren Schnitten nahmen die Inapertwas menschliche Gestalt an. Von nun an waren diese Menschen verwandt mit dem Totem, dessen unvollendete Form ihnen zuvor innewohnte: mit Akakia, dem Pflaumenbaum, oder Inguitchika, dem Grassamen, mit Echunpa, dem Waran, oder Erliwatchera, der kleinen Echse, mit Atninpirichira, dem Papagei, oder Untania, der Beutelratte.

## *132. Karora, der Bandikutahne*

Zu Anbeginn schlummerte alles in ewiger Finsternis: die Nacht umhüllte die Erde wie ein undurchsichtiges Dikkicht. Karora, der Urvater der Bandikuts, ruhte schlafend in ewig währender Nacht im tiefsten Grund der Wasserstelle Ilbalintja; noch befand sich kein Wasser in der Stelle, noch war aller Boden trocken. Er war bedeckt mit roten Blumen und vielerlei Gräsern. Über Ilbalintja ragte ein großer Tnatanjapfahl, er war emporgewachsen aus einem dunkelroten Blumenbeet, das die Stätte bedeckte. Neben dem Fußende des Pfahls ruhte Karoras Haupt; von hier aus reckte der Pfahl sich zum Himmel empor, als wolle er die Himmelskuppe selbst berühren. Er war ein Lebewesen, bedeckt mit einer glatten Haut wie ein Mensch. Karoras Haupt lag zu Füßen des großen Tnatanja. Dort hatte es von Anbeginn geruht.

In Karoras Haupt wurden Gedanken wach, und Wünsche und Sehnsüchte kamen ihm in den Sinn. Da begannen die Bandikuts aus seinem Nabel und seinen Achselhöhlen hervorzuquellen. Sie brachen durch die Erddecke, und ihr Leben setzte ein.

Und nun begann das erste Morgengrauen zu dämmern. Von überall sahen die Menschen das erste Licht: die Sonne selbst ging in Ilbalintja auf und überflutete alles mit Helligkeit. Als die Sonne höher stieg, hatte der Bandikutahne die Eingebung, sich selbst zu erheben. Er brach durch die Erdkruste, die ihn seit Anbeginn bedeckt hatte. Sein Aufstehen hinterließ ein klaffendas Loch, das sich in die Ilbalintja-Wasserstelle verwandelte, gefüllt mit den dunklen Säften der Rebknospen. Karora erhob sich, und zum ersten Mal verspürte er Hunger, da seine mächtige Schöpferkraft geschwunden war.

Noch fühlt er sich benommen. Allmählich beginnen seine Augenlider zu zucken. Seine Augen öffnen und schließen sich. Er öffnet sie ein wenig. In seinem benommenen Zustand tastet er sich seinen Weg. Er fühlt die sich bewegende Masse der Bandikuts, die ihn umgeben. Nun steht er sicherer. Er denkt und verspürt das Verlangen, seinen Hunger zu stillen. In seinem Heißhunger packt er zwei junge Bandikuts, trägt sie in die Nähe der Sonne und gart sie dort in der glühend heißen Erde, die die Sonne erhitzt hat. Die Finger der Sonne reichen ihm Feuer und Glut. Nachdem er seinen Hunger gestillt hat, verspürt er das Verlangen nach einem Helfer. Doch nun breitet sich der erste Abend über die Welt. Die Sonne verbirgt ihr Gesicht hinter einem Vorhang aus Haarschnüren und bedeckt ihren Körper mit Haarschnurgehängen. Damit verschwindet sie aus der Sicht.

Karora fällt in einen tiefen Schlaf, er liegt mit beiden Armen ausgebreitet.
Während er schläft, kommt etwas unter seiner Achselhöhle hervor. Es hat die Form eines Schwirrholzes. Es nimmt menschliche Gestalt an und wächst in dieser Nacht zu einem jungen Mann heran: er ist der erstgeborene Sohn. Mitten in der Nacht wacht Karora auf, da etwas Schweres auf seinem Arm lastet. Er sieht, wie ihm sein erstgeborener Sohn zur Seite liegt. Sein Kopf ruht auf seines Vaters Schulter.
Das Morgengrauen dämmert. Karora erhebt sich. Er stößt einen lauten vibrierenden Ruf aus. Damit flößt er seinem Sohn Leben ein. Dieser erhebt sich. Er tanzt den Zeremonientanz um seinen Vater, der mit allen zeremoniellen Mustern aus Blut und Daunenfedern geschmückt ist. Der Sohn strauchelt und schwankt, er ist halbwach und noch stark benommen. Der Vater läßt seinen Körper heftig erzittern, woraufhin ihm der Sohn die Hände auflegt. Die Urzeremonie ist beendet.
Der Sohn wird nun von seinem Vater losgeschickt, um mehr Bandikuts zu erlegen, die in der Nähe friedlich im Schatten verweilen. Der Sohn bringt dem Vater die Beute, die dieser in der von der Sonne erhitzten Erde gart. Der Vater teilt die Mahlzeit mit seinem Sohn. Wiederum bricht der Abend an, und bald liegen Vater und Sohn in einem tiefen Schlaf. In dieser Nacht werden dem Vater aus seinen Achselhöhlen zwei neue Söhne geboren. Auch sie ruft er am folgenden Morgen mit einem lauten Ruf ins Leben.
Der Geburtsprozeß wiederholt sich viele Tage und Nächte lang, immer mehr Söhne gebiert der Vater in jeder Nacht, in manchen Nächten bis zu fünfzig Söhne. Doch lang kann dies nicht mehr anhalten: Der Vater und seine vielen Söhne aßen bereits nahezu alle Bandikuts, die ursprünglich aus Karoras Körper hervorgingen. Schließlich sendet der hungrige Vater seine hungrigen Söhne auf einen dreitägigen Jagdzug in die fernere Umgebung der Ilbalintja-Ebene. Stundenlang durchsuchen sie geduldig das hohe weiße Gras und den Halbschatten der sich

endlos in die Ferne erstreckenden Mulgabäume. Doch im riesigen Mulgadickicht gibt es keine Bandikuts, und so müssen sie umkehren.
Die Söhne kehren hungrig und erschöpft durch die große Stille zurück. Sie sehen, wie sich ihr Vater nähert. Er führt sie zurück zur Wasserstelle. Sie lassen sich an der Wasserstelle nieder. Sie sitzen im Kreis um den Rand der Wasserstelle, sie bilden einen zweiten Kreis um den inneren Kreis, gefolgt von immer weiteren Kreisen, wie Ringe, die sich auf einer gestörten Wasserfläche bilden. Da bricht eine große Flut aus dem Osten über sie herein, eine süße Honigflut aus den Knospen der wilden Reben. Die Flut umspült sie und zieht sie hinab in die Wasserstelle von Ilbalintja.

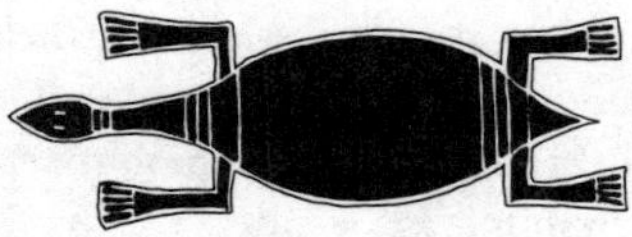

## *133. Die Termitenfrau von Iloata*

Zu Anbeginn ruhte der große Berg Iloata tief im Schoß der Erde. Dann wuchs er aus der Erde empor wie ein Grashalm. Zuerst kam nur sein gerundeter Gipfel zum Vorschein. Dann wuchs er weiter hervor, und seine Masse wurde größer und höher, bis sein gesamter Umfang erkennbar wurde. Schließlich ragte er in all seiner Größe und Mächtigkeit über der Erde empor. Auf seinem höchsten Gipfel befand sich eine Vertiefung aus verhärteter Erde. Sie war aus getrocknetem Blut entstanden, als der Berg noch in den Tiefen der Erde schlummerte.
Als die volle Masse des Berges aufgetaucht war, begannen kleine Erhebungen aus der verhärteten Erde hervorzutreten, kleine Termitenhügel, die aus der Mitte der Bergkuppe emporwuchsen. Und es sind diese Hügel, aus denen die Termitenfrauen von Iloata ins Leben traten, je eine Frau aus einem jeden Hügel.

## *134. Die Känguruhs von Krantji*

Aus der Wasserstelle von Krantji trat der Ahnenvater der Känguruhs Krantjirinja ins Leben. Er trat aus ihr hervor und besaß die Gliedmaßen eines Känguruhs. Tagsüber trug er die Gestalt des Känguruhs und stillte seinen Hunger mit Gräsern und Kräutern. Des Nachts nahm er menschliche Gestalt an. Er schmückte seinen Körper mit Daunen, mit wundervollen Mustern aus Daunen. In den Tiefen der Wasserstellen lag ein Schild. Es lag mit der Außenseite nach unten auf dem Grund der Wasserstelle. In den Tiefen der Wasserstelle befand sich das Heim des Känguruh-Ahnenvaters. Sein Windschutz befand sich unter der Erde. Unter diesem Schild befanden sich alle seine Tjurunga. Unter diesem Schild kamen alle Känguruhvorfahren hervor. Sie traten in der Gestalt von Känguruhs ins Leben, und auf der Erde nahmen sie menschliche Gestalt an.

## *135. Die Geburt der Brachvögel und der erste Tod*

Sie kamen aus einer Felsspalte hervor, aus einer schmalen Felsspalte traten sie ins Leben, die Ahnen der Brachvögel. Der Fels war von einer Brachvogelfrau geöffnet worden, die mit ihrer Nase von innen her eine Öffnung in das harte Gestein gestoßen hatte. Sie trat als erste ins Freie, gefolgt von den übrigen Brachvogelfrauen. Dann trat ein Brachvogelmann aus dem Felsspalt hervor, gefolgt von den anderen Brachvogelmännern. So traten alle Brachvögel ins Leben.

Die Brachvogelmänner waren erzürnt über den ersten Brachvogelmann, da er zu nah auf die letzte Brachvogelfrau gefolgt war, als er die Erde betrat. Da machte der erstgeborene Brachvogel ein großes flammendes Feuer, und die übrigen Brachvögel deuteten mit einem Zauberknochen auf ihn, um ihn zu zerstören. Der verwünschte Mann streckte sich auf der Erde aus, wo er zwei Nächte lang regungslos liegenblieb. Dann starb er, und seine Angehörigen begruben ihn an einer Stelle östlich der Felsspalte. Die Brachvogelfrauen wanderten gruppenweise in verschiedene Richtungen und tanzten in ihrer Trauer rituelle Tänze.

Doch der verstorbene Mann höhlte die Erde von unten her aus, und seine Stirn brach durch die Erdkruste, dann erschienen seine Schläfen, sein ganzer Kopf, sein Hals; doch seine Schultern blieben festgeklemmt in der Erde stecken.

Da erschien Urbura, der Elstermann aus Urburakania. Er kam in großer Eile, da er aus der Ferne beobachtet hatte, wie der Brachvogelmann seine Wiederauferstehung antrat. Der Körper des toten Mannes kam weiter zum Vorschein. Inzwischen hatten sich auch die tanzenden Brachvogelfrauen genaht und umringten ihn nun. Der Elstermann war in tödlichem Zorn auf einen nahen Hügel gerannt. Dort ergriff er einen schweren Holzspeer und schleuderte ihn durch den Hals des Toten. Alsdann trat und stampfte er den Kopf des Brachvogelmannes zurück in die Erde und gebot: »Nun bleibe auf alle Zeit in der Erde verwurzelt und versuche nie wieder aufzuerstehen. Verweile auf ewig unter der Erde!« Da verwandelten sich die Brachvögelmänner und -frauen in Vögel und flogen davon. Auch Urbura selbst erhob sich in die Lüfte und kehrte zu seiner eigenen Wohnstätte zurück. Und bis auf den heutigen Tag erinnern die Klagerufe der Brachvögel an jene erste Begebenheit, die bewirkte, daß die Verstorbenen nie wieder auferstehen werden.

## *136. Ankotarinja, der Urahne von Ankota*

Zu Anbeginn lebte in Ankota ein Mann, der ohne Vater und Mutter der Erde entsprungen war. Er hatte schlafend im Schoß der Erde gelegen, und die Termiten hatten seinen Körper ausgehöhlt, und die Erde lag wie eine Decke über ihm. Während er so im Boden lag, entstand in seinem Geist ein Gedanke: »Vielleicht wäre es schön, sich zu erheben.« Er lag da in diesen Gedanken vertieft. Dann erhob er sich aus der weichen Erde eines kleinen Wasserlaufes.

Er schaut sich um, noch im Halbschlaf. Um sich herum sieht er mächtige Tnatanjapfähle in den Himmel ragen und schwanken, Tnatanjas von Männern und Frauen, die auf dieselbe Weise entstanden sind wie er. Er zögert. »Wohin soll ich gehen?« Er steht auf Beinen, die noch schwach sind und beben. Sein Körper gleicht einem Skelett, denn die Termiten haben lange an ihm gezehrt. Matt steht er da. Dann wankt er zu einem nahen Sumpf und läßt sich an dessen Rand nieder.

Gedanken und Wünsche bilden sich in seinem Geist. Er beginnt, sich mit rotgefärbten Daunen zu schmücken. Ein großer Tnatanjapfahl ragt auf seinem Haupt: Er entstieg der Erde mit diesem Pfahl auf seinem Haupt, und dann schoß der Pfahl empor, bis er den Himmelsdom berührte. Er beginnt, heftig zu atmen, und er wittert in alle vier Windrichtungen: ein kalter Wind weht aus dem Norden. Ein kalter Wind weht aus dem Osten. Doch da: ein warmer Wind kommt aus dem Westen. Begierig atmet er den warmen Wind. »Aus dem Westen kommt der Wind, der mein Herz erwärmt.« Er kehrt zu der Stelle zurück, an der er entstanden war. Doch nun füllt sich sein Herz mit Zorn gegen den Westen. Der große Tjurunga auf seinem Kopf fällt zur Erde nieder, er erhebt sich und läßt ihn liegen und begibt sich auf eine Wanderung nach Westen.

Bald verschwindet er im Erdboden und setzt seine Wanderung unterirdisch fort. In Irbunngurerea taucht er wieder auf. Er blickt auf den Boden und erkennt Fußspuren, die Spuren von Frauen. Nach Nahrung lechzend sieht er, wo sie im Bachbett nach Fröschen gegraben hatten. »Hier brennt kein Feuer, wo, wo sind sie?« Er kauert sich nieder und streckt sich zu seiner vollen Länge aus, dann setzt er wie ein Hund seinen Weg fort. »Dieses Lager haben sie erst am Vortag verlassen.« Dann erspäht er eine dünne Rauchfahne, die sich aus einer anderen

verlassenen Feuerstelle erhebt. »Von hier sind sie erst heute fortgezogen.« Er spuckt sich auf die Handflächen, sein Heißhunger auf die Frauen steigert sich. »Vor kurzem haben sie hier nach Fröschen gegraben, doch sie sind nirgendwo zu sehen. Wo, wo mögen sie sein?« Da entdeckt er glühende Kohle. »Gerade eben sind sie von hier fortgegangen. Soeben haben sie diesen Ort verlassen.« Er schmiegt sich an den Erdboden und kriecht weiter. Jetzt sieht er die Gestalten der Frauen in der Ferne. Plötzlich wird den Frauen übel. »Wer hat plötzlich diese Übelkeit über uns gebracht?« Hilflos sitzen sie da, sie können nicht mehr essen. Sie lassen ihren Blick in die Ferne schweifen. Aber der Mann hat sich schon versteckt. Während sie immer noch mit hoch erhobenen Häuptern die Ferne nach der Ursache ihrer Übelkeit absuchen, ist der Mann im langen Gras an sie herangekrochen und fällt sie an. Seine Zähne graben sich tief in die Hüften der Frauen ein. Er reißt sie, dann geht er weiter, denn nun hat er seine echte Beute erspäht.
Nun befindet sich der Mann auf einer Hügelkuppe und sieht das Lager der Beutelmardermänner von Parr'Erultja unter sich. Er blickt hinunter. Keine Bewegung macht er, keinen Laut. Schweigend blickt er hinunter, dann kommt er näher. Er sieht sie alle: In einem weiten kahlen Grund liegen sie ausgestreckt in tiefem Schlaf. Aus ihrer Mitte ragt der mächtige Tnatanja empor und stößt an die Himmelskuppe. Im nächsten Augenblick fällt er über sie her. Hier und da packt er die Männer, wie ein Wirbelwind ergreift er sie, schwingt sie in die Luft und verschlingt sie mit Haut und Haar. Zum Bersten voll streckt er sich am Fuße des Tnatanja zum Schlafen aus. Dann verfällt er in einen tiefen Schlaf.
Ein anderer Mann nähert sich von Westen. »Wo sind wohl all die Männer hin verschwunden?« Er lauscht angestrengt. Kein Laut ist zu hören. Da rückt er näher heran. »Die Männer, die hier gelebt hatten, sind alle verschollen. Der Wind, der von hier wehte, ist ebenfalls verschwunden. Wer hat es vollbracht, daß der Wind versiegte?« Das Ungeheuer liegt immer noch am Fuß

des Tnatanjapfahles, vollgefressen und träge. Der Mann aus dem Westen kommt näher heran und blickt von einer niedrigen Hügelkuppe herab. Und nun sieht er, daß etwas am Fuß des Tnatanja ruht, etwas blindes, augenloses, das leuchtet im Licht des Feuerscheins. Nun nähert sich der Mann aus dem Westen auf Händen und Füßen, denn sein Zorn ist entbrannt. Sobald er nahe genug herangekommen ist, spuckt er sich auf die Handflächen und schleudert einen Tjurunga auf die schlafende Gestalt. Er trifft das Ungeheuer im Nacken. Der Kopf des Ungeheuers rollt davon, und die verschlungenen Männer kommen alle wieder zum Vorschein. Sie quellen hervor wie Wasser. Sofort begeben sie sich auf die umliegenden Anhöhen und schwingen ihre Schwirrhölzer vor Freude und schmücken ihre Häupter mit grünen Zweigen und Wallabyschwänzen.
Der tote Körper des Ungeheuers liegt auf der Erde, doch sein abgeschlagenes Haupt ist noch immer am Leben. Das Haupt denkt: »Mein Heim ist nicht fern von hier. Ich will dorthin zurückkehren zu meiner letzten Ruhe.« Und so rollte sich das Haupt unter der Erde, bis es schließlich in einem kleinen Wasserlauf bei Ankota wieder auftauchte. Und dort blieb es und ging für immer in die Erde ein.

## *137. Der Ankotarinja-Gesang*

Ankotarinja ruht in seiner Erdhöhle:

1. Rot sind die Daunen, die mich bedecken
   Rot bin ich, als sei ich im Feuer.
2. Rot bin ich, als sei ich im Feuer,
   Rot leuchtet der Ocker, der mich bedeckt.
3. Rot bin ich, als sei ich im Feuer,
   Rot ist die Höhle, in der ich hier ruhe.
4. Rot bin ich, wie das Herz einer Flamme,
   Rot ist die Höhle, in der ich hier ruhe.
5. Auf meinem Haupt ruht der rote Tjurunga,
   Rot ist die Höhle, in der ich hier ruhe.

Der Tnatanjapfahl ragt zum Himmel empor:

6. Wie ein Wirbelsturm steigt er zum Himmel empor,
   Wie ein Pfeiler aus rotem Sand ragt er empor.
7. Der Tnatanjapfahl reckt sich zum Himmel empor,
   Wie ein Pfeiler aus rotem Sand ragt er empor.

Das umliegende Land:

8. Viele rote Kieselsteine bedecken die Ebene,
   Weiße Furchen aus Sand durchziehen sie.
9. Rote Kieselstreifen zeichnen die Ebene,
   Weiße Streifen aus Sand durchziehen sie.

Ankotarinja entdeckt den unterirdischen Gang:

10. Ein Pfad durch die Erde öffnet sich vor mir,
    Er geht nach Westen, er liegt offen vor mir.
11. Ein Höhlengang hat sich vor mir geöffnet,
    Er geht nach Westen, er liegt offen vor mir.

Er folgt der Witterung und verschlingt die Tjilpamänner:

12. Vor lauter Gier saugt er den Bart in den Mund,
Wie ein Hund so wittert er, folgt er dem Pfad.
13. Er eilt geschwind weiter, voll Gier, wie ein Hund,
Wie ein Hund, so wittert er, folgt er dem Pfad.
14. Unaufhaltbar und geifernd vor lauter Gier,
Wie ein Wirbelwind steigt er, reißt er sie an sich.

Sein abgeschlagenes Haupt erblickt den Heimweg:

15. Dort draußen, nicht fern von hier liegt Ankota,
das Loch in der Erde gähnt vor mir.
16. Ein gerader Gang liegt offen vor mir,
ein Loch in der Erde gähnt vor mir.
17. Ein Höhleneingang liegt offen vor mir,
Ein Untergrundgang liegt offen vor mir.

Ankotarinja ist zurückgekehrt:

18. Rot bin ich wie das Herz einer Flamme,
Und rot ist das Loch, in dem ich nun ruhe.

## *138. Originalsprachlicher Text*

Die Erzählung von den zahlreichen Hunden

Papa Tuta
Knulja Ntjara
[Hunde viele]

| | | | | |
|---|---|---|---|---|
| Loritja. | Papa | tuta | ninanguta | Papamama[1] |
| Aranda. | Knulja | ntjara | nakala | Papamama |
| | Hunde | viele | sind gewesen in | Papamama |

| | | | | |
|---|---|---|---|---|
| nguranka, | Merininka[2] | wilurara; | tina | kutara |
| tmēla, | Merinanga | aldola; | inkata | tara |
| Platz, | von Merina | westlich; | Häuptling | zwei |

| | | | | | |
|---|---|---|---|---|---|
| tanamba: | Nukali,[3] | Aturu[4] | kutara. | Tana | kutu |
| etnaka: | Nukali, | Aturu | tara. | Etna | kuta |
| ihr (gen. pl.): | Nukali, | Aturu | zwei. | Sie | immer |

| | | | | |
|---|---|---|---|---|
| mallu | patarawonningu. | Tana | kuka | ngalkula, |
| ara | utnuriraka. | Etna | garra | ilkumala, |
| Känguruhs | bissen. | Sie | Wild | gefressen habend, |

| | | | | |
|---|---|---|---|---|
| tana | ngurakura | péuku | ngálangálakúlbangu. | Tana |
| etna | tmarauna | wotta | pitjalburiraka. | Etna |
| sie | nach dem Lagerplatz | wieder | zurückkehrten. | Sie |

| | | | | |
|---|---|---|---|---|
| nakulawonningu, | papa | mankurba | kutuba | ulbareranguru |
| rariraka, | knulja | urbutja | arbuna | antakaranga |
| sahen, | Hunde | einige | andere | vom Süden |

| | | | |
|---|---|---|---|
| ngalajenkuntala; | ini | tina | tanamba: |
| pitjimanga; | retna | inkata | etnaka: |
| ankommend; | Namen | Häuptling | ihr (3. pers. pl. gen.): |

| | | | | |
|---|---|---|---|---|
| Ulburukwata,[5] | Puturutju[6] | ninangu. | Tana | tunguringu. |
| Ulburukwata, | Puturutju | naka. | Etna | lungeraka. |
| Ulburukwata, | Puturutju | war. | Sie | kamen zusammen. |

| | | | | | |
|---|---|---|---|---|---|
| Tina | papa | Nukali | bakalkatingu, | paluru | kutu |
| Inkata | knulja | Nukali | kameralalaka, | era | kuta |
| Häuptling- | Hund | Nukali | erhob sich, | er | immer |

| | | | | |
|---|---|---|---|---|
| pantinu | papa | kutuba | ulbareranguru | ngalajenkuntala. |
| ntjainaka | knulja | arbuna | antakaranga | pitjimanga. |
| beroch | die Hunde | andere | vom Süden | kommend. |

| | | | | |
|---|---|---|---|---|
| Tana | utuluturingu. | tana | apuara | kukaku |
| Etna | wollawolleraka. | etna | inkaraka | garraka |
| Sie | versammelten sich. | sie | alle | nach Fleisch |

| | | | | | |
|---|---|---|---|---|---|
| jennujennu. | Tana | kuka | nakulawonningu, | tana | tatu |
| lariraka. | Etna | garra | rariraka, | etna | tangitja |
| gingen. | Sie | Wild | sahen, | sie | im Kreis |

| | | | | |
|---|---|---|---|---|
| bila | jennujennu, | tana | ngururkutunu, | kuka |
| antaka | lariraka, | etna | mbobakilaka, | garra |
| weit | gingen, | sie | in die Mitte nahmen, | Wild |

| | | | | |
|---|---|---|---|---|
| apuara | patarawonningu. | Tana | nangaku | kuka |
| inkaraka | utnuriraka. | Etna | nāka | garra |
| alles | sie bissen. | Sie | hier | Wild |

| | | | | |
|---|---|---|---|---|
| apuara | ngalkurawonningu. | Tana | ngalkula | péuku |
| inkaraka | ilkulanariraka. | Etna | ilkumala | wotta |
| alles | fraßen. | Sie | gefressen habend | wieder |

| | | | |
|---|---|---|---|
| ngurakura | kulbarawonningu; | tana | nguraku |
| tmarauna | alburiraka; | etna | tmaraka |
| nach dem Lager | umkehrten; | sie | im Lagerplatz |

| | | |
|---|---|---|
| ngáringarikátingukúlbara, | tana | anku ngarirawonningu. |
| iwulitjalburiraka, | etna | ankuindariraka. |
| sich niederwarfen. | Sie | schliefen. |

| | | | |
|---|---|---|---|
| Mungapurunka | Puturutju, | Ulburukwata | wonkangukutara |
| Ingutnala | Puturutju, | Ulburukwata | ankaraka |
| Des Morgens | Puturutju | und Ulburukwata | sagten |

| | | | | |
|---|---|---|---|---|
| tina | kutarakutu:[7] | Ngali | kakarara | wonma |
| inkata | tarauna: | Ilina | eknara | longa |
| Häuptlinge | beiden: | Wir beide | nach Osten | weit |

| | | | |
|---|---|---|---|
| jennanakutara | papa | tutatara.[8] | Palurukutara[9] |
| laritjina | knulja | ntjaragata. | Eratara |
| gehen werden | Hunden | vielen [mit]. | Die beiden |

| | | | | |
|---|---|---|---|---|
| ijanu: | Numbali | kakarara | jerrakutarai | ngura |
| jainala naraka: | Mbala | eknara | larai | tmara |
| sandten fort: | Ihr beide | nach Osten | geht | nach dem |

| | | | | |
|---|---|---|---|---|
| Torearalakura.[10] | Tana | bokkana | ngalangalajennu | Puntitara[11] |
| Torearauna. | Etna | kala | pitjiriraka | Puntitara |
| Platz Toreara. | Sie | schon | kamen nach | Puntitara |

| | | | | | |
|---|---|---|---|---|---|
| ngurakura; | tana | kuka | mallu | tuta | patarawonningu. |
| tmarauna; | etna | garra | ara | ntjara | utnuriraka. |
| nach dem Platz; | sie | Wild | Känguruh | viele | bissen. |

| | | | | |
|---|---|---|---|---|
| Tana | ngalkula | ngarirawonningu; | tana | péuku |
| Etna | ilkumala | indariraka; | etna | wotta |
| Sie | gegessen habend | lagen da; | sie | wieder |

| | | | |
|---|---|---|---|
| mungawenki[12] | bakarawonningu, | tana | ngalangalajennu |
| inguntingunta | kamerariraka, | etna | pitjiriraka |
| mit Morgengrauen | aufstanden, | sie | kamen |

| | | | | | |
|---|---|---|---|---|---|
| Itirki[13] | ngurakutu, | tana | kuka | mallu | péuku |
| Itirki | tmarauna, | etna | garra | ara | wotta |
| nach Itirka | Lagerplatz, | sie | Wild | Känguruh | wieder- |

| | | | | |
|---|---|---|---|---|
| nakulawonningu, | patarawonningu | puruna. | Tana | nangaku |
| rariraka, | utnuriraka | tuta. | Etna | nāka |
| sahen, | bissen | auch. | Sie | hier |

| | | | |
|---|---|---|---|
| ngalkula, | tana | mungawenki | bakalkatirajenkula- |
| ilkumala, | etna | inguntingunta | kameralalariraka |
| gegessen habend, | sie | mit Morgengrauen | aufstanden |

| | | | | | |
|---|---|---|---|---|---|
| wonningu | Ilili[14] | ngurakutu. | Tana | kuka | kanala |
| | Ilili | tmarauna. | Etna | garra | aranga |
| | nach Ilili | Platz. | Sie | Wild | graues Känguruh |

| | | | | |
|---|---|---|---|---|
| nakulawonningu, | patarawonningu | puruna; | tana | nanganka |
| rariraka, | utnuriraka | tuta; | etna | nala |
| sahen, | bissen | auch; | sie | hier |

| | | | |
|---|---|---|---|
| ngarirawonningu. | Tana | nungapurunka | bakalkatirajenkula- |
| indariraka. | Etna | ingutnala | kameralalariraka, |
| lagen. | Sie | morgens | aufstanden, |

| | | | | |
|---|---|---|---|---|
| wonningu, | tana | péuku | ngalangalajennu | Ulkapu[15] |
| | etna | wotta | pitjiriraka | Ulkapu |
| | sie | wieder | kamen | nach Ulkapu |

| | | | | |
|---|---|---|---|---|
| ngurakutu. | Tana | kanala | tuta | nakulawonningu, |
| tmarauna. | Etna | aranga | ntjara | rariraka, |
| Lagerplatz. | Sie | graues Känguruh | viele | sahen, |

| | | | | |
|---|---|---|---|---|
| tana | patarawonningu. | Tana | ngarira | péuku |
| etna | utnuriraka. | Etna | indamala | wotta |
| sie | bissen. | Sie | gelegen habend | wieder |

| | | | | |
|---|---|---|---|---|
| ngalangalajennu | Ilpi[16] | ngurakura, | tana | ngarira |
| pitjiriraka | Ilpi | tmarauna, | etna | indamala |
| kamen | nach Ilpi | Platz, | sie | gelegen habend |

| | | | | |
|---|---|---|---|---|
| péuku | ngalangalajennu | Ilkoaratara[17] | ngurakutu. | Tana |
| wotta | pitjiriraka | Ilkoaratara | tmarauna. | Etna |
| wieder | kamen | nach Ilkoaratara | Lagerplatz. | Sie |

| | | | | |
|---|---|---|---|---|
| kuka | kanala | tuta | kutuba | nakurbaringujenkula, |
| garra | aranga | ntjara | arbuna | ritjilariraka, |
| Wild | graue Känguruh | viele | andere | sahen und gingen, |

| | | |
|---|---|---|
| patarawonningu, | ngalkulawonningu | puruna. |
| utnuriraka, | ilkula nariraka | tuta. |
| bissen, | fraßen | auch. |

| | | | |
|---|---|---|---|
| Tana | ngarira | bakalkatirajenkulawonningu, | tana |
| Etna | indamala | kameralalariraka, | etna |
| Sie | gelegen habend | aufstanden, | sie |

| | | | |
|---|---|---|---|
| ngalangalajennu | Alumurkanti[18] | ngurakura; | tana |
| pitjiriraka | Alumurkanti | tmarauna; | etna |
| kamen | nach Alumurkanti | Platz; | sie |

| | | | |
|---|---|---|---|
| kanala | ngalkulawonningu. | Tana | ngarira |
| aranga | ilkula nariraka. | Etna | indamala |
| graue Känguruhs | fraßen. | Sie | gelegen habend |

| | | | | |
|---|---|---|---|---|
| kakarara | péuku | ngalangalajennu | Nguntiala[19] | ngurakura. |
| eknara | wotta | pitjiriraka | Nguntiala | tmarauna. |
| nach Osten | wieder | kamen | nach Nguntiala | Lagerplatz. |

| | | | | |
|---|---|---|---|---|
| Tana | mungapurunka | péuku | ngalangalajennu | Arandalpina[20] |
| Etna | ingutnala | wotta | pitjiriraka | Arandalpina |
| Sie | morgens | wieder | kamen | nach Arandalpina |

| | | | | |
|---|---|---|---|---|
| ngurakutu. | Tana | mungapurunka | péuku | ngalangalajennu |
| tmarauna. | Etna | ingutnala | wotta | pitjiriraka |
| Lagerplatz. | Sie | morgens | wieder | kamen |

| | | | | |
|---|---|---|---|---|
| Wilawaïna[21] | ngurakutu. | Tana | kuka | waru |
| Wilawaïna | tmarauna. | Etna | garra | aroa |
| nach Wilawaïna | Lagerplatz. | Sie | Wild | Wallaby |

| | | | | |
|---|---|---|---|---|
| nakurbaringujenkula, | patarawonningu | puruna. | Tana | péuku |
| riljilariraka, | utnuriraka | tuta. | Etna | wotta |
| sahen und gingen, | bissen | auch. | Sie | wieder |

| | | | | |
|---|---|---|---|---|
| ngalangalajennu | Intjiïntjia[22] | ngurakutu; | tana | kuka |
| pitjiriraka | Intjiïntjia | tmarauna; | etna | garra |
| kamen | nach Intjiïntjia | Lagerplatz; | sie | Wild |

| | | | |
|---|---|---|---|
| kanala | patarawonningu, | ngalkulawonningu | puruna. |
| aranga | utnuriraka, | ilkula nariraka | tuta. |
| graue Känguruhs | bissen, | fraßen | auch. |

| | | | |
|---|---|---|---|
| Tana | mungapurunka | bakalkatirajenkulawonningu, | tana |
| Etna | ingutnala | kameralalariraka, | etna |
| Sie | morgens | aufstanden, | sie |

| | | | | |
|---|---|---|---|---|
| ngalangalajennu | Ulbmara[23] | ngurakura; | tana | nanganka |
| pitjiriraka | Ulbmara | tmarauna; | etna | nala |
| kamen | nach Ulbmara | Lagerplatz; | sie | hier |

| | | | | |
|---|---|---|---|---|
| waru | patarawonningu. | Tana | péuku | ngalangalajennu |
| aroa | utnuriraka. | Etna | wotta | pitjiriraka |
| Wallabys | bissen. | Sie | wieder | kamen |

| | | | | |
|---|---|---|---|---|
| Arkularkujarka[24] | ngurakutu. | Tana | papa | kututu |
| Arkularkujarka | tmarauna. | Etna | knulja | kutata |
| nach Arkularkujarka | Lagerplatz. | Sie | Hunde | ewig |

| | | | | |
|---|---|---|---|---|
| tutaku | tjinna | nakurbaringujenkula. | Tana | péuku |
| ntjaraka | inka | ritjilariraka. | Etna | wotta |
| vieler | Füße | sahen und gingen. | Sie | wieder |

| | | | |
|---|---|---|---|
| ngalajenkula, | tana | kulirawonningu | mantiki |
| pitjimala, | etna | wula nariraka | namatuna |
| gekommen seiend, | sie | hörten | die kleinen Schwirrhölzer |

| | | | | | |
|---|---|---|---|---|---|
| inkitjingantala. | Tana | utulu | kutu | ngalajennu | puli |
| arganelamanga. | Etna | wolla | ninta | pitjika | patta |
| schwirrend. | Sie | Haufe | ein | kamen | Berg |

| | | | |
|---|---|---|---|
| murbukutu, | tana | pekuraringu, | ngarikatira- |
| urbauna, | etna | borreraka, | iwulariraka |
| auf Rückgrat, | sie | unschlüssig stehen blieben, | sich niederwarfen |

| | | | | |
|---|---|---|---|---|
| wonningu | puruna. | Tana | kulinu | tamuruku: |
| | tuta. | Etna | kankueraka | raiankinjaka: |
| | auch. | Sie | horchten | auf den Ruf: |

| | | | | | |
|---|---|---|---|---|---|
| Rotna[25] | nguranka | papa | tina | ninangukutara, | kutu |
| Rotna | tmēla | knulja | inkata | naraka, | ninta |
| in Rotna | Lagerplatz | Hunde-Häuptlinge | | waren, | einer |

| | | | | |
|---|---|---|---|---|
| Lturberaka,[26] | kutuba | Lotiuka,[27] | ninangu; | palurukutara |
| Lturberaka, | arbuna | Lotiuka | naka; | erátara |
| Lturberaka, | der andere | Lotiuka | war; | die beiden |

| | | |
|---|---|---|
| tamurangarangu. | Ulburukwata | bakalkatingu, |
| raiankala naraka. | Ulburukwata | kameralalaka, |
| riefen zur Kultusaufführung. | Ulburukwata | erhob sich, |

| | | | | |
|---|---|---|---|---|
| papa | tuta | ngalangalajennu, | tana | tumbirbmanu. |
| knulja | ntjara | pitjiriraka, | etna | ururéraka. |
| die Hunde | viele | kamen, | sie | schrien immer úrr-úrr, úrr. |

| | | | | | |
|---|---|---|---|---|---|
| Tana | ngurakutu | ngalangalajennu, | tana | utulu | kutu |
| Etna | tmarauna | pitjiriraka, | etna | wolla | ninta |
| Sie | zu dem Platz | kamen, | sie | Haufen | ein |

| | | | |
|---|---|---|---|
| puli pitikura | tarbangu, | burkaringu, | kuntankaringu |
| patta-tnenjauna | irbuka, | borkeraka, | tjurungeraka |
| Stein-Öffnung | eingingen, | waren erschöpft, | wurden tjurunga[28] |

puruna.
tuta.
auch.

[1] Papamama, zusammengesetzt aus papa = Hund und mama = der alte männliche Hund, der alte Köter.

[2] Merina = einer der höchsten Berge in den westlichen McDonnel Ranges.

[3] nukali = schwarz.

[4] aturu = zottig, langhaarig.

[5] Ulburukwata = der rot- und weißgestreifte [Hund] (= [A] ultalangera).
[A] = Aranda.

[6] Puturutju = der Starke.

[7] nämlich zu Nukali und Aturu.

[8] d. h. mit den vielen Hunden, die mit uns vom Süden gekommen sind.

[9] nämlich Nukali und Aturu.

[10] Toreara bedeutet: kurzer Speer. Kura oder kutu ist die Lokativ-Endung (= [A] una), z. B. ngura der Lagerplatz, ngurakura oder ngurakutu nach dem Lagerplatz.

[11] Puntitara, zusammengesetzt aus punti = ein Strauch (= [A] inkuta) und tara = Platz, bedeutet: der mit punti-Sträuchern bestandene Platz.

[12] mungawenki ist die Zeit vor Sonnenaufgang, während mungapurunka die Zeit unmittelbar nach Sonnenaufgang bezeichnet.

[13] itirki bedeutet: kleine Geschwüre im Fleisch.

[14] ilili, (= [A] ljala), Kies, kleine Steine.

[15] Ulkapu, [A] ulka = das Erbrochene, weil sie hier einige Hunde gespien haben.
[16] ilpi = die Gebärmutter; hier wurden einige Hündinnen trächtig.
[17] Ilkoaratara, zusammengesetzt aus ilkoara, ein Strauch (= [A] tnima) und tara (= [A] gata), Platz, bedeutet: der mit ilkoara bestandene Platz.
[18] Alumurkanti = das blutige Maul: hier fraßen die Hunde viele kanala.
[19] Nguntiala, von ngunti = Genick und ala = Loch; an diesem Platze findet sich ein Felsenwasserloch in Gestalt eines Halses.
[20] Arandalpina = tiefes Wasserloch.
[21] Wilawaiïna, zusammengesetzt aus wila = Bauch und waiïna = heiß, der heiße Bauch [weil sie hier sehr durstig waren].
[22] Intjiïntjia, ein Strauch mit roten Beeren.
[23] ulbmara, ein Aranda-Wort, bedeutet: weiche Erde. Die Hunde-tukutita wandern jetzt bereits auf dem Gebiet der Aranda.
[24] Arkularkujarka [A] = kurrkur der Loritja, zusammengesetzt aus arkularkua = die Kuckucks-Eule (Ninox boobook Lath.) und jarka = die alte Asche, bedeutet: die alte Asche, weil sich hier ein Tjilpa-Mann einst viele arkularkua gebraten hat.
[25] Rotna [A] = Kinnbacken.
[26] Lturberaka = der ans Bein fährt (= Beinbeißer).
[27] Lotiuka = der die Erde weit wegwarf beim Scharren.
[28] tjurunga = längliche Sakralobjekte aus Holz oder Stein.

## *Freie Übersetzung*

Einst lebten viele Hunde an einem Platz Papamama, westlich von dem Berge Merina. Sie hatten zwei Häuptlinge, Nukali und Aturu. Diese Hunde bissen immer Känguruhs tot. Nachdem sie das Fleisch gefressen hatten, kehrten sie nach ihrem Lagerplatz zurück. Eines Tages sahen sie, daß einige andere Hunde von Süden her kamen; ihre Häuptlinge hießen Ulburukwata und Puturutju. Die beiden Hundegesellschaften vereinigten sich. Der Häuptling Nukali erhob sich, er beroch fortwährend die von Süden hergekommenen Hunde. Dann versammelten sie sich und gingen alle zusammen auf die Jagd. Sie sahen Wild und umstellten dasselbe in weitem Kreis und schlossen es ein; fingen es und bissen es tot. Dann fraßen sie alles Fleisch dort auf. Nachdem sie gefressen hatten, kehrten sie wieder nach ihrem Lager zurück und warfen sich dort nieder und schliefen. Am anderen Morgen sagten Puturutju und Ulburukwata zu den beiden anderen Häuptlingen: »Wir beide werden nach Osten weiter gehen mit unseren vielen Hunden.« Die beiden anderen Häuptlinge entließen sie mit den Worten: »Geht nach Osten nach Toreara.« Am ersten Tag kamen sie nach Puntitara, dort töteten sie viele Känguruhs. Nachdem sie diese gefressen hatten, legten sie sich zum Schlafen nieder. Mit Morgengrauen standen sie wieder auf und gingen nach Itirka; dort sahen sie Känguruhs und bissen dieselben tot. Nachdem sie gefressen hatten, standen sie mit Morgengrauen auf und gingen nach Ilili: dort sahen sie viele graue Känguruhs und bissen sie tot und legten sich schlafen. Am nächsten Morgen standen sie auf und kamen nach Ulkapu. Hier sahen sie wieder viele graue Känguruhs und bissen sie tot. Nachdem sie geschlafen hatten, gingen sie nach Ilpi. Nachdem sie dort geschlafen hatten, gingen sie nach Ilkoaratara; dort sahen sie viele graue Känguruhs, bissen sie tot und fraßen sie auf. Nachdem sie dort geschlafen hatten, standen sie auf und gingen nach Alumurkanti. Dort fraßen sie wieder graue Känguruhs. Nachdem sie geschlafen hatten, gelangten sie ostwärts nach Nguntiala, den nächsten Tag nach Arandalpina und den folgenden nach Wilawaiïna. Sie erblickten auf der Wanderung Wallabys und bissen sie tot. Dann gelangten sie nach Intjiïntjia, dort bissen sie graue Känguruhs tot und fraßen sie. Als sie am anderen Morgen aufgestanden waren, gingen sie nach Ulbmara und bissen dort Wallabys tot. Dann gelangten sie nach Arkularkujarka, wo sie die Fußspuren vieler Hunde erblickten. Nachdem sie weiter gegangen waren, hörten sie kleine Schwirrhölzer schwirren. Auf einem Bergrücken kamen sie alle zusammen und blieben zunächst unschlüssig stehen, dann warfen sie sich zum Schlaf nieder. Darauf hörten sie das raiankama-Rufen der Häuptlinge in Rotna; die dortigen Hundehäuptlinge waren Lturberaka und Lotiuka, diese riefen ihre jungen Leute zu Kultaufführungen zusammen. Der Häuptling Ulburukwata erhob sich und lief, gefolgt von seinem ganzen Gefolge, mit dem Ruf úrr–úrr–úrr zu den beiden Häuptlingen in Rotna, und nachdem sie sich mit den dortigen Hunden vereinigt hatten, gingen sie alle in die dortige Steinhöhle hinein, wo sie ermüdet in tjurunga verwandelt wurden.

## NACHWORT

1770 landete James Cook in der Botany Bay, einige Kilometer südlich der Stelle, an der achtzehn Jahre später die britische Sträflingskolonie Port Jackson, das spätere Sydney, gegründet werden sollte. Infolge der Besiedlungspolitik und der eingeschleppten Krankheiten dezimierte sich die Zahl der ursprünglich auf dreihunderttausend geschätzten australischen Eingeborenen, der Aborigines, auf etwa sechzigtausend im Jahre 1921. Erst seit den dreißiger Jahren dieses Jahrhunderts begannen die Regierung und die weiße Bevölkerung ihre Einstellung zu den Eingeborenen zu ändern. 1966 zählte man wieder achtzigtausend, und für 1981 gehen die Schätzungen auf rund hundertfünfzigtausend Menschen.

Die australischen Aborigines zerfallen in über 600 Stämme. Jeder lebt in einem eigenen Territorium und nahezu jede Gruppe spricht eine andere Sprache oder einen anderen Dialekt. Heute leben die meisten in Reservaten im Norden, Nordwesten und Zentral-Australien.

Seit den siebziger Jahren genießen die Aborigines die vollen Staatsbürgerrechte. Obgleich es lobenswerte Bemühungen von seiten der Weißen gibt, ihnen eine angemessene Umwelt zurückzugeben oder zu lassen, obgleich die Ureinwohner sich selbst inzwischen in einer Black Power Bewegung organisiert und politische Schritte, selbst bei der UNESCO, unternommen haben, droht ihnen neuerdings durch Uran-Funde auf ihrem Gebiet wieder große Gefahr.

Die Mehrzahl der Aborigines ist durch die Berührung mit den Weißen der Kultur ihrer Vorfahren entfremdet und fristet ein ärmliches Dasein in den Randbezirken der Zivilisation; wenigen gelingt der Übergang in bessere Lebensumstände. Für viele ist die Flucht aus der Misere und Hoffnungslosigkeit eine Flucht in den Alkohol, denn der Zugang zum »Träumen« und zur Mythologie, der das Leben ihrer Vorfahren gelenkt hatte, steht ihnen nicht mehr offen. Was für eine hochentwickelte Stammeskultur hier zugrunde geht, soll auf den folgenden Seiten skizziert werden.

Die Erforschung der australischen Mythologie begann in der Mitte des 19. Jahrhunderts, war allerdings zunächst mehr auf die soziale oder religiöse Aussage des Mythos' gerichtet, als auf die Erzählungen als solche. Eine nachhaltige Anregung erfuhr die Forschung dann wieder durch die Arbeiten von Claude Lévi-Strauss; es folgten gründliche Studien zum Zusammenhang zwischen Mythos, Ritual, Sprache und Musik; aber auch zahlreiche Anthologien zur mythologischen Tradition der verschiedenen Stämme und Gebiete.

Die meisten Mythen findet man heute noch in jenen Gegenden, die von den Europäern mehr oder minder unberührt geblieben sind.

Die Geschichten der Aborigines sind nicht im europäischen Sinne »Märchen«. Man unterscheidet bei ihnen zwischen profanen Volkserzählungen und heiliger Mythologie. Zu den Volkserzählungen, die am Lagerfeuer erzählt werden, gehören vor allem die zahlreichen Ursprungsgeschichten von Naturphänomenen wie Landschaften, Tieren, Flüssen und ähnlichem (vgl. Nr. 4, 5, 26 etc.), aber auch Warn- und Schreckgeschichten, in denen Riesen und Zwerge und Geister und Kobolde eine Rolle spielen (vgl. Nr. 17, 18, 92 etc.), sowie Tierfabeln, in denen – wie in andern alten Erzählgemeinschaften – die List des Überlebens, die fließenden Grenzen zwischen Mensch und Tier und Pflanze und ähnliches gezeigt werden (vgl. Nr. 62, 66, 71 etc.); schließlich gibt es noch die moralischen Geschichten, die vom Verstoß der Menschen gegen die Sittengesetze und der fälligen Strafe berichten (vgl. Nr. 7, 18, 100 etc.).

Diese Erzählungen dienen der Belehrung und Unterhaltung zugleich, sie werden von Zwischenrufen und Fragen der Zuhörer begleitet, und der Erzähler oder die Erzählerin verfügen über einen breiten Spielraum für die Ausschmückung der Handlung mit Einzelheiten, und gern unterstreichen sie das Erzählte mit lebhafter Mimik und Gestik oder beleben es mit pantomimischer Darstellung. In den zentralen Regionen bedienen sich die Erzähler auch oft der zeichnerischen Darstellung mit schematisierten Sandzeichnungen, die im Verlauf der Erzählung mit Blättern, Zweigen und Steinchen ausgelegt und besteckt werden.

Die religiöse Mythologie gehört dagegen in den Rahmen der feierlichen Rituale.

Als Wildbeuter und Sammler sind die Aborigines auf das Funktionieren der Naturabläufe wie auch auf den festen sozialen Zusammenhalt angewiesen. Für beides haben sie ihre beschwörenden Rituale; haben diese nicht den gewünschten Erfolg, so schreibt man es einem Fehler in der Ausführung zu.

In den meisten Ritualen wird die Geschichte eines Natur- oder Kulturschöpfers nachgespielt. Am bekanntesten sind z. B. im nordöstlichen Arnhem Land die Figur des Djanggawul mit seinen zwei Schwestern, den Fruchtbarkeitsmüttern, die die Sonne symbolisieren und die ersten Menschen der Gegend hervorbrachten. Weitverbreitet ist auch die Figur der Schöpfermutter Kunapipi (auch Kalwadi oder Kadjara genannt); sie wird in einem Fruchtbarkeitsritus verehrt, der speziell den Monsun heraufbeschwören soll. Kunapipi tritt gewöhnlich zusammen mit der Regenbogenschlange auf.

Im Nordwesten von Arnhem Land gelten die Wawilak-Schwestern (vgl. Nr. 40) als Stifter heiliger Rituale, besonders der Initiation. Vorwiegend in Ostaustralien kennt man den Mythos des Himmelshelden. Er hat viele Namen: Goin und Biral heißt er in Queensland, Gulambra und Baiama in Neusüdwales (vgl. Nr. 60, 64, 67), Bunjil in Victoria und Nurundere im unteren Murray-Gebiet. Nach manchen Erzählungen soll der Himmelsgott alles geschaffen haben: auch die Gesetze, die Totems und andere gesellschaftliche Organisationsformen.

Die weltbekannte Regenbogenschlange (Nr. 29, 30, 52, 109 etc.) gilt als Schöpfer der Flüsse, die sie mit ihren Bewegungen formte. Sie erscheint bald männlich, bald weiblich; in Kimber-

ley gehört sie zum Wandjina-Mythos. In ihrer symbolischen Gestalt ist sie die Erschafferin jener Straße, auf der die präxistenten Seelen sich zu den Schößen der Mütter begeben, die sie gebären sollen. In Arnhem Land trägt sie die Geister oder Urformen der Menschen und anderer Lebewesen in sich, die an bestimmten Kultzentren entlassen werden.
Hauptsächlich im nördlichen Kimberley kennt man den Wandjina-Kult. Die Wandjina – oder Wondjina – sind starke Helden, die vom Meer kommen und sich mit ihrer Gefolgschaft in den Stammesterritorien der Ungarinyin, Worora und Wunnambul niederließen. Nach ihrem Tode wurden sie zu Felsbildern in den Höhlen (vgl. Nr. 117–119). Ihr Geist verteilte sich auf die benachbarten Teiche und Quellen, die seither die präexistenten Seelen der Clane in sich bergen. Jeder Clan hat eine oder mehrere solcher Ahnen-Galerien.
In Südaustralien wiederum kennt man am besten Ngurunderi (vgl. Nr. 94) sowie Nepali, Daramulan und Baiame. In Zentralaustralien und der Western Desert wanderten die göttlichen Ahnen über weite Strecken und berührten dabei viele Stämme, die folgerichtig jeweils die entsprechenden Teilepisoden des Gesamtmythos' besitzen. In dieser Gegend sind der rote Känguruhmann zuhause, die Zwei Männer (goannas), das Opossum, die Bergteufelfrauen, die Honigameise und die Rattenmänner sowie die Gunggarangga, die Sieben Schwestern (vgl. Nr. 20).
Die australischen Schöpfungs- und Herkunftsgeschichten werden aus einer Urzeit abgeleitet, die vor dem Menschengedenken, »vor der Menschenzeit« liegt, einer Zeit, der man den Namen »Traumzeit« gab, weil die Aborigines die Vorgänge ihrer Urzeit ihr »Träumen« nennen: Im Träumen materialisieren Erde, Wasser und Himmel aus einem ewig präexistenten amorphen Zustand, und latente Schöpferkräfte beginnen aus dem Nichts zu gestalten, aus sich selbst heraus zu wirken und dann allenthalben aus der Erde, aus dem Wasser oder aus dem Himmel als mächtige Urwesen in Erscheinung zu treten und zu handeln.

In der Vorstellung der Aborigines sind diese Schöpferwesen häufig metamorph – sie wandeln Aussehen, Eigenschaften und Zustand und wechseln ihr Wesen zwischen dem des Menschen und des Tieres oder der Pflanze und manifestieren sich auch in Himmelserscheinungen wie Regenbogen, Blitz und Donner oder in Naturphänomenen wie Wind, Frost, Dürre und Flut. Manchmal wandern sie einzeln, paarweise oder in Gruppen über weite Strecken, und ihre von dramatischen Zwischenfällen und kriegerischen Auseinandersetzungen gekennzeichneten Wanderungen hinterlassen in der zumeist noch flachen ungeformten Urzeitlandschaft tiefe Spuren, Wasserläufe und markante Landschaftsprofile. Durch ihr schöpferisches Handeln bevölkert sich die Erde, sie bedeckt sich mit Pflanzen und erhält durch das Wirken der Sonne eine Zeiteinteilung in Tag und Nacht.

Dieselben Götter und Kulthelden, die für die Naturabläufe verantwortlich sind, erfinden auch die gesamte Kultur, sind die Erhalter des Feuers, die Gesetzesgeber, die Urheber der totemistischen Gesellschaftsordnung der Aborigines. Für das Verständnis derartiger Inhalte ist eine wenigstens skizzenhafte Kenntnis der Stammesgliederung und der totemistischen Gesellschaftsordnung der Australier erforderlich. Die ursprüngliche und sowohl wirtschaftlich als auch territorialpolitisch bedeutendste Einheit ist die lokale Gruppe, die sich aus mehreren blutsverwandten Familien zusammensetzt und über ein festumgrenztes Gruppenterritorium verfügt, auf welchem sich die Fisch- und Jagdgründe der Gruppe als wirtschaftliche Basis, und die lokalen Totemstätten als religiöse Grundlage befinden. Der Stamm als gemeinsamer Überbau spielt in Australien im allgemeinen keine tragende politische Rolle; er tritt nur in sehr kleinen Stammesterritorien bei festlicher Angelegenheit als territoriale Gemeinschaft auf. Ein Stammesterritorium besteht aus der Gesamtheit aller Gruppenterritorien; feindliche Einfälle aber werden von den betroffenen Gruppen selbst aufgefangen.

Kulturell ist der Stamm nicht nur durch die gemeinsame Sprache und Mythologie, sondern auch durch ein gemeinsames Heiratsklassensystem geeint. Dieses System geht auf totemistische Bindungen zurück und ist als sozial-religiöses Phänomen einmalig auf der Welt. Ihm liegt die Dualordnung des Stammes in zwei Hälften zugrunde, die noch in ein bis drei Sektionen unterteilt sind, woraus sich also bis zu acht Heiratsklassen (z.B. bei den Aranda) innerhalb einer Stammeshälfte ergeben. Jede Stammeshälfte und Klasse ist einem Totem zugeordnet und schließt damit eine Partnerwahl innerhalb der eigenen Hälfte, bzw. Heiratsklasse aus; denn Angehörige desselben Totems können einander nicht heiraten. Auf die sehr komplizierten Wechselbeziehungen innerhalb der verschiedenen Heiratsklassen kann hier nicht eingegangen werden. Hinzu kommt, daß auch die Angehörigen einer lokalen Gruppe, die ja miteinander blutsverwandt sind, nicht untereinander heiraten können.

Die Bedeutung dieses hochkomplizierten Partnerwahlsystems liegt nun nicht nur darin, daß sie die verschiedenen Territorialgruppen verwandtschaftlich und totemistisch miteinander verbindet, und damit für eine politische Einheit des Stammes sorgt, sondern sie enthält auch die wechselseitige Verpflichtung, Heiratspartner zu »besorgen«. Daneben erfüllt die Partnerwahl, auf die die Betroffenen selbst meist keinerlei Einfluß nehmen können, in vielen Fällen die Funktion der Altersversorgung: alten Männern werden junge Frauen zugesprochen, und verwitwete ältere Frauen werden mit jagdfähigen jüngeren Männern verheiratet.

Es versteht sich von selbst, daß ein derartiges System im familiären Bereich große Probleme aufwirft, wenn sich persönliche Zuneigung und Liebe einem »falschen« Partner und nicht dem auserwählten zuwenden. Tabus wie die »Schwiegermuttermeidung« (die Schwiegermutter ist häufig so jung wie der Ehemann), oder das Tabu der Initianten, während der Initiationsperiode keine Frau zu sehen, da während dieser Zeit ihre zukünftigen Frauen bestimmt werden, hängen mit dieser Problematik eng zusammen. Zahlreiche mündliche Überlieferungen

der Aborigines enthalten das Thema der Partnerwahl und tragen somit zur Stärkung der traditionellen Heiratssitten bei.
In ihren Totemstätten sehen die Aborigines die Urquelle des Lebens, die aus dem Träumen fließt; aus ihr empfangen sie ihre eigene Lebens- und Schaffenskraft. Diese kehrt nach ihrem Tod durch die Totemquelle zurück in das Träumen. Zu Lebzeiten existiert sie als »Traumseele« oder »Traumgeist« im Menschen und kann sich vom ruhenden oder schlafenden Körper lösen und Taten vollbringen, deren der betreffende Mensch in seinem Wachzustand nicht fähig ist. Diese Befähigung wird besonders den Zauberdoktoren und alten weisen Männern zugesprochen, die dem »Träumen« nahe sind.
Auch das Zeugen der Nachkommen wird vom Aborigine in diesem Zusammenhang begriffen, denn in seinem Denken spielt die geschlechtliche Zeugung eine unbedeutende Rolle. Die Empfängnis eines Kindes findet in einem übersinnlichen Befruchtungsakt statt, in welchem ein persönliches Traumerlebnis des Vaters oder der Mutter die Herkunft des unsichtbaren »Seelenkindes« aus der Totemquelle, der Stätte eines Traumzeitahnen, sichtbar werden läßt und somit die Zuordnung des Ungeborenen innerhalb der totemistischen Ordnung schon vor seiner Geburt festlegt.
Neben dem persönlichen Totem, aus dessen Stätte sein »Seelenkind« entstammt, und den Totems, denen er durch seine Zuordnung innerhalb der Stammesstruktur angehört, besitzt der australische Eingeborene noch eine weitere Totemzugehörigkeit, die sich patri- oder matrilinear auf ihn überträgt, nämlich die Zugehörigkeit zu einem Clan und damit zu Clantotems. Der Clan ist ein überterritorialer und überstammlicher Verband von Angehörigen gleicher Totemzugehörigkeit, der die mythischen Traditionen durch zeremonielle Veranstaltungen überliefert und damit das Fortwirken der Totemkräfte sichert. Die Clane sind die Träger des Kult- und Zeremoniallebens, und es sind häufig die Clanältesten, die während der großen Kultfeiern in einem Ältestenrat über Heiratsverträge und sonstige soziale

Verpflichtungen ihrer Angehörigen beraten und Beschlüsse fassen. Ihre »Angehörigen« sind nicht nur ihre Blutsverwandten, sondern auch alle durch das komplexe totemistische Gesellschaftssystem klassifizierte Verwandte. Durch dieses klassifikatorische System können die Aborigines ihren Verwandtschaftsgrad zu allen anderen australischen Eingeborenen feststellen, was bei der Ankunft von Unbekannten stets von höchstem Interesse ist.

Die wichtigsten kultischen Feiern sind: die Fruchtbarkeitsriten, die Initiationen und die Bestattungszeremonien. Die Initiationen führen junge Männer über einen Zeitraum von mehreren Jahren in das den Männern vorbehaltene Geheimwissen ein. Die zu Beginn der Initiationsstufen stehende Knabenweihe ist mit strenger Disziplinierung, rituellen Operationen und der erstmaligen Offenbarung der sakralen Totemsymbole verbunden.

In weiteren Stufen der Altersgraduierung wird das Geheimwissen bis zur Vollinitiation vertieft.

An den Fruchtbarkeitsriten, in denen die Lebens- und Schöpferkräfte der Totemahnen zur Zeugung und Fruchtbarkeit der Tier- und Pflanzengattungen und der Menschen selbst beschworen werden, nehmen nur vollinitiierte Männer teil. In den nur teilweise geheimen Bestattungszeremonien wird die Traumseele eines Menschen sicher in das Träumen zurückgeleitet.

Eine Teilnahme an diesen Ritualen ist den Kindern und Frauen meist nicht gestattet. Sie besitzen somit von den wesentlichen Ereignissen der Traumzeit kein Wissen und haben darüber hinaus keinen Zugang zu den sakralen Gegenständen, Totemsymbolen und zu den Kultstätten. Dennoch kennen auch sie eine allgemeine Version der mythologischen Zusammenhänge, eine sogenannte »Außenversion«, im Gegensatz zur »Innenversion«, die zwar im Ritus für das Wohlergehen der ganzen Gruppe inszeniert, aber nur im Männerlager erzählt werden darf. Daraus ergeben sich ganz unterschiedliche Versionen des Motivs und der Darstellung ein- und derselben mündlichen Überlieferung eines Traumzeitgeschehens. Die »Außenversionen« fallen weitgehend mit den profanen Volkserzählungen zusammen; die »Innenversionen« unterscheiden sich je nach dem Einweihungsgrad der Zuhörer und danach, ob die Erzählungen in einem profanen oder einem rituellen Rahmen vorgetragen werden. Dem Erzähler ist hier selbst in der Wiedergabe einer Geschichte der Spielraum der Pointierung stark eingeschränkt, da er sich genau an die überlieferten Geschehnisabläufe halten muß. Mimik und Gestik bleiben auf ein Minimum beschränkt. Auch hier geben die Zuhörer mit zustimmenden Gebärden und Worten ihrer Teilnahme am Erzählten Ausdruck, oder sie berichtigen den Erzähler, falls ihm ein Fehler unterläuft, oder wenn er eine bedeutsame Phase im Geschehensablauf zu übergehen scheint. Mit dem Wechsel des Erzählens von Vergangenheit in Gegenwart wird die Spannung erhöht, der Erzähler erhöht auch seine Stimme.

Sollte sich ein Vorgang in der Erzählung wiederholen, so wird die Beschreibung mit jeder Wiederholung ausführlicher. Hier und da wird der Erzählfluß auch von einem kurzen Gesang unterbrochen, der mit der Erzählung überliefert wird oder aus einem zeremoniellen Zusammenhang stammt – vgl. unsere Geschichte Nr. 136–137.

Der feierliche Vortrag eines Traumzeitablaufs während einer rituellen Phase ist wiederum von einer anderen Charakteristik geprägt. Hier sind die Clanältesten die Erzähler, und den Zuhörern ist es untersagt, die Erzähler zu unterbrechen. Sollte ein Erzähler die Geschichte »verlieren«, so wird sie von einem besser unterrichteten Clanältesten weitergeführt.

Der Schauplatz des Vortrags ist zumeist eine Totemstätte, deren Traumzeitgeschichte berichtet wird. Die Stätte selbst ist oft ein Glied in einer Kette von Plätzen desselben Totems, dessen Traumzeitwanderungen über hunderte von Kilometern verfolgt werden können. Die Geschichte solcher Wanderungen werden ebenfalls vorgetragen, wobei viele der erwähnten Totemstätten mit ihrem eigenen Gesang (»Tjurungagesang«, eine Wortprägung von C. Strehlow) beschrieben werden. Die erhabenste Version einer Traumzeitmythe ist der heilige Geheimgesang; sein Wortlaut setzt sich oft aus uralten Wortelementen zusammen, die von Uneingeweihten nicht verstanden werden und somit von den Clanältesten übersetzt und gedeutet werden müssen. Man hat daher auch stellenweise die Bezeichnung »zeremonielle Geheimsprache« verwendet.

An der rituellen Darbietung der Mythen sind Sprache, Tanz, Musik und Kunst gleichermaßen beteiligt. Jede dieser symbolischen Formen hat bei den Aborigines einen hohen Standard erreicht. Zu Beginn der Besiedlung fand man in Australien etwa 500 Sprachen; viele davon sehr ähnlich, andere wieder ganz unterschiedlich gebaut. Als Hauptgruppen gelten: Kimberley und Nordaustralien, die westlichen Wüstensprachen, die Aranda-Sprachen, die sich in jeder Hinsicht von den anderen unterscheiden, ferner die Sprachen aus dem Victoria-Gebiet, der Küstengegend von Neusüdwales, sowie gemischte Typen in Queensland und Neusüdwales. Offenbar wegen der Sprachenvielfalt (vgl. Nr. 69) hat sich in Australien eine weitverbreitete Gestensprache, ähnlich wie die Sprache der Taubstummen, entwickelt. Sie tut ihren Dienst nicht nur bei der Begegnung mit Fremden, sondern auch auf der Jagd, bei gemeinsamen Rachezügen, bei Hochzeits- und anderen Zeremonien. So können sich eine Frau, der das Trauerritual oder ein Junge, dem das Initiationsritual das Reden verbietet, verständlich machen. Die meisten Zeichen werden offenbar von allen Aborigines verstanden; andere nur von vollinitiierten Männern.

Der Mythos wird mit Musik, Lied und Tanz aufgeführt. Wie die Erzählungen, so kennen auch die Lieder und Tänze der Aborigines einen profanen und einen sakralen Bereich; in den meisten Regionen gibt es profane und heilige Liederzyklen, die sich allerdings häufig überschneiden. Manche Gesänge kennen nur die Männer, manche nur Frauen, andere wieder kennt die ganze Gruppe einschließlich der Kinder. Unter den profanen gibt es Lagergesänge, Liebesgesänge (wie die berühmten von Arnhem Land), Kinderlieder, Trauerlieder, Zaubergesänge, (vgl. Nr. 21 u.a.) Jagd- und Fruchtbarkeitsgesänge und Lieder für jedes wichtige Ereignis im Leben eines Individuums. Es gibt auch unter den Eingeborenen viele individuelle Sänger, die in Visionen oder Träumen Lieder empfangen oder mit Hilfe von Geistern erfinden: diese Lieder gehören dann ihnen, und sie können sie sogar verkaufen.

Die religiösen Gesänge stammen von den Göttern: sie sind seit Urzeiten unverändert geblieben. Sie sind zyklisch angeordnet und enthalten meist einen oder sogar mehrere Mythen. Manche Passagen werden unter Umständen nur von vollinitiierten Männern gesungen und angehört; andere nur von Frauen, wieder andere von Männern und Frauen gemeinsam.

Auch die Tänze, die die rituelle Aufführung der Mythen begleiten, sind weitgehend stereotyp und unveränderlich; sie dürfen in ihrer Grundform nicht angetastet werden, um nicht den Effekt des Rituals infrage zu stellen. Die Tänzer sind kunstvoll bemalt und geschmückt; sie mimen für die Dauer des Rituals die mythologischen Szenen der Ewigen Traumzeit und gelten als Verkörperungen der Traumzeitfiguren.

Unter den profanen Tänzen ragen die Totentänze, die geselligen und die Liebestänze hervor; den Kindern wird das Tanzen schon früh beigebracht.

Vielleicht am bekanntesten ist die Kunst der Aborigines geworden. Besonders in Arnhem Land gibt es eine hochentwickelte Skulpturenkunst, auf die sich vielleicht unsere Geschichten Nr. 22, 50, 83, 93, 132 beziehen: ferner Felsmalereien und -gravierungen, Höhlen- und Rindenbilder (vgl. Nr. 20, 26). Die letzteren bilden einen Bestandteil des Männerrituals; sie dienen dem Fruchtbarkeitszauber, aber auch der magischen Tötung des Feindes. Besonders berühmt sind die Wandjina-Malereien in Nordwestaustralien (vgl. S. 246).

Die Kunst erreicht ihren Höhepunkt im westlichen Arnhem Land. Hier sieht man die sogenannten »Röntgenbilder«, d.h. Zeichnungen, die nicht bloß die Umrisse, sondern auch die inneren Organe und Skelette von Tieren darstellen (vgl. die Vignette auf S. 127); bekannt sind ferner auch die Strichzeichnungen in den australischen Höhlen, die angeblich von den »Mimi« stammen, einem Geistervolk, das in den Felsgegenden wohnt (vgl. Nr. 23).

Bei der Übertragung so urtümlicher und fremder Konzepte in die Sprache eines so wesentlich anderen Kulturkreises wie dem unsrigen ergeben sich schwerwiegende Übersetzungsprobleme, da es hier keine Wortentsprechungen gibt, die den Bedeutungsumfang der originalsprachlichen Wörter für diese Konzepte erfassen.
»Träumen«, »Traumzeit«, »Seelenkind«, »Geist«, »Regenbogenschlange«, »Totem«, »Urzeitwesen« und dergleichen sind im Grunde nur behelfsmäßige »Lehnwörter« oder Wortschöpfungen, die dem Originalbegriff nicht gerecht werden. Darüber hinaus eignet sich die Syntax der australischen Eingeborenensprachen nicht für Direktübersetzungen; man vergleiche unser Beispiel Nr. 137. Außerdem setzt der Erzähler in seinen Zuhörern stets eine Allgemeinkenntnis der Landestopographie, der regionalen Fauna und Flora und natürlich auch die Vertrautheit mit den Gegebenheiten und Umständen des alltäglichen Lager- und Wanderlebens voraus. Daraus ergibt sich, daß die wörtliche Übersetzung eines originalsprachlichen Textes für den mit diesen Dingen Unvertrauten äußerst schwer lesbar wird und ohne zahlreiche Anmerkungen und Worterklärungen weitgehend unverständlich bleibt.
Daher bedienen sich die Übersetzer von originalsprachlichen australischen Texten nahezu immer der freien Textübertragung. Vielfach erzählen die Aborigines ihre Traumzeitgeschichten auch direkt in der englischen Sprache. Leider haben sie jedoch in der Mehrzahl der Fälle nur ein sehr einfaches, von Pidgin-Ausdrücken durchsetztes Englisch gelernt, das den vielen Nuancen einer originalsprachlichen Erzählung nicht gerecht werden kann. Somit werden besonders solche Stellen der Erzählung

vermieden, in denen die Beschreibung einer Szene Beredsamkeit, einen reichen Wortschatz und gutes Ausdrucksvermögen erfordert. Das Präsens wird dem Imperfekt vorgezogen, die direkte Rede, in der die Aborigines ihre einfache englische Umgangssprache leicht anwenden können, wird zum modus vivendi der Erzählung. Und mit dieser sprachlichen Verarmung geht die Verarmung der mündlichen Überlieferungen Hand in Hand.

Leider wurden und werden auch heute noch derart vereinfacht erzählte Traumzeitgeschichten allzu leichtfertig aufgegriffen und als sog. »Kindermärchen« publiziert, wobei sich die Herausgeber nicht scheuen, die Erzählungen noch naiver, kindlicher darzustellen oder geradezu zu versimpeln, um der angestrebten Erzählform »Kindermärchen« gerecht zu werden. Andere Herausgeber, die es gewiß besser meinen, aber ebenso verhängnisvoll am Ziel vorbeischießen, überladen die überlieferten Erzählungen mit unnötigen und unsachgemäßen Zusätzen und mit einer überschwenglichen Ornamentik allegorischer Ausdeutung, die dem zweckgebundenen Denken der Aborigines völlig fern liegt.

Die für diesen Band ausgewählten Traumzeitüberlieferungen der Aborigines entsprechen ihrer echten und vom Vordringen der europäischen Kultur noch weitgehend unverfälschten Erzähltradition. Leider muß an dieser Stelle hinzugefügt werden, daß die Mehrzahl der Erzählungen bereits zu einer Zeit gesammelt wurde, als die Welt der Aborigines im Sinne ihrer Weltansicht schon längst nicht mehr heil war, als sie von einer historischen Wende erfaßt waren, die ihre Kultur und ihren Erzählschatz zu zerstören drohte.

# ANHANG

| | |
|---|---|
| Bandikut | Nachtwanderndes, insektenfressendes Beuteltier mit langer, spitzer Schnauze, kurzen Vorderbeinen und langen Hinterbeinen |
| Borah | Feierliche Zeremonie, die auf einem nur zu diesem Zweck verwendeten Zeremonienplatz (Borahgrund) abgehalten wird |
| Coolamon | Hölzerner schüsselähnlicher Behälter (Aussprache: kulamon) |
| Coorong | Nehrung östlich der Murray River-Mündung (Aussprache: kurong) |
| Dingo | Primitiver verwilderter Haushund |
| Dua | eine der beiden Stammeshälften im nordöstlichen Arnhemland (vgl. Yiritja) |
| Dugong | Seekuh, Meeressäugetier |
| Emu | Großer, flugunfähiger straußenähnlicher Vogel |
| Euro | Langohrige Känguruhart der offenen Grasländer |
| Fliegender Hund | große Fledermausart |
| Gecko | Kleine Echsen mit Haftzehen |
| Goanna | Waran |
| Grasbaum | Baumförmiges, 2–3 m hohes Liliengewächs mit grasähnlichen Blättern und länglichen Blütenständen |
| Koala | Schwanzloser Kletterbeutler |
| Kookaburra | Australischer Königsfischer, dessen langanhaltender Ruf wie lautes Gelächter klingt – daher auch „lachender Hans" genannt (Aussprache: kukaburra) |
| Mulga | Akazienart |
| Nananduraka | Stammeshälfte der Pitjantatjara (vgl. Tanamildjan) |
| Opossum | Beutelratte; maus- bis katzengroße Tiere mit Greifschwanz |
| Papierbaumrinde | Dünne zarte Rinde des Melaleuca, eine dem Eucalyptus verwandte Baumgattung |
| Perentie | Großer Waran |
| Prau | Segelschiff der Seefahrer von Sulawesi (Makassar), die bis Anfang dieses Jahrhunderts die Nordküsten |

| | |
|---|---|
| | Australiens aufsuchten, um Trepang (Seegurken) zu sammeln und an Ort und Stelle zu verarbeiten |
| Pukamuni | Bestattungszeremoniell auf Melville- und Bathurst Island |
| Reibstein | Flacher länglicher Stein, auf dem mit einem zylindrischen Stein Grassamen gemahlen wird |
| Schwirrholz | Längliches Sakralholz, an dessen einem Ende eine Schnur befestigt ist. Kreisförmig geschwungen erzeugt es je nach Größe einen Brumm- oder Schwirrton, den Uneingeweihte für die Stimme der Traumzeitgeister halten |
| Seelenholz | Länglicher abgeflachter Sakralgegenstand aus Holz, dem das Wesen der Traumzeitgestalten innewohnt |
| Singstöcke | Zwei gleichlange Stöcke (etwa 20 cm) aus Hartholz, mit denen der Takt für Gesänge und Tänze geschlagen wird |
| Speerschleuder | Längliches, abgeflachtes und leicht gehöhltes Holz mit Griff am Vorderende und einem in Wurfrichtung zeigenden Sporn am hinteren Ende, in den das Speerende gehakt wird. Erhöht Zielsicherheit und Schleuderkraft |
| Tanamildjan | Stammeshälfte der Pitjantatjara (vgl. Nananduraka) |
| Tjurunga | Ovaler abgeflachter Sakralgegenstand aus Holz oder Stein, dem das Wesen der Traumzeitvorfahren innewohnt. Zumeist mit schematisierten Gravierungen versehen, welche Traumzeitvorgänge darstellen |
| Tnatanja | Dekorierter Zeremonienpfahl |
| Wallaby | Kleine Känguruhart |
| Waran | Große Echsen mit mehr als körperlangem Schwanz |
| Wombat | schwanzloser Plumpbeutler mit flacher Stirn |
| Wondjina | Traumzeitwesen der Kimberley Region |
| Wongar | Traumzeitwesen des östlichen Arnhemlandes |
| Yiritja | Stammeshälfte im nordöstlichen Arnhemland (vgl. Dua) |

## *Anmerkungen, Quellen- und Typenverzeichnis*

Herausgeber und Verlag danken Dr. Hans-Jörg Uther, Redaktion »Enzyklopädie des Märchens«, Göttingen, für die Typisierung der Erzählungen.

Mot. = Thompson, S.: Motif-Index of Folk-Literature 1–6. Kopenhagen 1955–1958.
Waterman = Waterman, P. P.: A Tale-Type Index of Australian Aboriginal Oral Narratives. Diss. Berkely 1978.

Vorbemerkung: Nach dem Titel des Mythos' wird erst der Stamm, dann die Quelle genannt. Zur Lokalisation der Stämme vgl. die Karte S. 276f.

1. *Wie das Land der Tiwi geschaffen wurde.* Tiwi. Mountford 1958, S. 24. Vgl. Waterman 650: Erschaffung des Landes der Tiwi.
2. *Die ersten Bewohner der Erde.* Tiwi. Mountford 1958, S. 25. Mot. A 1210, A 1220: Erschaffung des Menschen.
3. *Das erste Feuer.* Tiwi. Mountford 1958, S. 25. Mot. A 1414.1: Ursprung des Feuers.
4. *Die Entstehung des Meeres.* Tiwi. Mountford 1958, S. 26. Vgl. Waterman 350 (2): Entstehung des salzigen Meerwasser.
5. *Das erste Krokodil.* Tiwi. Mountford 1958, S. 26. Motiv A 2146: Erschaffung des Krokodils.
6. *Die erste Eifersucht.* Tiwi. Mountford 1958, S. 27. Vgl. Mot. A 1297, cf. A 1375: Entstehung der Eifersucht + Mot. Q 301: Bestrafung des Eifersüchtigen + Mot. A 1941: Erschaffung des Kiebitz + Mot. A 2426.2: Ruf des Kiebitz.
7. *Verbotene Liebe.* Tiwi. Mountford 1958, S. 28. Mot. C 114, T 415: Verbotene Geschwisterliebe + Mot. Q 242: Bestrafung. Inzest sowie sexuelle Vereinigung von Mann und Frau, die derselben Stammeshälfte angehören, sind häufiges Motiv in australischen Mythen.
8. *Der erste Tod.* Tiwi. Mountford 1958, S. 29. Vgl. Mot. A 1335: Ursprung des Todes.
9. *Tukumbini, der die Gesetze schuf.* Tiwi. Mountford 1958, S. 30. Mot. A 1547, A 1591: Ursprung der Begräbniszeremonien + Mot. A 1550: der Eheriten + Mot. A 1580: der Gesetze: Mot. A 1610, A 1620: der Stämme + Mot. A 1170: Einteilung der Zeit in Tag und Nacht. Tukumbini ist eine der bedeutendsten Mythengestalten der Tiwi; er verkörpert den Kulturbringer des Stammes.

10. *Die Männer der Milchstraße.* Tiwi. Mountford 1958, S. 36. Mot. A 778: Entstehung der Milchstraße + Mot. A 1399.2.1: des Schlafs.

11. *Der Königsfisch.* Tiwi. Mountford 1958, S. 33. Mot. A 2110: Erschaffung der Fische + Mot. D 454.9.1.1: Verwandlung: Speere werden zu Bäumen.

12. *Die Sonnenfrau.* Tiwi. Mountford 1958, S. 36 Mot. A 710, A 739.5: Entstehung der Sonne + Mot. A 720 ff.: Eigenschaften.

13. *Der Mondmann.* Tiwi. Mountford 1958, S. 119. Mot. A 740, A 747: Entstehung des Mondes + A 755: seiner Phasen.

14. *Die Bringer des Regens.* Tiwi. Mountford 1958, S. 43. Mot. A 280, A 284.1, A 285, A 287.1, A 1131: Wettergötter und ihre Eigenschaften (Regen, Blitz und Donner).

15. *Das Weltall.* Tiwi. Mountford 1958, S. 170. Waterman 25 (3): Aussehen der Welt.

16. *Die Seelenkinder Pitipitui.* Tiwi. Mountford 1958, S. 25 Mot. A 1200: Erschaffung der Menschen durch göttlichen Willen. – Der Mensch erscheint hier als Reinkarnation eines Urzeitvorfahrens, dessen Lebensessenz in seiner Totemstätte gebunden ist.

17. *Die Meteormänner.* Tiwi. Mountford 1958, S. 144. Mot. A 788: Entstehung der Meteore.

18. *Das Volk der Kobolde.* Tiwi. Mountford 1958, S. 150. Mot. F 30, F 50, F 60: Begegnung mit Jenseitigen in der Unterwelt und Ambivalenz Jenseitiger (gute und schlechte Eigenschaften) + Mot. C 710, C 920: Sprechverbot für Erlebnisse mit Jenseitigen unter Todesandrohung.

19. *Die Yunggamurra Wassernixen.* Pongaponga. Harney S. 39. Mot. F 420. 6.1.3: Sterblicher heiratet verzauberte Wassernixe.

20. *Manbuk und die sieben Schwestern.* Pongaponga. Harney S. 46. Waterman 230: Entstehung der Plejaden und des Orion.

21. *Marlu und Yaba, die Geckobrüder.* Waddaman. Harney, S. 73. Vgl. Waterman 800 ff.: Feindliche Brüder auf Wanderschaft + Mot. A 974, D 231: Stein-/Fels-Verwandlung.

22. *Der hölzerne Mann Wulgaru.* Waddaman. Harney, S. 90. Mot. A 1251: Erschaffung des hölzernen Menschen.

23. *Das Mädchen, das in eine Mimifrau verwandelt wurde.* Oenpelli-Gebiet. Mountford 1956, S. 182. Mot. D 5, D 47: Verwandlung eines Mädchens in einen Mimi-Geist. Zu den Mimi vgl. Nachwort S. 254.

24. *Der Doppelmann Barun-barun.* Oenpelli-Gebiet. Mountford 1956, S. 200. Mot. T. 551.2: Doppelmenschen.

25. *Das Krokodil und der Regenpfeifer.* Oenpelli-Gebiet. Mountford 1956, S. 216. Vgl. Waterman 1296: Gabe des Feuers für Menschen gerettet.

26. *Die Felszeichnung, durch die Känguruh und Dingo entstanden.* Oenpelli-Gebiet. Mountford 1956, S. 22. Mot. D 231, D 263: Verwandlung von Männern in Felszeichnung.

27. *Der Storch und die Krähe.* Oenpelli-Gebiet. Mountford 1956, S. 228. Mot. A 2494.13: Feindschaft der Tiere.

28. *Der Mann, der zwei streitsüchtige Frauen besaß.* Oenpelli-Gebiet. Mountford 1956, S. 236. Mot. D 2143.1: Regengott vertreibt eifersüchtige Frauen durch Regenzauber.

29. *Eingana, die Urschlange.* Djanan. Robinson 1966, S. 39. Vgl. Waterman 650 (2): Schlange Eingana als Weltschöpferin.

30. *Die Sage vom mächtigen Medizinmann und dem Honigbaum.* East Alligator River. Mountford 1956, S. 205. Waterman 1740: Regenbogenschlange als Beherrscherin des Wassers.

31. *Der Mondmann und die Wasserschlange.* Kakadu. Basedow, S. 267. Vgl. Waterman 250: Töchter des Mondmannes in Felsen verwandelt.

32. *Der fliegende Geist Garkain.* Liverpool River. Mountford 1956, S. 199. Mot. G 11.10: Menschenfressender Geist.

33. *Alinda, der Mond.* Millingimbi-Gebiet. Mountford 1956, S. 488. Waterman 62 (2): Entstehen und Aussehen des Mondes.

34. *Die Fischgrätenleiter.* Millingimbi-Gebiet. Mountford 1956, S. 491. Waterman 208: Schwestern in Sterne verwandelt.

35. *Baracumas Fischnetz.* Yirrkala-Gebiet. Mountford 1956, S. 282. Vgl. Mot. A 2494.13.9: Feindschaft der Tiere (Falke und Beutelmarder).

36. *Das Wallaby, die Kakerlake und das Meer.* Yirrkala-Gebiet. Mountford 1956, S. 356. Vgl. Waterman 350 (2): Entstehung des salzigen Meerwassers.

37. *Der Habicht und der Schmetterling.* Yirrkala-Gebiet. Mountford 1956, S. 353. Mot. A 2041: Schmetterling durch Verwandlung.

38. *Tjambuwal, der Donnermann.* Yirrkala-Gebiet. Mountford 1956, S. 282. Mot. A 1131, A 1142.0.1, A 1142.4: Ursprung des Gewitters. – Der Kampf des Riesen Tymabuwal mit der Besatzung einer

malaiischen Prau geht vermutlich auf historische Kämpfe zwischen Eingeborenen und Trepangfischern aus Sulawesi zurück. Trepang = Seegurke.

39. *Mond und Dugong.* Murngin, Wulamba. Berndt 1948, S. 19. Waterman 68: Mond und Dugong-Schwester. – Dugong = Seekuh.

40. *Die Wawilak-Schwestern.* Murngin, Wulamba. Warner, S. 240. Waterman 700, 750, vgl. 850: Beginn der Landnahme durch umherziehende weibliche und männliche Schöpfer (Zyklus). – Ein aus dem südöstlichen Arnhem-Land übernommener Mythenkomplex, in dem zwei Schwestern als bedeutende Kulturbringerinnen dargestellt sind. Hauptschauplatz ist die Mirrirmina-Wasserstelle, die Totemstätte des mächtigen Yurrlungur, der Regenbogenschlange. Sowohl die Wawilak-Schwestern als auch Yurrlungurr verstoßen gegen die Dual-Ordnung (Dua-Yiritja) und gegen Tabus. Durch die verschiedenen Handlungen der drei Hauptpersonen entstehen Sprachdialekte, Totems und Initiationszeremonien samt den dazugehörigen Gesängen, Tänzen und Dekorationsmustern.

41. *Dugong und Ameisenigel.* Ingura. Stokes, S. 23. Waterman 1170: Dugong tauscht Wohnort und Nahrung mit Ameisenigel.

42. *Möwe, der Windmacher und Fasan, der Regenmacher.* Ingura. Stokes S. 26. Vgl. Mot. A 2433.4: Wohnort von Möwe und Fasan.

43. *Der Gecko Ipilja und die Regenzeit.* Ingura. Mountford 1956, S. 75. Waterman 1446 (1): Gecko als Regenmacher.

44. *Bara, der Nordwestwind.* Ingura, Mountford 1956, S. 173. Mot. A 1122.3.: Entstehung des Windes der Regenzeit. – Der feuchte Nordwestmonsun als Windtotem des Orinakapara-Clans.

45. *Mamariga, der Südostwind.* Ingura. Mountford 1956, S. 95. Mot. A 1120: Entstehung des Windes der Trockenzeit. – Südostpassat als Windtotem des Wirinikapara-Clans.

46. *Warum die Fliegenden Hunde in den Bäumen hängen.* Koko-mini. Roth, S. 14. Vgl. Mot. A 2433.3.2: Warum die Fliegenden Hunde in den Bäumen hängen.

47. *Der gute und der schlechte Sohn.* Yupungatti, Pennefather-River. Roth, S. 10. Waterman 600 (9): Der Donner als Schöpfer des Menschen.

48. *Warum der Mond nur sein Gesicht zeigt.* Yupungatti, Pennefather River. Roth, S. 7. Vgl. Mot. A 714, A 740, A 747: Entstehung des Mondes.

49. *Wie sich Pelikan und Emu entzweiten.* Yupungatti, Pennefather River. Roth, S. 12. Mot. A 2284.1, A 2377.1: Warum der Emu keine Flügel hat.
50. *Der alte Jäger und das Krokodil.* Wik-Apatja, Archer River. Roth, S. 11. Mot. A 2146, A 1546.7.1: Erschaffung des Krokodils.
51. *Warum Echsen immer umhereilen.* Wik-Apatja, Archer River. Roth, S. 11. Mot. A 2250.
52. *Taipan, die Regenbogenschlange.* Wik-Kalkan. Mc'Connel, S. 111. Waterman 1470: Erschaffung der Welt. Der mächtige Taipan ist Herr über Donner und Blitz, mit denen er seinen Willen durchsetzt. Nachdem sein Sohn im Zweikampf getötet wurde, verwandelt Taipan seine Angehörigen in Totemtiere, hinterläßt jedem etwas von dem Blut des Sohnes und geht alsdann mit seinen Schwestern in die Erde ein. – Das Rot im Regenbogen ist das Menstruationsblut der Schwestern und gilt als Symbol der Fruchtbarkeit und der jahreszeitlichen Erneuerung der Natur. Taipan, der Urvater, ist in der sehr giftigen Kupferkopfschlange verkörpert; das Totemtier der Schwestern ist die große Taipan-Schlange, die giftigste Schlangenart Australiens.
53. *Wie der Mond in den Himmel gesetzt wurde.* Princess Charlotte Bay. Roth, S. 7. Waterman 74 (1): Wie der Mond aus Sicherheitsgründen an den Himmel plaziert wurde.
54. *Wie der Storch tanzen lernte.* Koko-warra. Roth, S. 13. Mot. A 2411.2.5.3: Erklärung für Farbe des Storches.
55. *Die Strafe der Schildkröte.* Koko-warra. Roth, S. 12. Waterman 1380 (7): Warum die Schildkröte im Wasser lebt.
56. *Die pflichtvergessene Mutter.* Koko-rarmul. Roth, S. 15. Vgl. Waterman 1172: Erklärung für Wohnort des Ameisenigels und sein Aussehen.
57. *Das Opossum und der Beutelmarder.* Pitta-Pitta. Roth, S. 15. Waterman 1172 (15): Aussehen des Beutelmarders.
58. *Der Regenbogen und die Brotfruchtblüte.* Noonukul, Peel-Island. Marshall, S. 91. Vgl. Waterman 1015: Entstehung der Brotfruchtblüte. – Brotfruchtblüte und Regenbogen erscheinen als Symbole für die erneuerte Fruchtbarkeit der Natur.
59. *Der Baum, der eine Frau zurücktrug.* Kombangerai. Enright, S. 236. Vgl. Waterman 1172: Aussehen des Ameisenigels.
60. *Die Borah des Byamee.* Euahlayi. Parker, S. 79. Vgl. Waterman

3280: Schilderung von Initiationsriten + vgl. Waterman 1000, 1015: Verwandlung von Menschen in Bäume und Tiere. – Die Geschichte beschreibt die Zusammenkunft zahlreicher Stämme, eigentlich Clans eines Stammesverbandes, und der mythologischen Ereignisse während der Initiationsfeierlichkeiten, die in der Schaffung markanter Landschaftserscheinungen und in der Verwandlung der Festteilnehmer in Pflanzen und Tiere kulminieren.

61. *Bohrah, das Känguruh, und Dinewan, der Emu.* Euahlayi. Parker, S. 119. Vgl. Mot. A 2375.2.: Aussehen der Emu-Beine + vgl. Mot. A 2332: Sehfähigkeit des Känguruhs.

62. *Weedah, der Täuscher.* Eualayi. Parker S. 37. Waterman 1618 (3): Adler tötet Menschenfresser.

63. *Das Nest der Menschenfresser.* Kamilaroi. Mathews 1898, S. 92. Waterman 1640 (1): Tötung menschenfressender Adler durch zauberisch begabte Männer.

64. *Die Augen im Kreuz des Südens.* Kamilaroi. Turner, S. 37. Mot. A 771.1: Kreuz des Südens.

65. *Warum die Fische im Wasser leben.* Kamilaroi. Mathews 1908, S. 1. Waterman 1296 (3).

66. *Wie der Rabe den Westwind fing.* Kamilaroi. Parker, S. 121. Vgl. Waterman 1772: Sieg des Raben über Reiher und Wind.

67. *Die Künder der Flut.* Kamilaroi. Parker, S. 175. Vgl. Mot. A 1012.3, A 1015: Wasserflut auf Geheiß Jenseitiger. Fruchtbarkeitsmythe.

68. *Die Entstehung der Schnabeltiere.* Kamilaroi. Parker S. 140. Vgl. Mot. A 1983.

69. *Das Sprachgewirr.* Kamilaroi. Smith, S. 63. Mot. C 966: Sprachgewirr durch Tabubruch + Mot. B 280: Heirat der Tiere verschiedener Arten + Mot. B 263: Krieg der Tiere.

70. *Das Ungeheuer und der Fischersmann.* Gundungarra. Thomas, S. 59. Vgl. Mot. A 901, A 903: Entstehung von Flüssen und Gebirgen durch Kampf zwischen Ungeheuer und Tier.

71. *Die Blume der Sehnsucht.* Gundungarra. Peck, S. 20. Mot. A 2611.0.1: Verwandlung eines Mädchens in Waratah-Blüte.

72. *Die Ankunft der ersten Menschen.* Thurrawal. Mathews 1898, S. 91. Vgl. Mot. A 2311: Erklärung für zerzaustes Aussehen des Seesterns. + Mot. A 2320: Erklärung für die Öffnung im Kopf des Wals. – Seltene Herkunftsgeschichte der Menschen aus einem Land jenseits des Meeres.

73. *Warum die Eule große Augen hat.* Wiradjuri. Mathews 1908, S. 2. Vgl. Mot. A 2332.1.

74. *Die Raupen und die Schmetterlinge.* Murray River-Stämme. Turner, S. 34. Vgl. Mot. A 1150: Tiere im Jahreslauf.

75. *Der Adler und die Eule.* Kurnai, Smyth Bd. I, S. 454. Mot. A 2431.3., A 2433.4.1: Wohnort von Adler und Eule.

76. *Die mutwillige Bullum-Boukan.* Kurnai. Massola, S. 76. Vgl. Waterman 1284 (1): Diebstahl des Feuers und Wiedergewinnung durch Tiere.

77. *Wie Koala das Wasser stahl.* Kurnai. Smyth Bd. I, S. 447. Waterman 1390 (1): Koalabär stiehlt Wasser, wird überlistet.

78. *Känguruh und Wombat.* Kurnai. Smyth Bd. I, S. 449. Waterman 1980 (2): Streit zwischen Känguruh und Wombat.

79. *Warum die Menschen sterben.* Wiimbaio. Massola, S. 95. Waterman 1872 (1): Tabuüberschreitung: Ursprung des Todes.

80. *Die Rache des Adlers.* Murray River-Stämme. Tindale und Lindsay, S. 97. Waterman 1986: Adler rächt sich an Rabe für dessen Hinterlist.

81. *Der Emu und der Rabe.* Murray-River-Stämme. Smyth, Bd. I, S. 450. Waterman 1794 (1): Rabe erteilt Emu Ratschläge.

82. *Das Feuer, das der Rabe stahl.* Woiwurong. Massola, S. 52. Waterman 1278 (1): Freundschaft vorgetäuscht: Feuerdiebstahl durch Rabe und andere Tiere.

83. *Die Schaffung der ersten Männer.* Bunurong. Smyth Bd. I, S. 424. Waterman 600 (2): Pund-jel, der Schöpfer (Zyklus).

84. *Die Schaffung der ersten Frauen.* Bunurong. Smyth Bd. 1. S. 427. Waterman 600 (2).

85. *Wie die Menschen über die Erde verteilt wurden.* Bunurong. Smith, Bd. 1, S. 427. Waterman 600 (2).

86. *Die Bram-bam-bult-Brüder und die Rache der Eule.* Wotjobaluk. Massola, S. 7. Waterman 1692, 1694: Die Bram-Bram-Brüder auf Wanderschaft. Die beiden mächtigen Brüder gehören zu den wichtigsten Helden des westlichen Victoria.

87. *Der Riesenbarsch und der Bunyip.* Wotjobaluk. Massola, S. 25. Waterman 1698 (1): Totyergils Abenteuer.

88. *Der Adler und der Rabe.* Maraura. Tindale 1939, S. 243. Waterman 1780 (1): Rabe tötet Adlersohn aus Rache. – Wichtigste Mythe im westlichen Victoria, da sie die Verwandlung der beiden antagonisti-

schen Urväter Nouralie in die Totemvögel Adler und Rabe sowie eine der wesentlichen gegenseitigen Verpflichtungen im australischen Gesellschaftsgefüge beschreibt.

89. *Der Kampf der Männer, die sich in Berge verwandelten.* Maraura. Massola, S. 28. Waterman 1045: Ursprung des Mount Elephant und Mount Buninyong.

90. *Die Zwillingssterne, Bringer des Feuers.* Oyster Bay-Stamm. Smith Bd. 1, S. 46. Waterman 1244: Castor und Pollux als Feuerbringer. – Zusammen mit Nr. 91 ist dies die einzige schriftliche Überlieferung einer tasmanischen Sage. Ihre Niederschrift erfolgte, als die tasmanischen Ureinwohner schon nahezu ausgestorben waren. – Den Tasmaniern war der Gebrauch von Feuerhölzern unbekannt. – Es handelt sich um eine Feuersage des Oyster Bay-Stammes, dem auch die letzte Tasmanierin Truganini angehörte.

91. *Der Rochen und die zwei Frauen.* Oyster Bay-Stamm. Smith, Bd. 1, S. 461. Waterman 1244.

92. *Die Erdöfen des Craitbul.* Boandik. Brunato, S. 23. Vgl. Waterman 1045: Ursprung der Kraterseen des Mount Gambien.

93. *Die ersten Känguruhs.* Boandik. Brunato, S. 24. Vgl. Mot. A 761: Riesen als Sterne.

94. *Ngurunderis Erdenwanderung.* Jaralde. Berndt und Berndt 1964, S. 203. Waterman 1190 (1): Schöpfungsmythen. – Ngurunderi ist ein bedeutender Schöpfungsheld am Unterlauf des Murray-River und im Mündungsgebiet des Flusses.

95. *Der rote Mann und sein Bruder.* Narrinyeri. Taplin, S. 38. Waterman 1702 (1): Die Abenteuer des Helden Waiungare. – Der Sagenheld Waiungare ist durch seine Entstehung aus den Fäzes seiner Mutter von Geburt aus narumbe, rot. Ein Narumbe ist ein roter Mann, ein Vollinitiierter, der bei der Körperbemalung roten Okker, die heilige Farbe des Blutes, anlegen darf.

96. *Kondole, der Wal.* Tarbabawalun, Encounter Bay. Smyth Bd. 1, S. 461. Waterman 1280 (1): Feuerdiebstahl.

97. *Die Fischer auf den Seen.* Raminjeri. Mountford 1976 a, S. 57. Vgl. Waterman 1172 (6): Erklärung für Eigenarten und Farbe von Tieren (Elster, Kormoran, Pelikan).

98. *Der gestohlene Reibstein.* Adnyamatana. Mountford 1976 a, S. 37. Waterman 1992: Diebstahl des Mühlsteins bestraft: Verwandlung in Schildkröte.

99. *Die Sonnenfrau und die Echsenmänner.* Adnyamatana. Mountford 1976a, S. 85. Mot. A 1170: Entstehung von Tag und Nacht.

100. *Murdu – Die Einteilung der Stämme.* Dieyeri. Gason, S. 13. Vgl. Mot. C 114: Inzestverbot durch Schöpfer Muramura. – Murdu-Totem.

101. *Mutter Sonne erweckt die Welt zum Leben.* Karraru. Smith, S. 29. Vgl. Waterman 320: Mutter Sonne als Weltenschöpfer.

102. *Warum der Mensch geschaffen wurde.* Karraru. Turner, S. 7. Vgl. Waterman 320, 350: Erschaffung der ersten Menschen durch Sonnenmutter und Allvater. – Möglicherweise von christlichen Anschauungen beeinflußte Darstellung des Allvater-ähnlichen Menschen als Träger der weltordnenden Vernunft.

103. *Die Speere von Willilambi.* Bibelman. Bates, S. 98. Waterman 1640 (7). Zwei Brüder töten kannibalistische Adler.

104. *Das einsame Echo.* Wheelman. Hassell, S. 124. Vgl. Mot. P 312: Blutsbrüderschaft. – Warnerzählung für junge Mädchen.

105. *Tjirri-Tjirri, die Bachstelze.* Jindjiparndi. von Brandenstein, S. 48. Waterman 1296 (6): Ringsperber vereitelt Feuerdiebstahl.

106. *Die Rettung der Adler-Insel.* Jindjiparndi. von Brandenstein, S. 41. Waterman 1986 (3): Bestrafung der hinterlistigen Eule.

107. *Die wilden Riesen D'anba.* Wanala-Walmad'ere. Worms, S. 219. Mot. A 705: Ursprung der Wolken.

108. *Gagamaran und Gonbaren, die Bringer der Gesetze und der Beschneidung.* Garadere. Worms, S. 214. Waterman 800 (2). Mythe von den beiden Kulturheroen Gagamaran und Gonbaren. Einführung der Initiationsfeiern mit den dazugehörigen Gesängen und Tänzen sowie kultischen Gegenständen, die in den geheimen Kulthandlungen verwendet werden.

109. *Das Regenbogenei.* Bad. Worms, S. 249. Waterman 1350 (1): Überschwemmung durch Ei der Regenbogenschlange.

110. *Der Trick mit dem Säugling.* Yaoro. Worms, S. 230. Vgl. Waterman 1946: Nahrung erschlichen.

111. *Die Verheißung des Wassers.* Yaoro. Worms, S. 231. Waterman 1340 (1): Wiederbelebung durch Wasser.

112. *Die Zwillinge.* Yaoro. Worms, S. 258. Vgl. Waterman 800 (5), 3500: Ehefrauen durch Bumerang-Wurf gefunden. – Da eine Eingeborenenfrau bei langen Überlandwanderungen nur einen Säugling tragen und versorgen konnte, war bei den nomadisierenden

Australiern die Tradition der Kindestötung eines Zwillings direkt nach der Geburt ein lebensnotwendiges Übel. In dieser Geschichte verschont eine Mutter ihre Zwillinge mit diesem Schicksal.

113. *Die Vertreibung der Zwerge.* Bad. Worms 1955, S. 63. Vgl. Mot. F 50: Aufstieg der Kleinwüchsigen zum Himmel.

114. *Die stummen Schwestern.* Bad. Worms, S. 261. Waterman 3290 (2): Stummheit zweier Mädchen durch Hund behoben. – Bei den nomadisierenden Australiern war der Kindesmord an geistig und körperlich behinderten Kindern verbreitet, da diese den Anforderungen des Stammeslebens nicht gewachsen waren. In dieser Geschichte wird die grausame Sitte umgangen.

115. *Wie Galalan sein Volk bestrafte.* Bad. Worms, S. 221. Vgl. Mot. A 778: Entstehung des schwarzen Flecks in der Milchstraße.

116. *Wie das Land entstand.* Ungarinyin. Petri, S. 62. Vgl. Waterman, 900, 1470: Regenbogenschlange als Schöpferin.

117. *Der Schatten des Wondjina.* Ungarinyin. Petri, S. 63. Vgl. Waterman 1030, 1940: Nahrungsdiebstahl der Elster bestraft: Verwandlung des Schattens in Felsbild.

118. *Die steinerne Speerspitze.* Ungarinyin. Petri, S. 17. Mot. A 1458, 1459: Entstehung des Speeres.

119. *Die Strafe der Wondjina.* Ungarinyin. Petri, S. 43. Vgl. Waterman 1352: Überschwemmung als Vergeltungsmaßnahme.

120. *Der Auszug aus Winbaraku.* Ngalia-Walbiri. Mountford 1968, S. 3. Vgl. Waterman 1045: Verwandlung in Felshügel.

121. *Die Pungalunga-Riesen.* Pitjantatjara. Mountford 1976b, S. 399. Vgl. Waterman 1045: Verwandlung von Riesen in Felsgestein.

122. *Die Regenbogenschlange von Mount Olga.* Pitjantatjara. Mountford 1976b, S. 379. Vgl. Waterman 1470, 3302: Wohnort der Regenbogenschlange.

123. *Mythen von Uluru* (Ayers Rock). Pitjantatjara. Mountford 1977, S. 31. Waterman 1470, 3302: Regenbogenschlange-Mythen sowie 850, 900: Traumzeit-Mythen.

124. *Ninja, die Eismänner.* Pitjantatjara. Mountford 1976b, S. 434. Waterman 1380: Entstehung der Salzseen (Kampf zweier Gefährten um den Besitz einer Quelle). – Die sagenumwobenen Eismänner Ninja sind Ursache verschiedener Landschaftsphänomene im Gebiet des großen abgeflachten Inselbergs Mount Connor. Im Winter bringen sie Nachtfröste und morgendliche Luftspiegelungen.

125. *Der Streit der Echsen.* Pitjantatjara. Mountford 1976b, S. 267. Mot. A 2217, A 2411.5, A 2433.6: Erklärung für Farben und Wohnort der Echsen.

126. *Der Streit der Emuhenne mit der Truthenne.* Pitjantatjara. Roberts und Mountford 1973, S. 158. Waterman 1174 (6): Eigenschaften von Emu und Truthahn. Weitverbreitete Geschichte.

127. *Wolba, die Winde.* Loritja. C. Strehlow, 1908, S. 6. Mot. A 1120: Erklärung der Winde.

128. *Als das Feuer ausriß.* Loritja. Basedow, S. 259. Mot. A 1414.4: Ursprung des Feuers.

129. *Regenmann und Regenbogen.* Pitjantatjara. C. Strehlow 1907, S. 9. Waterman 1458: Entstehung des Regens durch Regenmacher.

130. *Ilia, die Emus.* Aranda. C. Strehlow 1907, S. 42. Waterman 1045 (2) Emus auf Wanderschaft. – Geschichte von der Großwanderung der Emuvorfahren Ilia. Aufzählung von Ortsnamen, die ein mythisches Phänomen oder Geschehen bezeichnet, das durch die Einlage von Tjurunga-Gesängen untermalt und dramatisiert wird.

131. *Die Entstehung der ersten Lebewesen.* Aranda. Spencer und Gillen, S. 388. Waterman 560: Entstehung der ersten Menschen aus unförmigen Wesen. – Darstellung der Totembeziehung Mensch–Tier und Mensch–Pflanze.

132. *Karora, der Bandikutahne.* Aranda. T. Strehlow 1947, S. 7. Waterman 560: Entstehung der ersten Menschen aus unförmigen Wesen.

133. *Die Termitenfrau von Iloata.* Aranda. T. Strehlow 1947, S. 27. Mot. A 960: Entstehung des Berges Iloata.

134. *Die Kängurubs von Krantji.* Aranda. T. Strehlow 1947, S. 140. Vgl. Waterman 560: Entstehung der ersten Menschen aus Känguruhs.

135. *Die Geburt der Brachvögel und der erste Tod.* Aranda. T. Strehlow 1947, S. 44. Waterman 1066 (2): Ursprung des Todes durch Brachvogel.

136. *Ankotarinja, der Urahne von Ankota.* Aranda. T. Strehlow 1933, S. 44. Vgl. Waterman 1614: Tötung des Kannibalen.

137. *Der Ankotarinja-Gesang.* Aranda. T. Strehlow 1933, S. 190. Geheimer, von vollinitiierten Männern vorgetragener Sakralgesang für die Vorbereitungen und Aufführung dieser Mythe.

138. *Die Erzählung von den zahlreichen Hunden.* Aranda/Loritja. C. Strehlow 1907, S. 15 ff. Waterman 3296: Hunde als Känguruhfresser in Stein verwandelt.

## *Literaturverzeichnis*

### 1. Quellen

*Basedow, H.:* The Australian Aboriginal. Adelaide 1925.

*Bates, Daisy:* Tales told to Kabbarli: Aboriginal legends collected by Daisy Bates: retold by Barbara Ker Wilson. Sydney 1972.

*Berndt, Ronald M. and Berndt, Catherine H.:* A »Wonguri« – Mandzikai Song Cycle of the Moon-Bone. Oceania XIX (1948), Nr. 1.

–: The world of the first Australiens. Sydney 1964.

*Brunato, Madeleine:* Worra and legends of the Booandiks. Adelaide 1975.

*Enright, W. J.:* Annali Lateranensi IV (1940).

*Gason, Samuel:* The Dieyerie Tribe of Australian Aborigines: Their Manners and Customs. Adelaide 1874.

*Harney, William E.:* Tales from the Aborigines. London 1960.

*Hassell, Ethel:* Myths and folktales of the Wheelman Tribe of South-Western Australia. Folklore I (1934–1935). Collective edition in: »My Dusky Friends«, Fremantle 1975.

*McConnel, Ursula:* Myths of the Muncan. Melbourne 1957.

*Marshall, Alan J.:* People of the dreamtime. Melbourne 1952.

*Massola, Aldo:* Bunjil's Cave: Myths, legends and superstitions of the Aborigines of South-East Australia. Melbourne 1968.

*Mathews, Robert H.:* Folklore of the Australian Aborigines. Science of Man I (1898), Nr. 3, 4.

–: Folk Tales of the Aborigines of New South Wales. Folklore XIX (1908), Nr. 3.

*Mountford, Charles P.:* Records of the American Scientific Expedition to Arnhem Land. Bd. 1: Art, myth and symbolism. Melbourne 1956.

–: The Tiwi, their art, myth and ceremony. London 1958.

–: Winbaraku and the myth of Jarapiri. Adelaide 1968.

–: Before time began. Melbourne 1976.

–: Nomads of the Australian Desert. Adelaide 1976.

–: Ayers Rock. Its people, their beliefs and their art. Adelaide 1977.

*Parker, K. Langloh:* Australian legendary tales, Sydney 1978. (= Neuausgabe der beiden Sammlungen »Australian Legendary Tales: Folk-

lore of the Noongah-burrahs as told to the Picaniniies«, London, 1897, und »More Australian Legendary Tales«, London 1898).
*Peck, C. W.:* Australian Legends: Tales handed down from the remotest times by the autochthonous inhabitants of our land. Sydney [2]1933.
*Petri, Helmut:* Sterbende Welt in Nordwest-Australien. Braunschweig 1954.
*Roberts, Ainslie and Mountford, Charles P.:* The Dreamtime Book. Adelaide 1973.
*Robinson, Roland E.:* Aboriginal myths and legends. Melbourne 1966.
*Roth, Walter G.:* Superstition, magic and medicine. North Queensland Ethnography Bulletin 5, Brisbane 1903.
*Smith, W. Ramsay:* Myths and legends of the Australian Aboriginals. London 1930.
*Smyth, R. Brough:* The Aborigines of Victoria. 2 Bde. Melbourne 1878.
*Spencer, B. and Gillen, F.:* The native tribes of Central Australia. London 1899.
*Stokes, Judith:* Some Groote Eylandt stories. In: Cole, K. (ed.), Groote Eylandt stories. Church Missionary Publication 1972.
*Strehlow, Carl:* Einige Sagen des Aranda-Stammes in Central-Australien. Globus Bd. XCII (1907), Nr. 8.
–: Die Aranda- und Loritja-Stämme in Zentral-Australien. Veröffentlichungen aus dem Städtischen Völkerkundemuseum. Frankfurt am Main 1980 ([1]1908).
*Strehlow, Theodore G.H.:* Ankotarinja – An Aranda Myth. Oceania IV (1933), Nr. 2.
–: Aranda Traditions. Melbourne 1947.
*Taplin, G.:* The folklore, manners, customs and languages of the South Australian Aborigines. Adelaide 1879.
*Thomas, W.E.:* Some myths and legends of the Australian Aborigines. Melbourne 1923.
*Tindale, Norman:* Eagle and Crow Myths of the Maraura Tribe, Lower Darling River, New South Wales. Records of the South Australian Museum IV (1939), Nr. 3.
*Tindale, N.B. and Lindsay, H.A.:* Aboriginal Australians. Brisbane 1963.
*Turner, Robert:* Real Australian jungle stories. Camperdown 1936.
*von Brandenstein, Carl-Georg:* Palamumu, »Es war einmal« – Australische Eingeborene erzählen. Unveröffentlichtes Manuskript.

*Warner, William L.:* A black civilization. A social study of an Australian tribe. New York 1937 (²1958).
*Worms, Ernest A.:* Religiöse Vorstellungen und Kultur einiger nordwestaustralischer Stämme in 50 Legenden. Annali Lateranensi IV (1940).
–: Contemporary and prehistoric rock paintings in Central and Northern North Kimberly. Anthropos L (1955).

## 2. Weitere Literatur

*Artikel »Aborigines« in:* The Australian Encyclopedia I, Sydney ... 1958, S. 3–106.
*Adler, Ernst:* Die Legende vom Bumerang. Berlin 1966.
*Barret, Charles:* The Bunyip and other mythical monsters and legends. Melbourne 1946.
*Bates, Daisy:* The passing of the Aborigines. London 1966.
*Bell, Enid:* Legends of the Coochin Valley. Brisbane 1976.
*Berndt, Ronald M.:* Kunapipi. Melbourne 1951.
–: Djanggawul: an Aboriginal religious cult of North-Eastern Arnhem Land. London and Melbourne 1952.
–: Love Songs of Arnhem Land. Melbourne 1976.
–: Artikel »Myth-Ritual« in: The Australian Encyclopedia I, Sydney 1977, S. 31–34.
*Capell, Arthur:* Mythology in Northern Kimberley, North-West Australia. Oceania IX (1939), Nr. 4.
–: Myths and tales of the Nunggubuyu, S.E. Arnhem Land. Oceania XXXI (1960).
*Draper, Ellen:* Aboriginal dreamtime legends. New Dawn IV (1974).
*Elkin, A.P.:* Aboriginal men of high degree – The Macrossan Memorial Lectures for 1944. Sydney 1946.
–: The Australian Aborigines. Sydney 1979.
*Elkin, A.P. and Berndt, R.M. (eds.):* Art in Arnhem Land. Melbourne 1950.
*Elkin, A.P. and Harney, W.E.:* Songs of the Songman. Aboriginal myths retold. Melbourne 1949.
*Fitzgerald, Mary, A.:* King Bungaree's pyalla and other stories. Sydney 1891.

*Göbel, Thomas:* Erde, die die Seele trägt: die Mythologie der Australischen Völker. Stuttgart 1976.

*Grant, B. – Grant, Mary:* The stone axe of Burka-muk. London 1922.

*Groger-Wurm, Helen M.:* Australian Aboriginal bark paintings and their mythological interpretation. Australian Institute of Aboriginal Studies 1973.

*Hambruch, Paul:* Einführung in die Abteilung Australien. Hamburg 1931.

*Herrmann, Ferdinand:* Völkerkunde Australiens. Mannheim 1967.

*Hiatt, L. R. (ed.):* Australian Aboriginal mythology, Australian Institute of Aboriginal Studies No. 50. Canberra 1975.

*Howitt, Alfred W.:* The native tribes of South-East Australia. London 1904.

*Isaacs, Jennifer (ed.):* Australian Dreaming, 40000 years of Aboriginal History. Sydney 1980.

*Laade, Wolfgang:* Four Aboriginal legends from Cape York, Northern Queensland. Archiv für Völkerkunde XXI (1967).

*Maddock, Kenneth:* The Australian Aborigines: a Portrait of their Society. Sydney 1975.

*Mathews, Robert H.:* Folklore of some aboriginal tribes of Victoria. American Antiquarian XXIX (1907).

*Moodie-Heddle, Enid O. M.:* The boomerang book of legendary tales. London 1957.

*Nangan, Joe and Edwards, Robert:* Joe Nangan's dreaming-Aboriginal legends of the north-west. Melbourne 1976.

*Poignant, Roslyn:* Oceanic mythology: the myths of Polynesia, Micronesia, Melanesia, Australia. London 1967.

*Power, Phyllis:* Legends from the outback. London 1965.

*Reed, A. W.:* Myths and legends of Australia. Sydney 1965.

–: Aboriginal fables and legendary tales. Sydney 1965.

–: Aboriginals myths – Tales of the dreamtime. Sydney 1978.

–: Aboriginal legends – Animal tales. Sydney 1978.

*Risdale, Angela M. and Ferguson, V. (eds.):* From the dreamtime. Sydney 1976.

*Roberts, Ainslie and Mountford, Charles P.:* The dreamtime. Adelaide 1965.

–: The dawn of time. Adelaide 1969.

–: The first sunrise. Adelaide 1971.

*Roberts, Ainslie and Roberts, Melva, J.:* Dreamtime heritage. Adelaide 1975.
*Robinson, Roland E.:* Legend and dreaming: legends of the dreamtime of the Australian Aborigines. Sydney 1956.
*–:* The man who sold his dreaming. Sydney 1965.
*–:* Wandjina, Children of the dreamtime. Melbourne 1968.
*Roughsey, Dick:* Moon and Rainbow – the Autobiography of an Aboriginal. Sydney 1971.
*–:* The giant Devil-Dingo. Melbourne 1973.
*Rust, D.:* Tales from the Australian Bush. London 1968.
*Strehlow, Theodore, G.H.:* Songs of Central Australia. Sydney 1971.
*Tonkinson, Robert:* Artikel »Australien« in: Enzyklopädie des Märchens Bd. I, Berlin–New York 1977.
*von Brandenstein, C.G. and Thomas, A.P.:* Taruru, Aboriginal song poetry from the Pilbara. Sydney 1974.
*Walker, Kath.:* Stradbroke dreamtime. Sydney 1972.

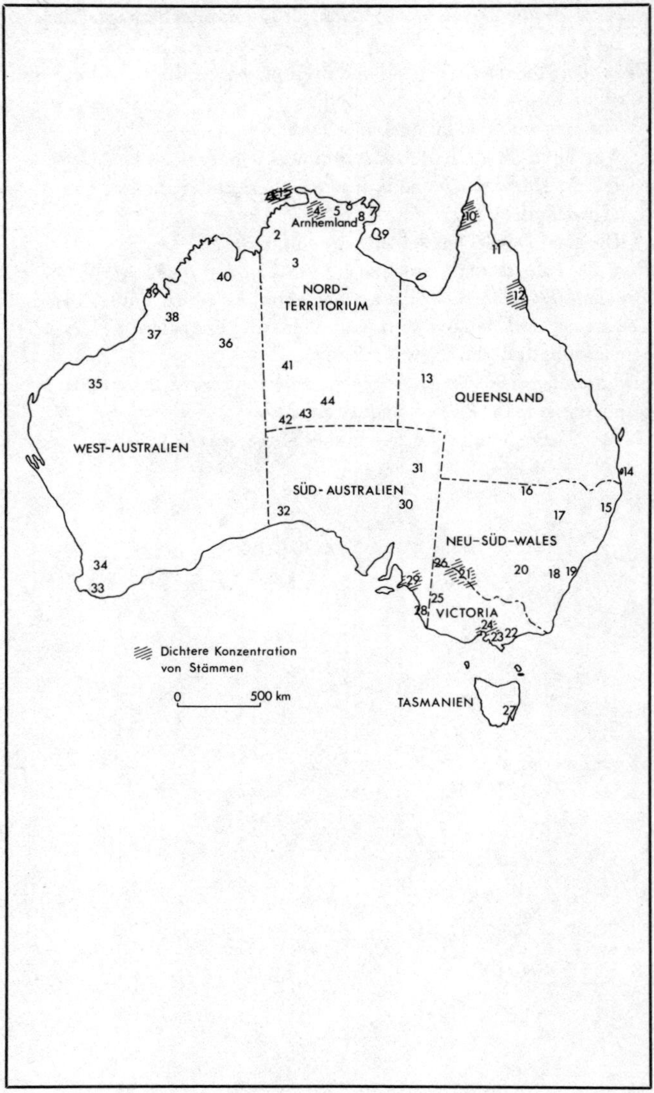
Arnhemland
NORD-
TERRITORIUM
QUEENSLAND
WEST-AUSTRALIEN
SÜD-AUSTRALIEN
NEU-SÜD-WALES
VICTORIA
TASMANIEN
2
3
4
5
6
7
8
9
10
11
12
13
14
15
16
17
18
19
20
21
22
23
24
25
26
27
28
29
30
31
32
33
34
35
36
37
38
39
40
41
42
43
44
Dichtere Konzentration
von Stämmen
0
500 km

## *Übersichtskarte*

Angegebene Nummern entsprechen dem Zentrum der Stammesterritorien, bzw. den geographischen Regionen, deren Mythologie in diesem Band behandelt wird. Die Karte stellt nicht die frühere oder heutige Verbreitung von Stämmen der australischen Aborigines dar.

| | | | |
|---|---|---|---|
| 1 | Tiwi | 22 | Kurnai |
| 2 | Pongaponga | 23 | Wiimbaio |
| 3 | Waddaman | 24 | Woiwurong und Bunurong |
| 4 | Oenpelli-Gebiet Stämme mit Djauan, East Alligator River-Stämme und Kakadu | 25 | Wotjobaluk |
| | | 26 | Maraura |
| | | 27 | Oyster Bay-Stamm |
| 5 | Liverpool River Stämme | 28 | Boandik |
| 6 | Millingimbi-Gebiet Stämme | 29 | Jaralde, Narrinyeri, Tarbabawalun und Raminjeri |
| 7 | Yirrkala-Gebiet Stämme | | |
| 8 | Murngin | 30 | Adnyamtana |
| 9 | Ingura | 31 | Dieyeri |
| 10 | Koko-mini, Yupungatti, Wik-Apatja und Wik-Kalkan | 32 | Karraru |
| | | 33 | Bibelman |
| 11 | Princess Charlotte Bay-Stämme | 34 | Wheelman |
| 12 | Koko-warra und Koko-rarmul | 35 | Jindjiparndi |
| 13 | Pitta-Pitta | 36 | Wanala-Walmad'ere |
| 14 | Noonukul | 37 | Garadere |
| 15 | Kombangerai | 38 | Yaoro |
| 16 | Euahlayi | 39 | Bad |
| 17 | Kamilaroi | 40 | Ungarinyin |
| 18 | Gundungurra | 41 | Ngalia-Walbiri |
| 19 | Thurrwal | 42 | Pitjantatjara |
| 20 | Wiradjuri | 43 | Loritja |
| 21 | Murray River-Stämme | 44 | Aranda |

# INHALT

*Bathurst- und Melville Island*



*Arnhem Land und nördliches Nordterritorium*

*Queensland*

*Neusüdwales*



*Victoria*

*Tasmanien*



*Südaustralien*



*Westaustralien*

*Zentralaustralien*